U0939203

珍藏本
纪念版

汉译世界学术名著丛书

灵魂论及其他

〔古希腊〕亚里士多德 著

吴寿彭 译

商务印书馆
SINCE 1897
The Commercial Press

2017年·北京

'Αριστοτέλης

ΠΕΡΙ ΨΥΧΗΣ

本书收《灵魂论》以及下列诸短篇:《感觉与感觉客体》,《记忆与回忆》,《睡与醒》,《说梦》,《梦占》,等等。

本书译文依据贝刻尔校订,《亚里士多德全集》第三卷。

汉译世界学术名著丛书
（120年纪念版·珍藏本）
出 版 说 明

2017年2月11日，商务印书馆迎来120岁的生日。120年前，商务印书馆前贤怀揣文化救国的理想，抱持“昌明教育，开启民智”的使命，立足本土，放眼寰宇，以出版为津梁，沟通中西，为中国、为世界提供最富智慧的思想文化成果。无论世事白云苍狗，潮流左右激荡，甚至战火硝烟弥漫，始终践行学术报国之志，无改初心。

逐译世界各国学术名著，即其一端。早在20世纪初年便出版《原富》《天演论》等影响至今的代表性著作，1950年代后更致力于外国哲学和社会科学经典的译介，及至1980年代，辑为“汉译世界学术名著丛书”，汇涓为流，蔚为大观。丛书自1981年开始出版，历时三十余年，迄今已推出七百种，是我国现代出版史上规模最大、最为重要的学术翻译工程。

丛书所选之书，立场观点不囿于一派，学科领域不限于一门，皆为文明开启以来，各时代、各国家、各民族的思想与文化精粹，代表着人类已经到达过的精神境界。丛书系统译介世界学术经典，引领时代思想，为本土原创学术的发展提供丰富的文化滋养，为推动中国现代学术和现代化进程做出了突出的贡献。

为纪念商务印书馆成立120周年，我们整体推出“汉译世界学术名著丛书”120年纪念版的珍藏本，寄望既利于文化积累，又便于研读查考，同时向长期支持丛书出版的译者、编者和读者致以敬意。

两甲子后的今天，商务印书馆又站在了一个新的历史时间节点上。我们不仅要铭记先辈的身影和足迹，更须让我们的步伐充满新的时代精神。这是商务人代代相传的事业，更是与国家和民族的命运始终紧密相连的事业。我们责无旁贷，必须做好我们这代人的传承与创造，让我们的努力和成果不仅凝聚成民族文化的记忆，还能成为后来人可以接续的事业。唯此，才能不负前贤，无愧来者。

商务印书馆编辑部

2017年10月

目　　录

灵魂论

自然诸短篇

炁与呼吸

灵　魂　论

亚里士多德《灵魂论》汉文译者绪言

中古到近代，深研亚里士多德著作的学者，都看到了《灵魂论》这专篇中，遗留有前后不一贯的叙述与议论，攸启了自然哲学史上，对于“生命”这一重大问题的原始与其究竟和久远的纷歧。近代学者专精亚氏哲学如德国耶格尔（W. W. Jaeger）等辄认为亚氏的灵魂观念一生三变。晚近荷兰哲学史家纽扬博士（Dr. François Nuyens）缜密地研究了亚氏《灵魂论》与《自然诸短篇》，分析了各卷章写作的年代，著为《亚里士多德心理学的演化》（L'Evolution de la Psychology d'Aristote, 1948）一书较详尽地照示了这衍变的三个阶段。

（一）亚里士多德于公元前362年，22岁，来到雅典，受学于柏拉图学院（亚卡台米）；到柏拉图逝世，公元前348/7年，亚氏37岁，离开雅典。在这期间，他仿于老师的文采，撰造了若干篇“对话”。这些对话盛传于当世，及于亚氏的身后，然到公元以后，竟归轶失。在这些《对话》中，“关于灵魂”（Περὶ Ψυχῆs）的观念，大体承袭着柏拉图《斐多》（Phaedo）篇的智慧；灵魂限于人类，不是动物界所通有。灵魂先人身而存在。方人之诞生，把某一个灵魂摄入，而囚禁之于自己肉体之内，终生跟着身体的物性活动。这些活动是反乎灵魂的“精神”本性的。迨其人死亡，此某灵魂者，乃得脱离物身,而还归于响所来处。灵魂既得返于宇宙,复其自由本性,犹能记忆着人世的烦恼。[①] 是以古之哲人常怀悲于“投生于人身”,“实是受惩罚中的一个囚犯。”“若知死优于生,则灵魂毋宁在先而得免于受生。”[②]这些,在现今仅存的《欧台谟》(Eudemus)对话,与《励志(戒勉)篇》(Protrepticus)对话的残片中之语调,亚里士多德完全嗣承了柏拉图以人生为“魂与身战”的悲响。[③]

(二)公元前348/7年,离去雅典,到公元前335/4年,49岁,回归雅典,这十四年间,按照英国生物学家,生物学史家,亚氏《动物志》的英文本译者,达尔赛·汤伯逊(D'Arcy Thompson)对亚氏生平的考察,是他以生物(动物)学为主要研究的时期。他先到了小亚细亚西北海滨,特洛亚德(Troad)西南的沿岸城市亚索斯(Assos)。后移居于累斯波(Lesbos)岛,米底里尼(Mitylene)。他穷研了希腊半岛与小亚细亚间,地中海周遭的鸟兽虫鱼等五百余种动物,各作成生态观察与解剖记录。他尝沿加里亚(Caria)海岸,北至博斯福鲁(Bosphorus)海峡(今鞑靼尼尔)。随后受马其顿王菲力的招聘到贝拉(Pella)宫廷,为王子亚历山大的师傅。流传迄今的亚里士多德的著作,动物学(《动物志》与《动物四篇》)与动物心理学(《灵魂论》与《自然诸短篇》)实占其全集的三分之一篇

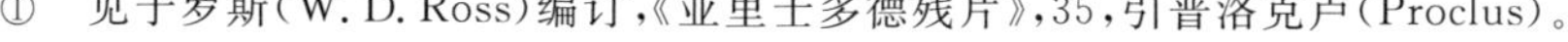

① 见于罗斯(W. D. Ross)编订,《亚里士多德残片》,35,引普洛克卢(Proclus)。

② 《欧台谟对话》的主题《论灵魂》,已久轶;这些引句见于罗斯编订《残片》,40,引普卢太赫(Plutarchus)的记载。

③ 罗斯,《残片》,36,引圣奥古斯丁(St. Augustine)云:“诚如亚里士多德之言,我们正受着惩罚,恰如落入于爱脱罗斯加(Etruscans)匪帮的手里,这些匪徒处死俘虏的方式是极其残酷的。他们把活人与死尸紧紧地捆扎在一起,让活人在这绝望的情境中,慢慢地断气。我们的灵魂(精神)之被困于我们的肉体之内,不正也如此么?”

幅。这些卷章的完成端赖这时积累的资料。这些卷章,在这壮年漫游的期间盍已开始撰拟,至于完稿的岁月,自当求之于公元前335/4 年,亚里士多德 49 岁,回归雅典,建立了吕克昂(Lyceum)学院之后。自公元前 334 年到亚里士多德 62 岁殁世(公元前 322 年),这十三年间,是他完成《形而上学》,《政治学》等的晚年期。《灵魂论》中,关于他思想衍变的第三阶段一些章节,大概是在吕克昂学院初创的数年间著录的。

这里我们该说明他关于灵魂(生命)观念衍变的第二阶段。方亚氏之盛年,他日与陆上、海中、空际的群生相游处,有感于万属与人类共存于宇宙的嘉致,不期而兴起了民物胞与之思,他确认了:凡物之具备了"生命"的征象者,便也各有"灵魂"("精神")。亚里士多德《动物志》,卷八章一,585ª18—ᵇ2:"大多数的动物具有精神(灵魂)性状(心理征象),比较起来,这一素质,于人这品种,特为显著。动物相互间有生理构造上的相似之处,于精神(灵魂)状态而言,若干动物也各示现其或柔或猛,或驯或暴,或勇或怯,又或多疑或坦率,或爽直或卑诈;于理知而言,也可见到他们具备相当于机敏的性能。于列举的这些素质(品德),其中有些,人与诸动物可作相应的比较:一个人可于这品德上说,或较多或较少于动物,而在另一品德上说,一匹动物或较多或较少于人类。……从动物的幼年期的诸现象看来,这更易明了:一个小孩,在精神(心理状态)上,殊不异于一匹小动物[例如小鸟小狗]。此后在成年期所可具备的相异诸品德,正当在儿童期,却也可见到一些端倪。所以,人与动物,于精神上,某些相同,另些相似,又另些可相比拟"。与此相呼应的,《灵魂论》卷一章一,开宗明义,列示这一专篇行将研究的诸

节目时，亚里士多德指说“我们关于灵魂的考察与讨论，一向限于人类的灵魂”。“现在，我们也该研究一匹马，一只狗，以及其它诸动物的灵魂与人类的灵魂，是否可用一个总概的公式为之阐明。”这样的措辞，似乎正隐括着他将修改老师柏拉图的灵魂论和他自己初期的灵魂论。在他勤于生物考察的中年期，亚里士多德的“灵魂”(综合物身而言，同于“生命”，相对或配合物身而言，同于“精神”，也就是“精神”)，已不限为人类所专有，而是动物们所共备的了。从这些互相照应的思想，论理，与句读看，《灵魂论》的首卷盍与《动物志》，以及《动物之构造》，《生殖》，《运动》等，是同时期的著作，在他中岁的末期与晚岁的初期之间。

不仅一切动物，更且一切植物(草木)，也被说成“具有灵魂”。《动物志》卷八章一，588b6—24，“从无生物进入于生物界的第一级便是植物，而在植物界中，各个种属所具有的生命活力(灵魂)，显然有多少或高低的等差；从整个植物界看来，与动物相比照，固然缺少些活力，但与各种无生物相比照，它们又显然赋有了‘生命’。我们曾经指出，在植物界中，具有一个延续不绝的级序，以逐步进向于动物界。[具有‘运动’能力，正当是草木输于鸟兽虫鱼的一筹，]然在海中，就有某些水生动物，人们没法确定它们究竟是动物，抑是植物。某些动物有根，譬如江珧、涂蛏，就像着根于某一地点似的，倘予拔出，有些会得死亡……于‘感觉’而言有些动物显示微弱的感觉[例如鼹鼠的视觉]，另些竟不见它们具有官感的迹象[例如贝介]。又如所谓海鞘以及海葵这类(动植间体)，其体质犹类似动物的肌肉，至于海绵，就在任何方面都像草木了。这样，在整个动物界的总序内，各个种属相互间，也实际存在生命活力之强弱高低的等差”。相对于此，植物恰也有像含羞草与捕虫草等，具有触觉，向日葵与夜来香等具有感光机能，而且能做部分的运动。《动物志》卷八章一，$588^{b}25$—$589^{a}9$，于生物的基本习性，在生长与蕃殖而论，动植两界也是相似的。由籽实之萌发而长成的草木，它们惟一的目的，惟一的功能，就在蕃殖自己的品种；某些动物的素志，正也如此，它们营生的一切努力，就止于蕃殖；许多昆虫，幼虫期日夜不休的尽吃，及既由蛹而羽化成虫即刻授精产卵，于是盖已尽了它们一生的天职，便雌雄俱殒。“生长（生存）”与“生生（蕃殖）”，可说是一切生物的本业。“这样，动物的生活行为可分为两出〔齣〕，——其一觅食，另一生育。……‘营养’为动物所资以生长的物料，随其身体构造的差别，它们寻取各不相同的食料。凡符合于天赋本性的（营养与蕃殖）事物，动物们便引以为快乐而趋向之，这就是各种动物在宇宙间乐生遂性的共同归趣。”

由此而展开的思想，他于《灵魂论》与《伦理学》中，完成了全生物界，配合于物身生理体系的一个精神（心理）体系：(1)“营养灵魂”（ψυχή τὸ θρεπτικόν），亦称植物灵魂（anima vegetativa），即包含生存与生殖的“欲望灵魂”（φ. τὸ θρεπτικόν）是草木虫鱼鸟兽等一切生物所统备，它操持着万物与之相应的，饮食与消化，即“生存（生长），与蕃殖”的功能。(2)“感觉灵魂”（ψυχὴ τὸ αἰσθητικόν, anima sensitiva），亦称动物灵魂，为一切动物所统备，操持动物的“感觉[情念]与运动”的功能。(3)“理知灵魂”（ψυχὴ τὸ λογιστικόν）或心识，即思想灵魂（φ. τὸ νοητα），操持思想，计算，审议的机能，为人类所独有的“精神灵魂”（anima spiritula）。这样的生物心理学上三级体系，完全符契于他的生物生理学上的自然级差（scala natura）。动物们缺少理知灵魂，缺少审议机能，它们的行为，全跟踪于感觉客体之于它们为可喜或可怕的感觉印象，所激起的情念（爱憎）而为趋避。这于同品种和异品种，同类属与异类属，并存的世界，将随时随地引起冲突；凡只顾自己的利害而逞意活动的生物，平素一般是凶多吉少的，所以亿万年来，竟已亡灭的物种，盖踵接于世代，而相望于海陆。具备了理知灵魂的人类，乃能审辨当前的可欲客体，而制约其主观愿望或贪欲，俾于同族异姓，同类异属间，利不专绝，庶几物不相害，行于平衡的伦理（道德）生活，而于这万物争竞，与时俱烈的世界中，与众生共存于中和境界。这样，人之为类、乃能顺应自然，胜于动物界者一筹，而流传较长久的世代，孳繁于地球上较广褒的区域。

（三）一个活动物是“涵蕴有灵魂的物身”（a be-souled body）；物身则是土，水，气，火四元素的混合组成，[①]而灵魂则是肇于火元素的“生命原热”（ἔμψυχος θερμότης）。[②]《动物之构造》卷二章七，652^{b}8—15“有些自然哲学家申称，灵魂是火或是一种

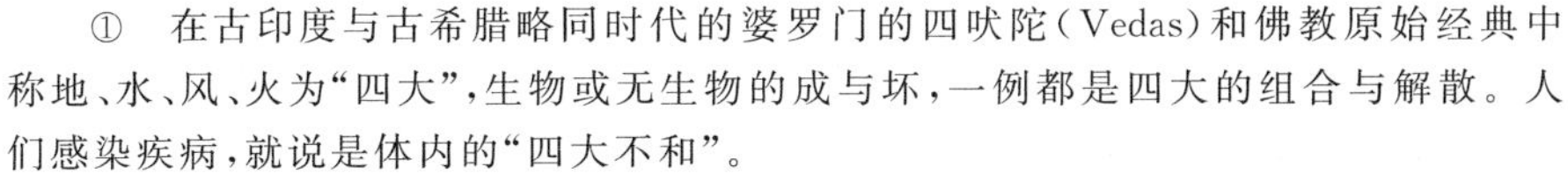

① 在古印度与古希腊略同时代的婆罗门的四吠陀（Vedas）和佛教原始经典中称地、水、风、火为“四大”，生物或无生物的成与坏，一例都是四大的组合与解散。人们感染疾病，就说是体内的“四大不和”。

② “生命原热”见于《自然诸短篇·青与老》（Juv. et Senec.）469^{b}8，12 等，或称“自然（生理）热”（θερμότητος τῆς φυσικῆς），见于《寿命》（de Long. et Brev. Vitae.）466^{b}32 等，《青与老》473^{a}4 等。或作“自然（生理）火”（φυσικὸν πῦρ）或“内蕴火”（ἐντὸς πῦρ）见于《灵魂论》（de Anima）416^{b}29，《青与老》，474^{b}12 等。参看《动物之构造》（de Part. Animalium），650^{a}14，《动物之生殖》（de Gen. Anim.），732^{a}18，755^{a}20，762^{a}20 的相应句读。

具有火性的机能”。这一自然哲学家，在《灵魂论》卷一章二，403b31，指明了是德谟克里图（Democritus）。亚里士多德为之辨析，说：“较精确的叙述，灵魂应是一个结合于某一火性物体的事物。”一切动物咸须具有某量的“热”，昔贤这一通理，是全无异议的。我们现在须要为之补缀的，古之所谓“四元素”，其中土、水、气三者，只是确乎不可再分析的诸元素所混成，或合成的，万物之冷热变化的三态：固体（土）加热而融转为液体，液态物再加热，则沸蒸而化为气体。加热为一供氧过程，而火焰则是万物“氧化”（oxidation），即燃烧现象；“氧化”相反于“脱氧、还原”之为吸热过程（endothemic）者，是一个“放热过程”（exothermic process）。以“火”为又一种元素（即燃烧元素，phlogiston）的错误，要等待亚里士多德时代二千一百年后的，公元后第十八世纪，才由法国，拉瓦锡（Lavoisier, A. L.，1743—1794）为之纠正过来。这里，让我们姑且保留火不是物质元素，而是物质的燃烧现象，与发热缘由的，现代化学观念，返回亚里士多德时代的陈语。按照他的动物生理与心理学诸篇章：灵魂处于身体的最热部分，即心脏区域以内，操持“生命原热”（vital heat）以实现一个活动物的营养机能（生长与蕃殖）和感觉与运动机能者，正是灵魂。生理原热是从“自然（生理）火”（φυσικον πῦρ），亦称“内蕴火”（τὸ ἐντὸς πῦρ）发生的。

《构造》卷三章三，670a23—26，“心和肝是每一动物的基本组成（必需部分）；肝脏所以行其调煮食料的功用，而心脏正是体热所由发源的身体中枢部分。体内必须有这么一个部分或那么一个部分，像火炉那样，在其中保持着点燃的火种；有鉴于这一部分（心脏)，恰正如其本旨而为全身的卫城(堡垒)，这必须予以妥善的保护。”[①]这样慎重说明心脏即灵魂所寓著的区域，运用“生命原热”以行其消化作用，故为(甲)营养(生存和蕃殖)机能的中枢，在《灵魂论》和《自然诸短篇》中也各有与之相应的章节。[②]《构造》卷四章五，678^{b}1—4，又讲到“一切动物必须于全身中的某个中枢统制部分，安置灵魂的(乙)感觉[和运动]部分，与生命的本原”。这个中枢部分，在一动物的上下段(或上下身)之间，也就是一切有血动物的心脏。“于无[红]血动物如函皮类(贝介)，有节类(虫豸)，所必须具备的主要部分也就是那可与有[红]血动物的心脏相似的一个构造。”位在动物界最上的人类灵魂之有(丙)“思想”或“心识”(ὁ νοῦς，mind)或理知(ὁ λόγος，reason，理性)机能，亚里士多德也以属之于心脏区域。到此，可以综结灵魂与物身的配合而生物世界赋得生命的(甲)营养(乙)感觉(丙)精神，正好完成了与(甲)植物(乙)动物(丙)人类的三级配属。为之简略的说明，便是亚里士多德几番应用的工艺喻：灵魂为之主动，使物身的内脏与头脚等各个部分，各施展其活动，以完成其生平，犹之匠师或其工艺(技术)运用斧、锯、绳、墨等各种工具，以制作其一应成品。于是灵魂在物身中所寓著的心脏，正该受到特别重视与保护，保护心脏，正也就是保护生命，保护灵魂。与《动物之构造》670^{a}23—26一节，以及其它若干节，可相比照的，试举《动物之运动》(de Motu Animali-

① 标志雅典城邦命脉的“坛火”就置在顶堡(acropolis)的雅典娜大庙之内，由一坛火处女看守着。这里就是雅典遇敌进攻时，全邦武装部队必须拼命保卫的核心。

② 参看《灵魂论》416^{b}28—29等，《自然诸短篇》(Parva Naturalia)，《青年与老年》，469^{a}2—^{b}1，474^{a}25—^{b}3，479^{a}29，480^{a}16等。

um),章一,703^{a}29—^{b}2 这一节:“动物机体该当被认明为一个治理良好的共和城邦那样的构制。当秩序一经在这机体内建立,这就不再需要有一个主宰(君王)来包揽一一机事。人民各循各所承担的义务,按照习成的规程而行事,一事跟着一事,挨次做着习常的活动。这样,于动物而言,也存在相同的秩序——自然秉赋代替着习常成规——各个部分(构造),遵从为它们制定了的功用,各做各的职司。[①] 于是,这就不需要于物身的每个部分,也各配给一个相应的灵魂部分,灵魂整个寄托于物身的某一处,类乎治理的中枢,其余凭自然结构而与之相联缀着生活的各个部分,便按照自然(生理)所分配给它们的职司,各尽其本分了。”这就是凭灵魂以赋予生命的一切动物,包括人类的,生活全程。

《动物之构造》,卷二章七,652^{b}16—20,“但一切效应须得有所平衡,故自然又构制了脑,借以为储着热量的心脏的一个对体,并把这个由土与水合成的对体,赋予之于动物,俾减低它[得之于火性物质]的体热而臻于中和。”“诸动物所以各具有一脑[的制冷作用],直是为了葆全它的全身。”同书,同卷章,653^{b}5—7“心脏作为生命的本原与体热所由发生的部分,感应是最灵敏的,在脑外表的血液的最微小演变,它立即有所感觉”。亚里士多德的解剖学,误失于神经系的脉络,于脑的感觉机能不明,于所谓对心脏血液的“制冷”作用(κατάψυξις,refrigeration)也说得含糊。在《自然诸短篇》中,他把这一平衡心脏热度的制冷功能,归之于“呼吸”(Respi-

① 柏拉图《蒂迈欧》(Timaeus),70A,以“治理良好的城邦”喻动物机体。亚里士多德《尼哥马沽·伦理学》(Ethica Nicom.)1113^{a}8,引荷马史诗中王制为喻。

ratione)，这于陆居有脚或有翼动物是肺，于水生动物是鳃的效用。《呼吸》篇，章十八，十九，479^{a}25—^{b}15，生命与灵魂都有赖于热性，动物必须有热量以消化食料，煮(制)成血液，输供全身各部分的营养，所以营养器官(胃肠)必须位置于心脏所在的身体中段，即进食与排泄两种官能之间。同篇，章十六，478^{a}28—^{b}22，灵魂为了操持动物生体的营养功能，在心脏区域内，着使内蕴之火，发为热量，而一经发热，这又需有冷却构造，为之平衡。所以陆上动物各有心脏，又各有肺，制冷功能就由肺呼吸来运行。水中生活的鱼类，无肺，其制冷功能是由水，经由鳃开阖的流通来完成的(参看《呼吸》，章十，475^{b}15—476^{a}14)。《呼吸》，章二十一，480^{a}16—^{b}13，陆上动物，当其活着的时日，不能一刻停歇其肺呼吸，即空气的进出；水居动物，当其活着的时日，不能一刻停歇其鳃开阖，即水的吐纳。《呼吸》，章十九，陆居动物具肺无鳃，入水则窒息(断气)而死，水居动物具鳃无肺，则在岸上大气中窒息而死。章九，爬行类如龟蛇，血量微少，虽以肺呼吸，其调气功能是很微弱的，故能久潜于水下；然苟强不使出水，则终亦因气绝而淹死。章十六，478^{b}18—21，鸟兽与爬行类，凡行肺呼吸的动物，因疾病或衰老而不能呼吸时，随即死亡，水居动物如鱼类之以鳃开阖行吐纳者，若因故而鳃不能开阖，也随即死亡。我们这里不惮烦地引出这些章节，不是为要揭出亚氏以呼吸为“冷却”作用这别扭的古老生理化学思想，对于火与燃烧过程尚不明了的希腊医学与自然哲学家们，看到，也自己体察到，肺吸入冷空气，呼出热嘘气，而拟之为制冷效应，是合乎自然的；由此推想，具有心脏与血液的鱼类无肺，而其鳃条乃有管道通于心脏，鳃的开阖为水的吐纳，盍是与肺呼吸相仿的功能，这也合

乎自然。至于空气中含氧，水中也含氧，而氧乃能在肺部动脉静脉的毛细血管间，以其助燃作用，辅成血液的新陈代谢，这是他们在当代无由想象的。英国渥格尔（William Ogle）曾英译《呼吸篇》而为之诠释：古希腊人昧于燃烧的实际，故于"呼吸"作成如此迂回而谬误的分析，我们今日，若用"供氧"或"氧化"（oxidation）替换所有"制冷"的字样，全篇便豁然贯通。

《青与老·生与死》章四，$469^{b}7$—20，活动物全身与其各个部分，都涵有"自然（生理）热"，当其活着的时刻，全身各个部分都有热感。一旦失去生命，它就全无热感。生命全赖热源所在，也是灵魂所在的心脏。章五，亚里士多德说熄火两式：（1）燃料既尽火自就熄；（2）被外物扑灭，以例于人或动物的死亡两式 a）生命原热渐已消耗，溘然寿终，b）遭遇横祸或急病，非命暴死。在这一章中，于呼吸之有佐于心脏的维持其热源之长久作用者，别出了"焖火炉喻"（$470^{a}6$—16），把煤团蔽护于灰烬之中，点着了的煤火隔绝于外围大气，而缕缕的小气仍得滤过灰烬，渗到煤团，就这样维持了焖火炉的长久燃烧。到这里，亚里士多德在不自觉中，已多少说着了火与气的实际。不惮烦地揭出这些章节，我们的本意正在这里：他说人与动物之死，就是肺或与肺相当的部分（构造）停了呼吸，断了供气，心脏停了供血，歇了脉搏，全身失热。失了生命的这个物身，就失去营养，感觉，运动与思想，一切机能，灵魂也与之俱泯了。回想在《动物志》与《动物之生殖》（比较胚胎学）中，亚氏记录了鸡卵孵化过程的实验记录，还有些胎生动物（兽类）的胚胎发育记录，各说到了鸟兽的胚胎、先出现心脏与相属的血管，这当是一个新生命的开始。《灵魂论》许多章节、显言动物生命的开始，便相应而为灵魂的原始。灵魂与物身同时而生，物身之为生体，而灵魂为之生命，于是这一活动物，乃开始运行营养，蕃殖，感觉，活动或行为，以及理知或思想。迨心脏既息其机能，于是所有营生感觉与精神，也一切随之而亡灭，于是，物身与灵魂同时而死。这样，《灵魂论》与《自然诸短篇》所讨论者，既是营养，感觉，运动，心识（思想与理性）这些正是近代本于人类与动物生理的，“心理学”的内容，所以英国罗斯（W. D. Ross）复校了《灵魂论》与《自然诸短篇》之后，确认亚里士多德为现代心理学的远祖，也可说世界上心理学最初的作家。

亚里士多德魂身合生同死的观念，在他当时是全新的。当时传说毕达哥拉宗（Pythagoreans）已有“轮回”之说，自然间浮游着若干灵魂，婴儿初诞，一经摄入，直到其人身亡，而此灵魂乃得脱身，还自浮游。但“投胎”的故实，古希腊殊不盛行。至于离魂之独立延存，不与其物身同死，则是大家已熟闻于荷马（Homerus），品达尔（Pindarus）等诗人的吟诵。中国，在齐梁间，从印度传入的轮回与地狱之说大盛。六朝，萧齐，皇孙，萧子良，在萧梁天监间，著《神不灭论》（神即“精神”，同于“灵魂”），说：神常在不灭，身只暂在。身死魂离，另入它身，信佛修善者，未来世投生于富贵之家，享人间福禄。谤佛作恶者，未来世投生猪狗蛇蝎，受尽畜道食色斗争之惨苦。儒家范缜作《神灭论》以反其说，曰：“形者，神之质；神者，形之用。称质而为用，形神不相异；名殊而体一者也。神之于质，犹利（锋）之于刃（刀），舍刃无利，未闻刃没而利存，岂容形亡而神在。”《神灭论》，作于天监七年，公元后507年。这一文中“形”译为亚里士多德的 σῶματος “物身”，“神”译为 ψυχή“灵魂”，是全切合的；所持议论，恰相符契。还有一点，今人诧异的，范缜的“刃（刀）

喻”恰好相同于亚里士多德的“斧(πέλεκυς)喻”(见于《灵魂论》,卷二,章一,412^b10—17)。

(四)《灵魂论》卷一各章,列举前贤关于灵魂的要理,并一一加以评议,认为他们都没有能撰成一个可以普遍适用于一切动物的定义。卷二乃叙述他自己“对于灵魂的观念”,或用现代语言来说,即“心理学体系”。依我们上已说到了的,他的心理学体系就是:物身与灵魂合成为一涵有生命的活动物之(甲)营养与蕃殖,(乙)感觉与运动,(丙)精神(即理性或心识),灵魂三级,到此,他把先前已积累了的许多资料,综结为“动物与人类生理-心理学的比较研究(comparative physio-psychology)”。

亚里士多德在他的解剖学上,有一个误失,是他检到些神经束(νεῦρον,neuron),恰把它们混同了肌腱(tendon)。他的《感觉》篇与《灵魂论》中,把感觉机能,统归之于心脏,这一失误,正由于此。当时,柏拉图已经认取感觉机能应在脑部,因为职司视、听、嗅觉的眼、耳、鼻都在头部。亚氏认明触觉机能为动物诸项感觉中的基本项;既然全身处处肌肤都有末梢微小血管都有触摸感,这就必须汇总在心脏。味觉,相类于触觉。由感觉引起的恐惧或喜悦,各引起心脏的惊悸或安愉。由欲望引起的趋避(运动)之或强或弱,心脏是刻刻都感受到的。我们现在常识所知运动神经与感觉神经,通都汇在脑部,他那时既无由想象,便转而假设眼耳鼻这些头部器官各都有管道,引到心脏区域。辨明在血管与骨骼,与肌腱之外,全身还有一个神经网络,须待之亚氏身后约五百年的伽仑医师(Galenus Medicus,盛年在公元后165年,是年34岁,行医至于罗马)。亚里士多德晚期以整个灵魂为整个潜在机体的生命实现,避免了旧所企求的生理机能与心理机能在物身上，寻取相应部分与其位置的迷惑，也避免了必需在心脏中安置灵魂的困难。亚里士多德这一错误，中国、印度等古代贤哲，统都不免。说“道心唯微，人心唯危”，说“运用之妙，在于一心”，这个心或那个心，都是从“心脏”之为“心”引申起来的。实际，这思想之为心，乃在“脑”，不在“心脏”。翻译印度佛教经论，谨慎地应用“意”“识”等名词，有些译者或论师、却就直作“心”字。直到近代，中国翻译西方研究所及脑神经的作用，还说是“心理作用”，于脑神经发作的种种表现与其行为，还称为“心理学”，照希腊字源译，恰正是“灵魂（生命）学”。

《灵魂论》，卷二章一，412b10，对于“灵魂是什么?”（τί ἐστιν ἡ ψυχή）的定义所作综合陈述：灵魂就“凭这公式”昭示其为“（生命）本体”（οὐσία ἡ κατὰ τὸν λόγον）。这公式先已于 412a20—22 叙明：“灵魂作为一个‘潜在地’（δυνάμει）具有生命的自然机体的‘形式’（本因 ὡς εἶδος），必然是‘其本体的实现’（ἡ οὐσία ἐντελέχεια）。”那个动物的生身，既是“物质底层材料”（ὡς ὑποκείμενον καὶ ὕλη，即物因），惟有凭此形式本因，它才得实现其为一个活动物。这里，亚里士多德把他后成的哲学思想，本体论与其“潜在-实现”公式，①应用到他前成的生物学与动物心理体系。他阐说灵魂之为生命，本体者，举属了两个实例：斧之所以成为斧者，其实是在于锋利，不在其铁身木柄，若无锋利，不能斫削，则彼铁身木柄者，不足以称真斧。或嫌这无机物的斧不全适合作有机生体的譬喻，他更作一有

① 参看亚里士多德《形而上学》，卷八章三，物质潜在与形式（成实）本体的统合定义；卷九章三，潜能与现实的分别，和 ἐντελέχεια“隐得来希”（完全实现）的定义。

机物的眼喻：眼之所以成其为眼者，在于视觉，不在其为白黑点睛，若雕像之有眼，或画像之有眼，虽惟妙惟肖，其奈不能窥视何！

“灵魂”ψυχή，“柏须歇”，希腊文义，同于“生命”。有机物之异于无机物，以有生命与无生命为别；一动物生体与一动物死体，以有无灵魂为之内涵为别。一个蜡人虽制作得与真人惟妙惟肖，可是不能赋予营养灵魂以行生长与蕃殖的功能，不能赋予感觉灵魂，使其眼能视，耳能听，手足能运动，也不能赋予思想（理知）灵魂，使之析事辨理；一棵草木虽能生长与蕃殖，却不可赋予感觉灵魂，使为相应的感觉与运动，一般动物，除了人类，也不能赋予思想灵魂。必须其物身潜在地具有各级灵魂的机能，而后灵魂乃能实现其为有生命的一棵植物，或一个动物，或一个有生命的活人。这里，在消极方面，用“潜在-实现”公式，说明生物界的三级灵魂，显见是简明而又通达的，较“身魂合成”公式为更贴切地适用于一切“生理-心理”体系的讨论。

依上所举两例，他于灵魂论题的言语虽已有变改，其为领要，犹与他的旧说相仿。但《灵魂论》这一专篇，既表明了灵魂与身体之实现与潜在的关系，自此以下，于讲到心脏的章节，就不再像《呼吸》等篇，重称心脏在动物机体中，具有特殊重要的位置与作用。对照于他的动物学著作，《灵魂论》也不再讲灵魂各项机能是否配属于物身与之相应的各不同的部分（构造）。于生物界而言，灵魂虽有三级差别，于每一鸟兽，或每一个人而言，灵魂是以一整体运行或施展于每一物身的所有各个部分的。

《灵魂论》，卷一章四，408^{b}24—29 思想与推论（玄思，τὸ θεωρεὶν）的功能消灭时，盍是由于心识（理知灵魂）所寓在的某个物身的衰损[由于老耄，或疾病等原因]，心识是实际不受影响的(不被动的)，思想与爱憎，实不是心识的属性，而是“那个具此心识的人身”的属性，这是那个物身作出的一些表现(心理表现)，记忆与爱情于是衰减(萎弱)了，内涵这些的整个实体既趋于坏死，衰减现象就处处显见。这些原来就不属于心识。“心识多少涵有些神性，所以它是不受影响的(不被动的)(ὁ δὲ νοῦς ἴσως θειότερόν τι καὶ ἀπαθής ἐστιν.)。”这里，关于“神性”字样的造句既是含糊，也在卷一中，不明其来踪与去迹。直到卷三章五，我们才找到了它的着落。这一章说到了心识(ὁ νοῦς理知)灵魂与其物身，一为主动，一为被动，恰如艺术与其所操作的材料的关系。下文(430ᵃ15—17)别出了关于灵魂的一个新义：“心识(ὁ νοῦς，理知灵魂，τὸ νοητικόν)”具有类乎光照的效应；“光”(τὸ φῶς)的一个命意，就在照亮潜在的色，成为现实的色。在作主体活动中的心识，“是(独立的)可分离的(χωριστὸς)，不被动的(不受影响的，ἀπαθὴς)，单纯的(不含杂的ἀμιγής)”。依亚氏的原论，灵魂不能离物身而独立存在，心识，即思想机能，或理知灵魂，也不能分离而独立于物身之外。可是他在卷三章四的末节，把心识两分为实用理知(ὁ νοῦς πρατικός)，即被动心识(ὁ νοῦς παθητικός)与纯理心识，即主动理知(ὁ νοῦς ποιητικός)。卷三章四，430ᵃ1—6，一块空白的书版，说它上面写着有字，这只能为潜在的有字而已，现实地讲，此时版上，一个字也没有。思想心识、恰就如此，自为其思想(理知)客体。于事物之不涵有物质材料者而言，思想过程与被思想的事物，是合同的；专于“纯理知识”(ἡ ἐπιστήμη ἡ θεωρητική)[例如，一数理论证]作想，思想主体就同一于它“自造的知识”(ἐ͂πιστητὸν τὸ ἀυτό)，即纯理客体。这

里就是亚里士多德所持的理由，纯理灵魂之为思想，不假外来的思想客体，而思想于自心所成思想客体，所以它是可以离立于物身（人体）而存在的。于是，卷三章五结句，430a22—23，“心识只有在它离立了以后（χωρισθεὶς，作成了‘离立状态’），才显见其真实的存在，只有在这情况中，它才是‘不死灭的，永恒的’（ἀθάνατον καὶ ἀΐδιον）。”不死灭而成为永恒的，这就赋予了灵魂（限于纯理灵魂）以“神性”。430a23—25，“这样的灵魂（纯理灵魂）既然不是被动体，所以不作记忆（于生前的活动或行为，也无所回想），作为被动体的心识，是要死灭的，而理知灵魂，或灵魂，分离于实践心识（被动心识）之后，就再不思想于任何外来的实用思想客体了。”①

于灵魂有可离立于物身之外（死后）的部分，这新义，回想起来，《灵魂论》卷二章一，盍有他的伏笔。413a4—9；“灵魂与躯体是不可分离的（οὐκ ἔστιν ἡ ψυχὴ χωριστὴ τοῦ σώματος），如果灵魂是具有若干区分的，那么，它的部分灵魂与其相应的部分躯体，也是不可分离的。但有些动物、其灵魂的某些部分之为实现，无关于其躯体的任何部分，那么，这部分灵魂若行分离，这就没有什么来加以阻止了；相应于其全躯之成其实现的灵魂，则总是不可分离的。又，灵魂于其躯体之为生命实现的关系，是否相类同于舵手与船的关系，我们实也还有所不明。”所云舵手与船喻，见于《灵魂论》卷一章三，406a3—12，任何事物可以两个方式移动其位置，（甲）由外物

① 这一节原文的章句不准足，又兼多习用的（tautology）如此如彼“或”“这个那个”的代名词，使人难以确定其主宾实体，所以久悬为后世笺家与译者的疑难。

间接的为之运动,(乙)由自己直接移动。(甲)舵手驶船,非船自行,我们就说航船是间接的行动;(乙)两脚步行,人身前进,因为两脚原属人身的部分,我们就说这人的前进是自己直接的行动。按照舵手喻,他能驶船,可是他能离船而自在;若言两脚或足,它们能移人畜,可不能离人畜而自在。

可是,在卷一章三,这一节的上下文中,我们未能找到这里(卷二章一,413ª4—7)所说灵魂有某一部分,可像舵手离船而自在者,离物身而自在。但我们读到卷三章十,议论物身与灵魂的运动功能(或人类的行为)时,见到了433ª8—20这一节,"有两个致动者,欲望(贪欲 ὄρεξις)与心识(νοῦς)。人类以外的诸动物,既不会思想,也不能计算……心识与欲望该正是空间运动(移换位置)所由发生的本原。但这里所说心识,须是备有计算功能(工于心计)的'实用(实践)心识(νοῦς ὁ πρακτικός)'。实用心识所考虑的,专在如何获致感觉所发现与所企求的客体(目的或终极),理想心识(ν. ὁ θεωρητικός)则没有自己的终极(无所企求);而欲望的各个种属总舍不了有一个企图(目的):欲望(贪欲)的客体(对象)正是实用心识的刺激物;这个客体既是思想过程的终端,又是运动(行为)过程的始点。于是欲望(贪欲)与实用心识两者合同是运动的创始,说运动发源于心识者,其真意只限于这么一个方面,这个客体,激起欲望思想而为运动,其运动的终极(目的)乃止于获得这个客体(所欲对象)"。这里我们终于找到了亚里士多德,在他动物学诸篇中,以及自然诸短篇中,原来与其动物物身不可分离的灵魂,被区划为一可分离与另一不可分离部分的端倪。如我们上所指述的,灵魂分作三级,(甲)营养(生长与蕃殖)(乙)感觉与运动(丙)心识

（思想或理性）。现在，他把人类所独有的（丙）级灵魂析为实用与纯理两个分级；实用思想的灵魂（διάνοια πρακτική, practical mind），包括计算功能，着落于感觉或臆想所引起的生长与蕃殖的欲望（爱憎）对象，而运动物身，作出趋避的行为，这就把这一分级实际系属之于（甲）植物（乙）动物的两级。于是而保留了的另一分级，所谓纯理心识（ν. θεωρ.，theoretical mind），则是思想于不引起欲望（生活企图，或贪欲目的）的思想，举例以明之，就像“直角三角形的另两角，等于一直角”，这样的数理推论。这个专为研究真理而作研究（思想）的纯理灵魂与物身全不相涉。纯理心识这个（丙）魂分级，既与活着的动物物身原本不相附丽，自然于这物身灭亡之后，可以全然离立。脱离了这现实生物世界而犹独立存在的，这个（丙）分级灵魂，将何所归属？归属之于神祇！那么，人类的高出于禽兽之上的精神，（丙级灵魂）盍乃处于神畜之间，一半（分级之一）近乎或者直是禽兽，一半（分级之另一）近乎神祇，或者可得伍于神祇。

《灵魂论》卷三章十一，434^{a}15—20，讲知识机能所起的信念（成见，ὑποληψιs）或出于普遍公式，或出于个别（特殊）公式。“这些信念（成见）也引起人们的运动（行为），这些运动（行为）由于普遍因素所着力的总较小，由于特殊因素所着力的总较大。”这一节的命意也在分化理知灵魂（知识机能），以普遍因素超属于人之为类，而上接于神祇，以特殊因素下承于各个个人之近乎鸟兽的行为。《灵魂论》中还有一些孤零的文句，卷一章三 407^{a}5 提到了 τὴν τοῦ παντόs “（宇宙）大全魂”。卷三章七的主题是实用理知的操持，末节提到抽象论证，没有说明所论主旨，就结束了全章转出章八，再次申述"宇宙灵魂"，ἡ ψυχὴ τὰ ὄντα πώς ἐστι πάντα（灵魂的一个命意统概乎全宇宙的万物）。于这么一个重大的论题，下文却又是似相属而似不相属的。407ª5 所提到的"大全灵魂"（Anima mundi）原是绍承柏拉图，《蒂迈欧》（Timaeus）中，有关此题的议论。毕达哥拉学派与柏拉图学派都称道诸天体在天穹中循圆轨道的运动，演奏着美妙的乐调，而指挥着这天乐的，当为"宇宙灵魂"（the cosmic soul）。连类而及人类灵魂必也相应于"宇宙总体的灵魂"（τὴν τοῦ παντός）引用合乎乐律的数理以为行动。亚里士多德在本章的下文相异于，或说相反于柏拉图学派，谓人类生平的运动（行为）不能是往复不已的圆运动，所以说不上他的灵魂合契于"宇宙灵魂"。那么，亚里士多德在撰写卷一时，已否定了自然哲学上的宇宙总体灵魂和生理心理学上的人类个别灵魂的任何联系，怎么在卷三，又重复提出？这也是后世笺家与译者大为诧异的一个疑难。《灵魂论》有些章节，文理不相贯串，各卷章中，时或有复出或相乖忤的句读。对于《灵魂论》深入钻研了的笃尔斯羯克（A. Torstrik）认为这类章句该是古昔编者，把亚里士多德原稿中一些未完成的断片或札记，拼凑起来的。关于"宇宙灵魂"这几节，显然就是这样的残片，我们尽可把它搁置起来，不作追寻。

我们这里译为"灵魂"（soul）意指生命（life），或义同精神（spirit 精灵）的 ἡ ψυχή 这字，自古就作多方面的命意。公元前八九世纪间，见于荷马史诗者，灵魂为与其身体相配对的，实主其人之生命，在其人身死之日，则离立而为他的"鬼魂"（ghost）。《伊利亚特》（二十三，65）有阿伽米农（Ἀγαμμένονος）的离魂，《奥德赛》（十一，207）出现了巴脱洛克留（Πατροκλῆος）的离魂。这样的魂，在其人死后,浮游于身外,凡被生人见到时,仍作原来的形貌。这种“示现”的幻象(φάντασμα)或“映影”(εἴδωλον),在亚里士多德的《自然诸短篇》与《灵魂论》中,明确地归属于生人的感觉机能后遗,或臆想所作的心理印象;在他的生理-心理学的灵魂体系中,没有“鬼魂”(离魂)。公元前第五六世纪间,奥菲克密宗(Orphicism)造谶的神司(巫祝),自谓,或由他人为之宣传,原出神明,暂游人间,旅寓于某一肉身之中;迨此身体灭坏,此灵魂乃还于神界(归天);神界考其在世俗时的善业或恶行,而予以赏罚。在诗人品达尔(Pindarus)的篇章中就留有如此的叙记。这类传统的圣迹,亚里士多德深知其有关当代城邦政治,社会与军事的实际和利害(祸福),素来不加评议,但于《梦占》篇中,他显说所有声称“托梦”的人们,都是凡俗愚昧的男女,把这些梦当作“神兆”而为之占取休咎的术士,或巫祝,也都不是具有智慧的;这些声色如绘的奇异梦境,或出于梦者自己虚妄的感觉,或近属于(有据于)感觉机能的臆想,或由于其人机能萎弱,或因疾病所引起的幻象,或是有意谎编的故事。真神不管个人的休咎;他于此否定那些自称为交通于人神之间的巫觋。亚里士多德既执持灵魂与物身,同生而共死,否定灵魂之不能独立存在,灵魂当然属于凡人,全无神性。

公元前第五世纪间,亚里斯托芬尼(Aristophanes)的戏剧,有“许多‘灵魂’灭亡了”(ψυχαὶ παλλαὶ ἔθανον)这样的台词,恰同于“许多‘人’灭亡了”。这有如中国史书中说到某一地区,某一灾祸中,大批的人死亡,就说“生灵涂炭”。这在亚里士多德的语汇中,就是以“灵魂”(soul,生灵)这字假代了“涵蕴有灵魂的一个活人”(a besouled man)。

柏拉图(公元前427—前347)的对话多篇涉及灵魂,也有以灵魂为主题的对话。他的文哲寓言或神话新编,虽"饶有智慧",却不是认真的学术研究。他随心所欲言,信笔写来,都成妙谛,但他横说竖说,常无定论;前后纷歧,他也不必勘实,俾成一完整系统。他在《米诺》(Meno),《斐多》(Phaedo),《费得罗》(Phaedrus)等篇中,都讲灵魂先于人的诞生而存在。《蒂迈欧》(Timaeus 34E)说灵魂先于躯体;天赋躯体为灵魂的奴仆。《法律》篇(Laws, X,891),物身固应服属于灵魂。灵魂既于群神为近亲,故于入世的平生,常求自解于彼类于囚笼的躯体。可是,于《共和国》(Republic)中,他以人的灵魂喻城邦统治的良窳时,析人魂有三个因素为之组成,治邦就像(1)情感辅祐(2)理知(灵性),制服了(3)贪欲(物性),而成和谐的品德。《蒂迈欧》也说到人们具有一个劣等神祇为他们预制的一个该死的灵魂,其中充塞着贪欲,这就是世上众恶的本原。与此相应的《法律》篇中就说人有一善一恶的两魂。以灵魂为主题的《斐多》篇中,他又编撰有"两魂"的神话,身死之日,魂到冥府,俱受审判,其正直的善魂,便遣送于大西洋远西泓瀛中的幸福岛上,其邪慝的恶魂,便发落于魃魃罗地狱(Tartarus),加以和他(她)的罪状相符适的惩罚。当时黑海以北,高加索山间,土著民族就有这样的传说。这一神话新编,是否就是亚里士多德在《灵魂论》一些章节中,把人类丙级灵魂区划为实用心识与理知心识两个部分的蓝本或启发?这是可信又可疑的。柏拉图在《费得罗》篇与《法律》篇(X,904B)中,都曾讲到灵魂是一个自能动体,为生物世界的动因,所以它须是永恒的,不死的。《斐多》篇与《共和国》(X,608),都记载了苏格拉底灵魂"永不死灭"(immortality)的信念。这些是否又

揭出了亚里士多德灵魂具有些"神性",而且是"永恒的",那些畸零的残章断句的来历?这些脱出了肉体,或到幸福岛上,或到[illegible]罗中的众魂,其善魂于幸福尽时,其恶魂于刑罚终了之后,《费得罗》,《共和国》等篇都许以重新入世(投胎,transmigration),并让他(她)们凭前生的经历,自由选择来生的物身,可是竟有许多愚昧的灵魂,仍还乐于任纵贪欲,选取低等动物而转世。轮回或投胎之说,可能是印度婆罗门最早设想起来的,随后向西向东传播而与时俱广。古先各民族都乐闻人世淆乱的善恶或曲直,终久获得死后的纠正,也就欣然接受这些创意,各凭本族的道德(伦理)传统,或详或略地构思各自的冥间与地狱。柏拉图的新神话大概得之于毕达哥拉宗派,毕达哥拉大概得之于印度经由波斯的传闻。至于亚里士多德,既从生物学,从生理心理学上考察灵魂这题,他基本肯定了灵魂与其物身的同生共死,在他的著述中不见幽冥的字样,没有轮回的设想,当然也没有死后的牛魂马魂。在他想来,人,牛,马的机体构造,既不相同,人魂,牛魂,马魂是不能错互地搭配的。

柏拉图主意式(唯心 idea),尚通理(universality),好抽象(abstraction),而轻现实世界的一一个体(particularity),专重非物质的灵魂而薄动物或人类的物身(肉体)。亚里士多德既为之入室弟子,方少壮日,受柏拉图影响甚深,循从师说,故有《戒勉篇》,作灵魂的超物身观念。世传苏格拉底临末从容的高义:雅典公审法庭,以侮慢神祇,蛊惑青年,判处苏格拉底死刑,系于囹圄。服罪之日,其从者会聚于狱中,为言已与典狱者通,引之出狱,并已于港口备舟,偕共流亡邻邦。一离雅典,雅典城邦法律便归无效。苏格拉底谓,灵魂之在人身,人之自性在灵魂,今法庭判非其罪,使吾魂得早脱囚笼(肉体),实我幸事。为诸从者论生死义理,魂身义理,自晨至夕,卒不离狱。执法吏持药来至。苏格拉底恬然仰药以死。柏拉图在学园,为诸生讲授苏格拉底临终对话(Apologia,《申诉》),说苏格拉底深信自己灵魂不灭,其从容就义者如此。世传柏拉图在开讲这恰也是讨论"灵魂"的一篇专著时,其初座无虚席。这一对话,十分庄严而激动人心。然倾听既久而渐倦,听众陆续以去。迨其终篇,惟亚里士多德一人端坐于本位。这样的故事,当然是伪撰起来的,但我们不妨就据此以度量亚里士多德在柏拉图门下的岁月,尊师重道,确乎信服苏格拉底-柏拉图关于灵魂的传统观念。

但亚里士多德既裔出医师世家,习于凭解剖与实验,研究一切动物和人类的生理现象与行为,到中年又如此勤勉地考察了生物的万类,他明确了灵魂("心理")终不可脱离生物——机体的"生理"而专作抽象的论说,这时期,柏拉图亚卡台米的师徒们都偏信:凭感觉所认识的物质世界是虚妄的,不是实有的。亚氏确认了物质世界的实在,也确认生物物身的实在,而指明了万类的"生命"则有待于灵魂在物身上为之实现。于是,"灵魂"虽也是世界上的一个实际存在,但它不能脱离——生物的物身而犹在。世界如果一个活动物也没有了,连草木也没有了,真成了一个死寂的世界,全无活物,全无生命,也就全无灵魂。

(五)于是近世尚实的学者往往认为亚氏一旦完成了这样的魂身体系,决不会重返少壮时期柏拉图专重灵魂的信念或理论,所以《灵魂论》中,关于"灵魂不死"与其"神性"这类章句,都是后世伪造了,添加的。与此相反,中世纪的学者特别歆动于灵魂具有神性的章句。穆罕默德迁居纪年(Hejira)第四世纪,耶稣基督纪元第十一世纪,伊斯兰(回教)学术昌明的盛世,阿拉伯最著名的自然哲学家,也是最著名的医师,伊本·西那(Ibn Sina,980—1037),著行了他的传世之作《医典》与《灵魂治疗大全》。伊本·西那勤研亚里士多德学术,遍习遗著,故工于逻辑,于一切事,一切物,能为归纳与演绎,能为类析与总断。于亚氏《形而上学》,尤辛苦用功,服膺"四因说","目的论",和潜在与现实过程之所以解释事物之衍变者,拳拳终身。他也精读亚氏物理,伦理,政治,以及动物生理心理诸篇章。他所著作而传世至今的,有《医典》和《灵魂治疗大全》。《医典》述人身疾病与其治疗,承袭古希腊医祖希朴克拉底(Hippocrates)与行医罗马而成名的亚历山大城希腊医师伽仑(Galenus)的医理与经验,也广引了亚里士多德的解剖与胚胎学等记录。《灵魂治疗大全》说治疗世人灵魂(心理)的百病,祈愿世人操修高尚坚贞的道德;嗣后,伊斯兰教徒奉为阿拉伯学术的百科全书,实际上这本大全主要是亚里士多德学术一一范畴的全面介绍与诠注,也增加有柏拉图,以柏洛丁诺(Plotinus)等新柏拉图学派等诸家之说,并糅合之伊斯兰学者的神哲义理与教训。由于引进了伽仑关于头部构造的解剖记录,他已认得脑部的某处为诸项感觉神经体系汇结所在,这比之于亚里士多德于感觉诸器官及情欲与心识诸功能一主于心脏者乃较为明审。他这名著,大量应用了亚里士多德《灵魂论》的章句。伊本·西那的自然哲学,本于亚里士多德的《形而上学》,他的学术分类,作实践知识与纯理知识之别,符合于亚氏《灵魂论》对于心识(理知)的分析。纯理心识若作灵魂之具有"神性"的导引,这就符契于伊斯兰的教义。伊本·西那由此糅合亚里士多德于回教教义，从真主（阿拉，Allah）流放或辐射的精神（spirit），把生命法式赋予之万物，万物受此法式（灵魂）而成为一一具有灵魂的众生。于是伊本·西那（阿维森纳）的“灵魂”：与其物身同时诞生，而不与之共死。那么，他的万古不朽的灵魂，盍是无感觉，无思想，不运动的一个存在。

伊本·西那未习古希腊文，他研究亚里士多德著作是由阿拉伯文译本和叙利亚文译本入手的。伊本·西那的名著西传到西班牙（安达卢西亚 Andalusia）后，第十二世纪间，科尔多瓦（Cordova）的伊斯兰学者为之翻成了拉丁文，这些拉丁译本把伊本·西那这阿拉伯名字转化为“Avicenna 阿维森纳”这样的拉丁名字。于是，伊斯兰化了的亚里士多德与古希腊学术，因这些拉丁译本而流传到西欧列邦。西欧在中古期间，荒疏了希腊文化学术，经伊斯兰学者的提倡与传布，闻风兴起渐多问津。[①] 公元后，第十三世纪，天主教法兰徒司（Flanders），迷尔培克（Moerbeka）主教，多明我会士威廉（Guillieme，1215—1286）依据希腊抄本完成了《亚里士多德全集》的拉丁文译本。威廉主教的这一事业有得于罗马教廷，神学院经师，多明我会士（Dominican），多马·阿奎那（Thomas Aquinas，1225—1274）的赞助。威廉的译文是逐字逐句，对照着原文直译的。阿奎那依据迷尔培克拉丁译本逐节逐句撰造了亚里士多德

① 中古间，为阿奎那研究亚里士多德学术先导的巴伐利亚（Bavaria）经院哲学家，大亚尔培脱（Albertus Magnus，1200—1280），与阿奎那同辈的英国修士哲学家罗吉尔·培根（Roger Bacon，1214（?）—1294），后于阿奎那的苏格兰经院神学家，邓斯·斯库脱（Duns Scotus，1265—1308），这些研究亚里士多德有得的名家各都是从伊本·西那的拉丁文译本着手的。

全集的拉丁注疏。由于阿奎那的精勤，有如《灵魂论》，辞多疑难，文或乖忤的这样一个专篇，后起学者凭他的笺释，也可得解悟了。罗马教廷随后把亚里士多德这些遗编与阿奎那笺释列入神学院课程；像《灵魂论》这样的篇章，一般神学修士都是通习的。到十九世纪末，罗马教皇利奥十三，把多马·阿奎那的，包涵大量亚里士多德哲学名学思想的《神学大全》正式颁为天主教的教义哲学。天主教出于犹太旧教，犹太教义谓世俗万类生命皆受于天主的“嘘气”。犹太的以色列支族，于公元初降生了“救世主，耶稣”，他在耶路撒冷成仁（以妖言惑众，冒渎神圣罪，被钉死在十字架上）。耶稣的门徒，散去地中海周围，当时的罗马共和国境内，也就是希腊化世界之内，传布耶稣诞世，拯救万国众生灵魂的“福音”（εὐαγγέλιον）。由是而兴起的，主于“弥赛亚耶稣”的天主教，在若干世纪后编成的《新旧约全书》，杂用希腊语言以传述希伯来的宗教思想。譬如育成众生的“嘘气”，在《新旧约》的《七十士译本》（Septuagint），即希腊文本中，正是 πνεῦμα 这个兼作呼吸之“气”和人的“精神”两解的字。在亚里士多德的动物生理-心理学著作中 συμφύτον πνεῦμα“自然炁”，或 ἐμφύτον“内蕴炁”，正也是动物原来的无机物身所由成其为一有机生物之本原。希伯来文中的 nephesh“纳费许”，本义为“灵魂”（ψυχὴ，soul），在《七十士译本》中也作 πνεῦμα，在后出的拉丁经本（vulgata 通俗本）中，又作 spiritus（精神）。天主教神学的“三位一体”（Trinity），有 πνεῦμον ἅγιον“圣灵”（Holy spirit），作为天父与圣子之间的间位。［耶稣原为诞于世俗的“人子”，因此“圣灵”而示现为天父的“圣子（神子）”。］亚里士多德动物灵魂的定义先为：“物身”与“灵魂”契合而成为一含蕴了“生命”的活动物，后为:潜在地具有生命的动物物身,凭灵魂以实现其为一个活动物。这些自然哲学的希腊语言,在中古的神甫们看来,对于他们的教义殊无窒碍,或竟是可资取的。亚里士多德于全生物界灵魂的三级分析,人类独具有理知灵魂(精神),超出植物与动物界,而进入超生物的精神境界。于是,人类的理知(心识)涵蕴了上承神天,下接鸟兽鱼虫草木世界的心理间体,因此他们可凭理性所启的伦理品德,操持其思想与行为,调伏他们自己由感觉与生生(生长与生殖)机能所引发的兽性贪欲。亚氏又把人类理性两分为实践(应用)理性与纯理理性,正好为末级灵魂构制了又一台阶,任令世俗灵魂终久步上神天境界。多马·阿奎那确乎乐得这样的自然哲学思想,虽缺乏宗教的虔敬,恰可有助于世俗的善士,起信而操练为诚笃的天主教修士。那么,亚里士多德书中畸零的断句,有如 ἡ ψυχή τὰ πάντα(“宇宙灵魂” anima mundi),这样没有榷诂的名称,也可姑作三百年前,“天主”或“救世主”降临希腊化世界,以及后来的欧亚非三洲列族的世界之预告(先兆)。这样,《灵魂论》中,上述引起争执的疑难,即灵魂具有“神性”而“永在”的一些云谓,在多马·阿奎那看来,殊不必是疑难,而竟是合乎自然的了。

亚里士多德重言,“认识(审辨)与思维”这些心识机能皆有赖于“感觉”,感觉有赖于——“感觉客体”,即一切可感觉的外在事物,刺激动物与人类的相应感觉器官“而后成其——感觉”。唯物主义学者们通常认为这些观念,“紧密地接近唯物主义(materialism)”。然而亚氏又申说,理性知识为较高贵于应用的知识,专操纯理思想的生活为最尚的生活,他扩大了理性的功能,为哲学家们夸张了“玄思”的作用,为天主教神甫与经师们置备了“默念”(contemplation),为诸圣事(sacramenta,圣功)之一的标签。以至于唯物主义者认为阿奎那的那些诠疏,转化亚氏近于唯物主义的"生命(灵魂)"观念而纳之入于精神主义(spiritualism)的神学体系。由此,他们往往指责阿奎那篡改了亚里士多德的文义,或中古的拉丁译本窜改了古希腊抄本的原文。现在欧洲历史悠久的梵蒂冈藏书,各国国家藏书或学院藏书,所有十三、四世纪抄本,都可以查证,较早古希腊诸笺家,如公元后第三世纪初,亚茀洛第西亚的亚历山大(Alexanderus Aphrodisias 盛年约在公元后 205)的诠疏,《疑难与其解释》('Απορίαι καὶ λύσεις),[①]和后来诸家,直到第十三世纪的索福尼亚(Sophonias)等的诠疏,也都可以查证,缮写者无关宏旨的笔误,是各本都有的,说有意的篡改,盍是过情的诘责。亚氏三卷《灵魂论》,已被论定,于动物生理心理学诸篇中,为较晚的著作,其中杂有灵魂"神性而永在的"文句之卷三,则尤当晚而又晚。在这时期,他若被推测有回复柏拉图思想的倾向,不是不可容许的。经过文艺复兴运动,西欧修习古希腊学术文化之风大盛。第十七世纪初,意大利札巴里拉(J. Zabarella)依据希腊文抄本重译了亚里士多德的《物理学》与《灵魂论》(维尼斯 1600—1605 印行)为拉丁文,并重为之注释。他认为《灵魂论》中,所涉灵魂的神性,正与《形而上学》所说的"神"(Λ 卷,1070^a24—27,1072^a26—32)等相符契。在他所著《自然界》(De Rebus Naturalibus)第十二,十三章,确言理性(纯理心识)是完全独立于物身(物质材料)之外的独立存在,同于《形而上学》中没有物质底层的纯形式(意式);

① 亚历山大的诠疏确言,"主动理知(纯理心识)"即"神"。

日光所照能使潜在地为可见的万物示现为实际见到的万物，类乎如此，主动或心识（纯理知）能使潜在的被动的理知客体（应用知识）发为现实理知。这样的实是应即神性实是，其为神明，当不低于自己不动而能致动乎天上群星，作永恒运动的诸神。[①]

纽扬等亚里士多德生理心理学上，灵魂（生命）观念演化发展三变之说，虽为大多数专研学者所接受，可也未尝没有爱好柏拉图意式论者，执持唯心思想的人们，与之作相反的议论，他们认为亚里士多德为柏拉图的大弟子，于灵魂（生命）而言，他的早年与晚期著作都是沿承柏拉图的。所云中期的灵魂观念，魂身合成生命，同生共死的现实经验，这些占了《灵魂论》过半篇幅的文章，应是吕克昂学院，继任主持者，色奥弗拉斯托（Theophrastus，—公元前？287？）的笔札。公元前第一世纪初安得洛尼可（Andronicus）在罗马获致小亚细亚，瑟柏雪（Scepsis）地窖中得来的，雅典吕克昂学院积藏的讲稿，为之编整时，把色奥弗拉斯托同题的遗卷，统纂为亚里士多德的《灵魂论》。其中反对柏拉图之偏重理想的章节，正是这位富于经验的作者的著述。他们认为亚里士多德中晚年都没有反对师说。这样的揣测也没有充足的证据。反之《灵魂论》与

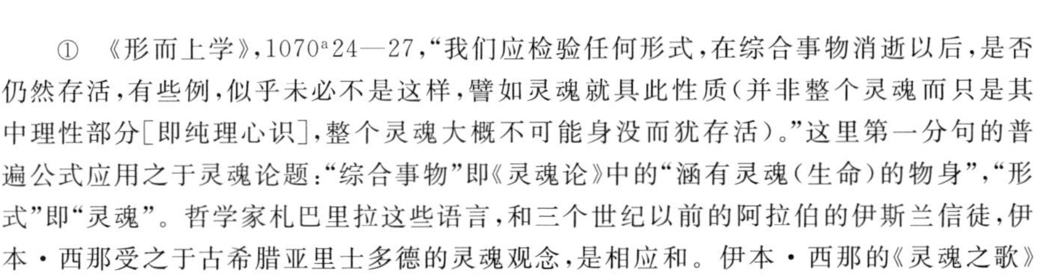

① 《形而上学》，$1070^{a}24$—27，“我们应检验任何形式，在综合事物消逝以后，是否仍然存活，有些例，似乎未必不是这样，譬如灵魂就具此性质（并非整个灵魂而只是其中理性部分[即纯理心识]，整个灵魂大概不可能身没而犹存活）。”这里第一分句的普遍公式应用之于灵魂论题：“综合事物”即《灵魂论》中的“涵有灵魂（生命）的物身”，“形式”即“灵魂”。哲学家札巴里拉这些语言，和三个世纪以前的阿拉伯的伊斯兰信徒，伊本·西那受之于古希腊亚里士多德的灵魂观念，是相应和。伊本·西那的《灵魂之歌》（“群星的秘密”）：“你[星星]莫非就是灵魂离别后，飞升的归宿？或是灵魂和我们的肉身一起消亡？”两人都偏重了《灵魂论》中有关“神性”的章句。

《自然诸短篇》中,本于现实情况的经验之谈,恰与亚氏动物著作,辄相符契,而动物诸篇之为亚氏原著,自古没有异议。两书的文笔,句法与理致(逻辑)也全属亚氏的风格。亚氏治学从柏拉图的理想(抽象)主义,转向于经验主义(Empiricism)在较《灵魂论》先成的《欧台谟伦理学》(Ethica Eudemia)与《命题》(Topica)篇中,已显见其端倪。后成的《形而上学》与《政治学》等各有反对亚卡台米,后继的柏拉图学派的议论,硬说《灵魂论》必须独守师说,是不可信的。

汉文译者既润浸于这些故纸之中,历有年数,直不置疑于《灵魂论》之为亚氏原稿"魂身统合而各成为一活动物"的定义,以及"灵魂赋予潜在的生体以现实的生命"之为"魂身统合"的修正定义,虽有违柏拉图偏崇灵魂绝对高超于物身的主旨,实际解脱了巫觋装神弄鬼的法术与时俗迷信鬼魂的常习。至于灵魂的"神性"与"永在",以及"宇宙灵魂"等若干畸零的章句,我也信为亚氏自己手草的残片,大抵是札录当日想起的某一重要论题将为之作慎重的研究。可是在他还没有完成其研究或尚未著录其研究所得之前,就谢世了。我们无从悬揣他对这些题旨的结论;若要我姑妄揣之,则我推测他于灵魂之"神性"与"永在"之说,最后盍是否定的,于"宇宙魂"也许就此为止,更不置辞。或问:亚里士多德素重希腊的神话传统。希腊群神,都是拟人的寓言,那么,于人魂而言,也何妨追随昔贤,作些拟神的诗境?我在上文举及,齐梁间,中国有援儒辟佛的学者,范缜作《神灭论》,不信有脱离"人形"(物身)而独立存在的"神影"(鬼魂)。有人质讯他,孔子不语"神"、"怪",而《礼记》重言祭祀,则确认了父母祖宗的神魂,个真常在或尚在!范缜答

辩：孔子顺从孝子追慕其尊亲的思心，制为岁时祭祀的仪式，曰："慎终追远，民德归厚矣。"祭祀实际有益于伦理操修与社会道德，所以先师如此教诲其门人弟子。又曰："祭神如神在。"那么，在现实的感觉世界，鬼神固不可得见，只是心理上，你应该设想你的父母祖宗的亡灵真的来到了享堂，而且正在尚享你的孝敬。柏拉图显言要在他的理想城邦中，禁止诗人们造作那些伤风败俗的神话。亚里士多德不责备那些不伦不类而传世已久的希腊神话，而在自然哲学，即现世所称的自然科学方面，反于柏拉图，而明确否定了，"灵魂"在脱离肉体之后的独立存在。这于与之年代和地区，相去两远的中国范缜的辨识，毋宁是相仿的。说仲尼孔氏之所谓"神"是氏族始祖之神，乃后世子孙孝思的假设[①]我没有藐小儒家敬神的大意，相似地世界列族各有这样的氏族之神或部落之神，该不是无益于列族的传统的。

τὸ ποιῆσαι ἕτερον οἷον αὐτό, ζῷον μὲν ζῷον, φυτὸν δὲ φυτόν, ἵνα τοῦ ἀεὶ καὶ τοῦ θείου μετέχωσιν ᾗ δύνανται·《灵魂论》卷二章四，415^b6—7，"生物界凭其蕃殖功能，一动物生殖一动物，一草木生殖一草木，各创造与自己类同的嗣承个体，只有凭这方法，它们才能参与于大自然的伟绩（神业），永恒而具有神性"。（按：这段希腊文见于 D. 罗斯，牛津希英对照本 415^a28—29，汉译文在本书 94—95 页，但与此段译文不尽相同。——编校者）

如果我们承认上引的章句正是亚里士多德生理心理学与其自

① 诗，《大雅·生民》，序曰："尊祖也。后稷生于姜嫄。文武之功，起于后稷，故祀以配天焉。"

然哲学的宗旨，那么，我这汉文译本直想借用汉人的自然哲学传统思想，人生与社会的传统思想来为之作附加的诠释。按照“以经解经”的常规，笺家于古希腊亚里士多德的注疏，该尽自限于亚氏的著述，与希腊的旧编。但广义言之，这些学术卷章，既久已具称为世界共通的文化遗产，《灵魂论》原来是动物心理学，亦称比较心理学，那么，我们为之添增些古旧民族的比较心理学的对照，也应是可容许的。《易·系辞》，“天地之大德曰生”。又曰，“生生之谓易”。试把“生生”浅明地解作“蕃衍子嗣”。这样，《易》理，作为儒家哲学正该是善葆本生，更重后嗣的不绝的递嬗。这恰正符合于亚氏灵魂论的基级灵魂，包括草木在内的一切生物的营养兼蕃殖机能。天地（宇宙）这样的“大德”，正也就是亚氏的“神业”（τοῦ θεἰου）。神业（神性）就在“永恒”（τοῦ ἀεὶ）。一切生物，草木鸟兽虫鱼，以至智慧人这样的品种，凡能因生生不息而延其世代于永恒者，不也都参与了“神业”（自然的伟绩）！“卑之无甚高论”：就是这些寻常的事物事例，自然朝朝暮暮地昭示着这样的“大德”！我们不须阻挡有谁乐于艰难，志趋遥远的学者们追随亚氏，别出蹊径，迂绕于百里之外，进而查询中级与高级灵魂，即感觉与心识（精神）机能，而且在高级灵魂中析取纯理灵魂而考验它，抽象而又抽象地，乃独有的，异乎寻常的，至圣无上的“神性”。可是，如果你乐于简易，近取当前，即事即目，认知自然既以永恒（万古常在）为神，我们侪于草木鸟兽鱼虫，万类之中而得为其中之一物，竟然具足生与生生的功力，由远祖递嬗到自己，还将由自己递嬗于后世，也就顺理成章，够可参与于宇宙的神业了。

《灵魂论》章节分析

卷(A)一　列举先贤关于灵魂的议论

卷(B)二　自叙其灵魂(心理)体系

章一　灵魂的定义：作为一潜在生物(动物)的物身，因灵魂与之相合，而成为一现实的活动数。…………412a1—b9

灵魂为物质躯体的式因，物身具有了灵魂而示现其生命，斧喻与眼喻。………………………412b10—413a10

章二　潜在与现实定义，准之于动物生活的种种形态(模式)。……………………………………………………413a11—b13

为一事物制作其定义，必须说明其事实(本体)并及其原因，生物(动物)之因灵魂而表现其具有了生命者，昭示于营养(包括生长与繁殖)，感觉，与理知诸机能，以及发始物身运动的主动机能。……………………………………………413b13—414a28

章三　群生(生物界)各因其[级进]顺序而或只具备诸机能之一，营养与蕃殖，即植物灵魂，或兼具营养与感觉(官感与情感)机能，即动物灵魂，或全备营养、感觉与理知机能，即人类灵魂(精神)。所以除了灵魂的共通定义之外，生物各级类还有各自的灵魂定义。……………………………………………414a28—415a14

章四　研究生物诸机能的功用。灵魂所以为生物完成(实现)其为生命之原因者三：(1)为诸生物(动物与植物)之实是(本因)。(2)为之成实的极因(目的)，而物身(躯体)乃供灵魂以为之成实的材料(物因)。(3)为诸生物(动物)的运动四式(位移，形变，生，灭)

效其势力(动因)。 ………………………… $415^{a}15—^{b}28$

饲料与进食的生物,其物质成分或相类或相反;无论其为类为反之饲料,凡有益于其进食者之生存与生长者,则被消化成为营养,而被吸收;其无益或有害者,则为残余而被排泄。

…………………………………………… $415^{b}28—416^{b}7$

营养灵魂凭“生命原热”(营养热)作用于所进食料而行消化,以供应一切生物(动植物)的生存与生长所需的资料。

……………………………………………… $416^{b}8—31$

章五　通述五项感觉。诸感官自体也由“诸可感觉物所构成”而只是“潜在”为感觉,实际不自成感觉,必待外物(感觉客体)为之激发而后得成其“现实”感觉。感觉之为运动,属于形变的一式。 …………… $416^{b}32—417^{b}$

感觉由外来的可感觉物(感觉客体)所激发其为活动(机能)则操持于内在的心识(思想或理知)。

…………………………………………… $417^{b}18—418^{a}5$

章六　可感觉物(感觉客体)两级三类:甲级,由己(本然)客体,为直接可感觉物而是无失误的,例如(第一类)色,声,香,味四感觉,各有其一个专项对象;(第二类)触觉一项,乃有冷热,干湿,硬软等几种对象。乙级,附从(偶然)客体,动静,数,形状,量度(体段),这些都由一种以上,多种感觉为之感应;(第三类)例如“第亚雷的儿子”,是一间接可感觉物,这是可以发生

错误感觉的。 …………………………………… 418a6—26

章七 视感与可见对象(客体)——色与光;光与暗。

………………………………………………… 418a26—419a12

传色介质——气与水,光与透视。声感与嗅感、也有赖于介质为之传递。 ……………………………… 419a12—b3

章八 听觉与声音。发声与传声。回声。 ……… 419b4—420a3

听觉器官与听觉过程。 ……………………………… 420a4—b5

动物生体凭呼吸空气于声腔中,发出冲撞,以舌为之调节而成嗓音;嗓音为声音的一个特殊品种。

………………………………………………… 420b5—421a6

章九 嗅觉与可嗅客体。于同一可嗅物,不同动物可感应为不同嗅感。人类敏于触觉与味觉,其嗅觉逊于它动物。嗅感诸品种。 ……………………………… 421a6—b11

陆地动物与水居动物的嗅觉器官与其机能。传嗅介质,气与水。 ……………………………… 421b11—422a7

章十 味觉异于视,听,嗅觉之须经过介质而为远感机能,它相似于触觉而为近感机能。味觉之功用,在于辨识事物之或可饮食,或不可饮食。凡味感,皆发于液态,故味觉器官必具有干性物身,而能受润湿。

………………………………………………… 422a7—b10

味感诸品种。 ……………………………………… 422b11—16

章十一 触觉。视,听,味,嗅四项感觉各相应于其专项的一个感应对象,触觉乃感应于冷暖,干湿,软硬,与其它多种可触摸对象。 ……………………………… 422b16—34

触觉器官——全身肌肉。设想可触物皆外包着气膜或水膜，则触觉与触觉对象（客体）间，也有介质为之传感。

…………………………………………… 423^{a}1—^{b}26

诸感觉机能各应属于中态，例如视觉辨识色之白黑（光暗）两极端间的各种异彩，必须视觉主体（眼睛）处于色诸品种的中态。声，味，嗅觉机能相仿于此。触觉机能感应于四元素之四性状的两配对，亦必自处于冷暖两极端与干湿两极端的中性。

………………………………………… 423^{b}27—424^{a}16

章十二　通论五项感觉；蜡模，喻可感觉物（感觉客体）与感觉机能间的功用。感觉机能之为感应于各项可感觉物的（色，声，味，嗅，触）各项刺激，各有限度，其超逾限度的各项刺激、破坏与之相应的各项感觉机能。

…………………………………………… 424^{a}16—^{b}19

卷（Γ）三　亚里士多德详说其灵魂（心理）体系

章一　五项感觉之外，更无第六专项感觉。凡动物之发育完全，而非畸残者，既统备了五项感觉机能，就全无遗漏。

………………………………………… 424^{b}20—425^{a}13

专项感觉与共通感觉。共通感觉不是另一专项感觉；运动与休止，形状（图案），量度，数等，为共通感觉对象。

…………………………………………………… $425^{a}14—^{b}11$

章二　感觉机能于其所感觉者，都能自觉，无须另立一机能，为之反映其专项器官之所感受。………… $425^{b}12—26$

可感觉物（客体）的活动与感觉机能（主体）的活动；两者的会合，才能现实地成为感觉。声音（潜在客体）与听觉（潜在主体），同在"听着"的一刻，成其为现实的声音与听感。其它感觉仿此。 … $425^{b}27—426^{a}26$

高低音节的比例适当，则成谐调，白黑（明暗）的适当比例，则成中和色彩。其它感觉仿此。……… $426^{a}27—^{b}7$

一物的两项各别感觉对象，例如白色与甜味，不能由两项感觉机能同时感应。…………………… $426^{b}8—427^{a}16$

章三　灵魂的功能可作两方面的分界（一）运动，（二）（甲）思想（理知）和审辨，与（乙）感觉（认识）。前贤或混思想与感觉为同类功能。两者实不同类；专项感觉各都不会发生错误思想容或发生错误。唯人类具有理知灵魂，能作实践思想（考虑情实），也能作纯理思想。其它动物只具备感觉灵魂。

…………………………………………………… $427^{a}17—^{b}15$

臆想（φαντασία）。"臆想"既不是感觉，也不是思想（实践理知或纯理思想），也不是感觉与观念的组合；臆想隐括着感觉而为诸项感觉的后遗。这是可以或为谬误，或为正确的。…………………… $427^{b}16—428^{b}11$

臆想是由于较低级动物缺乏理知机能，或人类在睡中或病中，理知灵魂（心识）在灭没之际，他（它）们某

灵　魂　论

卷（A）一

章一

402a 我们认为所有一切知识都是美妙而可尊敬的，但其中的这一类，比之于另一类，或凭其更精确的标准，或由于其所关涉的题材，为较高贵而更可惊奇，恰就显得较为美妙而更可尊敬。[①] 于这两方面而言，我们在诸先进知识中，举出灵魂（生命）这论题，加之研究，可说是学术上的首要功夫。又，因为灵魂的一个涵义，恰是动物生存的原理（基本），这一论题的研究（学识），会当于真理总体（普遍真理），尤其是对于自然的认识，作出充实的贡献。于此，我们先从灵魂的实是（实体）寻求其本性，继乃及于其所附隶的诸属性。于诸属性而言，有些是专属于灵魂的诸感应，而另些则属于所有一切具德于灵魂的诸动物所共通的[身魂综体]。[②]

---

① 亚里士多德于《灵魂论》卷一章一（402a1），开宗明义，标示了“知识（学术）的美妙而可尊敬”（Tῶν καλῶν καὶ τιμὶων τὴν εἴδησιν）多马·阿奎那，《亚氏灵魂论诠疏》，卷一第一课，（Lectio Ⅰ）第三节，引征了亚氏《动物之构造》（de Partibus Animalium）卷一章五，644b22，说明各门学术研究之美妙与可尊敬者，因其题材之等差而为高下。（汉译文见《动物四篇·动物之构造》34 页。）

② 这一分句，τὰ δὲ δι' ἐκείνην καὶ τοῖς ζῴοις ὑπάρχειν 简略而费解。牛津（接下页）

可是,于这一论题,在它各个方面都垒着阻障,想要获致任何可靠的信念(知识),是大有困难的。这种研究和其它许多学术相似,凡关涉到本体与实是("这是什么?")的问题,性质相同,人们可以设想,我们希图识知一切事物的现实存在(本体),这该有一个通用的方法;恰如逻辑论证就可通用于一切相应的属性。若然如此,这样的方法必需揭示出来;但,倘于,灵魂的实是(本体)的研究,真没有一个通用的方法,那么,我们于解决灵魂这论题,将是困难更大的:我们,这样,就得于各别事例,建置各别的相应方法。即便于逻辑论证,① 或区分法,② 或其它某些方法,可以任你选定一个,准以从事这一研究,在你辨析的进程中,还会碰上阻障,也不免会被引入歧误;一切论题的诸前提各不相同,而我们却必需依凭某些前提,发始我们的研究;举例以明之,数(算术)的诸前提(基本原理)与平面(几何)的诸前提,就各不相同。

于这一论题,当然,我们首先应该确定灵魂归于哪一类属,以及它的本体("它是什么");我要询问:灵魂是"某一个体"而具有"现实存在"的么? 或是一个"如此如此(素质)",或一个"那么大小

(接上页)英译本,斯密司(J. A. Smith)注云:"这当谓'灵魂与身体的结合'(蕴聚)"。我们的译文,从此笺释,加上了[身魂综体]四字。

① ἀπόδειξις 论证:亚里士多德综合论法(συλλογισμός)三段,(1)大前提,(2)小前提,(3)论证(结论)。参看亚里士多德《形而上学》卷七章九,$1034^{a}31$,"这是什么(本体)"为综合论法的起点。(汉文译本 141 页)

② διαίρεσις 逐级"区分法",盖创始于柏拉图;把所谓"动物(有生命物)"区分为"有脚"与"无脚"类别;再区分有脚为"两脚"与"四脚"之别;如此而下,进行了多次的区分,你就得有某一动物(有生命物)的明确观念。亚里士多德在《解析后编》(Post. Anal.),II,7,$92^{b}5$ 说明这方法应用之于分类,还未完善。

（量度）”，或如我们前曾论定的诸范畴中的任何其它一个范畴？[1]又，我还须询问：灵魂是一个“潜在事物”，或一个“隐得来希（实现了的）事物？”[2]这里所探求的，其为差别，真是够重大的。我们还

402b 必须进而研究“灵魂”（ψυχὴ）是由若干部分构合的，抑或它没有相异部分的组合结构；又，各个灵魂是否统归一类，抑或不相类同；如不类同，那么，各个灵魂之间的差异，是科属之别抑或品种之别。关于这论题的讲述者与研究者们，当今似乎都自限其题材于“人的灵魂”（περὶ ψυχῆς περὶ τῆς ἀνθρωπίνης）。我们于“有生命物”[ζῴου活动物]只给予一个定义，按此为说，我们于“灵魂”也只赋予一个定义就够了么？于这样的问题，大家慎勿躲避，抑或于各个灵魂各赋予不同的定义（名称）？这就是说，于马，于狗，于人，于神 θεοῦ[3]的灵魂，分别给以各不同的定义（名称）？又，有如“有生命物（活动物 ζῷον）”这样的名词，作为通用词项，初无实义，而随后乃得其逻辑命意。这样的审辨，当然于任何其它通用词项，也都可以提出来。

---

① κατηγοριῶν“诸范畴”：亚氏全集，卷一《工具》（逻辑）有《范畴》专篇；参看《形而上学》卷五章七至十五，卷六章二，1026b1，卷七章十，卷十四章二，1089a6—16，汉文译本，诸范畴的汉文译名。

② δυνάμις 潜在（潜能），ἐντελέχεια 实现（“隐得来希”），参看《形而上学》，卷九，章一至章九等。

③ 402b7，于有生命物（ζῴου 动物）（402b5）诸品种列举“神” θεοῦ，于马、狗与人之后，这于公元以后（即天主教一神（天主）观念流行于欧洲以后）的人们，当大为诧异。多马·阿奎那于《亚氏灵魂论诠疏》卷一章一，第一课，第 12 节，谓古希腊人，在公元前，于诸天体，如群星的运动，都看作是物体之内，寓有生命的神，而各为之灵魂，乃能作永恒旋转。我们若追明古希腊的自然观念——具有神性的星辰，亦是万物中之一物——这就不必诧异了。在约略与古希腊同时，印度婆罗门教的“轮回”：天，人，阿修罗，饿鬼，畜生，地狱中生物，也是类此，六道并列。

又,假如灵魂真没有许多种类之别,但,一一灵魂却各由若干部分为之构成,那么,我们该先研究作为一个整体的灵魂,抑或先行从事于灵魂的各个部分?① 这里,试求辨明各个部分之间所示其差异的性质,也是困难的。又,我们该先研究灵魂内的各个部分,抑或先行从事于它们的各个机能;例如,先及思想,抑先着手于能作思想的底蕴(机制),先及感觉,抑先着手于能起感觉的机制(器官),于所有其它诸部分也引起相似的困难。设若我们先取机能(器官),疑难又得这样发生:我们是否该在考虑灵魂各个部分的感觉机制(官能)之前,先考虑与之相应的各种外物(客体)——这就是说,在研究感觉机能之前,先研究被感觉的,在思想机能[即心]之前,先及被思想的事物。于一事物的本体(怎是)的知识,当然有益于对一事物的属性的研究,属性,实际上相符应于本体(怎是),而是由其各种偶然因素引起的;以数学为例,认识了"直的","曲的","线","平面图形",有助于辨明一个三角形的诸角之和等于几个直角。但,倒过来讲,这也是可以的;偶然诸因素(性状),对于事物的本体之认识,也确乎各有所资益。一事物向我们示现了它所有的偶然性状,我们若既明知了它所有诸属性,或大多数属性,我们也就够可讲论这事物的本体(此事物之所以为此事物的原理)了。一事物的原理(本性),正是作成论证的起点,至于那些为它的诸属性所订的失当的界说(定义),殊 **403a**
无补于我们的理解,即便说这些提供我们对这事物作些猜忖,也是不足称道的,这些专为辩难而撰造的游辞,显然是全无价值的。

① 上举多马·阿奎那,《诠疏》同卷同章,第一节,引征亚氏《动物的构造》(de Partibus Animalium)卷一章五,645b1—10,谓亚氏各门学术皆主于先论其总类(通称)而后一一及其种属(个体)。

灵魂的感受(感应)涵有又一个疑难——诸感受(感应)是全都联结于那内储灵魂的事物么?① 抑或其中某一感受(感应)乃专属于灵魂自体?我们必须面对这个疑难,虽然如何索解,却真不容易。于大多数的实例,感受(感应)无论其为主动的或被动的,没有离于身体而发生的;愤怒,奋励(热忱),欲望,以及一般的感觉都是这样的,唯思想可能是一个例外。但,思想,如果也是被感觉印象(臆想)所激发的某种活动形式,或至少可说,若无如此活动,思想便不得发生,那么,思想也不能离身体而自在。倘说任何机能或感受(感应)会得专属于灵魂,灵魂就能离立于身体之外了;但,倘说,没有任何专属于灵魂的机能或感受(感应),灵魂就不能离立。与此相同,直之所以为直者,具有许多属性,例如,一条直线与一青铜球只在一个点上相接触,可是,如果说是离立的,这直线就不能照这样为接触。实际上,这不能分离,如果它常结合于某个物体。灵魂的诸感受(感应)大概是全都结合于身体的——愤怒,温和,恐惧,怜悯,奋励与快乐,以及友爱与仇恨,所有这些感应现示时,身体都是有所动忍的。②

---

① 相应于 402ª10 注 τοῦ ἔχοντος“执有(或内储)‘灵魂’的”,即“身体”。

② 中国,五经,《礼·礼运》,列人情凡七:“喜怒哀惧爱恶欲”。《礼·乐记》,“人生而静,天之性也;感于物而动,性之欲也”。性即天赋,“性之欲”即“情”(朱熹解)。准此,“欲”为众“情”的总因。《白虎通·情性篇》,列“喜、怒、哀、乐、爱、恶”六情。后世习熟归经,如韩愈,《原性》仍举《礼记》七情。孙希旦,《礼记集解》,引《四书逸笺》,“性之与情,犹水之与波;静时是水,是性,动则为波为情”。“欲”,应即亚氏本篇中“欲望”ὄρεξις(403ª30 等)(参看“欲望机能”ὀρεκτικός,408ª13 等)。“欲望”是人(或动物)感觉于感觉对象(“可欲”ὀρεκτός,参看 433ª28 等)惹起的,欲望灵魂因所“感受”(πάθος)而生“情”,乃对彼客体作或迎或拒的行为(运动)。这些感受(情),亚氏列上述八事。其中,若把“温和”(πραοτῆς)与“友爱”(φιλεῖν)并为“[仁]爱”,奋励(θάρθος)解为见到“可喜”的事物之表情,而与“快乐”(χαρά)合一,又“怜悯”(ἔλεος)解作“哀悯”,便与《礼记》七情之前六相符契。

关于这个事理尽可为之证明。有时刺激虽是强烈而明显的,烦扰与恐惧之情,却没有外现;反之,若其人易怒而且正值他有所愤怒,那么,一点微小而隐晦的因子,就激发出这样的动态。这里还有一个更显著的证明。有时,人们显现着正在恐惧的一切征象,可是,我们检查他们的周遭,乃全没有引致恐惧的任何因素。倘认可这一事例为确凿,灵魂的感受(感应)实是凭物质(身体)表现的内蕴意识。所以,它们的定义必须符合于这样的命意;例如,愤怒,须解释为:一物质身体在某一情状中,所作的一个运动(动态),这样,(如此)的某个物体,或这个物体的某个部分,或其潜蕴的机能,由于这样或那样的原因,为了这样或那样的目的,它作成了这样(如此)的一个动态。

为此故,研究灵魂,或研究一一灵魂或限于研究这么一部分的灵魂,随即成为自然哲学的要务。但于“愤怒是什么”(何谓愤怒?)这样的论题,自然学家与逻辑学家(辩证家)①将提出各不同的定义。逻辑学者(辩证论者)行将阐说这是一种企求报复的欲望,或其它类此的称述,若在自然学家,则他会当描摹愤怒是心脏周围血液的潮涨,这是发热的一个形式。这里,其一所叙明的是物质,另 **403b**
一说到的是型式,即意识所涵盖的公式。事物的型式是由这个涵盖意识形成的,型式的出现与其存在,必须凭与之相应的如此一宗物质,为之显示。试详言之:房屋的意识(型式)是“用以抗拒风,雨,与曝热,俾免于其损害的,一个覆盖”。但,于房屋的另一个解答,将是“石块,砖,与木材”;又一个解答盍是“凭这些材料,以获致

① διαλετικός“辩证论者”原本出于逻辑(名学),但其末流,循名而不责其实,往往入于诡辩之徒。亚里士多德应用此词,常从其轻蔑义。

这样的目的，而表现为这个型式”。这里，请问，持此三解者，其中谁乃是真正的自然学家？是那位专主物质，不管型式（意识）的人吗？或是那位专主于那涵盖的意识（公式）的人？也许，有谁能兼顾两个观念的人，才是真正的自然学家。那么，于那另两位，我们又将怎么说呢？那两位，谁都不究问灵魂的诸感受（感应）是不可分离的，或说它们于身体为不可离立；但自然哲学家总是考虑一切机能与感受不能离立于身体，离乎物质，这些就无由表现；让那两位去考虑异乎这样的情状[他们所想念是离立的]；在某些论题上，这表现为工艺家的观念，他是个木匠，或是个医师。[①] 至于或认为在这些不可分离于身体的灵魂的诸感受之外，另还有可凭抽象法而成为离立于身体之外的诸感受，那就得别期之于数学家了；若说[不待抽象而]诸感受实际真有离立于身体之外的，执持这种观念的人必须是第一哲学家。[②]

我们偏离本题已够远了，现在该回到原旨。我们所持说：灵魂的诸感受（感应），有如愤怒与恐惧，是不可分离于生物（动物）的身体（物质底层）之外的，生物的本性全凭其形体以示现，灵魂的诸感受（感应），异乎一条线或一平面图之不能离立。

章二

在关于灵魂的研究中，我们盍应提出我们必须予以解答的诸

① τεχνίτης 工艺家，当谓上述作出“房屋”的型式定义与物质定义（公式）的人。ἰατρός 医师，当谓上述作出“愤怒”的生理公式的人。

② ὁ πρῶτος φιλόσοφος “第一哲学家”即“超物学（形而上）家”（metaphysician）。

问题，在这样出题索解之际，我们列述前贤所持理论而加以校比，俾得警戒于那些谬误的，而取适于那些有益的成议。在进行这个研究之前，我们先应権定，于本性而言，什么盍是灵魂所最不可缺少的。物之具有灵魂者，所由基本上别异于物之不具灵魂者，盍有二事——运动与感觉。

取此二事为灵魂的主要性状，实际是沿袭于前贤的。前人曾有说到，灵魂第一显著的征象，就在于它能引发运动(活动)。但他们又执持有这样的信念，凡能使它物运动的，必自能运动，于是他们就设想灵魂也是一个自行活动的事物。德谟克里图，正凭这样的设想论定灵魂在某个命意上是火与热。他的所谓图式型子或不 404a
可再切割的球形原子为数无限，他，于一溜日光照进我们窗户时，所可映见在空气中的微粒，[1]称之为“原子”(不可再切割物 ἀτόμων)，认为火与灵魂类乎这些圆球状微粒，[2]他认为宇宙万物，

[1] ξύσματα(“微粒”)本义为粒屑，如切削木材或铁料所落的微屑。阿奎那，《灵魂论诠疏》卷一第三课，第 34 节，谓德谟克里图的“不可分割物”，取喻阳光映现的微尘(motes)。在德氏意中，“不可分割物”，应是其为微小，几于不能目辨。德氏之取喻于此，重在光映微尘，不停地浮动，原子之动性类此。

[2] 阿奎那《诠疏》卷上，iii，34，谓德谟克里图所谓“原子”(atomies)的性状，为类之多，不可计算，同质而异型，有圆，有方，有作锥形者。灵魂原子之必为球形者，取其能透入生物体内，不被阻拦。若是而言灵魂之活性，须有赖于物质运动。亚里士多德《生灭论》(de Gen. et Corr.)，卷一章七，324b—325a 陈述德谟克里图与琉基浦(Leucippus)，论一与多，和虚空(无存在)与充实(有存在)，有云：“充实于虚空的，有无数微粒所构成的万物，这些微粒很小，眼睛不能明察。这些‘微粒’(‘原子’)聚合，由之而生成万物；因它们在诸聚合间的离析而万物遂各归灭坏”。德、琉两家论(有无)空实，参看亚里士多德《形而上学》卷一章四，985b。又，亚里士多德《物理学》(Phys.)，卷二章四 196a，众原子的聚散，即事物的生灭；聚散当由于众原子的无休止的运动，其为运动，或出于偶然(无因)，或本乎必然(有因)。

就由这些“万有种籽”(πανσπερμίαν)[①]为之组成,所以他称这些微粒的总合体为“元素”(στοιχεῖα)。琉基浦也执持与此相似之说。他们所说的灵魂就是这种球形原子,因为球状微粒的动态是最容易穿透以入于任何物体的,而且由于它们的自能动性而运动它物,按照他们这样的设想,正是灵魂,以其运动性能传授于诸生物(有生命物)。正也凭这种义理,他们认为呼吸是生命的基本条件(征象);周围的大气加压于身体,体内的型子(原子)被这气压所驱迫,[随呼气而]脱出了身体。因为它们是凭自己不息的常动而促成生物运动的,这样它们也得不息地脱离出去,于是生物乃凭吸气从外围来补充这些相类原子;这样,气压被挡住了,阻止了原子的凝固,而加强了活动,所以诸动物(有生命物),只要健于呼吸,它们能呼吸多久,就能活得多久。

从毕达哥拉学派遗传于今的灵魂论,似乎与此相同,在这学派中,曾有人宣称灵魂即空中微尘,另些人则说,促使这些小粒活动的才是灵魂。他们看到被阳光映现的尘粒,虽在绝静的空气中,总是无休止的动着,因此认为这必有灵魂寓于其内。[②] 这与那些主张灵魂是自能动的学者,义实相符。他们两派盍都设想自运动是灵魂的显征(显性)。他们证知物之自不能动者必不能促使它物运动,所以论定一切事物的运动各有赖于那个既被设想为能自动的灵魂。

① 404a5,ὧν τὴν ... πανσπερμίαν 依拉丁译本 quarum omne somen“一切种籽的总体”;依牛津斯密司英译本(the mixture of seeds of all sorts)应为“一切种籽的混成”。

② 确言这些尘粒不即是灵魂,但其中寓有灵魂,是这灵魂促使尘粒常动不息,阿奎那《诠疏》卷一,第三课,36 节,据奥古斯丁(Augustine)《神邦》(De Civ. Dei)viii,2,持此说者为苏格拉底的老师之名亚契劳(Archelaus)者。

亚那克萨哥拉,同样,也说到灵魂(ψυχὴν)肇致运动,还有别的某人[1]曾说到一切运动皆有赖于心识(νοῦς),这与德谟克里图所持大体相同,但异于德谟克里图之不以此说应用于一切动物的一切景况。德谟克里图相信,凡人在外表所示现的必其内心的真实,他准此以言灵魂与心识的同一。他准此而评议荷马的文句,赫克笃尔在昏眩中,“躺着作别异的思虑”是正确的。[2] 他合同心识于灵魂,但他限止“心识(心)”这名词,不使它作为辨识真理的机能。[3] **404**b
亚那克萨哥拉于这题旨,所议论不算精明:他曾多次说到心识能辨是非,别美丑,但另有时他却说,是灵魂具有如此功能。他认为一切生物,不论大小,不论贵贱,皆有心识,但以知觉取义的心识,在所有一切动物,显得不是全相似的,甚至于在所有一切众人而论,也不全一样。

诸家于有生命(灵魂)物(τὸ ἔμψυχον),以灵魂主其运动者,一致认为灵魂是最擅于运动的。但于认识与感觉方面,虽都认明灵魂于这些,实属作始的原理——于此作始原理之数,或为多,或为

① τις ἄλλος“别的某人”,不能确知其谁何。后世诠疏:照上下文句揣摩,应是亚那克萨哥拉的同门师徒;或议谓两分句应同属亚那克萨哥拉之说则我们该译为“在别的某处”,参看本章 404b1—5。

② 这文句见于荷马《伊利亚特》('Iliad) xxiii,698 行,但上文不是说的赫克笃尔(Hector)。

③ 阿奎那《诠疏》,卷一第三课,第 38 节:亚那克萨哥拉谓灵魂是运动的本原,这与其它诸家之说相符合,但他另有与诸家相反处,他认为灵魂寓止物中,使此物动,而自己不动。第 39 节,德谟克里图认为现存的世界(境界),实际上是凭感觉器官来认取的一个(物质的)感觉世界(境界),心识(知识)仍属于感觉世界。感觉与知识随人身体的生理(物质)变化而为异。他是执持了这样的生理概念,以论定荷马的文句的。至于认取真理,辨别是非,当另有更高的机能,这不属于“知识”。故德氏谓灵魂与心识为可合一者,只限于灵魂的有关感觉部分。

单，则各有所不同。举例以言之，恩贝杜克里乃谓灵魂由诸元素合成而每一元素各可认为是一灵魂。他的诗句有云：

唯土以识土，而气能明气之具有神性，①
唯水可知水，而火能感火其为灭尽；
唯爱其认得仁爱，唯仇以衅对苦恨。②

柏拉图，在《蒂迈欧》篇中，也同样应用诸元素撰造了灵魂。他主张，唯同类认识同类，万物就由这些原始物质聚合而发生，这就成了我们所见到的物质世界。③在他的《论哲（爱智）学》篇中，他主张生物（动物）本性（生物的普遍本体）是由“意式的太一”（τῆs τοῦ ἑνὸs ἰδέαs）演化以成的，本长［由意识数，太二］，本阔［由太三］，本深［由太四］，挨次及于其它，都出于同样的演化。推此义而增广之，［他说］心识（心）是太一，知识为太二。太二本于直线，直线由一点达于另一点，必乎“两”点之间。这样，平面之数［为太三］即意愿之数，而立体之数［太四］就是感觉。［古传］万物由诸元素组合以成，而“数”（οἱ ἀριθμοὶ）实所本以造型（τὰ εἴδη）而为事物之第一原理（αἱ ἀρχαὶ）。④感觉世界（事物世界），在某些方面是凭心识认

① ἀιθέρα，恩贝杜克里的“气”有“神性”δῖαν，是气而兼为“以太”，即亚氏《天象》中的第五元素；福斯特（K. Förster）译迷尔培克·威廉的拉丁文本，于此就作“ether”（以太）不作气（air）。

② 本章所引恩贝杜克里诗句见于第尔士，《先苏格拉底诸哲残篇》（H. Diels, Die Fragm. der Vor-Sokratiker），109。恩贝杜克里谓组合而成宇宙万物者具有六个原理；物质四元素地水气火，与精神二元素亲爱（στοργῆ）与仇恨（νεῖκos）。恩贝杜克里言四元素，见于亚里士多德《形而上学》卷一章三，984^{a}8—12。

③ 见于《蒂迈欧》（Timaeus）34A以下。

④ 今所传柏拉图著作中，随处有论哲学之语，但未见有Περὶ Φιλοσοφίαs“论哲学”这样的专篇。本书此节，亚里士多德述其师“意式”为宇宙与其万物的第一原（接下页）

取的，另些则凭知识，又另些则凭臆断（教条），又另些乃凭感觉，[①]这类的“数”恰正是这些物类的型式。

既然说灵魂内涵有一个起动原理，又有一个成识原理，于是某些思想家，便兼取两说，而撰作灵魂为“一个能自动数”（ἀριθμὸν κινουνθ' ἑαυτόν）。关于灵魂的第一原理（要素）的性质与计数（质与量），诸家互有异论，而主以灵魂属于物性（身体）的，和主以灵魂属于非物性（纯理）[②]的两家，于这方面，分歧尤甚；以属物与不属 **405a**

（接上页）理，世多推测为亚氏在亚卡台米（'Ακαδημεῖα）听柏拉图讲课时，所作笔记。柏拉图哲学思想与宇宙观念，主于意识（idea, form）。他认为现实世界，即物质世界的万物，只是彼所主纯理世界中诸意式的余事。例如物之以美见称者。必仿自意式之美，美的意式；而现实之美，终不能几及理想之美。它事它物准此。“数”为柏拉图诸意式的一个重要原理，于意大利宗毕达哥拉派则是最高原理。希腊学者承袭于数论宗者，以一（太一）为众数之原，由是生二、三、四，演此数以为图形或形体成型，则二成线，三成面，四成立方，演之于灵魂机制者，亦以“类”（ὅμοιον）相应，若太一主“心”（心识），则知识属二，依此而顺序以行推衍。

① 404b23—27，列举灵魂（心理学）四项机能（νοῦς，ἐπιστημη，δοξά αἴσθησις）。拉丁本译文相应为 intelletum, scientiam, opinionem, sensum。在近代西方文字的翻译，除了第四项 αἴσθησις“感觉”，与 sensation 或 parception 都是符合的之外，第一二三项都没有单个字可当希腊字在这里的几个涵义，这在不同的译本，或同一译本在不同章节中，就不得不用二个或三个不同的字来对翻。汉文也类此：(1) nous, intellect 理知，或 mind 心识等，(2) episteme, knowledge 知识，或 science 学术（分科知识）等，(3) doxa, doctrine 教条，或 opinion 私见或 judgement 臆断等。

② σωμάτος（躯体 body），本义为人或动物的活体或死尸，它的对字（对体）即 ψυχή“灵魂”。这里的对仗，相当于汉文的“肉体”与“精神”（spirit）。σωματικός（“躯体的”corporeal）这生理学名词衍化而为哲学名词，则转为“物质”或“物性”（material）这样的广义，于其反词 ἀσωμάτικος 当谓“非物性的”（immaterial，非物质的）；若以称灵魂的属性，“灵魂”（ψυχή）就成为“纯理”这一抽象名词。亚那克萨哥拉以“心（心识）”νοῦς 同一于灵魂（ψυχή），他所谓“灵魂”的这个部分，实际超乎生理心理的“心识”（mind）而成为“纯理”。柏拉图在《蒂迈欧》篇以数理说灵魂（soul）与心识（mind），也入于哲学抽象的分析与综合。研究《灵魂论》这书的困难，就在这里：心理学名词，难于指实，各家的命意不一，同一书，同一词，前后章也可取不同的命意，常由此引起译者与读者的迷惑。

物为别的两家，和主于灵魂要素该混合两性兼及物与非物的人们之间，这又是有争论的。灵魂原理的计数之争是这样，有些人认为这只有一个，另些主张这有多个。关于灵魂的性质诸家当然是有分歧的。大家统都认为灵魂为生物的基本因素，它就必然具备自能动的性质（本性）；这是合理的。由此推论，有些人就认为灵魂是火；火的成分，于诸元素中是最轻的，也最接近于非物质（不属于躯体的）性，火却自赋有动能，而且是其它事物所由运动的第一原因。德谟克里图在这些方面，比之他家作出了较明白的解释，他凭灵魂的性质与数理两者，确言灵魂即心识，两为同一的事物，这事物必须是那些原始（原型）的不可分割物（原子）之一，这些原型物体由于它的颗粒微小与其球形圆浑而具备了促使它物运行的动能；他称述球形物体是各种形状中最有利于运动的一式，而心与火两者确乎各参有这个性质。

亚那克萨哥拉似认为灵魂与心识（心）两者有异，如我们前曾讲过了的，他实际认为两者本性相类同，而作为生物基本原理，心识为高，他认为，于事物之简单，纯净而无所混杂者而言，心是独一的。但，当他说到“运动[生物的]各个部分的，是心”时，他以运动包涵了心的认识（知识）能力和运动能力。

泰里曾讲过有一石块①能致使铁属运动，这石块盍当内蕴有灵魂；人们凭他这一陈篇，推想他关于灵魂的观念，正就是一个使事物

① τὸν λίθον“这石块”当是一块磁铁或磁铁矿石。欧里比特《残片》(Eurip. Frag)，571，ἡ μαγνῆτις λίθος“麦格尼石”，希朴克拉底(Hipp.)543.28，ἡ ραγνήσια λιθος“麦格尼希石”，都是现所称的“磁铁”(magnet)。古希腊磁铁矿出于帖撒里的“麦格尼”，假借这地名为物名，一直传到现今西方物理学中。

运动的原理(原因)。第奥根尼,还有其它另些人,设想灵魂是气,他们有感于气的为质最轻,为粒最微,因而设想这最适当于作为事物的第一原理;为此故,第奥根尼相信灵魂既能识知也能致使运动;它能识知,因为气是元素,万物皆有待于气以为之组成;它能致它物于运动,因为它极度轻微。赫拉克里特也称述灵魂为第一原理,他以灵魂为原始,由以放散热嘘气以形成一一事物;灵魂是非物性的,常处于流动状态;他和其他许多人们设想一切眼前实在(实有)的事物,都在运动,只有自能动的事物可得认识被致使运动的事物。亚尔克迈翁关于灵魂的设想略与此相似;他说,灵魂是不死的,它像高天的诸神物那样,常动不息;月,日,与群星和整个天宇,都由于它们,才是常动而不死(常在)的。有些较浅俗的思想家,有如希朴,曾 405^{b}
宣称灵魂属于水性。他这信念,似乎从万物的种籽都是湿的这样一个事实引得的。他执持生物的种籽就是灵魂的原质,种籽是液体,[①]不是血。因此他呵斥以灵魂为血的人们是荒谬的。其他思想家,有如克利希亚,曾虚想灵魂为血液;他们假设灵魂的特殊属性(表征)是感觉,而生物的感觉盍是受之于血液的。事实上,除了土(地)之外,四元素已各有人为之主张了;但要说全没有支持灵魂属土之说,也不尽然;既经有人[②]说过灵魂由四元素混合而成,或说灵魂中具备所有各个元素,那么土(地)元素也就涵蕴在内了。

于是,我们不妨说,所有诸家全都显示灵魂有三属性(表征),运

① ψυχή,古希腊人兼"生命"与"灵魂"两义。这里,希朴之论"灵魂"(ψυχή),实际专言"动物生命"。所以,这句中 γονή(种籽 seed)实指雄动物的精液,故云湿的液体,而属于水性。

② 谓恩贝杜克里;参看上文 404^{b}13—14。

动,感觉,与非物性(超躯体);三者各可追踪到第一原理。这样,诸家之以认识(知识)功能解释(界说)灵魂者,就找到了一个元素,或演化之为由所有诸元素共同合成,他们各所持的论据是相似的,“唯同类认识同类”(只有一人为例外);[①]若说灵魂一切都认识(知道),那么,他们就应用所有的元素来构制灵魂。那些元素主于事物各起源于一个原因,一个元素的思想家,就用一个元素,有如火或气,来构制灵魂;至于那些认为起因(原始)不止一个的人,他们也就用多元素来构制。亚那克萨哥拉独异于诸家,他认为心识(理知)不参预于任何外物,所以能不受外物的影响(不被动于外物)。[②] 但如此构成的心,怎么能认识任何事物,凭什么因缘来认识外物,在这论题中,不曾说明,在他所有议论中,也从来没讲清楚。论事物的原始要素,诸家中,那些立于阴阳对反(两元)为相成者,也有人用这些对反来构制灵魂。至于另些人认为第一原理只能从一对成的两者任取其一,例如热与冷或其它类此的对成(对反),他们便于此择一以解释灵魂。这些思想家具有字源学的工夫,那些主于热成说的,举称ζῆν(生活)这本字出于 ζεῖν(沸煮)但那些主于冷成说的,别举 ψυχή(灵魂)这名字,有所本于 κατάψυξις(冷却)应与呼吸和冷凝相关联。[③]这些就是关于灵魂以及追溯灵魂的原始(因缘),旧传诸家之说。

---

① 谓亚那克萨哥拉,见于下文。

② 亚那克萨哥拉认为 νοῦς 心识(心)超于躯体,自主自行,不与它物混成。今见于第尔士编,亚那克萨哥拉《自然论残片》之第十二。

③ 古希腊 ψυχὴ 灵魂这字兼涵生命之义,因此常两义联说,或两义混说。参看柏拉图《克拉底卢》(Cratylus, 399D—400A)。古希腊生理学,认为人或动物的呼吸,为维持生命的基本;呼气是一个使血液“冷却的过程”κατάψυξις。ψυχρός“冷”拼音与“灵魂”ψυχή 相近,两字皆源出于 ψυχῶ(呼气,to breath)。

章三

我们必须先研究运动这一问题。按上述的考察,有些人说到灵魂自运动或自能动,于灵魂的性质作如此的叙说,也许竟是不确实的,甚或以运动为灵魂的表征(属性),就更是不可能的。我们前曾说过,①凡物之能致它物运动者,不必自己运动。但,每一事物之被运动,可有直接与间接两不同意义。倘一事正处于某一在运动的事物之中而为运动,我们说这是在间接地运动;例如正在一船上的乘客们(或水手们)。船上所载的人之为运动与船之为运动,实际意义是不相同的;船在直接地运动,船上人则是,由于身在某个运动着的事物之中而运动。我们如果考虑到人身的诸部分,这个情况显得更为明白。合乎人类自然的运动是行进,而行进乃肢脚的运动;当船在行进的时刻,船上人实际没有表现肢脚的运动。② 运动既然有如此两别的意义,我们现在就研究,灵魂是否运动,以及灵魂的运动是否参与于直接运动: 406a

运动有四个品种:(1)移动位置,(2)变换形态,(3)衰坏(减损),与(4)生长(增益);③于是,灵魂若为运动,必行于这些品种之一,或二,三,或全行这四种运动。但,灵魂的运动若不是偶然发生

---

① 见于亚里士多德《物理学》(Physica)卷八章五,257a31—259b9。

② 船与船上人喻运动之有直接与间接两别,或为后世诠补于古抄本,而又后,乃并录于现存抄本中的。

③ 这里,亚里士多德,把形态变换(ἀλλοιώσεως)与生成与灭坏都包括入于运动(κινήσεως);严格说来,应只有“移动位置”(φορᾶs)才是真正的运动。亚里士多德在他的生物学著作中,常用 μεταβολή (change of state)“情态变化”,这字相当于现代的“新陈代谢” metabolism。这词可以总括本篇本节,第二、三、四项。本篇卷二章四,416a33 μεταβολή “变化”取意于这字的本义,就是概括后三项的。

的，这应须是属于本性（出乎自然）的运动；若然如此，其为运动，必在空间，因为上述诸品种的运动，全都是行在空间（有关于位置）的。然而，若说灵魂的本性（原理）在于运动它自己，那么运动就不得是出于偶然的了，例如其色之为白或长为三肱；这些可以是被运动起来的，但只是偶然地附带着的被运动，只是因为它们所隶属的躯体之被运动而符应之以现示的属性。为此故，它们在空间没有位置。但灵魂若参与于本乎自然的运动，它就必须在空间占有一个位置。

又，若说灵魂因其本性自然而运动，这必须存在有某些势力，使之运动；倒过来说，倘灵魂因其势力而行运动，那么这个运动当是本乎灵魂的自然的。这于灵魂的静止也该如此；它由于本性自然以行运动，迨行到空间的某一位置，也由于本性自然而为静止；相似地，它到了为势力所运动而止的某一位置，也就为势力所逼而入于静歇。但，这些强力运动与强力静止，是怎样逼使灵魂之为动为止，不易说明，即便容许我们逞其想像，总还是难以为之解释的。倘灵魂向上运动，他便应是火元素，如其向下，那么该是土元素了；这两项运动是分别地相应于这两物体的；相同的辨析，将可应用于“上”“下”两项之间的运动。①

又，既然灵魂似乎在运动躯体，设想躯体的某一运动正是灵魂

① περὶ τῶν μεταξύ “两项之间”，或拟为水与气在上下（天地）两者之间的运动。多马·阿奎那《诠疏》第六课，第八十节，释 406^{a}23—30i 这一节，举为亚里士多德对于灵魂论归传三家之说，提出的第三个疑难。这末一句应该是这样的命意：“事实上，灵魂行于一切方向”，或由于自性，或被逼于外力，不必依火与土的物理本性，只限于上下运动。

把自己这种运动传授于躯体，这样的设想当然是合理的。若然如此，这就该容许我们作出一个程序相反的倡议而宣布它也是正确 406b
的：灵魂具有与其躯体相同的运动，凡是躯体的运动，都可向灵魂追迹其相似的运动。现在躯体作移换位置的运动，于是灵魂必然是和躯体所移动者，以相同的情况变换了它的位置，或整个灵魂，或灵魂的某一部分，作出这样的移换。但，若说这是可能的，那么，说灵魂行出了躯体和灵魂又进入了躯体，也当是可能的。准此以推广其旨，那么生物［动物或人］之已经身死，而又有的竟然复活，也当是可能的。

但，若说灵魂的运动是偶然的（随附着引起的）这就必须别的什么在运动它，譬如，生物（动物）可能被一强力所推而运动起来。但，凡是具有凭其自性而为动能的事物，不该为任何外物所动，若说它竟然为外物所动，那就只能是偶然的，①这恰如：凡凭其自性而成善的，就必不于任何它物而为善。凡为自己所求取的善，验之于任何它物，不必就是善。② 可是，大家也不妨作如此想：若说灵魂确乎被运动着了，那么运动它的必是可感觉（客体）事物。③

---

① 人在船中，因船的行进而说“人在行进”，这样的行进，不是人本乎自性的运动，只是随附于它事物而见到的现象。这里，我们译 κατὰ συμβεβηκός 为“偶然”（accidentally），实际取意于并时发生的附从现象，以表明这种活动非由自性。

② 《灵魂论》希脱（W. S. Hett）校译（英）本注：“我们常所要求的许多事物，都是为了另些目的而求取的，譬如我们为求健康而赚取金钱，为了需要在世界上活着，做好工作；为要赚钱，又，如此而又如此。但揆其终极，我们必须抵于为了我自己而求取的一个善物。这一由己之善，既不由于任何从属的目的，必应是世界之‘至善’（summumbonum）”。亚里士多德这位希腊哲学家所毕生勤求的，就是这个“至善”。

③ τῶν αἰσθητῶν 可感觉客体（或感觉对象），应指一切有生命或无生命事物，这里实指那内涵灵魂的活着的躯体。

又，即便灵魂只运动它自己，这总还是运动；若说运动的种种方式都必须是那个运动体有所挪移，在那个自拟的行程上挪移，于是，灵魂若自其本性部分为运动，倘不是由于偶然（随附而引起的）而运动，那么它将得自己挪出它自己本性所在的本位。

有些人说，灵魂，恰如它运动自己那样，也运动它自己所寓寄其中的躯体。这就是德谟克里图的观点，这观点是从喜剧大师菲力浦的议论中承袭下来的；他（菲力浦）讲到第达罗斯制作了一个木质亚芙洛第忒，把水银（汞）①灌于其内，因此这木制神像能自行运动。德谟克里图关于［灵魂为］不可再分的球体（原子）②的立论，恰正运用了与此相似的腔调，他说这种球体（原子）的本性永不静止，所以拖着全身，运使之跟它一起行动。但，我们要请问，这些常动的原体，也能肇致静止么？这样的原体，它们怎能休止，即便说这未必不能休止，也该是很困难的了。概而言之，我们认为生物的灵魂之运动其身体，不该由这种方式，它盍是凭其意愿（偏爱）与（或）思想机能以运动其身体的。

在［柏拉图的对话］《蒂迈欧》篇中，③他也取同样的方式，主张灵魂运动身体，专凭自然科学（物学）来辩论；他说灵魂是如此深密

---

① ἄργυρον χυτόν 依字义是“熔银”；熔银，高温不能灌入木偶：这里实谓“液态银”，指水银，即汞。这名称也见于《天象》卷四，章八，385b4。

② 本卷，章二，404a2 德谟克里图所举，ἄταμιον τὰ σφαιροειδή “不可再切割球体”405a10，ἀδιαιρέτων σωμάτων 不可再分物体，与本章“不可再分球体”，同是现代译文所称的“原子”（atom）。德谟克里图的“原子”，用于物理学，也用于心理学（《灵魂论》）这就只能是一个哲学或逻辑名词，并无严格的物理学或近代科学的定义。

③ 见于柏拉图，《蒂迈欧》（Τίμαεος，ὁ），35A 以下；“造化”以下句为柏拉图原文。

地涵蕴于生物体内，乃能以自己的运动使躯体运动。造化先引用所有的元素①制作(合成)为灵魂，而后依据感觉所内蕴的谐和(合乎乐律的)数比，为之区划，俾能感应于乐律，而且制使其运动完全合符于谐和的节文；于是他弯转这直线使形成为一圆圈，随又分一 407a
圆为两圆，而使在两个点上相交会，②以后他③又区划两圈之一圈为七分圈，这样，他④就使灵魂的运动隐括了诸天体的运动。⑤

第一，这里所说灵魂，作为一个量度(体段)是不精审的；宇宙

① 阿奎那《诠疏》卷一，第七课，93 节，引亚里士多德《物理学》(Physica)卷三章四，203a10—15，说这里的“元素”(στοιχείων)是名学的“同”与“异”，数学的“奇”与“偶”。倘奇数加之一，挨次行之，其答数常是同一式的数，例如，第一个奇数 3，加之于 1，得 4，即 2 的乘方。第二个奇数 5，加之于 4，而得 9，为 3 的第二次乘方。如此行之，至于无穷。但于偶数如此出题，所得乃为另一式数。第一个偶数 2，加之于 1，得 3。这是几何图形的三角形之角数；加第二个偶数 4 于 3，得 7，这是七角形之数，如此也至于无穷。柏拉图于是以“奇数”为“同”，“偶数”为“异”，称之为构制万物的基本元素。

② 这里的两圆，实谓天球赤道圈与黄道圈，交会的两点即夏至与冬至点。七分圈谓日月与五行星的旋轨。

③④ 这里的“他”，在原文中只是动词尾缀的第三人称，承上文的主词 τὸ πᾶν “大全”，即“宇宙”或“世界”，其人格化的神则指“造物”或“造化”，所以阿奎那《诠疏》，依拉丁译本隐括为神(God)。牛津，斯密司英译，在这长句之首，标为 Demiurge(希腊文 δημιοῦργὸs 义为人民的工作者，亦为世界造化之主)，希脱英译本作 Creator(创造主)。

⑤ τὰs τοῦ οὐρανοῦ φορὰs“诸天体的运动”，是“合乎乐律的(谐和数)”τοῦs ἁρμονικοὺs ἀριθμούs)。柏拉图以天体运动的“谐和”(ἁρμονίκα)说灵魂，本于毕泰哥拉。阿奎那《诠疏》卷一，第七课第 95 节，引卑茜阿(Boethius, de Musica)《乐论》(I, c. 10)，述毕达哥拉(Pythagoras)云：我们注意到在诸不同比例数与诸无限数中，有些是合乎乐律的。乐律凭这些数以调成“谐和”(harmony)。倍比所成的和音称为八度(octave)全音程(diapason)，3∶2 所作协和音，称为“五分一”(a fifth)；4∶3 所作协和音，称为“四分一”(a fourth)；9∶8 则成一个乐音(a tone)；其它比例造作其它谐和；例如三倍比肇致一个八度与一个五分一的组合；四倍比肇致双八度音程，按照卑茜阿《乐论》，这是毕达哥拉发明的：“他造四个不同重量的音锤，相次为 12，9，8，6 两。12 两与 6 两锤，作 1/2 比，谐为八度的谐音。12 与 8 两锤作 2/3 比，谐为‘五分一’程的协音。12 与 6 两锤，相似地，12与9两锤，配成3/4，而谐为‘四分一’的协音；9两与8两锤配(接下页)

灵魂(τὴν τοῦ παντὸς 大全魂)① 显然有类于“所谓心(心识)”(ὁ καλούμενος νοῦς)这样的事物;它实与感觉机能或欲念机能,全不相应;这两机能的运动,都不是周圆旋转的。但,“心识”(ὁ νοῦς)恰是一个延续而无间的运动,心识之为“思想过程”(ἡ νόησις)就是这样的,它和它“一一所思想者”(τὰ νοήματα)合一(同一);另两机能则像数之合其一一顺序单位,而为一个定数,或说是一个空域体段中的一一分区单位。心之为一,不能符于数与量度的上两机能的分划;心或当是不作区分的,或其为延续者,不同于空域体段之分区挨次的性质。倘心识而为一个区段,它怎么能在思想中和它任何一个部分(分区)相应呢?现在,试把心识当作一个体段,或说当作一个点,姑将点也当作一个部分。② 于是,既然点是为数无限(无定)的,心识显然将永不会抵达其目的(终点)。作为一个体段的心识,会将尽多次的,或无数次的重复思想于其相同的所想。但,这

(接上页)成的协音,即一个乐音(atone)。”(第 96 节)柏拉图把万物笼统地简化为数,但其中只灵魂的数是合乎乐律(谐和数)的。这样,亚里士多德复述柏拉图灵魂的数理,把灵魂有所“区划”,好像灵魂的各个部分是按照乐律诸比例,分另称量而造成的。他说灵魂所由构成的数是 1,2,3,4,8,9,27(即 1;2,2^2,2^3;3,3^2,3^3);人们可以从其中,寻见“乐律诸比例”(听到“音乐语言”)。这种比例是毕达哥拉与柏拉图的数论宗从赤道与黄道上日月五星的各不同的行度虚拟起来的。至于 2∶1 与 3∶2 是 3 与 1 之间的音阶,3/2 与 4/3 为 2 与 1 之间的音阶,则确是“谐和”(乐律)的数学原理。

① τὴν τοῦ παντός “宇宙的[灵魂]”(anima mundi)这句,与上文的“造化……”句都是承柏拉图,《蒂迈欧》原义叙述的。毕达哥拉学派与柏拉图学派都称道,诸天体在天穹中循规的运动,演奏着美妙的乐调,而指挥着这天乐的,当为“宇宙灵魂”。连类而及,人类的灵魂必相应于宇宙总体的灵魂,引用合乎乐律的数理以为行动。

② $407^{a}12$,μέγεθος(尺度大小),体段,包括面与立体而言。柏拉图学派的几何,积点成线,积线成面,积面成立体,这里表明柏拉图学派的灵魂与其心识须是一个点有空间的体段。亚里士多德的几何,点只是点,只是一个位置,不占长度(亚里士多德《物理学》卷六章一,$230^{a}20$—$^{b}5$)。这里附加了“姑将……”(εἰ δεῖ...),表明这句不全是复述,而变更了柏拉图派的观念。

是明白的，心之思想于所想者，只当每一次止于一个。

但灵魂的心识之为思想，若说只须和它那个所想的部分[或点]相接触，这就没有必要行运于整一圆周，或获有其体段。反之，它若必需与全圆相合拍，将如何以取部分[或点]的接触？又，不可分的思想怎么能想于可分的[部分]，而可分的部分又怎能思想到那不可分的？于是，心识运动该当同一于这个圆运动；心识的运动实际就是思想，而圆运动是旋转(寰周)的。若说思想的行程循乎圆周，则心即是圆，而思想的实际便得是寰周的。于是这个行于如此典常的圆运动者，必然就是心识。一个圆的寰周是无尽头的，那么思想也将是无休止的了。① 但所有实用思想(实践心识)是各有尽头的(因为每一实用思想各有一所想的目标——外在事物)，至于虚拟的理想公式是凭它们自设的词项来为之解释的；每一词项，则各是一个定义(界说)，或是一个论证。一个论证必须有某个缘起(开始)，并作某个终止，即指向于(综合为)一个结论。即便它们还未能抵达于结论，它们无论如何是不能回转到始点的，它们只能在一直线上进行，另更建立此中间词项，或外缘词项。但寰圆却永是

① 上既列述了柏拉图学派的灵魂观念，亚里士多德于是(从 $406^{b}26$ 至 $407^{b}13$)辨析其谬误：阿奎那《诠疏》(T. Aquinas, Commentarii)卷一章三，第八课，第 107—131 节，析述亚氏的论点共为十事。现代学者于柏拉图的数学(算术与几何)实际不能熟习(而且他的"数与图形"的观念也异乎我们现在的观念)，对亚氏这里的辩难，甚难索解。柏拉图喜用文学譬喻或作为哲学寓言与数学表演，他的举例常是巧妙的，措辞则颇不谨严，往往随手拈来，便成文章。亚里士多德在这一章中的十辩，有些只是捉住了柏拉图的措辞失当处，或设喻的不能普遍符合(应用)者，就字论事，以暴其疑难。圆周的性质，终点必返于始点，柏拉图以喻理知灵魂能返想(回想)自己的理知。亚里士多德乃举圆周的运动而质问灵魂(理知或思想)若循行圆周，将无可休止。是亚氏以其逻辑推论抵柏拉图譬喻之瑕，遂乃落入了哲学烦琐的境界。

周而复始的。它们的一切定义也必然是一些自圆其说的内限词项。又,如果这同一寰圆,屡屡运转,心识也将屡屡思想于同一事物。

又,心识的常态,似乎静止或停歇胜于运动;推理(合议)的过程
407b 恰正就是这样。[①] 更又,如果运动由于被强迫进行而不是和顺的,这种运动不会是愉快的,也就不是运动者的幸福。若运动而不因于它的本原(要理),这种运动当是反乎自然的。又,灵魂包涵于躯体之内,而无以自解脱,甚为痛苦,若执此意,而思有以自免者,毋宁让心(心识)存其自在于躯体之外;实际上多数人是相信这种常俗观念的。

又,诸天体旋转着做圆运动,若欲推究其何以必做如此的运动,还是隐微(晦瞑)的。至于,说灵魂的本原(要理)显示其为圆周运动,殊无依据,如其或有时而表现了这样的运动,总只是由于属性偶然而出此;灵魂实不以躯体为本原,实际相反,躯体乃多方面现示为灵魂的属性。说圆运动是较为美善的运动,为此之故,神(造化)就必须致使灵魂也作寰周的旋转,这样的说法实际是无所依据的;再说,径就假定运动比静止为美善,运动比任何其它情态为美善,这也是不足为凭的。但,这方面的研究属之于另一较适合的论题为宜,[②]

---

① 407a27,34,συλλογισμός(原于动词 συλλέγω 义为“收集”如积聚粟粒,或集众起兵。συλλογίζομαι 衍变其义而为“集议定论”(或“列数统算”)(甲)通义为“推理”(ratiocination),柏拉图,对话《泰阿泰德》(Theaetetus,186D,严群汉译本 81 页,商务印书馆,1963),克拉底卢(Cratylus,412A),用作逻辑名词,谓“由诸前提引申以成结论”。(乙)亚里士多德于其总称为《工具论》(逻辑)的《解析后编》(Anal. Post, II, 23)与《修辞学》(Rhet., I, 2)中,始置中项(middle term)以承接其前提而作结论。于是,凡有所论证,必作三段;中国旧译“三段论法”,久垂为名学的一个基本法则。在上述两篇中,亚氏自称为“演绎法则”;然在《解析前编》(Anal. Pr., II, 23)中,亦称之为“归纳辩证”。本篇此节取其通义为“推理”。

② 参看亚里士多德,《说天》(de Caelo)卷二章五,287b22 以下 ἑτέρον λόγων οἰκειοτέρα “另一与之较为合适的论题”,当谓天文学论题。

让我们的辩难就暂止于此。

但,在这方面的辩论以及关于灵魂问题的其它许多方面,内蕴有一个共通的违失自然的谬误。人们置灵魂于躯体之中,并使交合,可是直不说明其何以至此,以及在躯体的怎么一个条件中,才能置入灵魂;可是这些基本因素盍当交代清楚。既然说,正凭这个交合而灵魂乃得为之主动,以使躯体接受其运动,于是其一为动,另一即随之而被动,皆不出属性之所以为附随,确乎如此,运动就成为灵魂的本原。可是,这样,他们实际只专断(自定)了灵魂的性能,于躯体,即接受一切运动的事物之情况(条件),什么也没说明(交代),恰如毕达哥拉宗派的鬼神故事所传说的,任何灵魂都能觅得进入任何身体的途径。[①] 但,每一物[动物]的身体盍各有其自己的特殊型式与形状。可是,他们信口而谈,任意假定了,木匠技术[②]直能进于吹奏箫管的乐艺(这是荒谬的)。每一门工艺,各应用其专属的工具,每一灵魂,各属有其相应的躯体。

① 任何动物的灵魂可以进入任何其它动物的身体,例如一只蝇魂偶可进入一象身,这类传说盖出于毕达哥拉意大利数论宗;柏拉图有时含糊地沿袭了这类寓言。由逻辑为之审核,这显然是不合的。一蚯蚓、一蚤虱、一狗与一大象身体的构造各不相同,按照当时的通论,以灵魂主动躯体,一蚯蚓如入据象身为之灵魂(生命),必不能使象从泥土吸取营养,一蚤虱魂必不能使象跳跃,一狗魂不能使象吃肉食。亚里士多德于此乃以躯体的型式与形状,即动物各异的活动构造,破除了柏拉图派及其前辈这样类似于印度"轮回"论的虚诞。

② τὴν τεκτονικὴν"木匠技术",拉丁译文,M 抄本,tectonica,音译与之相符,或作 ars textrina,"织造艺术",亦可通读。以不同工具喻不同体构,不同技艺喻不同灵魂,加强了上一论证,——一灵魂与一躯体不能普遍地任意相通。

章四

关于灵魂，还有一个旧传的理论（教条），这种设想，虽在公众论坛上，已久引起了非议，于所有方今流行的诸家之说中，尽多的人竟是信以为然的。这就是所谓灵魂为某种样式的谐和（ἁρμονίαν 乐调）（τονα）；执持此说的论据只是这样：谐和就是诸对反的混和或组合，而躯体恰正是由诸对反组合起来的。

但，（1）谐和之为具有某项比例的混和或为组合，须具有为之配比的或为之组合的诸成分，可是，灵魂实际上既不能成比例混和物，
408a 也不能成组合物。（2）又，运动不是谐和的一个表征，而灵魂诸论者，几乎都认为运动是灵魂的一个本原（要素）。（3）如以灵魂为谐和，殊不符于实际，毋宁把谐和归之于躯体的生理方面，健康的体质正该是谐和的。想演奏灵魂种种活动，使致于谐和（成一乐调）是困难的；人们不妨亲自试验一下各自的灵魂，盍可证显谐和之说，不易核实。（4）又，我们应用[①] τὴν ἁρμονίαν（“谐和这辞”）于两个相异的命意：这辞的本义是那些具有运动与位置的空间体段诸事物间的相互关系，凡所称为“谐和”者，在这整个体系之中，各个既相联通而各有定态的事物（部分）之间，就不得杂入任何与之相同种属的事物；至于它的衍义，我们应用之以表明其中诸成分（部分）所由混合的比例。[②]

① 《亚里士多德全集》贝刻尔（I. Bekker）编校本，（第三册）《灵魂论》περὶ ψυχῆς 408a5 λέγοιμεν贝刻尔校注三：S，T，V，X，四个旧抄本皆作 λέγομεν“我们说”（我们应用这辞……）。

② 设想灵魂为一谐调者，盖隐指毕达哥拉宗的菲洛拉奥（Philolaus），柏拉图对话《斐多》（Phaedo）已批评了此说不合，亚里士多德早期著作《欧台谟对话》（Eudemus）也曾批及菲洛拉奥之说。

这两命意于寻求灵魂的合理的解释,都是无益的,至于以灵魂为与身体相应各个部分的组合之说,则可轻易地予以否定。生物各个构成部分实属繁多,而所以为之构制者,又其道多端。于是,我们将何以设想构制有如心识,或感觉或欲念机能的种种部分?以及由什么些方式来构成这些机能?实际,凭诸成分间的比例,制作灵魂以成为一个谐和乐调(生命),这种观念也同样荒谬。用以造作肌肉的诸元素和用以造作骨骼的诸元素,绝不会取相同的比例。① 于是一个生物体内,若说诸元素凭种种不同的组合以混成灵魂为一谐和(乐调)者,那么,这就得有许多灵魂分布在全身之内了。恩贝杜克里既然说到这些部分各都由某个比例为之制定,人们就不禁要向他询问:四肢所由长成的比例,就是灵魂的比例么?抑或那相应于四肢的灵魂,另有不同的比例?又,他的友爱(和合)原理②只凭以作偶尔的(任意的)混合,抑或可凭以制为具有明确比例的组合?灵魂就是这么个比例?抑或别是有异于这比例的一个事物?这些就是在这些理论上显而易见的疑难。若说灵魂是别于这些内具比例的合成事物之外的另一事物,那么,何以活动物的肌肉与其它各部分(构造)死去的同时,灵魂(生命)也随即

① 参看第尔士《先苏格拉底诸哲残片》,"恩贝杜克里残片"17,22,30,37 等。(Diels, Pre-Sokr. Frag., Empedocles);"残片"第 78,引艾修斯医师(Aetius Medicus),恩贝杜克里说:"肌肉由四元素作等分量混合而形成。骨,由两份水,两份土,与四份火合成。"

② 恩贝杜克里谓世间有两原,其一为"爱" ἡ φιλία(友爱,和洽),另一为"憎" τὸ νεῖκος(仇恨,斗争)。诸元素("四大")因爱而相结合,于是万物创生;因憎而诸元素("四大"或由"四大"合成的各个部分)离散,于是万物毁灭。参看亚里士多德《形而上学》卷一章四,985^a18—29。

死亡？又，若说生物（动物）未必每一构成部分各有一个灵魂，由此申说灵魂的合成比例，也不必与生物各部分（构造）合成比例相同，那么，当灵魂离去这生物（动物）时，将是这物身的那一个部分随之而坏死呢？

这是明显的了，依我们上所质询而无可辩答者，结束前论，灵魂不能是一个谐和（乐调），它也不能做寰圆运动。可是，如我们前曾说过，[①]这却是可能的，灵魂由于属性随附而做运动，在其所寓的躯体之内，虽此躯体之运动实有赖于灵魂为之作主，但说灵魂之为运动的命意，必限于躯体之内；别于这一命意之外，而说灵魂能在空间运动，这就绝无此理。

以下相应的一些考虑，对于灵魂运动（活动）这理论，甚且可更
408^{b} 明朗地揭示其迷惑。我们说灵魂在痛苦或愉悦，在奋发，或有所畏惧，我们也说，灵魂在愤怒，有所感觉以及有所思想，所有这一切似乎可算是运动（活动）；由于这些，人们尽可设想，灵魂是被歆动了；但，实际上，这未必尽然。让我们姑且说痛苦，愉悦，与思想都是运动，其中每一个项目都可以说它各是一个运动（动作）；让我们姑又承认，运动是由灵魂导引起来的——例如愤怒与畏惧是心脏部分的个别（特殊）运动，思想（理解）则是心脏或另有某个机能的[一般]运动。（这里，当然该应辨明有些是位置的运动（移换），另些是品质的运动（变化）；至于这些运动属何种类，以及经何途径以致此运动，这是和我们当前的辨析无关的另外一些问题）。即便这么说

① 本卷章三，$406^{a}30$—$^{b}8$；参看译文脚注。

(承认上述两个前提),[①]“灵魂恰在愤怒”这样的言语,正同于话说“灵魂在织布或造屋”一样,这是不妥帖的。也许较为聪明的是,不说灵魂在悯怜,或学习,或思想(理解),而毋宁说,那个人因应于灵魂而织布而造屋。揆其实义,运动不行于灵魂,但有时透入了灵魂,又有时乃缘起于灵魂。举例言之,感觉始于可感觉的某些事物,以抵达于灵魂;回忆则发于灵魂作为一个单位以抵达于感觉器官之为运动,或为当前运动或为后遗运动。[②]

① $408^{b}12$ 行,依大多数旧抄本,与菲洛庞诺(Philoponus)诠疏作审校,读为 τὸ δε λέγειν “即便这么说”,依阿奎那《诠疏》卷一第十课,相应于《灵魂论》的 $408^{a}34—^{b}31$ 的疏释,加了使原文较为明白的(　)内短语。第十课的 147 节,阿奎那谓亚里士多德姑先承认敌对论方的前提,而后执其纰缪,以攻破其罅隙,为所习用的一法,并举出了亚氏《物理》卷三章四至八,与《说天》(de Caelo),卷一章三,关于无限(无定)论的辩证为例。

② 柏拉图学院的门人,于柏拉图没后,注重数学,认为灵魂是一个能自动的“数”(若干单位)。这些柏拉图学派(Platonists)认为悲忧,愉悦(快乐),愤怒,与思想(理知)等,为灵魂(总体中某个单位区分)运动了与之各相应的器官,动乎中而现于外表的情态。他们承认旧传灵魂具有神性而不死之说,相信运动各个器官的各部分灵魂也一概长生不死。本章 $408^{a}3—^{b}18$ 这一节,和以下几节中,亚里士多德辨明上述情事,如悲、喜、怒者,是相应灵魂与物身(躯体)上相应器官,各别的交互作用,不能不与物身同其生死,未必有何神性。惟“心”(ὁ νοῦς 心识,或理知),在物身上的相应器官,或云心脏(καρδία),或谓另有所属,而实际上迄今尚未确知,也许这部分(思想或精神)可能不死而有神性。多马·阿奎那《灵魂论诠疏》卷一第十课,第 150—151 节,感觉,与愤怒和恐惧等情事的运动机制云:诸感觉各在物身的某个部分活动,例如视觉,运之于眼睛;还有[诸情绪],例如愤怒运之于心脏;其它类此。灵魂认为某一事件正该使之愤怒,这动物的所称为“心脏”这器官(脏腑),就被干扰,围绕于心脏周遭的血液随即发热,这些热血流行全身,直到指尖与脚尖。恐惧类此:这使物身某个部分收缩而发冷,其人随即脸色突然灰白起来。这样的变化,虽只行在体内,确也是运动的一式,即 ἀλλοίωσις“形态变换”,亦即“品质运动”(μεταβολή 代谢运动),本书卷一章三,$406^{a}12—14$(运动四品种的第二种)。这是明显的,这些都不能是单独灵魂的自运动,而必须是:缘起于灵魂而为灵魂与物身的和合活动。

但心（心识）[于灵魂中]似乎具有某种独立存在，而不入于坏死程序。[①]若说这是可灭坏的，那就得归之于年老体衰的原因；心识之显示为可灭坏的方面，实际可以举示感觉器官的情况为之说明；一位老人倘能获得一位青年的眼睛，他就会像青年一样视觉敏利。所以老年（衰老）殊不因缘于灵魂的任何影响，其故实在灵魂所寓著的物体（身躯），人在醉酒中与染病时，恰就与衰损相似。这样，思想与推理（玄思）的功能消减时，盍是由于心识（理知灵魂）所寓在之某个物身的衰损，实际心识（理知灵魂）是不受影响的。思想与友爱或憎恨，实不是心本（心识）的属性，而是那个具此心本（心识）的人身（物体）的属性，这只是那个物身作出的一些表现。记忆与爱情于是衰减了，正因为他身躯衰减（萎弱）了；内涵这些的整个实体既趋于坏死，衰减也处处显见；这些原来就不属于心本（心识）。心识多少涵有些神性，所以它是不受影响的（不被动的）。经过了我们这一番讨论，灵魂之不能被运动是明白的了；若既一般的不被运动，那么它也显然不能自己运动自己。

可是，关于灵魂的一切不合理的诸推论中，其最不合理的谬说，莫过于把灵魂称为自己运动的一个数。[②]这一理论，于运动的一般意式上先就是不能成立的，称说灵魂为一数，更属荒谬。把灵魂作
409a

① 称述"心识"ὁ νοῦς这部分灵魂（即理知灵魂）为οὐσία τις οὖσα，καὶ οὐ φθείρεσθαι"某种独立实是（存在），而是不死灭的"，[这是本书一个重句，须与卷三章五，全书的重要一章，认真比照]和这句相应的是下文408b28—29，ὁ δε νοῦς ἴσως θειότερόν τι καὶ ἀπαθές ἐστιν，"心识多少涵有些神性，所以它是不受影响的。"

② 以灵魂为一个自运动的数，其说始于柏拉图及其先古哲如毕达哥拉，至齐诺克拉底（Xenocrates）而坚执其旨，且详演其义。柏拉图逝世后，斯泮雪浦（Spensippus）继长亚卡台米（Academy，柏拉图学院），又后而齐诺克拉底继任主讲。其时亚里（接下页）

为一个一个单位而运动，人们将若之何来追索，(1)它凭什么以为运动，又其运动取什么方式，这既被认定为一个一个单位，它就该内无区分，也内无差异？若说这是可运动的，而且确乎在被运动，它就必具有内部差异。[①] (2)又，他们既然说一条运动着的直线，可扫描成一平面图，一个运动着的点可规划出一条线，那么，这么一个[灵魂，即生命]单位的运动，便将是一条直线了。一个点是具有位置的一个单位；但灵魂之数，该先已有它的所在而具有其位置。(3)现在，人们如果从一个数减去一个数或一个单位，剩余的当是另一个数；但植物和许多的动物，虽在它们被切以后，依然继续的活着，似乎那些断片，恰如它们的本体，各具备相同的灵魂(生命)。[②] 若说这些点，正可由德谟克里图的诸球圆体[原子]发展而成立，那么我们就不妨称这些为微粒(粒子)，也可说它们是些单位，这些基本单位只有一个常在品质，就是一个量(量元)在每一个这样的量元之中，必须有一主动与另一被动的部分(事物)，而自合为一个内在的宛转延续体。因为这只是一个量元，其为度之或大(多)或小(少)，于我们上述这事项，是无须分辨的。事关紧要的只在它必须内涵有一个使这单位(元)发起运动的事物。若说在这动物(生物)之中发起运动的，恰就是灵魂(生命)，你如果称之为数，

(接上页)士多德已另立吕克昂学院(Lyceum)，以传其学。本章自此而下，至于章末，皆与齐诺克拉底之说所作辩论。多马·阿奎那《灵魂论诠疏》，自 409^{a}2 至 31，析此论辩为六节：(1) 409^{a}2—，(2) 409^{a}6—，(3) 409^{a}8—，(4) 409^{a}10—，(5) 409^{a}18—，(6) 409^{a}29 以下。本章译文，自(3)以下不复分节。

① 参看亚里士多德《物理学》，论运动，凡自能运动之物，必须内有一主动者与另一被动者，两个差别部分(卷八，章五，257^{a}30 以下)。

② 参看下文章五，411^{b}20—31。

实况还得是一样的；灵魂不能既是发起运动（主动），又是被动的事物，它只该运动由以发起的事物。但，若说这是一个[内无差异的]单位，它就哪能如此？这里，必须在这一主动单位之外，于所有其它单位中，找出某些差异。然而，一个点与另个点之间，除了位置之别以外，又有什么差异呢？反之，如果躯体之内，[灵魂，即生命的]诸单位，原本就异于躯体（物身）诸点，这将有两系列的单位，共占于同一处，而每一单位各据一点。可是，一处而可容两个系列，那又何尝不可容纳无数的点呢？若说事物占在一个不可分划的处（所在），它们自身也应是不可分划的。反之，如果躯体诸点同一于其数为灵魂的诸单位，或说躯体内诸点之数就是灵魂，那又何故而不是一切物体咸有一个灵魂？一切物体内显然皆有为数无定限的许多点。

又，除了线被区划为若干点之外，从它们的躯体中，怎样才能分离出这些独立自在的诸点？[1]

章五

如我们上已叙述的，[2]执持这种观点的人们所得的结论，一方面就得落入那些主张灵魂为一个纤巧物体[3]的窠臼，而另一方面

---

① 贝刻尔校订本 τὰς ψυχάς“诸灵魂”；依斯密司（J. A. Smith）英译本，校作 τὰς στιγμάς“诸点”。

② 见于上章 408^b33 以下。章五，408^b31 行，开章，至 409^b18 行止，续论“灵魂为自动数”的谬误，可以移属章四。

③ 认为灵魂是体内的“一些纤巧（绮美）的物质”（τοῖς σῶμά τι λεπτομερές），这种观念出于赫拉克里特（Heraclitus）与亚浦隆尼亚的第奥根尼（Diogenes Apollonius）等。

又得迷惑于德谟克里图所专有的荒谬，跟着他描摹灵魂为躯体运动的本原。若说灵魂也是一个物体(物质)，而普遍存在于所有的感觉物身(器官)，那么在同一处必须具存两系列的物体(物质构制)了。至于那些陈说灵魂是一个数的人们，又得想定在每一点上乃有许多的点了。如其不然，他们必须另拟灵魂之为数异乎躯内所寓诸点的总数，而每一物体各有其一个灵魂。于是，相应以说，动物(生物)为“数”所运动，就恰如德谟克里图的旧论，以他的那些小球(灵魂或生命原子)来说明运动；[①]我们在这里称述那些小球为一些扩大了的单位，或统称它们是些运动单位，就没有什么实际的差别？说它们是这个或是那个，都是一样的，它们都得凭其自动以运动生物(动物)。 409^{b}

那些人们把运动与数扯合到一起来阐释这一论题，不期而自投入于这惑误，而且还得遇到类此性质的其它疑难。这些谬说，既不能举之为灵魂的一个定义(界说)；即便把它作为灵魂的偶然属性，也是不能通行的，人可试用这种理论来解释灵魂的诸和诸感应功能，有如推勘感觉，欢乐，悲痛，以及其他类此诸端，他就随即明白，这种理论统都不合。覆按我们前曾讲到过[②]的，凭这些[运动与数]道理，于灵魂的这些附属性状，求其解释，虽欲借以为比拟，而引出些测忖，竟也是无益的。

关于灵魂，旧传于今的解释，有三个流派：有些思想家认为灵魂是运动的最主要本原，因它能自行运动；另些则说明灵魂，由一

① 参看本卷，章二，403^{b}32 以下。

② 本卷章一，402^{b}25—403^{a}2。

些极度纤巧的物质组成的这种物体，虽也说是物质的，比之其它一切物体，几乎可说是非物质的。我们于这两定议（解说）所内涵的疑难和刺谬（矛盾）已经相当充分地辨明了。这里还该于遗留的第三个定议，一加考验，这一定议确言，灵魂由诸元素构成。趋成这一理论的原意是在解释，灵魂何以能感觉并认识所有现存的每一事物，但这样的确释所引出的理论，内涵有许多不能责实的事情。支持这理论的人们，依据“同类相识”[①]的法则，把灵魂合同于它所识知的一切事物。但世界上所现存的事物实不只是这些元素；这还得有由诸元素所组成的许多其它事物，实际这些事物几乎是为数无限的。即便假定灵魂也能认识并感觉凡由诸元素所合成的复杂物，可是，复合体有如神、人、肌肉、骨这样的事物，灵魂将由它的那一部分，由什么方法，得以认识或感觉到它们呢？这类合成物不是任凭

410a 诸元素随意结集起来的，它们各得按照某些比例，依从某个合成原理，为之合成，举例以明之，关于骨，恩贝杜克里就这么叙明了的：

“在仁和的大地（土）的熔炉中，容受了八分之二的湛亮的涅斯蒂（水），和四分的赫法斯托（火），于是全白的骨，随即生成（烧结以成）。”[②]

① 恩贝杜克里 γνωρίζειν τῷ ὁμοίῳ τὸ ὅμοιον “唯同类能识同类”，参看本卷，章二，404^b11—19。

② 引文见于恩贝杜克里，《论自然》，今第尔士编录《先苏》，“恩贝杜克里残片”，96。参看本卷章四 408^a15—16，汉文译者注，引艾修斯（Aetius, v, 22）记载恩贝杜克里谓骨的成分为土二分，水二分，火四分，合成。本节引文 ἡ χθών“土地”，这里实指“土”元素。νήστιδος 在古希腊典籍中释义各异，这里取义于西西里岛居民的女神，Νῆστις 涅斯蒂，世俗习用之谓“水”元。῞Ηφαιστος 赫法斯托，冶铁之神，希腊习俗指以为“火”元。

这样,如果合成物的成分比例与其合成方式不也存在于灵魂之中,而其中只存在有诸元素,按照同类相识的法则,它就不具备什么认识机能;因为灵魂中必需内先有“骨”,或“人”,它才能认取“骨”或“人”。这种法则实属不通,但这里已无须更烦为之作证,谁都不会去测忖某个灵魂中是否内涵有一石块,或一个人?谁也不会去测忖某个灵魂中是否内涵有“善性”或“不善性”?以及类于如此的其它种种。

又,τοῦ ὄντος“正是”(存在)这辞,涵有许多命意;这可诠释为τὸ τόδε τι“一个实是”(本体)或τὸ πὸσον“一个量”或ἢ ποιὸν“一品质”,或诸范畴中任何其它的一个范畴。[①] 于是,灵魂该应由所有这些一并来合成,抑或不然?诸元素当不能遍通于所有的范畴。灵魂是否只由属于实是(本体)范畴的一些事物(元素)合成的么?那么,它怎能认知其它各个范畴?或者,他们可以提出这样的主张,说诸元素(要素)(στοιχείων)各有它们的科属(共性)与品种(个性),灵魂则是总合了所有这些而组成的?这样,灵魂便将既是一个量,又是一品质,又是一本体。但量要素所能孳生(衍化)的实不能出乎量范畴之外的事物。主张灵魂由所有诸元素合成的人们;须面对这些以及与这些相似的诸疑难。这是不合理的:一方面说,同类不能于同类事物上发生什么作用,另一方面又说,惟有同类才能感觉同类事物,人各以其内蕴有类同的事物,乃能认识其同类;

① 亚氏全集卷一《工具(逻辑)》中,有《范畴篇》。《形而上学》卷七,章一,列举十范畴(κατηγοριῶν)之前三,即 τὸ ὄν (οὐσία)本体,质,与量;参看卷五章七,列举八范畴,1017a23—31,亦叙本体,质,与量。范畴或译“云谓分类”,或“云谓诸格”。

可是,[按照后一陈述]感觉实际成为作用于同类,或以运动加之于同类[这就反乎前一陈述了]。于思想与认识而论,情况正也相似。

如我们上已阐明的,按照恩贝杜克里所谓事物都得凭物质诸元素来认识的理论,内涵的迷惑与疑难是很多的。在活动物体中,如骨、筋腱、与发〔髮〕;它们于由以合成的诸元素中,主要的有赖于
410b 土,这些事物似乎全无感觉,即便是与之相类同的[骨、筋腱、与发〔髮〕]土性物体,它们也各不能有所感觉。那么,灵魂即便内涵有这些元素(要素),它又怎能从事于验证的工夫;可是,依此理论,它们就得具有感觉而能行验证外物的工夫。又,这些原始事物(诸元素)各都是所不知者(愚昧),多于所知(理解);它们各都是只知其一,不识其它许多事物,实际上,就不识,除了它自己以外的一切事物。这么,恩贝杜克里的神,必然是最愚昧(无知)的了;譬说,世道诸要义[两原理]之一,即“斗争〔鬥诤〕”(τὸ νεῖκος“仇恨”),只有她[恩贝杜克里的“亲爱”之神 ἡ στοργὴ]是不知(不识)的;至于世上的人们,却谁都识知,因为世人的灵魂,各都内涵有世道诸要义(“爱”“憎”两原理)的。①

又,一般地说,既然每一事物各是一个元素,或由一个元素组成,或由不止一个或由所有诸元素合成,那又何故而现存事物不是每一个都各有灵魂?依这理论,它们都得认识一物,或某数物,或所有一切物[这就该各有一个灵魂]。

还应当提出这个问题:把诸元素组合以入于(成为)灵魂的,是

① 参看本卷章二,404^b13—15,及汉文注释。στοργὴ, ἡ 之为“爱”,包括父母子女夫妇间之“爱”,不仅是男女间之爱。

什么原理？相符应于诸元素之显然为物质而言，凡能为它们作成组合的，不管它是什么性质，务必是一个最关重要的因素，凌驾于灵魂的一个因素。但，那能有凌驾于灵魂而主宰灵魂的这种事物，若说超乎心识的事物，当然是更不可能有的；本乎自然，而作合理的假设，心识(心)盍为最先存在而可为主宰的，可是按照他们的理论，却说[物质]诸元素乃是先于一切的存在(事物)。

他们确言灵魂由诸元素组成，因为灵魂能感觉并认识现存诸事物，他们又确言，灵魂是运动的基本(主要)原因；他们诠释灵魂的这两定义，都不能概括所有一切品类的灵魂。凡一切具有感觉的事物，实际不必全都能运动；例如有些生物(动物)显见是在空间停止着的；对于这种生物，灵魂所传递给它的运动，就只有这么一个[停止]方式。[①] 那些引用诸元素以构制心识(心)与感觉机能的人们也得遇到同样的问题(质询)：植物显然经营其在空间不移动位置的生活，它们也没有感觉，而且许多活动物是没有思想功能(理知机能)的。姑尔承认心(理机能)只是灵魂的一个部分，感觉机能相似地也只是灵魂的一个部分，因而让我们暂置这个问题，可是，他们这样的定义总不能概括或阐明所有一切灵魂，也不能阐明任何一个灵魂的整体。

---

① 亚里士多德《动物志》(Hist. Anim.)，卷四章八，535^{a}25，“于不能运动的种属而言，海鞘与藤壶的嗅觉最不灵敏”。又卷五章十六 548^{a}24：“刺冲水母有两种，其一生于石隙，牢固地定着于石上，另一生于平滑的礁上，不固着，而可活动”。着生海滩浅底之藤壶(balanus)，今列于节肢动物门，甲壳纲，蔓足亚纲(cirrciped)。海鞘(tethua)，今列于脊索动物，被囊亚门，海鞘纲(Ascidiae)。所云“刺冲水母”之固定而不移动其位置者，实为海葵属(Actinia)，如原海葵，红海葵之类。这些固着于海滩的水生动物，有触觉，并能捕食经过它们身边的微小动物。

所称为奥尔菲诗歌中（ἐν τοῖς Ὀρφικοῖς ἔπεσι）的灵魂理论也
表现有类同的一些疑难；按照他的诗句，[灵魂弥泛于宇宙间]大气
411a 中的风，带着灵魂播散，当动物（生物）们呼吸的时候，灵魂就乘机
进入了它们的体内。但，这样的情事，于植物（草木）是不会发生
的，于某些种属的动物，也不能发生，因为实际上不是一切动物全
都进行呼吸。执持这个理论的人们，疏忽了（漏失了）这些实况。①

又，我们若要从诸元素（要素）构制成灵魂，直不需要取之所有诸元素（要素）为之组合；第于相对反的两要素之中，任取其一，以入于灵魂，这灵魂就能认识（理解）本要素和与之相反的要素。举例以明之，我们如果懂得了“直”的意义，也就懂得“曲”的意义；持匠师的直线尺以为准，这就可两验其为曲为直，但你倘应用曲线规，这就既不能准直，也不能准其曲度。

有些思想家意谓灵魂弥漫于全宇宙之间，泰里所持“万物皆充塞着神性”的观念，大约就是由此衍化的。② 这个观念，可也内蕴有某些疑难，这些弥漫着的灵魂，何不把净气或净火制造为一动物

① Ὀρφεύς 奥尔菲（杜里语作 Ὀρφης），古希腊色拉基（Thrace）英雄，亦弦诵诗人；为古希腊早期神话诗三家之一（另两家为 Museus 缪色与 Linus 里诺）。三家遗作类荷马史诗，皆咏歌远古神人合缀的英雄故事，而古希腊民族之宇宙观与人生哲学，实寓于这些篇章之内，故亦称“三哲”。传说奥尔菲妙于弦歌，其琴音吟句，能使顽石起舞，亦擅演说。昔时农户牧民散处山林原隰，因奥尔菲之弦诵与演说乃渐进于聚居，而成为市集“社会”。参看品达尔（Pindarus）诗（P. iv, 315）；柏拉图对话，《法律篇》（Plat., Legg., 829 E）。

② 古希腊文化传统（哲学思想传统），“三诗哲”后，继以“七贤”。Θαλῆς 泰里（公元前第七—六世纪间人）。为七贤之首，夙擅天象（星象），多创见；为米利都（Miletus）自然哲学宗师，主于“水为万物之原”。（见于亚里士多德，《形而上学》卷一章三，983b20），关于灵魂论，奥尔菲认为“大气中弥漫着灵魂之原”，“灵魂”，义同“生命”。泰里始作灵魂不死之说；若如所说灵魂，乃二于物身（肉体）的存在。

(生物),使存活于大气或火中,乃必待这些元素组合[成为一个物身]之后,才能赋与以灵魂?如果就大气或火尽先制成动物,依理而言,这种动物可得较净的形式(?)。人们还可以作这样的质询:何以弥散在大气中的灵魂,较强健而且竟可至于不死,迨它一入于活体(现存动物)之中,这就难免于死去呢?对于这样的问题,怎么也得不到合理的结论,只能作些出奇(反常)的回答;要是说火或气是些活动物,人们概都不信,可是,它们既内都各有灵魂(生命),你却不称之为活动物,这又是不合理的。他们,凭"整体必同于它各部分的类属"这样的原则,设想了灵魂寓于诸元素中;如果活动物周围的大气被切开某个部分,以入于动物体内,于是这动物就为灵魂所中(灵魂就此寓著于这动物),因此,他们也不得不说,灵魂与其[动物的]各部分类属相同。但若说被切开了那一块气是匀和的(类属相同的)而进入物体以为之灵魂的,乃不匀和(具有各不同类属的部分),那么,存在于大气中的灵魂,实只是灵魂的某个部分,而灵魂的另个部分,大气中是不存在的。① 这就逼着他们只能说灵魂必须是各部分类属相同,如其不然,这样的灵魂实际全宇宙任何区域都是没有的(不存在的)。

从以上各节,说到这里,已可显见,理知功能不属于由诸元素

① 这一节,ἡ ψυχὴ ἀνομοιομερής "灵魂的不同类属部分",与 ἡ ὁμοιομερῆ "同类属部分",来历不明;我们照原文翻译就是这样。"同类属部分"(相似微分)与"不同类属部分"(不相似微分),这两名词,创自亚那克萨哥拉(Anaxagoras),用以说明动物的物身三级构造,参看亚氏《动物志》卷一章一,486ª5—8,汉文译本注(译本第 13 页)。阿奎那《诠疏》卷一第十三课,第 197 节,解大气中的灵魂为匀和(类属相同的 homogeneous)而不死的(immortalis),在动物体内,另有一个部分不匀和(异类属的 heterogeneous)的灵魂,随动物体为生灭,到时是要死的(mortalis)。

所组成的灵魂，说灵魂为运动之原，也不算良好，且不真确。但，由于理知(认识)，感觉，与立意(撰论)，在企求与期愿，和一般的情欲之外，也同样是灵魂的功用，又，在生长，盛壮与衰亡之外，动物在空间的运动也有赖于灵魂，试问，所有这些情事是否统属于作为一
411b 个整体的灵魂？我们思想，感觉，以及作为和忍受(应付)一切相接而至的事物，是否于每一行档，都凭灵魂整体，抑或某一项由某一部分灵魂，而另一项由另一部分灵魂，分别治理的呢？于生活(营生)而言，也类乎如此：是否生活系于灵魂的某一个部分，或几个部分，或系于整个灵魂？或者，生活所依，另有别的原因？

有些人说，灵魂区分为若干部分，思想系于一个部分，企求(欲念)系于另一部分。若然如此，说灵魂原本是由诸部分组成的，那么，请问为之组合各个部分以成其整体的是什么？当然不是躯体(物身)：恰正相反，物身之能合为一个整体，毋宁是有赖于灵魂；灵魂一离其寓躯，物身随即消散于大气之中，而终于衰坏。于是，若说另有它物致灵魂为一整体(单元)，那么，这才该是真正的灵魂。但，我们又将作再度的询问，这个真正的灵魂，原是一单体，抑或区分有许多部分？如其为一单体，这又何不径称之为灵魂单元？如其具有若干部分，这又须要为说明其合成原理，这样，我们的辩论，遂且无尽头的进行。

关于灵魂的诸部分，也得提出一些疑难，有如，什么是躯体(物身)每一个部分各具有的功能。若然作为整体的灵魂组合了整个物身，那么，灵魂的每一个部分自然该应组合物身整体的某个部分。但这似乎是不可能的；[灵魂中的]心识(理知)部分将组合[躯体中的]那一部分，它又凭什么方式来成此组合(?)。像这样的疑

难，虽许你尽可任意想像，你也不易作答。又，植物，虽被分割，也能存活，有些虫类[①]也如此，这些是大家都能见到的事实，这些被切开的部分，就该各有一灵魂(生命)，这个灵魂和原体的灵魂虽不同数，而必属同品种；被切开的每一节段(部分)，是各具有感觉，而且能于空间运动的，至少，在短期间，它们是这样存活着的。它们没有维持生存的必要器官，所以它们不能继续自然地活下去，是完全不足惊异的。但它们在切开了的每一节段(部分)所寓著的灵魂，也是整体的区分，不是灵魂整体之中的类属不同区分，它们各分部之间，类属相同，和物身整体的原灵魂，也类属相同。在植物(草木)中的生理要素(原理)，似乎也是某种类的灵魂；动物和植物所共通涵有的灵魂类属，就只这一种；这种灵魂[植物灵魂][②]与感觉原理是离立的，凡不具有感觉灵魂的生物就没有感觉[凡具有感觉灵魂的，则都有植物灵魂]。

① ἔντομος 本义为切开了的碎片，如用以祭享的俎上祭品。其多数 ἔντομα，τὰ“切开为二段或多段的动物(昆虫，即分节动物)”；拉丁文“insecta”取义正与相同。亚里士多德始用此字以称“虫”类(腹背有节痕的动物)。参看亚里士多德《动物志》，卷一章一，$487^{a}33$，卷四章一，$523^{b}15$，亚氏用这名词包括现代动物分类的昆虫，蠕虫之类。

② 植物灵魂主其所寓物身的营养与生长机能。

卷（B）二

412a **章一**

从前贤流传到如今，关于灵魂的诸家之说，我们已经作过充分的讨论；现在，我们该回顾我们开章先曾提到的题旨，试即论定“灵魂是什么”（τί ἐστι ψυχὴ）而为之制作最普遍地可得通达的定义。于现存的诸事物的一个科属（级类），我们称述之为“实是”（οὐσίαν 本体）；实是有三分义：（1）物质（ὕλην 材料），由己而言，物质不是一“这个”（τόδε τι 个别）；（2）型状或形式（μορφὴν καὶ εἶδος），事物恰正由以得其怎是（个性）而成为“这个”（某物）；（3）它的第三义，就是物质与形式（材料与型状）的合成（τὸ ἐκ τούτων “由如此与如彼的结合”）。① 于是物质（材料）是“潜能”（δύναμις），而形式为“实现”（现实 ἐντελέχεια）；可是“现实”（隐得来希）这字须在两个涵义上来应用，譬如，说具备“知识”（ἐπιστήμη）和“运用知识”（τὸ θεωρεῖν 以为推理）是为义两异的。②

---

① οὐσία（substance，essence）本体，实是；τόδε τι（a “this”）“这个”，个别；ὕλη（matter，material）物质，材料；εἶδος（form）形式，模式；参看《形而上学》卷七，“本体论”，章一，二，三，卷八，“物质与通式”。

② δύναμις（potentiality，capacity）潜能，潜在；εἶντελέχεια（entelecheia，realization）隐得来希，现实：参看《形而上学》卷九。有关“本体论”，本篇所应用汉文翻译名词，参看《形而上学》汉文译本《附录》，“索引”三。“现实”或“实现”两义：（1）甲、（接下页）

世咸知一切事物(物身)皆属实是(本体),而自然诸物为尤重要的实是;其余较繁富的事物就从这些较原始种属,衍化或复合以成宇宙间的万类。可是于诸自然物体而言,有些具有生命,有些则无生命;所谓生命(ζωὴν),我们指说自行进食(营养)[①]与生长与衰死的功能。每个自然体之具有生命者,于是,必须为一个实是(本体),而且是一个复合级类的实是(本体)。这一实是既然具有生命,便相应地该具有一个物身(躯体),而且这物身就不得是"灵魂"(ψυχή),"物身"(τὸ σῶμα)就只能是它原来的事物,不能是任何另属的事物,明确地讲,它就是"物质"(材料 ὕλη)。[②]那么,于实是(本体)的名义上来说,灵魂就必须是一个自然事物的"形式"(εἶδος),这个自然物体则"潜在地"(δυνάμει)具有生命。实是(本体)正是在形式命意上的实现(现实)。于是,灵魂就正是我们上述这一级类的事物(物身)的"现实"(ἐντελέχεια 隐得来希)。但现实有与具备(获得)知识和运用知识相似的两义。于我们当前的命意,现实,显然是类乎具有知识;随便哪里,凡有灵魂存在处,就兼可看到"睡

(接上页)人有获得知识的诸条件(能量)为"潜在知识";乙、及其学习与研究之后,而具备了知识,是谓"现实知识"。(2)甲、人有知识而未予应用,是"知识的潜能",乙、及其运用此知识以有所作为(施于行事)是谓"知识的实现"。

① 412^{a}14 τὴν αὐτοῦ τροφὴν"自行进食",从古诠疏家索福尼亚(Sophonias 公元后第十三世纪)的诠疏 αὐτοῦ 这字与现存的 P 抄本符合。从古诠疏家色密斯希奥(Themistius 公元后第四世纪)诠疏,作 ἑαυτοῦ,则这一短语将为"自己的食料",这全句在这一节中,就不可通解了。

② 《形而上学》卷七章七,1033^{a}4,以铜球为喻;"物质是'铜',形式是'圆球',合成的一个实是为'铜球'"。这里说的是有生命物;有生命物(动植物)之为实是,物身(躯体)是材料(物质),灵魂(生命)为形式。物质材料各具有各种属性,但本身不是什么附属存在,而是本性自存的。

与醒”的现象，而醒就类于运用知识，睡则不予运用，而只是备有知识。这里，在任何人的创生史上，①都先具有知识，随后才运用知识。②

这样，灵魂盍是潜在地具有生命的一个自然物体的原始（基本）实现（ἐντελέχεια ἡ πρώτη），而这个自然物体则必需是具有官能

412^{b}（工具）的。植物的各个部分（构造），虽很简省，也是些官能（ὄργανα 工具）；有如叶片荫蔽果壳（籽荚），果壳（籽荚）保护果子（籽实）；至于草木的根部类乎动物的口腔，两者各是进食（吸收营养）的器官。于是，我们倘欲撰造一个可以通用于各种灵魂的公式（定义），这就不妨说“灵魂是具有诸官能的自然物体的原始实现”。于是，人们更毋庸怀疑于“物身与灵魂的合一”了，恰正如此，蜡像与蜡块所受印模的形状之合一，是毋庸怀疑的；总而言之，每一事物的材料（物质）和凭此材料所加的形式是合一的。我们承认“一与是”（τὸ ἓν καὶ τὸ εἶναι）的多义，世有怎么多的“怎是”，就得有那么多的“合一”，可是其中主要而且是正当的一义，确该是“现实和所凭以成实者的合一”。

于是，我们已撰成了“何谓灵魂（？）”的一个通用（普遍）定义：这是凭形式为之表现的本体（实是）。事物之所以成其为一实是者，就凭它这个怎是。假设方才提到的所谓工具（官能）属有一个自然物体，例如一斧，斧的实是（本体）就该是它之所以成其为斧者

---

① $412^{a}26$ τῇ γενέσει 人的“创生经历上”，多马·阿奎那，《诠疏》卷二，第一课第218节，诠此章，引当时的拉丁译本有这句，文义与之相符。近代牛津英译本（斯密司译文）作“个人历史”；现代译本（路白丛书本）希脱译文，删去，或是漏失了这短语。

② $412^{a}22$ 所说现实的两义，相应于或为“先于”（priority）或为“后于”（posteriority）参看《形而上学》卷九章八，$1049^{b}4$—12。

(斧的怎是),这盍就是它的灵魂;假如它失去它的所以为斧者,这就不复符合于正常命意上的那一斧。[1] 方今此斧,在名义上,仍然是斧;考察斧之属于自然事物,恰不是那种自己能动能止的自然事物,只有能感应于动止的自然物身,才以灵魂为其形式,实际,斧的物身不是以灵魂(生命)为其形式的。这样,我们须得把我们的定义另行应用之于生物(活的自然事物)的一些部分。设以眼睛为一生物(有机体),则它的灵魂就是视觉功能;这就是眼睛之为实是(本体)所由以表现的形式。但眼睛是视觉的物质,倘失其视觉,这就不成其为眼睛了;如果你仍然称它眼睛,这就类同于一石眼睛或一画眼睛了。现在,我们该把上所应用于其部分构造而得其实现者,应用之于整个生物(动物)体上。部分感觉之相应于部分感觉器官间的关系,该必相同于所有全部感觉之相应于那具备感觉的整个生物(动物)体之间的关系。这里,我们必须理解,所说那个潜在地具有生活功能的物身,只应是现正寓有灵魂(生命)保持着灵魂的,不可是一个失去了灵魂(生命)的物身;种籽与果实就是这样的潜在地活着的物身。斧的斫削功能或眼的视觉功能之为一个实

① 这一节,行文有些艰涩,但其中理致是明白的。亚氏先举斧例,这不是一个具有生命的物体,其物质材料是制斧之铁与制柄的木,其形式是刃口,重量等,必须具备这些,这斧才能行其斫削的功能。若一斧而无锋利,虽仍可称之为斧,而已有名无实,失了它所以斧的怎是了。可是,斧为无生物,其形式也应是无生命的,不能是"灵魂"这样的事物。它的实是是利于斫削的锋刃。以下引出生物物身之一的眼睛,补充说明灵魂之为有生物身的形式,另还具有"生命"涵义。这里,他增修了灵魂的上述一个定义。

公元后第五世纪,南朝,梁,范缜《神灭论》,"形者神之质也,神者形之用也。神之于形,犹利之于刃,未闻刃没而利存,岂容形灭而神在哉"。《神灭论》这篇辟佛诽道的著名论文,见于《梁书·范缜传》,其后集录于梁,僧祐《弘明集》;司马光《通鉴》卷 136 摄要录存。范缜这《论》中的"刃"与"利"正同于亚氏这篇这章中的"斧"与"斧之所以为斧者",即"斧的锋利"。两人异地异时,而设喻正同。行文推理范论较亚氏为顺当而且明确。

413a 现，恰正相类于醒态之为生机的一个实现，而灵魂之为一实现，也恰正相类于眼睛之表现其视觉或工具（视觉器官）之行其操作功能。① 躯体相应地具有生活的潜能，但恰如瞳子与视功能之合而成眼，灵魂与身体合成一个活动物。于是，这可就明白了，“灵魂与躯体是不可分离的”；②如果灵魂是具有若干区分的，那么它的部分灵魂与其相应的部分躯体，也该是不可分离的。但有些动物其灵魂的某些部分之为实现，无关于其躯体的任何部分，那么这部分灵魂若行分离，这就没有什么来加以阻止了；相应于其全躯之实现的灵魂，则总是不可分离的。又，灵魂于躯体的生命现实关系，是否相类同于水手与船的关系，我们实有所不明。③

这些概况（素描），于阐明灵魂的性状而为之界说（定义），是已够详尽的了。④

① “醒态”喻实现，见于本章上文 412a25。

② 413a4 οὐκ ἔστιν ἡ ψυχὴ χωριστὴ τοῦ σώματος 这里，整个“灵魂与躯体是不可分离的”，说得完全明确。卷三章五，430a17，καὶ οὗτος ὁ νοῦς χωριστὸς καὶ ἀπαθὴς καὶ ἀμιγὴς τῇ οὐσίᾳ ὢν ἐνεργείᾳ “在作主体活动的心识是可分离（而独立存在）的，不被动的，是单纯的（不含杂物的）。”这是“心识”，即理知机能，实指纯理灵魂，又明确地说是可分离而独立存在。前者确认人身死灭，人魂与之俱亡。后者认为人身死灭，植物灵魂，动物灵魂与人类精神的实用心识与其人而俱亡，纯理灵魂则在人身死灭的顷刻，脱离尸骸，还入宇宙而得自由常在。这里两相违忤的章句，正是后世榷论《灵魂论》三卷，有顺从柏拉图，与反背柏拉图灵魂论之说，亚氏生平不同时期，思想演变前后之作，参看本书，汉文《绪言》。

③ 参看卷一章三 406a2—12。

④ 由亚里士多德灵魂与物身的潜在-现实定义，后世的生理学演化有三歧的生理心理学平行说（Psycho-physical parallelism），（一）心（灵魂）与物（人体）为一个实体（实是，存在）的两个方面或两种性质，故两者演变时悉相得契。（二）两者各是独立实体，而互为因果。意识历程（思想），常随神经系（心理活动的生理官能）历程而起伏生灭（互动论）。（三）意识历程与神经历程不互动，但平行而伴起伴息，伴动。两者虽各为独立实体，而各有自己的属性，而当其入于动变，而形影相紧随者，乃若出一体。

章二

我们常从虽较隐晦而可凭感官认明（校核）的现象，导致清晰而较为合理的观念，因此我们也该循此途径，试于上述有关灵魂的论断，重加修补。于一定义而言，其叙述大多只陈说了事实，实际上，定义不仅应当陈明事实，还得阐明其所以显此事实的底蕴（原因）。但，到此为止，我们所得定义的叙述，仍只是些结论；譬如：[请问]使一长方形转成为一正方形，其定义如何？[答云：]绘制一正方形，使其面积与那个长方形的面积相等。这样的叙述只是一个结论。但若有人另为之说："凡欲转变一长方形为正方者，须求得'一个当值的中数'（不等长的两个边长的比例中项）"这么，他就给出了这一实事的底蕴（原因）。①

现在，我们回转到我们研究的起点，有灵魂物（τὸ ἐμψυχόν）所别异于无灵魂物（τοῦ ἀψύχου）者，就在"生命（生活）"。但生命（ζῆν 生活）这字具有多方面的涵义，凡具备下述各事之一的，我们就说它是一个有生命物（活物）：心识（νοῦς 理性），感觉（αἰσθήσις），运动（κίνησις），或占有空间位置的静止（στάσις），于运动而言，这也包括

① 把直线 AB 分成 AC、BC 两段。以 AB 为直径作半圆弧 ADB。自 C 点作垂线 AD，交弧线于 D 点。于是（甲）以 CD 为边所建置正方形，与以 AC 与 CB 为长短两边所建置的长方形，面积相等。（乙）CD 为 AC 与 CB 的"当值中数"（μέσης εὕρεσις 不等长两边长的比例中项）。（甲）（乙）两几何题解的证明见于欧几里得《几何》（Euclid）卷二，14，与卷六，13。413^a17 τετραγωνισμός "四正角成形"即乘方（squaring）。多马·阿奎那《诠疏》卷二，第三课，第 248 节，解作"正方"（等边四直角）。他因此作几何题：9 尺长，4 尺宽的长方形面积是 36 方尺。6 尺边的正方形面积（6×6）也是 36 方尺。所以 6 是 9 与 4 的"当值中数"（几何译语，今称"比例中项"）。

进食(τροφὴν),衰坏(φθίσις),与生长(αὔξησις)。因此,所有植物(草木)全都被认为是活的(有生命的),它们各各内具有这种本能(能与原),凭以向四周(或对向)生长与衰坏;它们不是专向上生长,而又是向下生长的,是上下向同等地生长的,而且作所有各向的发展,只要它们能吸取食料就继续着活下去(生命就延于不息)。这种取食的本能是可以离立于所有其它诸能之外的,但其它诸能是不可能离取食(营养)本能而存在的,这可验之于人体(或动物体)。于植
413b 物而论,这是明显的,它们的灵魂(生命)就只此一能,别无它能。

虽一切生物,凭这原始属性(营养功能)而得有生命,但有生的动物还须具备"感觉机制"(τὴν αἴσθησιν)以为生活的领要;于所有一切生物,它们如果能有感觉,那么,即便它不能运动,或转移位置,我们就不仅称之为生物,兼也称之为动物。感觉诸功能的首要为触觉,这是所有动物统都具备的。恰如营养功能可以离立于所有感觉,包括触觉,而自在,触觉也可以离立于其它诸感觉而自在。我们识别"营养功能"(θρεπτικόν),虽是草木(植物)也都具备,实为灵魂(生命)的一个部分。但一切活动物则显然都又该有触觉。对于这两项情况的各别解释,我且当留待后述。①

当前,我们姑自限于这么些讨论,上已述及的种种现象皆原于灵魂,营养,感觉,思想与运动诸功能都是属于灵魂的诸机制,而由以表现上述诸现象的。至于由此引申的一些问题,有如,这些机能各就是单独一个灵魂,抑或只是灵魂的一个部分(?),如其说是一个部分,那么,这个部分只是在名义上分离开来的,抑

---

① 见于卷三章十二,434a22—30,b10以下。

或也在事实上为确可分离的(?),这些问题,有些易于阐明,另些是难以解答的。就凭植物来说,有些在分割而相互离立以后,还是各各活着的,这样看来,植物的灵魂于实现上固然全株只有一个,但潜在地,它的灵魂当不止一个,比照于植物的这种表征,我们于昆虫灵魂方面见到了相同的性状,凡昆虫之被切开为分节者,它们的每一分节,各具有感觉,而能在空间移动其位置;这些分节(部分)既具感觉,这必然也有臆想[①]与情欲;因为凡有感觉的机制,随之就会出现痛苦与愉快的征象,而从乎苦乐之感,欲望也就涵蕴于其中了。

但于心识与"思想(推理)机能"(τῆs θεωρητικῆs δυνάμεωs)而言,我们到此为止,还不明了;这似乎是灵魂的一个颇为别异的种属,这里惟一可得于灵魂的其它诸机能外,独立存在的,其为别异,盍有类于永生性之别异于可灭性。但,如我们前曾说到的,这该是明确的,虽有些人的主张,灵魂的其它部分,在理论上可作分离的说明,实际上是不可离立的。感觉与思想机制(器官)之间为有别,恰如感觉与思想两为各异。所有我们曾涉及的其它诸机制(器官)与机能,情况与此相同。又,有些动物具备所有这些机能,另些则具有其中某些机能,又另些乃只有一种机能。动物之所由凭以分类者,恰就在此。随后我将于此推寻其缘由。[②] 于感觉部分,也有 **414**[a]
相似的情况:有些动物具备所有各种感觉,另些只有某几种,又另

① φαντασία (phantasia)或译"心理印象"或译"臆想",屡见于《灵魂论》(参看,$427^{b}27$—$429^{a}9$)及《自然诸短篇》中,其实义不完全明确。

② 卷三,章十二,十三。

些只有一种感觉,即必不可缺的触觉。

我们习以为常的措辞,“我们生活(活着)而有所感觉”,这恰如另一措辞“[我们活着而]有所识知”,都得有两个方面的命意:其一我们是在说[感觉或]知识,另一就在说灵魂(生命);我们所以[有感或]有知,就由于我们具有灵魂(有生),或由于我们[有感觉,或]有知识。相似地,像“我们健康”这样的措辞,也既可属之于健康,又可属之于人体的全身或其某些部分。现在,关于这么几项,其一为知识,另一为健康,作为型状,而主于形式或名称,则是其人领受了知识的实现,领受了健康的实现。(事物[人]有所领受,授与者发施其作用,而见其效果于领受此作用的事物[人],)但灵魂是事物[如动物,或人]赖以生活与感觉与思想的最基本的实是(要素),就必须是形式或名称(原理,或比例),而不是物质或底层材料。我们先已讲过,[①]本体(实是)涵有三个旨意,形式、物质与两者的结合。于此三者而言,物质(材料)是潜能,形式为实现;既然,凡具有了灵魂的事物(生物),必须是两者(形式与物质)的结合,那么,躯体就不得是灵魂的实现,而灵魂该当是某个躯体(物身)的实现。由此而论,那些认为灵魂怎么也不是物身,却又不能离物身而独立存在的主张,是正确的。这不是一个物身,可是灵魂必须是关联着一个物身的,它存在于物身之内,存在于某一个别的物身之内,全不同于前贤们所设想,可以把灵魂配给任何一个物身,他们于什么物身,哪一品种的物身,全无限禁,实际上,这是明显的,任何偶然的事物是不能闯入另一偶然事物的。凭所见的实例来立论:任何

① 本卷章一,412^{a}6—7。

一个指定的事物，只能在既已潜存此物的体内演成其现实，这就是说，必其体内具有相应的物质材料。[①] 从所有以上的辨析，这是明白的了，灵魂是某一事物的现实，或其怎是公式，而这某物则是内蕴有容此灵魂为之演化(表现)的潜能的。

章三

但，关于灵魂的机能(机制与职能)，我们曾提及，[②]有些生物种种全备，另些只有几种，又另些乃只有一种机能。我们上所讲到的这些机能(功能)，列有营养，欲望，[③]感觉，和在空间运动，以及思想。植物(草木)仅有营养机能，可是，其它生物既具这个，又有 414b
感觉机能。但机制之能感觉者，也会得有欲望，欲望则包括贪图，[④]愤怒，意愿(期待)；所有的动物统都具有诸感觉之一，即触觉(τὴν ἁφήν)。凡具有这一感觉的，它能会通于欢乐(愉悦)与痛苦，分辨喜欢的与厌苦的事物，既感通于这些物情，这就得引起欲望；欲望就是对于可喜欢的诸事物的贪求。诸动物也都具有进食的感觉，因为触觉就涵有察识食品的功能。动物正有赖于食物为之营养，而察识食物之或为干为湿，或为热为冷，就靠触觉，其它物象之于食物的辨识，都凭触觉而间接地取得的；声与色与香臭，都无裨

① 明白地说：某人的魂，只能在某人体内。

② 本卷章一，413^{a}23—25，^{b}11—13，21—4。

③ ὀρεκτικόν“欲望”包括“食欲”与其它诸“欲”与企求(企望)，413^{b}13 所列灵魂的营养功能之下，未列“欲望”，盖行文时所存思的“欲望”，专在“食欲”，乃以包涵之于营养项目中。

④ ἐπιθυμία 与上文 ὄρεξις 常同作“欲望”(desire)解。这里，“欲望”这一属，分列了三个品种，ἐπιθυμία 作为三品种之一，取义于其恶劣命意，为贪欲如食欲，淫欲之类。

于物品的营养效益。由味感以认取物品之营养效益者，其感应方式类似触觉。饥与渴引起欲望（食欲），饥者贪求干与热的物品，渴者冷与湿的物品；这些事物经由调制（腌渍）而获有了令人喜爱的味感。关于这些项目，我们须待以后再作较精详的论述，[①]当前，只要这么说就够了：凡动物之具有诸感觉之一，即触觉者，也就具有欲望（食欲）。至于臆想这一项目是迷糊的，这也得留待后论。[②]于这些机能[营养与感觉]之外，有些动物，还具备在空间运动的功能，另些更还有思想功能与心识，为这另些动物的示例，可举出人，以及其它也许超乎他（人）的动物。

于是，这就明白了，灵魂只能有一个定义（界说），恰相类于图形[多角图形]之只有一个定义（界说）。于图形[多角形]而言，除了三角形和相从而来的诸形[四角形，五角形等，等边多角的系列]外，别无它种图形，于灵魂而言，除了我们上已开列的那些之外，也别无它种灵魂。确乎，这可以制成诸图形的一个通用定义，但这样的定义，于任何一个单独的图式之特性，是全不能为之概括的。这于我们上述的灵魂诸品种，正也与此相似。所以，这是荒谬的：要求在灵魂题或与之相似的图形题上，制作一个绝对通用的一般定义，这样的定义将完全不管任何实例或个别方案，它将完全脱离现有存在的一切事物；相反的要求也是荒谬的：不要通用定义，专务寻取个别的低级的品种的相应界说。图形与灵魂的诸案例，确实是平行的；在它们的通称之内，各涵蕴着一一相联属的系列，每个

① 见于本卷章十一；卷三章十二，434^{b}18—21。又见《感觉与感觉客体》，章四。

② 卷三，章三，章十一，433^{b}31—434^{a}7。

随后的项目,就包容着在先的项目——这于图形而言,四方形包容三角形,于生物而言(于有灵魂物而言),感觉机能,包容营养机能。因此,我们必须按一一实例研究一一个体,例如植物,或人或兽,以求了解它们各所具备的是怎么的灵魂?何以一一相关的项目会得 415^{a}
成为如此的系列?[我们当留待以后,为之阐释。]①实际是这样,没有营养机能,这就不会存在感觉机能,至于植物(草木),则其营养机能是离感觉机能而存在的。又,如果没有触觉,其它诸感觉不能存在,但在没有任何其它诸感觉时,触觉是能独自存在的。诸动物中,有许多是既无视觉,也不能听,而且一般说来,也不具备嗅觉。又,那些具有感觉的动物们,有些能在空间运动,有些却不会运动。末了,说到具有推论(计算)与思想机能的动物,这是极少的。一切会得死亡(亦即原曾生活着)的动物,凡具有推理机能的,就必尽备其它诸机能,但那些只具有诸机能的一种,就全没有推论(计算)机能,其中有些甚至于全不会臆想,另些则专凭臆想这功能,而得以被称为生物(动物)。至于涉及理论(纯理)心识这种机能,那是另一问题,留待别论。② 到此,这已明显了,对于这些机能的一一分别的解释该是对于灵魂为最信实的阐说。

章四

人们如果试图研究这些机能,他先得考明这些机能,各是什

① 见于卷三,章十二,十三。

② 见于卷三,章四—八;重论臆想,在 427^{a}14—429^{a}9,重论心识(理知灵魂)在 429^{a}10—432^{a}14。这里所称"理论心识"(τοῦ θεωρητικοῦ νοῦ)参看卷三,章十,433^{a}15,与之相对应的,有"实践心识"(διάνοια πρατική)433^{a}18。

么，于是进而探索挨次的，以及其它诸问题。可是，如果人们查问到思想机能，感觉机能，或营养机能各是什么，他又得先考明，思想之为活动，感觉之为活动的实义，我们想来，人盍先运用了他的诸机能，而后乃能得知自己具有这么些功效的机能。若然如此，他又该应先研究诸机能（器官）施其功用的相应诸事物（运用诸器官的功能为活动，必须外有相应的各物之存在，而后能成其诸觉，例如知识与物象）。为此故，他必须首先建明食物，可感觉物，或可感应于思想诸事物的定义。[①] 第一，我们必须先讲述食物与蕃殖；[②]营养机能是人类以外所有其它一切生物所通备，这是原始而最为广被的一种灵魂机能，正由这一灵魂机能，万物乃得有其生命（生活）。营养机能的功用就在蕃殖与进食。于生物（动物）而言，只要它们已成熟而没有残缺的，只要它们不是自发生成的，[③]那么营养

① 古希腊人习熟的（ἡ αἴσθησις）“感觉”，τὸ αἰσθητήριον “感觉器官”，与 ἡ αἰσθητός “可感觉物（感觉条件）”，这系列的心理学名词及其系统观念和印度同时代的婆罗门及佛教（法相宗）的心理学观念是相仿或相同的。藏经《阿毘达摩（对法论）》等，如眼、耳、鼻、舌、身为五根；“根”即动物的“感觉器官”；《中论》亦称“五情”。中国古传，以《荀子·正名》，与《天论》，称为“五官”。藏经《智度论》，色、声、香、味、触为五尘；“尘”即“感觉客体”。五尘亦曰“五境”；《涅槃经》称为“五贼”。《智度论》云：“眼等五根，名为内身，色等五尘，名为外身”（“身”，今云“物”也，物谓物质）。《中论》，“五尘为五根所缘之境界”。《涅槃经》，《成唯识论》等，五根缘对五尘而生“五识”；见识、闻识、嗅识、味识、触识。本书，卷二，逐一叙述了这五项感觉（五识）及感觉器官与可感觉物（五根与五尘）。以下《感觉与感觉客体》并论了这五项感觉（失漏了听觉与声音这项）。

② 亚里士多德《动物志》卷八，章一，589a3—6，“动物的生活行为，可以分为两出〔齣〕——其一为生殖，另一为饮食；一切动物生平的全部兴趣，就集中在这两出〔齣〕活动。”汉文译本，340 页。

③ τὴν γένεσιν αὐτομάτην “自发生成的小动物”。《动物志》卷五章一，539a20—24：动物们，有些父子相承，各从其类，另些自发生成。……自发生成者，有些由腐土或植物质中蕃育出来，例如若干虫类，另些由动物体分泌物（如粪秽）中出生［如肠蠕虫］。古代无显微镜，不能找到蠕虫卵，故拟之为“自发生成”。

机能就是诸机能中最为原始而合乎自然的,是最完善的。[所谓自发生成是无亲属而自然茁生的,]不自发生成的就是由亲属递传的,一个动物生育一个动物,一棵植物生殖一棵植物,蕃殖后裔是生物界惟一可得参予于宇宙(大自然)的"永恒与神业的"(τοῦ ἀεὶ καὶ τοῦ θείου)方法;每一生物恰都力求要把自己垂于永恒,而这正是所有它们所以备有种种自然机能的极因(目的)。① "为达到这 415b
个目的"(το οὗ ἕνεκα)["为此故",即"极因"]这词是模糊的(双关的),于其"目的"(ἕνεκα)有"为此"(τὸ οὗ)和"于此"(τὸ ᾧ)两方面的解释[(1)"为"其人所欲达到的目的,(2)"为"达到此目的之所施为]。② 它们(生物界)不能托自己的存在之延长,参与[宇宙的]永恒与神业,它们既是可灭坏的事物,这就不能以其数为一而相同的个体,以入于永恒,于个体而论,它们自己的存在虽或较长,或较短,却终是要灭坏的;它们企图进到永恒而参与神业的唯一可能的道路,只有期之于与已形式相类同的嗣承个体,这样的类同个体,

① τὸ οὗ ἕνεκα"为此故"(为这终极或目的):《形而上学》(Metaphysica)卷一章二,$983^{a}25$—$^{b}1$,述四因(本因,物因,动因与极因),"其四,相反于动变者,'极因'为目的与本善,这是一切创生与动变的终极"(汉文译本,第 6 页)。又卷八章四,$1044^{a}34$—$^{b}3$,例示人的四因:"本因(式因)是他的'怎是',极因是他的'终身'。本因与极因,昭明了一个人的始终"(汉文译本,第 166 页)。

② $415^{b}3$ 这一句是很费解的。四因是亚里士多德哲学的基本,"极因(目的论)"更是他立论的重点。多马·阿奎那熟习了亚氏《形而上学》与《逻辑》(工具),于这句做了详细的解释,《诠疏》卷二,第七课,第 316 节,于这里的"双关"(διττόν)辞义,撰造了一个实例,以佐说明:(1)医疗的目的为健康,直接地说是为治某一病症。(2)(甲)间接地说,这不但为治病,以求康复,兼也为了整个身体的健康。(乙)这里所说"目的"不仅为所企求的终极,更要及于为达此目的而施行了怎么的医疗。译文[　]内句是参照了这诠疏添增的。

当然不能其数为一，但在品种上确乎为同一。

灵魂是有生命物体（生物）之因与原（第一原理）。“因”（αἰτία）与“原”（ἀρχή）具有多种命意。而灵魂就通有一切生物诸原因中的三因；灵魂为生物动变所由缘起（动因），又为其动变所趋向的终端（目的，即极因），又为一切生物的“本体”（οὐσία）。[①] 于我们对灵魂这样的认识，(1)灵魂之为生物本体这命意是明显的，本体是一切事物所由得其存在的原因（本因），若生物（动物）的存在就系于生命，则灵魂恰正是生命的因与原。还有，灵魂作为生物的潜在生命之实现，恰又成了它本体的实是公式。(2)又，灵魂作为生物的极因（目的）的命意，也是明显的。自然，有似心识，常怀抱着“为了某些事”而欲有所施为，这某些事，实即其物的目的（终极）。于是，这就是灵魂在一切生物中的素性，这是符合于自然的；一切自然物体都是灵魂的工具，这于动物物身而言为诚然，于植物物身而言，也诚然如此，它们统都是“为了灵魂”而存在的（活着的）。可是，“为此故”具有双关命意——“为谁(?)”与“为何(?)”。(3)最后，灵魂又是首先引发运动（位置移换）的起因，但这种功能却不是所有一切生物全都具备的。形态演变与生长也凭借于灵魂；既然形态演变也是感觉的一个命意，那么，凡物而没有一个灵魂，这就没有感觉。生长与衰坏也与此相同；若不进食，物既不能生长，也就不会死亡；物若进食，它就享有生命。

恩贝杜克里于植物的生长，申说：草木向下生根是由于土性，

---

① 《形而上学》，卷一章三，983ª25—ᵇ1，述四因；这里，灵魂之于生物，概其三因：ἡ κίνησις 动因，οὗ ἕνεκα 极因（目的），ὡς ἡ οὐσία 本因（“怎是”，即“本体”）。三者合而与物因 ἡ ὕλης（材料）相对，生物的材料，即其物质躯体（物身）。这样，生物（动物与植物）就成为“灵魂”与“身体”两个对反的合成。

自然引之向下延伸，枒枝向上施展，是由于火性自然发之向上舒张：这是错误的。他的“向上”与“向下”的观念，也是不正确的；各个事物于每一活动，其为“上”为“下”，不都相同，我们若凭其功用以论器官的异同，则动物的头所作为，盍相当于植物的根的作为[那么，根之下向和头之上向，似若相反，若于进食而言，则毋宁是同一方向]。又，土之下向和火之上向，其间有什么为之控制，而保持它们不至于超越限度，使植物或动物不至于开裂而离散？若说在这两相反向的势力之间，有一个为之调节的机制，这就必然是那个为营养与生长之原因的灵魂了。有些人认为火元素是营养与生长的原因，他们见到在诸基本物体或元素中，惟火，一经添加[燃料]就自行增胀，他们执此以拟想植物与动物的生长，也全靠火在体内发生的作用。于生长，火当然是一个有关的原因，然而不是主要原因；其主要原因毋宁是灵魂。只要燃料不停地添加，火就旺长而无限止，但自然间一切复合而成的个体，都是有限界的，有定规的“公式”λόγος(比例)范型它们的大小(轮廓)与生长；“公式(比例)”征于灵魂，不征于火元素，于生长而论“比例公式”λόγου(本因)实际重于“材料”ἢ ὕλης(物因)。 416a

但，由于营养与蕃殖(生育)属于同一灵魂机制，我们必须谨慎地先为营养(食品)作出定义(界说)：营养机制以其进食的职能，分别于其它诸机制。时辈辄谓食物之可进饲于一生物者，必其性质之两相对反(对成)者，——当然，这不是说，所有一切相反的一对，就可进食或被进食：一个相对反(对成)物，作为一食料以进于另一物(生物)，必须要能转化而且有补于那另一物的增长(增大)，反之亦然。许多事物是合乎这些条件的，可以相互转化，可是，也有些

虽属对反(对成),而可转化,但实无裨益(不会增长那另一物体),例如一个健康主体不会受益于一个染疾的物体。这是明白的,诸对反(对成)虽符合上述两个条件,一个似乎可作为另一个的食料,但倒转来,这就不尽然了,水据说是可以喂养火的,火却不能喂养水。① 在单净的基本物体间,凡相对反(对成)者,其一可为另一的食料,这可毋庸置疑了。但,这里可别有一个困惑。有一辈思想家认为惟有相类似物可供养其类似者,并增长其体积;这恰与我上述的时辈之说相反。照上述的论断,作食料供应的,必须与受供养的,两相对反;他们的辩难是:相似地,于其所相似,不能引起变化,但食料经由消化过程起了变化,而成为营养,至于变化则常是变入于相反的或变入于间体的事物。又,受供养者施其作用(消化)于

416b 食物,食物不能反其道而行事,有如木匠施工于木材,这样的功力是不能倒施的;在这过程中,木匠也有所变化,但这仅仅是这么一点子变化,木材到了他手,一个原来闲着的木匠转为现刻在忙碌着的一个木匠。从一个不着力的状态转入了着力的状态。如果辨明这"食物"的"既已消化"与"尚未消化"之间的差别,这个疑难是可以解答的。我们倘许可应用"食物"这词兼作两方面的涵义,即完全未消化的物料和完全消化了的物料,那么,我们就能评定两个相反论断的是非了:作为未消化的物料而言,这是与受供养者(进此

① 这句对我们现代人是很费解的,英译本现代的译者希脱,加注云:"拟想一完全干燥的[无水]木块,不会让火着身。"其意谓必须含有水分的木块才能点火。这一注释,又是费解的。中古时代,阿奎那的《诠疏》(卷二,第九课):古希腊人的"水元素包括水蒸气与其它液体和它们的蒸发气体"。按照此说,油气助燃,被说成了水在喂火(供作火的食料)。这样我们可以通解这句。

食物者)相对反的,作为业已消化了的物料,这就相类似于受供养(进此食物)者了。于是,这就清楚了,我们可以说:在某一命意上,两方都是正确的,在另一命意上,两方都错了。

既然只有活着的进食,凡进食的就必是有生命的,即是内蕴有灵魂的物体。于是,食物主要是与内蕴的灵魂相关联而不是它的偶然属性。[①] 食料,于它所供养的物体,能为之增益,凡具有灵魂(生命)的个体,怎么也得是"一个""量元"(ποσόν τι),[②]只要这内蕴灵魂者恰还是这么"一个""这个"(τόδε τι)[③]或"本体"(οὐσία),那么,食物,而作为饲料,就能增益它的"量":但得营养过程继续进行而不止,那个受到供养的生物,就能维持其存在。但食料在增长个体之外,实另有一功能。创造所赖,端在食料,这里所谓创造,不是说(无关于)那个受供养的个体之创造,实际是说蕃殖(创生)另一个与之相类似的个体;存在着的原本体是不能再自创造的,食物供应,对于原本体,只是为之营养而维持其生存。[④] 所以,我们现在正研究着的灵魂之首要功能,就在于这一内涵此灵魂的本体,保持其继续活动,一如既往;恰正就是食物裨益"这个"以活动的能力。所以,它若一朝被褫夺了食料,这就不能继续存在。

① κατὰ συμβεβηκός "偶然属性":不是"偶然属性"就得是基本属性(秉赋)。参看《形而上学》卷五,章三〇)。

② "量元"(quantum)为十范畴之第三,参看《形而上学》卷七章一。

③ "这个"(Thisness)(个别)即"本体"(substance)为十范畴之第一项,参看《形而上学》,卷七章一,参看本篇Ⅰ,5,410ᵃ13—18 及注。

④ 阿奎那释食物为维持生命(灵魂)所不可缺少(《诠疏》卷二,第九课):"食物的性质就在维持其所供应的那个本体之存活;在它存活的时候,自然热量和内涵水分,继续地消耗,这些就得依靠食物为之补充。本体的存在与其生命直保持到它停止进食的时刻"(第 343 节)。

营养机能(过程)蕴共三事:(甲)谁接受营养,(乙)为之营养者是何物,(丙)若之何施行营养?三事是这么的:(丙)施行营养机能的是第一灵魂,①(甲)受这营养的是具此灵魂的物身,(乙)用以为营养的,即食料。但,正确的命名,应按照事物的结局(终极)题取,这个灵魂的终极(目的)既然在于创生另一与之相类的涵存灵魂的个体为嗣续,那么,第一灵魂真该被名为生育类己品种的"蕃殖灵魂"(ἡ ψυχὴ γεννετικὴ)。可是,"何物为之营养"(ᾧ τρέφεται),这措辞是模糊(双关)的,这与"[舵手]何以运驶[船舶](ᾧ κυβερνᾷ)"一样,这盍指其手,或指其舵。若说后者,则是既属被动,又为运动,若说前者则专为运动。但所有食料乃必须被消化,而进行消化,则需有热量;所以,凡涵有一灵魂的事物,各各内蕴有热性。

我们,现在已说明了食物性质的概要;更详尽的研究,当留待此后另一专篇(专题讨论)。②

章五

业已讲明了这些事物的实义,我们当进而通论感觉的概要。

---

① ἡ πρώτη ψυχή"第一灵魂",谓灵魂诸品种的首先的而且是任何生物必不可缺的一种,即"营养灵魂"(ψ. τὸ θρεπτικόν)。

② 依鲍尼兹《索引》Bonitz Index,104^{b}16—28,亚里士多德,撰有《营养》专篇,但这么一个专篇,不传于今。这样的一个专篇或确曾写作而失传于后,或实未写成此稿(?),今不明。罗斯,《亚里士多德·灵魂论(Περὶ Ψυχῆs)》校本,《绪论》,iii,"亚里士多德的心理学(灵魂学)理论"(第23页),叙卷三章四要领:415^{b}18提示生长机能与蕃殖机能同属营养灵魂,但以下全章,只说"进食",直到416^{a}18,未涉及"蕃殖"。揣测其文意,盖将另有专篇,讨论"蕃殖"问题,此专篇应即《动物之生殖》(比较胚胎学)(de Generatione Animalium)。此篇中有四处提到《灵魂论》(736^{a}37,779^{b}23,786^{b}25,788^{b}2)为已先完稿的著作。

如我们前曾涉及[①]感觉似乎是某些形态的演变，这须凭外面所加的影响而自己做相应的运动。在这方面，有些思想家申说，唯相似的能影响与之相似的，这样的持论，在什么情况是可能的，又在什 417ª 么情况是不可能的，我们曾在“作用与被作用”的一般研究中做了解释。[②]

但，这里有这么一个疑难，感觉(ἡ αἴσθησις)何故而于诸感觉的本身，无所感觉，它们必待有外物为之刺激而后才产生感觉；它们内含有火有土，有其它诸元素，是大家可想而知的，可是，于这些物质组成之中，何物是由本质以起感觉，何物则因偶然属性而起感觉？这是明白的了，起感而成觉的机能[③]不是现实的，只是潜存的。这可喻之于可燃的物料，燃料不会自己着火，这必须有外物为之点燃；如其不然，燃料将不待现实的外火为之引燃而自行燃烧了。但，既然我们应用“起感成觉”(τὸ αἰσθάνεσθαι)这词，作双关的涵义(甲、谓具有能听能看的潜力，它虽在入睡了的休眠状态中，也是会得听，会得看的，以及乙、它现实地恰正在听，在看，而且有闻或见到)，“感觉”(ἡ αἴσθησις)这[名]词也得双关地具有潜在的与现实的命意。这样，τὸ αἰσθάνεσθαι“起感成觉”这[动名]词，就得兼及[感觉的](甲)机能，以及(乙)这机能的运用了。

开始，让我们于(1)被动的或被作用的，与主动者或施其作用

① 本卷章四，$415^{b}24$—26。

② 见于亚里士多德《创生与灭坏》(de Gen. et Corr.)卷一章七，$323^{b}18$ 行以下。

③ 参看卷一，章一 $402^{b}13$—20，本章及卷三，章三 $427^{a}27$，章七 $431^{a}1$—19，章八，章九。及《自然诸短篇·感觉与感觉客体》章六，$446^{a}21$—$447^{b}15$ 各节。

者之间,暂且不作分别,而浑称这样的动态为一种活动的未完成方式——这个,我们在另篇曾已讲过。① 每一事物之被作用或被运动,当有一个在现实地施其作用于这事物的作者。如前已说到,② 作用者与被作用者(或受作用者)是相类似的,这是一个命意,于施受作用之先,以及因此作用而为变化之中,两者是不相类似的,这是另一个命意;迨其作用既已完成其变化,两者终乃相类似。

但,我们必须辨明潜能与实现(隐得来希)之间的差别,到此为止,我们于某为潜在的或某为现实的事物,是含混的。我们于"知识"(ἐπιστήμον)这词,习用两个命意,(甲)说这是一位"有知识的人"(ἄνθρωπον ἐπιστήμονα),因为他是具有"知识人"这类属的通性,(乙)我们也可以指说一位"懂得文法的"(τὴν γραμματικὴν 或有文理的人)为"有智识的人"。两人都潜存有知识,但其为潜在是有差别的;前者所备有的是类属(通性)材料;而后者则具备了能够思想的特殊(专属)材料;具备了能思想的那个特性的人,如果没有什么外因为之阻挡,他立即可以思想,就在他思想的时刻,例如想到了"A"字,这就由他潜在的知识转而表现为现实的知识。原先两人之为有知识(聪明)都只是潜在的;但他们各以成其现实者,却两不相同:前者之欲成其为一个现实的"有知识(聪明)人",还须经过一番"学习"(διὰ μαθήσεως),以变改其素质,这种变改,甚至是须从相反的一端[无知识]进行到另一端[有知识],这么的过程,才得
417^b 完成;后者所行的变化则是他原本已具有文法知识,不用时便为潜

① 亚里士多德《物理学》,卷三章二,201^b31。

② 本卷章四,416^a29—$^b9$。

能,一旦予以应用,他就立即实现了它的文法知识(文理)。虽"被作用"("接受因素" τὸ πάσχειν)这样的词,也不只单纯的一个命意;(甲)有时,这可以是由一与之相反的作者,施加了坏作用而趋向于灭亡的情况,(乙)另时,这也可以是一个现实与潜在间的关系,一个与之相类似的现实性作者,施加了正面的良好作用,这就毋宁是成全了那被作用者的潜能;那一位"有知识的人"转而为一位在思想着的人,盍可谓作了素质的变改,或可说他没作什么素质的变改,因为他只凭此作用,从一位内蕴的有知识人显现为一位实在的有知识人。当一位建筑工人正在建筑房屋的时刻,你若说他变改了素质,这确乎是错谬的,同样,当一位思想人在从事于思想的时刻,你若说他变改了素质,恰也全然错谬。于理知(心识)与思想而言,从潜能发展以至实现,不该说这是一个"教训"过程(διδασκαλίαν),[①]可是,这也没有另一个其它的措辞;总之,由潜存知识的,经"学习",而从某个现实了的具备教导功能的那里获得知识,(甲)原就不该称为"被作用了的",或如上曾说到了的,[②]"变更(改换)"(ἀλλοιώσεως)分别有两个相异的情况,(甲)其一乃变向了相对的反面,(乙)另一则变见了正面,即其所原有的本性的实现。

但,于感觉机能而言,变化首先肇于父亲(雄性本体),一自诞育,这子体就具备有"知识"与"感觉"的涵义,而实际的感觉则相符应于知识(思想)机能的运用。可是两者之间存在这么一个差异,

① 按照上下文,这里盍应是"学习过程"(μάθησις)。

② 参看上文 417^b3-5。

凡引发感觉的事物，例如可见诸物，可闻诸物，以及相类的可感觉诸物，全在外界（身外）。差异是这样的：操持感觉机能，着落之于一一个别（特殊）事物，知识乃为普遍性的表现。普遍性机能蕴在灵魂之内，所以其涵义与感觉的特殊性有别。① 这样，人们在任何时刻，都可自运其心识，操持理知，至于他的感觉功能则不然，这必须待之外物而后应用之以显示其所经验。既然可感觉事物全是各别的，外在的，我们于每一项目的感性"知识"都得作如此相应的理解。

随后我们可有适当的机会阐明有关这些问题的细节，现在姑且限于"潜在"（δυνάμει）这词的辨析，这词习用作两个涵义：第一，我们可以说一儿童是一潜在的将军，第二，我们可说他是一潜在的成年人；只有在第二个涵义上，感觉才能应用潜在的命意。这里，
418a 我们虽已指出了其间的差异，以及它们所以为异之缘由，但于"潜在"的两个不同方面，没有铸作不同的措辞，我们就不得不沿用 πάσχειν "被作用"和 ἀλλοιοῦσθαι "改换性状"来隐括而混述两种不同的变化。我们曾已讲过，具有感觉机能的事物，潜在地与实际可感觉事物相类似；起初，在潜在与其实现的变化过程中，作用与被作用两者是不相类似的（οὐχ ὅμοιον），末后（终止），作用者同化了（ὡμοίωται）受作用者，受作用者就和作用者的品质相类似（οἷον）了。

① 我们从感觉"所经验的'红'"，必然得之于某一刻，着眼于某一（καθ' ἕκαστον 特殊）红色物。关于"'红'的知识"，却是脱离了任何时刻，任何红色事物，而在心识中，现示为"普遍的（καθόλον）'红'"。亚里士多德习用的"普遍——特殊"的逻辑、就是这样。

章六

我们必须首先研究一切为感觉器官所能感应的诸可感觉物。“可感觉物”(τὸ αἰσθητὸν)习用于三个不同的涵义;其中两义是关涉于我们所可直接(由己地)感觉的,另一义是间接地(联附地)感觉到的事物。于前两者而言,(一)其一是各个器官各所感觉到的某物(与之相应的个别事物),(二)另一则是感觉诸器官共通感觉到的一物。于个别的某个可感觉物,这是说,其为个别者,只有与之相应的一个器官,能得感觉,其它器官于它都无感应,这样,它是不会引起错误(错觉)的,譬如色,只是视觉的,声只是听觉,味只是味觉的对象(可感觉物)。触觉固然属有许多品种的对象,可是,所有那些不同的品种,统都凭这专一的触觉为之感应,这也就不会发生错误。专由视觉以见色,则此为何色,此色之原物在何处,专由听觉以闻声,则此声为何声,此声所由发者,在何处,都可明确而是不会诳惑的。所有这些事物、各分属于个别的某种感觉,但,关于运动,休止,数,形状,大小(度量),这就得有几种感觉共同参与,几种感觉于这些事物便都有份了。这些事物实不专属于任何某种单独的感觉;例如运动,触觉与视觉两都有所感觉。(三)说到间接地[①]感觉到的事物,可举例以明吾意:“那个白色物是第亚雷的儿子”,这就是一个间接感觉,这里,所感觉,实际是“第亚雷的儿子”,

① καθ' αὑτὸ《形而上学》卷五,《词类释义》,章十八,1022a25—36 汉文译“由己”(事出“本然”);《灵魂论》本卷本章,418a9,我们译作“直接地”。κατὰ συμβεβηός《形而上学》卷五,章三十,1025a14—34,译“偶然”(由于属性);本章 418a9 和本行,我们译作“间接地”。(按:本章希腊原文没有分段码,译者为分清“三个不同的涵义”而加(一)(二)(三)。)

至于其色之为白，只是[得之于视觉的]他的偶然属性，“第亚雷的儿子”这可感觉物，所由作用于那个感觉者的实体，不在其色之为白。迨乎那些直接地(本然)被“某一种”感觉机能所“感应”到的诸事物之“感觉”，才是真切无疑的“感觉”，每种感觉由是而成立为各个“实是”(ἡ οὐσια)，这就是感觉的本性。①

章七

视觉的对象就是可看见的事物。所谓可见物者，或是色，或是没有本名，而可以文言为之叙述的一个目接的景象，②我们的讨论继续着进行，随后关于这个现在尚不明了的景象会得明白的。这里，就说所谓可看见者之为色。色呈现于自身具有可见性的事物

① 古希腊的心理学(灵魂论)和古印度(婆罗门教与佛教)的心理学(唯识论)大体是相通的(同出一源)。印度唯识论到中国的盛唐时代，佛教的相宗祖师玄奘，实际集了大成。唯识有关的佛经，既已翻译，他和他的门弟子，相继造论，胜于印度旧传。这里(1)αἴσθησις“感觉”，(2)αίσθητικός“感觉者”，即具有αἰσθητήριον“感觉器官”(例如，眼)的人，或其它动物，(3)αἴσθητος“可感觉物”(对象)。于唯识论，相应的梵文译名为(1)“识”(2)“根”(3)“尘”。佛经大小乘所同说者，“六识”，以“意识”加于五识。意识，就是我们这里的“心识”；五识即五种感觉：色、声、香(嗅)、味、触五觉；五根即眼、耳、鼻、舌、身五器官；五尘，即外物之具有色、声、香、味、触而可感觉者。尘为根所缘之境界，故亦谓之“境”。五根为五识所依，应于五尘，而生见、生闻、生嗅、生味、生触。如是而识由根生。《唯识论》心理学名词的汉文译名，简明而切合经义。

西方近代心理学较之古希腊时，内容既已大增，论理也远胜于昔贤，但基本(技术)名词，犹多相沿袭，中国现代心理学，又承于欧美，而无所取于释氏。我们这里的译名，也专取于现代通俗名词。但通俗名词有时不免含混，界说(定义)不精切，所以有时，我们或加(　)作辅佐的释义。又如于“尘”，作一切“可感觉物”的译名，实为精当；但与“尘”之俗义，相违而相混，为使行文不引起误会我们不得不作如此累赘的措辞。

② 418ᵃ27，ἀνώνυμον“没有本名的事物”，大卫·罗斯。《灵魂论》新校本的相应诠疏拟为“phorphorescence 磷光现象”。τυγχάυει ὄν“偶然碰上的事或物”；因为这里既限于视觉，故译为“目接的景象”。

之表面，我们说“自身”(由己，καθ' αὑτὸ)者，确言此物本然(本性上)而为可见，不只是在定义上为可见。各种色，在它的活动状态中，能在具有映透功能的物体内发生运动，这正是色的本性。所以，若使无光，任何事物皆不可看见，——事物的色，只能在光照中见到。 418b

于是，我们必须先行讲解“光”(φωτὸς)是什么。“透光体”(“映透性” διαφανὲς)显然是存在的。所谓透光(映透)，我意指那些凭别处来的色而得以显示的事物之性质，那些事物是被见到了的，但不是单纯地(无条件地)直接见到的。气、水和许多固体，各都具有这样的透视性质。透明(映透)原来不是水或气的本性，但两者弥漫于天地之间，也豫有上穹这种永恒的素质，“透视性之所以为透视”(τοῦ διαφανοῦς ᾗ διαφανές)，这个功能，实由于“光”。凡“光”所潜在地着处，“暗”(τὸ σκότος)总是与之同在的。于是，光的一个命意，就是色之所由以成为映透，而正在其时，透光性乃现实地为之映透，这样的实现，我们恰从火或与之类同的，例如上穹所涵有的这种素质而见到了。这样，于光与透光体，我们该可认明，它们既不是火，一般地也不是任何物体，也不是任何物体的流散物(ἀπορροὴ 放射)(如其为流散物，它们就得是些物体)；依理，在同一处(空间)，不能同一时而存有两个物体。火和与之类同的其它素质，在透光体的映透中，确乎呈现了它们的作用(活动)。“光”被论断为“暗”的对反；而“暗”褫夺(祛除)了透视所需的重要(活动)条件，这就明显了，“光”的存在，就是对于透视所必需的这么一个重要(活动)的条件。

恩贝杜克里，以及其他与之主张相同的人们，认为光是[有物]

在“行进”(φερομένου“动向”)中，抵达于地球与其外围之间，才“产生”(生成 γιγνομένου)的，只是，于此，我们失察了；这样的主张是错误的，它既不符合于实际观察所见到的，也超逾了理知所能究明的；[①]于一小小的间隔(空间)中，我们的观测与理知有所失察，是可能的，若于这世界(地球)极东与极西那么广远的区域内，指称我们有所失察，那是不可信的。唯无色体为能接受色(见色)，恰如无声物才能闻声。无色物包括(甲)透视物体，与(乙)不可见物或仅微弱之至的可见物，恰如“暗体”(τὸ σκοτεινόν)就可说是这么的
419a 一个微弱之至的可见物。于(乙)物体之为透视而言，我们在这里只是指说它潜在地之为透视体，而不及它的实现透明；透视体之时或入冥，时或见光，在这两异的表态时刻，它的本性是不变的。[②]

但，在光(光亮)中，并非所有一切事物皆可看见，这须各种事物而具有某色，才可得见；有些事物在亮光中是看不见的，但于暗冥中却能发生色感，于这些表现或炽烈，或耀明的事物(于这两类事物没有可以通用的单一名称)，可举示、蕈、角[③]、[某种]鱼的头

① 依贝刻尔校订，418^{b}24，这里 τῇν ἐν τῷ λόγῳ ἀλήθειαν 译文应为“理知的真实”，兹依 Py 抄本，与公元后十三世纪诠疏家索福尼亚(Sophonius)校订 τὴν τοῦ λόγου ἐνάργειαν 译作“理知所能究明的”。

② 本篇，卷二章七，关于气与水为视觉的透视体(光导介体，διαφανές)，参看《天象》(Meteor.)，卷一章五，述夜空所见“拆裂”“火把”等高悬着的明亮物体(异象)种种颜色，342^{b}6—9，解释为日光通过空气与水汽“介体”的“反射(反映)现象”(ἀνάκλασις)。又，《天象》卷三章二，述虹彩，所作解释，略同于上。

③ κέρας“角”，斯密司(Smith)英译本，从张德勒(Chandler)校为 κρέας“肉”；他们认为世未知有角的畜类，谁能夜间发光，但水族有能发光的鱼，是古代渔民就已见到，故疑以为发光鱼身之“肉”。

与鳞与眼;这些在暗里可见的事物,都不具备它们各所专属的某色;于此,可知事物之所以在光亮中显见者,由于它有色;至于这些事物,何以于暗里能见,则是另一问题。当前,我们只知道,凡属有色,都可于光中得见。如果没有光为之助,色是不能自明的。色之所以为“色的本性”(αὐτῷ τὸ χρώματι),恰就在促使透视体入于运动,而实现其透视功能,而“透视体”(τοῦ διαφανοῦς)之终得完成其现实者,则端赖乎“光”(φῶς)。

以下这样的试验可证明透视[作为间体]的作用;人们倘把一有色物紧靠着眼睛,这就看不见了;这里可因而知道,视觉的过程是颜色运动了透视体,有如气,于是视觉器官(眼),跟着就被这作为透视体的气所促动,假设透视体在有色物与视觉器官之间是延续着的。德谟克里图所作的拟想:“两间”(τὸ μεταξύ)若是真空,那么在天穹上,虽[微小如]一只蚂蚁,也应是清晰可见的;这是不可能的,所以他的设想是错误的。视觉机能必待施加以相应作用,才会发生视觉,而可见的有色实物,若无“间体”(τοῦ μεταξύ)为之传递,它就不能施加作用,要视觉机能,于某有色物,现示其视象,必需于其间存在有某些“间体”(介质);实际,天地之间,若然真空,这不仅不可能有精确的视象,所有一切事物便将全不可见。讲到这里,我们已阐明了“色”(τὸ χρῶμα)何以只“在光内”(ἐν φωτὶ)可见的原因。至于“火”,是在“暗”中或“光”内,两可得见的,这自属有所必然的事情;因为透视体之实现其透视性者,正由于火。

同样的理论,兼可应用于声音与气息(香臭);两者都不因(直接)自己触到相应器官而激发感觉,香臭(气息)与声音只促使其

“间体”(介质)作运动,以激励相应的各个感觉器官;可是,人们如果紧靠着感觉器官[耳或鼻]安置其声音或气息,这就不会产生相应的感觉。同样的理论也适用于触觉与味觉,但于此两者,上述情况表现得不那么确切而明显;随后,我们将陈说,所以表现为如此情况的缘由。① 声感的间体(介质)是气(大气)。② 但嗅感的间体(介质)无名。③ 气与水,对于挥发气息(香臭)的事物,具备相应于
419b 透视体对于有色物的作用。气与水,对于嗅觉而言,确乎内涵这种通性:动物,虽是生活于水内的,似乎也具备嗅觉。④ 但,人以及陆地动物之行呼吸者,只在吸入空气时能嗅到香臭气息,于这样的情况,随后将有所讨论。⑤

章八

现在,我们该须进而辨析声音与听闻的实义。“声”(ὁ ψόφος)有两义:有时,这是现实的,有时这是潜在的。我们说,某些事物如

---

① 本卷,章十一,422b34—423b13,423b1—26。

② ἀήρ (air)气,谓元素之气,即常俗所称空气或大气。在本书中我们写作“气”,以别于其他气体(gas)之为“气”;ὀσμὴ (smell)香臭之为“气息”,γεῦσις (taste)酸盐之为“气味”(或味),我们都写作“气”。

③ ἀνώνυμον“无名”,实际应该是“无单独的通用名称”。

④ 生活于水中的哺乳纲(兽)如鲸,海豚,海豹等有鼻,当然是有嗅觉的。亚里士多德《动物志》(Histonum Animalium)卷四章八,533b1—534b12,详述鱼纲若干品种具有嗅觉。533b1—6“鱼类无显明的司听与司嗅的器官;在鼻孔的部位,似乎可以揣测其某处为嗅点,但这些点与胸部不相通,这些点像堵塞的盲衖(盲道)。另有些解剖实例则发现它们与鳃相通。但不管所有这些情况,鱼类无疑地能听能嗅。”(汉文译本,176页)以下,书中举示了萨尔帕鲳,鳗鳝,乌贼等多种鱼的嗅觉实况。

⑤ 见于本卷章九,421b13—422a6。

海绵或羊毛是无声的，但另些，如青铜，[①]以及所有一切既硬实而又平滑的事物，是有声的，因为它们能发声。这是说，它们在自身与听觉之间，确实为产生声音的本原(原因)。可是，声的发作须是某物，在[作为介质的]某物之中，[②]撞击某物，才能现实地响起；发声，端在如此的一击。撞击者和被撞击者为两个不同的事物，声音乃发生于此物(发声者)着于彼物(被发声物)的时刻。但，撞击必须是一个移换位置的运动。上已讲明，这么的一击，不是着于任何偶然物体，都能发声，羊毛虽加撞击，不会作响，但青铜以及事物之平滑而有洞孔者，确能作响。青铜之具有平滑面者，一击便发一声，如其备有洞孔，则在受击之后[在介体中]，其运动所产生的初声，不能脱出洞孔，于是发为好多回荡而成的余响。声在水中，也像在空气中，一样可以听到(闻得)，但在水中所闻，声响较轻(较低)。然而气与水两都不是声音的主要原因；必备的情况(条件)是需有两个坚实的事物相撞击，而且这撞击也触到了空气。当打击在着物之顷，空气正在这里，未曾播散开去，声响发作了。既然打击须捷急而强烈乃能作响，那么，打击者挥鞭(或棒打)的动作必须抄先(抢前)于空气的脱离，恰似人若鞭击一个沙堆，或一个正在速旋的沙暴[如果他的动作够急

① χαλκός，现代化学译作“铜”(copper 铜或 bronze 青铜)。但古代遗留至今，或现代发掘所得各地，如希腊等的古铜器，都是棕褐色的铜锡合金；所以我们照中国俗称，译此字为“青铜”。

② ἔν τινι 或 τινος ἄλλου “在某物中”：或解此某物为两者中隔的间体，或解此为一段的“空间”。依下文 419^{b}18 τοῦ κινηθέντος “运动的方式”若解作“移换位置的运动”(转移式的运动)，这里作为“空间”解，比之作为在此空间的间体解，较更合适。

骤,这就会发出响声]。①

“回声”(ἠχὼ)的发生,ɒ 由于延续而成团的空气,在振动中,被容器所限禁而没法脱出,因而像一个跃起了的球,只能在限定了的范围内来回跃动。声的这种现象,同样地见于光的照映,似乎回声是常时发生的,可不是常时都被注意到了的;光则常时地处处在反射(如其不然,这就不会处处明亮,而在太阳所直接照耀到的地区以外,盍将是处处暗冥的),但,光的反射不是常时地够可投射一个暗影,有如光照在水面上,或青铜[镜]面上,或任何其它平滑面上那样,划分为明暗的界限。至若听觉(听闻)的主要条件,却需要正确地区划其虚空境界。这里所谓虚空境界,就指气所充溢之处,作为延续体而且能为运动的气,实际是肇致声音的原因。被撞击物必需是平滑的,若不平滑,这就不会听到声音,因为[它周围的]气

420a 是会破碎(散离)的。但被击物若属平滑,则由于它的平滑表面之延续性状,气也延续而保持为一团块[这就能运动而行传递的作用]。

发声过程是由发声者在延续的气团中造成运动,而这气团则延续着传递这运动,直到接合于听声者(听觉器官,即耳)。气之接合于听觉器官者,若属天然(共生)。听觉器官(耳)内外皆在气中,

① 这一节说明气的传声作用,颇为费解。阿奎那《诠疏》卷二,第十六课第 446 节:“在受打击物周遭成团(en bloc)的气,应作为一个延续的整体来看待它,这个整体,不可在受打击以前播散(碎裂)。大众都有这样的经验,倘两硬物渐渐地靠拢,直到相接触的时刻,这是不发作什么声音的;因为在这样的接触之间,空气已退却(脱离)了。人们挥鞭击向一个石堆或沙暴(旋风沙团),如果他动作捷速,在沙堆未坍倒沙暴未播散前,鞭已着物,这就能出声。又,人们于空气中若挥鞭骤急,也会发出啸响,这可见气不仅可为受声传声的介体,它本身在成团时,也是可被激发声音的。”

外围气一被运动，内在气就相应而也运动。这样，那个动物既不是用全身所有各部分行使其听闻功能的，气也不能透入它全身的任何部分；即便那个能运动而发声的[①]部分，也不处处全在气内。由于气的易碎(易散)性，它本身是不能发声的；但，如果遇到外物阻止它的碎散，气的运动乃由无声转作有声。但，耳内气藏于深入处，亟求自免于外物的干扰，俾能精确地分辨(感应)传到的运动之任何变异。我们虽在水中，也能听声，追溯其故，也就在此，水是不能进到耳内储气处的；由于耳内形成有螺旋构造，水不能深入。如果水竟深入，耳就失其听觉(功能)；[②]耳内膜(鼓膜)若被伤损，也就什么都听不到，恰如瞳子外皮(角膜)若被伤损，眼就失其视觉。[③]耳内常有像似号角的回荡声音，这可为我们听觉的或聪或聋之征兆；耳内气常时会自做某些运动[干扰我们的听觉]；但声源确

① 420^{a}7 行贝刻尔本 ἔμψυχον“内蕴灵魂的”动物，即“有生命的”动物，依牛津英译本，斯密司(Smith)校改为 ἔμψυφον，译能“发声的”。

② 亚里士多德于“感觉”这一心理学论题依据生理学基础，先解剖一一感觉器官，而查察各项感觉机能，然后及于各与相应的感觉对象。近代心理学实际沿承着这一途径。亚氏本章所叙，耳的构造，有螺旋(蜗部)，有鼓膜等，以及内耳外耳间空气所作传声的功能，实与近代耳科的记录相符契，只是近代的解剖与生理研究远更精详。人兽的听觉器官大略相似：耳的位听器联结于位觉器，其构造：(甲)外耳——耳郭、耳道、鼓膜；(乙)中耳——鼓室、听小骨、咽鼓管、乳突小房；(丙)内耳——骨迷路、膜迷路、蜗部、蜗管、咽鼓管、沟通鼓室与鼻咽部管道，使鼓室与外耳道的气压相等，以保持鼓膜内外压力平衡。乳突小房内具有许多含气小腔(鼓膜听窦，autrium typanicum)。我们凭这样的古今比较，可证见亚氏为学悉从现实的物质世界入手，所以列宁尝称道亚氏的《灵魂论》(心理学)与“唯物主义”概念密相接近。

③ 视觉器官，鸟兽与人略同，在构造上作相仿的模式：(甲)外膜——角膜，巩膜；(乙)中膜——虹膜，睫状体；(丙)内膜——盲部，视部；(丁)瞳——瞳孔，瞳子；(戊)眼睑。在本篇及《动物志》，《动物解剖(构造)》中，亚氏于眼睛说到角膜(cornea，420^{a}10，κόρῃ δέρμα“瞳皮”)，虹膜(iris，亚氏书中 ἴρις 只是“虹彩”；加伦，Galenus 医书中，才作周围于瞳外的“虹膜”)，瞳子(420^{a}16等κόρη，pupilla)，眼睑(421^{b}29，βλέφαρα，(接下页)

乎是外来的，耳本体没有发声的本能。因为我们是凭内中包涵了一个气团的容器来听声，所以人们说，借以有闻的那个事物，是虚空而能回音（共鸣）的。现在试问，被打击者与打击者，实属是谁在发声？也许两者都发声，而为义各异；声就是那个能被运动的事物之运动，这种运动可仿于击物着之一个平滑面，而其物跃出的情形。但，如曾讲过的，[1]并不是一切物在被打击与打击时，都会作响，举例来说，倘用一支针打击另一支针，这就没有声响；被打击者必须是一个扁平体（或一个平面），在平面之上，气团才能跃起并震荡（波动）。可是，发声（音）物的差异，须待它的声（音）实际作响才能显明；[2]恰如种种颜色不经光照，就不能认见一样，若［琴］声未作，［弦］音的孰高孰低是无从领会的。这些词类有取于触觉方面措辞的“隐喻”（μεταφορὰν）。声在一个短时间内，行过一个长音程，这就产生一个“高尖”（τὸ ὀξὺ）音阶，若在一个长时间内行过一个短音程，这样产生的则是一个“低沉”（τὸ βαρὺ）音阶。高音阶自己无所谓快，而低音阶自己无所谓慢，这里只是由于高音的运动速
420b 捷，乃以成其高锐，低音的运动缓慢，乃以成其低沉。这似乎与触

（接上页）palpebrae），比之现代眼科解剖，虽然简疏，却已得其梗概，于视觉器官的感光（生理）作用，也已有正确的理解。但在最近将百万倍放大的电子显微镜应用到生理学研究之上以后；关于眼睛的视觉功能的记录略如下述；光线通过角膜，即眼球的外层保护，再穿过一个自动调节的隙缝（瞳孔），抵达一个自动调节的晶体。由晶体把光聚焦在视网膜的后端。这里一亿三千万个感光的杆状体和锥形体产生光化反应，把光线变成电脉冲，再以极高速度将这些电脉冲传达到脑部的视神经。近代眼科生理学与解剖工夫的精度，我们当然不能强求之于二千三百年以前亚里士多德时代的。

[1] 本章 419b6，13。

[2] 这句的“发声物”，应于下文相接的［琴］声，声［音］，应于［弦］音；“［琴］与［弦］”，参照下文所及（420b8）λύρα (lyre)，加上的。

觉之为利或钝是类同的;话说,“尖利”的(τὸ ὀξύ),动则锐刺,而“滞钝”的,(τὸ ἀμβλύ)运动则是渐推着以前进的;前者霎时而入,后者则经行一个长时间,其一为快,另一为慢,就是这样。这些已够可阐明声(音)的事理了。[①]

但“嗓音”(φωνὴ)[②]是具有灵魂(生命)的一个活动物所发的声响;所有一切无灵魂(无生命)物是默不作声的。作为“隐喻”,无灵魂物(无生命物)也可说具有“噪音”,例如一支笛或一张琴,以及其它类此诸物都具有乐器的节度,[能奏出]乐调,[谱发音乐]言语;嗓音似乎具能做这些表现,而许多动物乃不具备嗓音;所有无血动物全不会发作声音,有血动物中,[③]鱼类也不发声音。这自然是合理的,因为声音起于气的运动。至于水居动物中,有些据说是能发声音的,例如那些生活于阿溪罗河中的鱼,可是这些鱼声,有的是用鳃作出的,或用其他构造作出的音响。[④]这么说来,嗓音是一个

① 这里引用叙述“尖锐”事物,于“触觉上”,刺痛人的肌肉者,相同字样 τὸ ὀξύ,以叙述,于“听觉上”激动人的“尖高”音,这在辞藻是一个完全合格的“隐喻”(metaphor)。相接的 τὸ βαρύ 入耳的“低沉”音(“滞重”音)与 τὸ ἀμβλὺ,着身的“滞重”感两词虽词类相同,而字样不同,作为“隐喻”,已非正格;这可作为“明譬”(simile)。

② φωνὴ, ἡ 的一义为语音,常以指人类的发音,以别于兽类的叫声,亦以指合乎乐律的“乐音”,以别于“噪声”(ψόφος)。这里,我们以“嗓音”翻译这字,实谓人们从胸腔、喉头、口腔所发的声音,这已扩大了“嗓”的原义。

③ 《动物志》(Hist. Anim.),卷一章六,490b7—15,动物以有血无血为大别,“有血动物”(τῶν ἐναίμῶν)有鱼、两栖、鸟、兽,诸纲;“无血动物”(τὰ ἄναιμα)有海绵、蠕虫、介壳、甲壳、软体、昆虫诸门诸纲。亚里士多德所称“无血”,实际是指“无红血”的动物们,例介壳(贝类)的血,淡蓝色;古人就称它们“无血”。

④ 《动物志》卷四,章九,435b16—22,“鱼不能作声,因为它们无肺,又无气管与咽;但它们有时发出不调协的声响,或作尖叫,这就说是‘鱼音’,例如琴鱼(魴鮄)与黄鮸与阿溪罗河的豚鼻鱼(κάπρος,boar-fish),以嘉尔基鱼与鸬鸠鱼,嘉尔基鱼所(接下页)

活动物所发声，这不是由它的任何部分，可得随意作响的。既然声音只在某种“间体”（介质）之内，某物拼击另物所造成，而这间体（介质）则须是气，这就合乎自然的了，只有那些容纳空气进入的物体，才能作声（音）。于吸入的气，自然利以行使两方面的作用，恰如她（自然）于舌，兼用之于味觉与言语；于这两者而言，味觉于动物的生存，至关紧要（是必需的）（所以大多数种属都应用其舌在味觉方面），若夫言语，那是为增进其生活幸福，才要用到。一如她于舌的兼用，自然于呼吸也两用之于保持体内热度和发声两个方面。这里，保持体热是主要作用，而相应地因呼吸之为效于发作声音，这也增进了这活动物的幸福。至于保热，何以为生存所必不可少的作用，须待另篇讲述。[①]

经营呼吸作用的器官（工具）是咽喉（气管），这器官为了肺的功能而作成其构造；引向并终止于肺部。正由于肺这构造，陆居（有脚）动物，较之其它品类为富于体热，心脏周遭的部位是最迫切地需要呼吸的。这样，在呼吸过程中，必然有空气被吸入。于是，这部分构造的灵魂，拼击这些吸入的气，着于所称为气管之上，这就肇发嗓音。但，一个活动物所发的声，并不都是一个嗓音，有如我们前曾说过了的（那些人掉舌打咯，只可说他发了一个“声”）；为此拼击者，必须内蕴有灵魂，而具示其某种心理（灵性）想像，这才能成为嗓音。“嗓音”（φωνή）是含蕴有某些意义的一个“声”
421a （ψόφος）这不同于一个“咯”（βήξ）之为气团活动，那仅是咯者打动

（接上页）作近乎吹箫声，而鸬鸠鱼叫酷似鸬鸠的咕咕声——这鱼便由此得名。所有这些鱼声，有些实由于鳃的摩擦动作——那些鱼的鳃多棘。”

① 见于《呼吸》（de Resp.）478^a28；《动物之构造》（Part. Anim.），$642^a31-{}^b4$。

气管中的气，着之于气管（气管壁）而已。为此事之佐证，可举示这样的事实：人在吸气与呼气时都是不能言语（发出嗓音）的，必须屏住了气才能说话；人（具有这部分灵魂的）就能屏住（节制）那气团的（或进或出的）活动。这就明白了，鱼类何以是哑巴，这就因为它们没有咽喉。它们既不进气也不呼气，所以不具备这个器官（工具）。至于何以它们不行呼吸，则属于另一论题。①

章九

关于嗅觉和具有嗅性（香臭）的事物，比之于我们上已讲述了的诸题，较难作成简明的陈说。嗅（ἡ ὀσμή）的性状，不像“声”（ὁ ψόφος）与“色”（τὸ χρῶμα）的性状那么明显。推究其故，我们在这一感觉上，辨识功能是不精明的，远逊于其它许多种属的动物；人的嗅觉既属劣等，而且还有这么一个缺憾：因为这一器官拙于辨识，不得不借助于对事物的喜爱或苦厌的情感，来判别事物的香臭。这是合乎自然的，硬眼动物②之辨色，相似于人类的辨臭；是有所假借的，它们的硬眼对于当前事物的形色是模糊的，只能凭这是可怕或不可怕的（可喜的）印象作出判别。对于嗅觉而言，人类这一官能正相仿于那些具有硬眼的诸动物的视觉。“嗅觉”（ὀσμής）与味觉（γεῦσις）之间，和诸有嗅物（τῶν ὀσφραντῶν）与诸有味物（τῶν χυμῶν）之间，似乎是可相比拟的。但我们味觉的辨识功

① 参看《动物之构造》（Part. Anim.）卷三章六 669ª2—5；《呼吸》（de Resp.）474ᵇ25—30；476ª6—15。

② τὰ σκληρόφθαλμα“硬眼动物”谓昆虫与虾蟹类。参看《动物之构造》，卷二章十三，657ᵇ30—658ª2。

能实较嗅觉为高，因为味觉类似于触觉的某种变异，而人类的触觉恰具有最高的精度。人类于其它感觉远逊于别的动物，可是，于触觉这种官能，他却比其它诸种属为敏感。这就是人在动物界中所以是最擅于思虑的缘由。作为动物的一个属类，人与人之间，凡其它诸感觉，自然秉赋都无差别，惟独在触觉方面，或灵敏或麻木，是有差异的。凡人体之肌肉（肌肤）粗硬者都感觉麻木，而思想贫乏，凡其肌肉（肌肤）柔软者，较灵敏于触觉而富于知虑。由此可征〔徵〕触觉与思虑之间，内涵有相关的比例。又，恰如味之有甜与苦，嗅也有甜与苦。但诸嗅（香臭的气息）与诸味间虽有某些可比照者，例如我们可说这臭，这味，两都是“甜的”，或两都是“苦的”，可是，于另些属性却不能同样地为之品评。相似于味觉，嗅觉之同样品评，可有刺激性（刺鼻的），①粗涩性，尖酸性或油腻性之别，②但，如我们已讲到了的，嗅，有异于味，不是那么容易分辨的，因此
421b 我们评定香臭这种气息的措辞，都取似于从其名物的审味措辞，例如从番红花（萨芙兰）③和蜂蜜的甜味，来说事物的甜性气息，从百

---

① δριμεῖα (pungent)，对于相应感官具有刺激性质，这一措辞，在嗅觉而言为“刺鼻的”，于味觉而言即“刺舌”的。下文 ὀξεῖα 尖酸，于嗅为酸气，于味为酸味；λιπαρά 油腻，于嗅为油气，于味为油味。但 αὐστηρά 本义为严肃，于味觉为苦涩，于嗅觉，在汉文没有与之相应的措辞。

② 这里的嗅感两纯种，与间体四品种，比照下章，422b10—14，味感品种。关于味感（滋味）与嗅感（香臭气息）的品评，参看《感觉》章四，441a14—15，442a16—19 及注。

③ κρόκος (saffron)；番红花属甜味种（crocus sativus）广栽于南欧；克洛科属，多在春季发花，有白、黄、紫三色，花入药，亦以制染料。甜种，秋花紫色；今名萨芙兰。其蕊深桔黄色，古希腊人干制之，用为糕点或饮料之着色与调味。所着食品，又香又辣。但在此句内，意在甜味气息。

里香(薐蘼草),[1]以及类此诸物的刺激味,来说刺激性气息。其它诸品题所措辞,实际情况都是这样的。

视,听,可以互相比照,以作说明,也和其它诸感觉一样;“听”之为感觉,旨在分明什么是听到了,而什么没有听到;同样,“视”之为感觉,旨在分明什么是看到了,而什么则看不见;于“嗅”,正也如此,须得分明什么是确有可嗅到的气息,什么是没有这种气息的。说此物“无臭”(不曾嗅到),一般地说,它全无香臭,也可说它只有小小的气息,或说它贫于气息(只有微弱的气息)。说此物“无味”,其实义类兹。

嗅觉机能(ἡ ὄσφρησις)也是通过一个间体(介质),有如气或水运行(操作)的;水居动物显然也是具有嗅觉的;这些生活于水中的动物,无论有血的或无血的,似乎像陆居动物生活于空气之中,一样能嗅,而且其中有些种属,能从相当远处,凭嗅气为导,游向它们的捕食事物。[所以我在作嗅觉间体的“气”外,又加上了“水”。]这里有这么一个疑问,所有一切动物的嗅觉运行,都取同样的方式吗? 人类只在吸气的时刻作嗅;他如果不吸入气,如他在呼出时,或在屏气停止呼吸时,无论那个被嗅物置在远处,或迫在跟前,都不感应其香臭,即便把这事物纳入鼻(嗅觉器官)中或紧靠之于鼻孔或鼻端,他还是不闻香臭。你如于此试作实验,这情况是可证明的。这样看来,无血动物既然全不吸气,似乎该于我们常有感官

① θύμος (thyme),薐蘼,百里香属之常见种(Thymus vulgaris),原种出于地中海地区。畦栽,收获后,制为烹饪调味料,香辣。野生百里香(Thymus serphyllum)枝柔,蔓生地面,古希腊人干制之为献祭时之垆香或炷香。此句重在气息,应指“野生百里香”(θυμολαῖα 油榄薐蘼);古语亦作“θύμος 薐蘼”。

（五官能）之外，别有感觉器官。但这是不可能的；它们用以辨识事物的气息者，必须是嗅觉器官，必须凭这机能，以闻（嗅）到事物之或香或臭。又，它们如果接近臭油（沥青），① 硫磺，以及类此物品，表现出若受伤害的情态，恰像人们接近这些物品时的表现。这样看来，它们（无血动物）必然是虽不吸气，而确乎能嗅的。

人的眼睛异于那些动物所具有的硬眼，也许人的嗅觉器官之异于其它活动物者，也相似于此［具有构造上的差别］。人眼是有眼睑为之覆盖的，眼睑皮像护甲或皮鞘，保护着眼睛，若不揭开睑皮，眼就不能见物；硬眼动物没有这种构造，它们在透明体（介质）中，可视见任何显现在它们眼前的事物。② 这样看来，那些动物们的嗅觉器官，和它们的眼一样，是无遮盖的，但人鼻盍是内隔有一帷幕，
422a 当他吸气时，这帷幕就揭开了，血脉或其间的孔隙舒张了［嗅觉也就通畅了］。为此故，凡吸气的动物，不能在水中作嗅；它们既然不能在水中吸气，也就无所嗅闻了。③

---

① ἡ ἄσφαλτοs (asphalt)臭油或沥青（石油矿之黑色结块，擦之则发臭气）。希罗杜德《史记》（I，179），巴比伦附近水面有黑色沥青，成块成堆。又谓在苏萨（Susa）附近之亚尔特里加（Arderica）也有此物。亚里士多德《异闻志》（Mirab.，127）记载有从地下掘出的沥青矿石（ἄσφ. ὀρυκτή）。参看本书《感觉与感觉客体》章五，445a1 ἀσφαλωδῆs“沥青样物”。

② “硬眼”参看亚里士多德《动物志》卷四，章二，526a7—10；章四，529b28。眼有上下“睑皮”（τὰ βλέφαρα）的动物，谓兽纲，鸟纲，爬虫纲各科属。

③ 嗅觉器官（organon olfactus）位于鼻腔后上部的嗅黏膜（在上鼻甲及相应的鼻中隔部分）。嗅黏膜呈浅黄色，内含嗅细胞，即嗅功能的原始感觉神经（双极神经元）。嗅细胞，棒状，末端有嗅毛，其中枢突形成一条细长神经纤维。这些神经纤维，在鼻黏膜内集成约二十条“嗅丝”（fila olfactoris）穿过筛骨的筛板上诸筛孔，进入颅腔，止于嗅球。终以成其嗅觉。嗅觉器官的机制实际有待于近代生理学阐明了神经系统的功能，并具备了近代显微仪器与其操作的种种方法，才能辨识。亚氏这篇以及《感觉与感觉客体》篇中，关于鼻的构造与嗅觉的机制，殊不超越当时常俗的见识与理解。

香臭(嗅感)发自干性物,而味感则出于湿性物。所以嗅觉器官的性状是潜在地属于干性。

章十

一个有味物就是一个可触着的事物;所以味觉不须经由任何外物为之间体(介质),以操持其功能,而触觉(ἡ ἁφή)正也就是这么的。内涵有滋味而成其为味感的物品,是处于液态(水湿)材料之中的;这是可摸触的。这样,我们虽入于水内,该也可以感觉水中所被注入的甜味,我们的味觉不须经过任何间体,便自行接触,恰如在饮料中,只是在水内混合着些有味物而已。但色感(τὸ χρῶμα)于此是不相符应的,凡可见的,既不是某物与某物的混合,也不是某物向某物的发散(流注)。味觉的对象是有"味"物,恰如视觉的对象为有"色"物,但视觉所需有的间体(介质),于这方面是全然无需的。可是,若无水在,任何物品都不能引起味感;凡作用于感觉器官的物品必需现实地或潜在地是水湿的,有如盐质物;盐性物质是易于溶解并易于为舌所水渍的。①

这里,视觉(ἡ ὄψις)的机能是两相关于能见诸物和不能见诸物的(视觉机能承认有"黑暗"(σκότος)这样的视感物品,但黑暗是见不到的),视觉也相关于太过耀亮的物品(这种事物也是见不到的,

① 味觉器官 organon gustus:舌上分布有若干"味蕾"(calicule gustatorii),少量分布于软腭、咽及会咽。味蕾藏于舌黏膜的菌状乳头,叶状乳头,轮廓乳头;味蕾内含有味细胞,味觉神经在味细胞基部。味蕾所接受的刺激(味感),主要分为甜,苦,酸,咸四品;舌尖敏感于甜味;舌尖两则与侧缘后部敏感于盐味(咸味);舌外侧缘中部敏感于酸味;舌根敏感于苦味。

但其不能见到的意义与黑暗相异），与此类同，听觉（ἡ ἀκοὴ）机能也是两相关于声音与“寂默”（σιγῆς）的，前者为可听到的，后者关于听不到的，也包括有太过高亢的吵响，恰如视觉之于太过耀亮的物品，一个低微的声音是听不到的，另一方面，一个高亢而强烈的声音，也是听不到的。“见不到”（ἀόρατον）这字的一般（常俗）命意，攸同于在某项景况中为“未能”见到（τὸ ἀδύνατον），“未能”云者，可以是无此机能，也可以虽凭其自然而具此机能，但其为能，却是很微弱的，権其实义，恰恰相似于（鸟类之有）“无足”（τὸ ἄπουν）①或[果品]之有“无核”（τὸ ἀπύρηνον）②这样的名称。这里，情况恰又相同，味觉（ἡ γεῦσις）是两相关于有味物与无味物的；后者包括了味淡或乏味，或那种能破坏味觉的恶味诸物品。我们凭以辨味的基本物品盍是饮料与非饮料（不可饮用的物品）；两各供人辨识某一种品味；但后者乃是乏味的或具有恶味，而前者则为合

422b 乎自然感觉的本味。饮料之为味感物，兼也是触感物。

因为激发味感诸物品都是水湿的，味觉器官既是所由感味的机能，就必须现实地不是水湿（液状）而却是能够液化（水渍）的；凡[其舌]正当在尝试的时刻，那个有味的事物，必然着其如此的作用

① ἄπους 有四义：一为“无足”，则是本义。二，有足而其足不良于行，如跛者之足。三，有足而不跛，但不善于步行。亚里士多德《动物志》卷一章一，487b24—29：“有些鸟，其脚微弱”，因而被称为“无足鸟”（ἄποδες），例如岩燕。鸟的现代分类，岩燕科与雨燕科列于 Apodiformes“无足目”（中国或译“贫足目”）。四，雨燕飞行速度在燕科为最高，人们常见它在空中振翼，不见它下地，认为它有足不用，它的分类种称也是“Cypselus apus 无足（贫足）捷燕”。

② τὸ ἀπύρηνον 果品之“无核类”，常用此字，指（一）果壳或果肉内无核者（二）有核，而瘠弱，或只有一个软核。

于味觉机能。于是，味觉器官该是能转为水渍而不失其本性，自身不至于成为液体(化水)。这种情况，可以这样的事实为之证验，舌在干燥时，是没有味感的，如果太湿(浸水)，也无味觉；舌浸水中，则它所先予接触到的就只是水，这与人之先尝了一个烈味，随于后接的另一味，就失其感觉者，恰正相仿；又，当人在病中，觉得物物都作苦味，这时，他的舌实已为苦味所感染，他以彼苦舌接物，自然而物皆成苦的了。

种种滋味恰如种种颜色，其最简纯的形式(品种)是相反的配对，即甜的与苦的，与之相对应者则为油性物与盐(卤)性物；在这两对反之间的品种乃有刺激性(刺舌的)，粗涩性，辛辣性，尖酸性诸味。① 滋味的差别就尽于这些了。味觉机能潜在地作类此的相应差异，至于使这些品种的味觉成为现实，则有赖于相应差别的诸有味物②。

---

① 参看上章 421ᵃ30—31，嗅感四品种。

② 卷二章十，422ᵇ11—16，亚里士多德评议味感(滋味)与嗅感(气息)的品级(品种)，先设想人类的味觉器官与嗅觉器官，对于相应的感觉功能各有限度，所以订定，味觉的两极端为 γλυκὺ 甜味与 πικρόν 苦味，在两极端味感品级之间，挨次为 λιπαρόν 油腻 δριμύ 刺舌(苛酷)αὐστηρόν 严厉(粗涩)，στρυφνὸν 辛辣 ὀξύ 尖酸 ἁλμυρόν 卤盐共八级。嗅觉仿此。色觉(光感应)仿此，以白、黑为两色极，挨次而为[白]、黄、绿、蓝、紫、红、灰、[黑]共八色。于滋味与气息，世俗早已有所评定的品种名称，亚氏应用这些名称，有时不免一些参差。本篇本卷章九，421ᵃ27—ᵇ4，列七味，七嗅；《感觉与感觉客体》篇 442ᵃ17—25，亦列七个品种。

中国古代，《礼记·王制》，“五味异和”。五味，古无确诂；或诠为“辛、酸、咸、苦、甘(甜)”。俗以“甜酸苦辣咸”为五味，与《王制》五味，异一辛味。《玉篇》，释“辛”为“辣”。又，俗于荤臭之为“腥”者，或亦称“辛”。辛与辣虽刺舌有所同，而为味实异。中国自《书经·洪范》，重“五行”，举事称物，辄以“五”为类总，故于味而言，或遗“辛”，或遗“辣”，以成“五”数。《楚辞·招魂》，“辛甘行些”：注云，“辛为椒姜”；椒，辣；姜，辛。若是，则楚人古已混同辛辣。

章十一

相同的叙述也可应用于被触及的事物与触觉。触觉（ἡ ἁφή）的命意，如若不止一义而涵有多义，被触及物（τὰ ἁπτά）也就必须有多义。于触觉，之或只一义或有多义是难于确定的；容受触及物作用的影响之触觉器官，其为一为多，也难确定，这器官就是肌肉么？或肌肉只是间体，而原始的（真正的）触觉器官实际另有某个内藏着的独立事物。[①] 又，于那些没有肌肉的动物而言，它们身上哪一部分是相当于肌肉之为触觉器官呢？又，每一项感觉各都关涉于一个相反的配对，有如视觉涉及白与黑的视象，听觉涉及高与低的音响，味觉涉及甜与苦的味感；但于触觉所及的，却有许多而相反的配对，热与冷，干与湿，硬与软，以及其它许多相似的配对。于这个疑难，或可作这样的解释于其它诸感觉，若各加深察，未尝不能发现它们各个配对也不止一个；这样，声音就不仅有高有低还更有洪亮与轻柔，润滑与粗涩，以及类似的诸差别。相似地，色感也有白黑之外的其它两相反视象的配对。但于触觉的问题，我们的困惑还在，相符乎声之于听觉，可有一单纯的底层（基调），[②]触感的底层为如何？这是暧昧（不明）的。

423a 事实上，人们一有所触及，立刻就得其感觉，但这一事实还不

① 多马·阿奎那，《诠疏》，卷二，第二十二课，第518节：(1)肌肉即触觉器官，抑或(2)内部靠近心脏处，才是真正的触觉器官所在，而肌肉只是触及物与器官之间，传递感应的介体。《感觉与感觉客体》篇ii，438b30—439a3)是支持后一说(2)的。

② ὑποκείμενον，τὸ 底层(substratum)：《形上》，卷十四章一，1087a—b1，“一切由对反(或对成)所演变的事物，例皆出于某一底层；那么诸对反(对成)必得在某处涵有此底层”。这里，白黑(视象对反)的底层为“色”；“色”的实义为一切能受光而反映之于人眼的事物，实际就指“一切实物”。高低音(听感对反)的底层为“声”。

足以辨明肌肉直接具备如此机能，抑或触觉器官另藏在内部。人们如果在整块肌肉外面包上一层网膜，而后使有所接触，对于触及物的所感，它仍会立刻着录；你若使这网膜紧密地与肌肉合生在一体，触觉的感应也许传递更快些，可是，感觉总不在网膜，网膜必不是触觉器官。例之于这个网膜，我们不妨把人身周围的空气，看作是与之合生的一个整体；若然如此，我们就得设想我们所感的声、色、味都出于同一事物，而视象，听闻，与嗅感乃全是同一的感觉。但，间体[如正说到的空气]，只是凭以传感的介质，只要我们放弃这姑予假借的事物之作用，这就显然可见上述诸感觉器官是各别的。可是，于触觉而言，这是不明显的；内涵灵魂以成其生活的身体，不能是水或气造成的；这必须是某种固体物质。那么，制造身体，若体内的肌肉，以及其它(无肌肉的动物)相当于肌肉的部分，惟有应用土的混合物了；这样的构体，诸感觉都由以发起者，于触感机能作为传递的间体，该是合乎自然的，而且具备多项性能。在舌上的触觉，确乎显见是多性能的；舌能感觉一切可触摸物，而它的相同部分，又能辨识有味事物。如果身体的其它肌肉，也有味感，那么，味感与触感将是同一项感觉了。但，照所示现的实况，证见它们两不相通，不能代换，分别为两项不同的感觉。

但，这里，又有一个疑难；一物体各有其深度，即第三向计量；于是我们试作一例，设想两物之间存在了另一物，那么两物就不能互相接触了。可是，这一物若为液体或是水湿的，这就须得有另一物体为之支持，这物体必须自己也属水性，或内涵有水。于是，那两个在水内，求相接近的事物，外面诸角隅既全被水涵，这就不复是干燥的了；若然如此，那两物泡在水内，是不可能相互触及的。

事物之在空气中求相接触，恰似在水中的情况，也该确乎是不可能的。气对于在气中的物体所施其作用者，和水对于在水中的物体所施其作用，恰全相同，只是人在气中生活，相似于水居动物之于水中
423b 生活，总是各自失察于气中之形成气膜为阻隔，和水中之形成湿膜为阻隔的。现在大家拟想味觉与触觉两皆以接触取感应，而其它诸感觉则在一个距离上取感应，由此推想，是否所有一切事物的感觉实通于一式抑或不同的事物，各取不同的感觉方式？说我们于硬感与软感可以直接触得，是不确的，这也得经由一个间体（介质），恰如我们听取声音或一声音被我们听到，或一香气被我们嗅到一样，是通过间体（介质）的。差异只在后者的间隔距离远，而前者乃相靠近。我们于一切物的一切感觉都是通过一个间体的，只是在触觉方面，这间体殊不显著，所以我们失察了。如我们上已说明的，我们于一网膜之上，触及一物时，常不注意网膜之为物我间的阻隔，在水中或气中的物物感应，恰与相同，我们总意谓它们的触觉是直接的，无所赖于任何间体。但视象或声响事物和可触摸事物，两者还别有一个差异。我们见到的视象或听到的声音，是由间体发施其作用于我们的感官的，可是，那个可触摸物则着其触能于那个间体（网膜）之上时，在同一顷刻，也着于我们身上（肌肉）了，情况就像一个人经由他的盾牌而受了伤；这里，须知，不是那块被击刺着的盾牌，击刺了他而受伤的，乃是他和他的盾牌实际同时被击刺所中了的。① 泛而

① 执盾以力抵枪刺或抗锤击，因而受伤者，其理在于手与臂与身体的骨骼是一固体结构，可以传递强力；固体如具有十足的刚性，就可十足地传递（或抵挡）所加压力的强度。因此，以执盾御敌例于气与水这两流动体（气体与液体）之作为声光传递的介体是不合的。这样的譬喻，在力学上说来是错误的。

言之，肌肉之于真正的触觉器官，和舌之于味觉器官的关系和气与水之于视觉，听觉与味觉器官的关系是相似的，前两项与后三项起感事物，若置之逼近相应的器官之上，都不能引发感觉，例如一个白物被贴在眼睛的表面。比照于此，这可又印证了感觉可触摸物的机能，实际必需位置于[肌肉的]内里。只有这样的安排，触觉体系才可和其它诸感觉的体系作成完全的比较。于视，听，嗅方面，你若把客体事物逼紧器官，这就遮蔽了机能而无所感觉了。于触觉而言，置物于肌肉之上，这就引起触感；那么，肌肉确乎是传递触感的间体，不是感觉器官的本体。①

凡事物之属于触觉性质者(可触摸物)都具有物体之所以为物体的分明的诸性质；物体所由辨别的诸性质，我以此指称诸元素的基本质性，即，热与冷和干与湿，这些在我们较早的关于元素的专篇中，已讲过了。② 察识这些物体本性的感觉机能就是触觉器官，触感，基本上(原始地)就寓著于身体(人体)的这个部分。这个部分潜在地施其机能，恰相应于其被触及事物的现实机能；所有一切

① 关于"触觉器官" τὸ αἰσθητήριον τὸ ἁπτικόν 我们现在知道位在皮肤组织之内。皮肤组织，三层，(1)表皮(epidermus)(2)真皮(corium)(3)真皮下浅筋膜，结缔组织，脂肪组织。触觉神经细胞在皮下组织内。皮肤为身体的广大感觉面，其功能有保护躯体，感受刺激，调节体温，分泌排泄等。皮肤的全面积上分布有来自脑与脊椎分支来到的大量感觉神经末梢，能感应于触、压、伤痛、温度(冷热)四种刺激，转变之为神经冲动，传递到中枢神经，产生相应各种的感觉。本篇本章，422^b21-22：大家通常都认为肌肉就是触觉器官。但肌肉也许只是真正的触觉器官与触摸物间的一个介质，真正的触官，隐藏于肌肉之内。以下，亚氏作了全身若被覆了一层网膜的设想，直到 423^b26，他确言，"肌肉确乎是传递触感的间体，不是触觉器官的本体。"这里的"肌肉"实谓我们今所云"皮肤"。凭他的推理，他实际预言了现代解剖学上的，真皮下的"触觉神经细胞"与"神经末梢"，真是那些"隐藏着真正的触觉器官"。

② 参看《创生与坏死》(De Gen. et Corr.)卷二，章二，章三。

感觉，就是这样的一个相互作用(影响)。所以，凡物之能作用于它424a物，使实现其如是的诸质性者，必其物原就潜在地具备如是的诸质性。这恰正就是，何以一个触着物和我们同样地热或冷，或同样地硬或软，我们便感觉不到的缘故；我们只能分辨诸物的诸可感觉度有所超逾或逊减的，强差或弱差。于是，“感觉”实为被感觉物诸所感的任何一个相反配对的“中和点”(μεσότητός“中数”)。[1] 人能于有感觉事物在某项感觉上显示其分辨所感的程度(差异)者，端赖这个中和点。“中点”(τὸ μέσον)与其两端的关系是它总归处于某端的相对的那边。譬如人欲辨明白黑的色度，他在初必须现实地两都不是，终乃潜在地两都为是，于其它诸感觉而言，情况与此相同，于触觉而言，这是特为显著的，他必须既不热也不冷。又如我们曾已见及的，[2]视象两关于可见物与不可见物，而曾已讨论过的其它诸感觉的相反诸配对，情况与之相类，[3]因此，触觉必须两相关于可触摸物与不可触摸物；称之为“不可触摸者”(ἄναπτον)，意指事物之可触摸度是极为微弱的，例如气，以及事物之具有超度的可触摸性，以至于能毁损(破坏)[与之相接触的触觉机能]的。

说到这里，我们已阐明了各项感觉的概要了。

---

[1] τὸ μέσον“中点”或 μεσότητός“中和点”，“中性”，“中度”；本意是两极点之间的中心点；应用之于感觉者，因诸项感觉的两极配对，实无确切的量性数据，这个中点也就不能确说。用现代语言，可倒转来说，举人体肌肉的温度触感而言，以摄氏 37 度为中点，如物之温度高于(热于)此，或低于(冷于)此数者，他能感知(辨识)若同为 37 度，则他不能感觉。

[2] 本卷章十，422a20 行以下。

[3] 本卷章九，421b3－9，章十，422a29。

章十二

凭所叙明各项感觉的过程，可加以综合，而制为关于“感觉”(ἡ αἴσθησις)的普遍论断；“感觉”是除外可感觉物的“物质(材料)”而接受其“形式”，恰如蜡块接受指环图章的印文，而除外其物身之为铁或金，加一金印或铜印于蜡模，模所受而存之者，只是印记，印章属金质或铜质材料，是与之无关的，凡有色或有味有声之物，施其作用以成感觉者，恰正如此，它无所关涉于事物的[材料]本名(本称)，但感应于有如色，味，声等，这类属性，所发显的如此如彼的种种形式(程式)。于是“感觉器官”(ἀισθητήριον)的本义(第一义)，当是由以成感而表征如此如彼的种种机能的事物。感觉器官与感觉机能原是相联而共在的，但它们的本性(怎是)实不相同。行使感觉的事物(器官)是一有定限的度量，但其机能不落入这个定限，只是与之相涉的一个程式(形式)。由此，我们又可以明白，何以有感事物过度强烈者，会得破坏感觉器官。着于感觉器官的运动，如其用力过度，“程式”(ὁ λόγος，所由成其形式的比例)[①]遂即失调(被破坏)，而形式(程

---

① ὁ λόγος 在古希腊典籍中，其义至为广泛，相仿于中国经史中“道”、“名”这样的字。本书《索引》中，这字分列四义，为之移译，并依此四异义，分编页行数。一、ratio[说的或写的]，字，名，词等；λόγοι(多数)言语，文句，篇章，讲词等。二、notio 理，道理，设想，案例等。三、cogitatio 思想，认识，观念等。四、relatio 关系，比例，程式等。在本章中 λόγος 我们译作“比例”，其实义则为“程式”。亚里士多德在这一节中，取义乃与 τὸ εἶδος “形式”(form)为同义，或作 formula “公式”，或 formulated essence “公式实是”。这样的“比例”，引申到数比(如作为材料而言，诸元素混合的数比，作为一器官而言，各种作用要素混合的数比)以上，指示于由此比例(“公式”)所成的事物的“形式”具备了新的性能或势力。经院学者称这种公式或形式为 forma operans “作用形式”。参看皮耳《认识要义的希腊理论》(Beare, Greek Theories of Elementary Cognition)第 225 页。

式)恰正是感觉的实是(要素);这就像琴弦,绷得过度紧张,竟乃破坏了音节的“谐和”(ἡ συμφωνία)。这也可凭以解释植物(草
424b 木),虽也具有部分的灵魂,而且在某个程度上可触摸物也施之以作用,它们也时而受热,时而着冷,但,它们无所感觉。推究其故,它们既不具有中数(中和点),也不备那些相应于接受可感觉物的形式(程式)的任何要素(原理);所以它们只能承当那些尚未从物质材料分化开来的形式的浑沌状态的作用。人或置疑于任何不能嗅的事物,香臭气息对它是否能施加什么作用(影响),或于任何没有视觉机能的事物,色能施加什么作用(影响)?于其它诸有感觉物,所以置疑者,也类同如此?嗅觉既然是有嗅物惹起的感应,那么任何可施作用于嗅觉者,必须是香臭气息,而任何不具备嗅觉的,香臭对于它是不可能发生作用的。任何哪一项有感觉物,只对于同项的相应感觉发生作用,于它本项以外的诸感觉是全无影响的。以下这样的情实也可为上述答案的佐证:光亮与暗瞑对于人身全无作用,声音与香臭亦然;可于物身(人身)施加影响的,只能是由以发光(取色)发声,发嗅的实事(诸性能),恰如雷劈了一支大树干,这不是雷[的声响],而是雷所激动的空气打击了这树干。但,这可是确实的,可触摸物与有滋味物是能作用于物身(人身)的;如其不然,则无灵魂(无生命)诸事物将凭何加之作用而为变化?那么,试问,其它诸有感物也能作用于(物身)事物么?也许香臭气息与声音之作用于事物者,就不是可行于一切事物的,而只能施之于那些无定界(弥散的)而不稳固的事物,例如空气;受了发臭物影响的气,似乎自己也多少着有了些臭气。于是,发臭物在它引起嗅感的作用之外,

还另有别的作用？也许嗅觉就只是作用于嗅觉器官的一项感觉，而受到发臭物作用的气，却迅速地（暂时的）变成了可感觉物（发臭物）。[①]

① 424b12 以下这一节行文简略，辞不达义，推理是有破绽的。末句（424b18）的上一分句，ἢ τὸ μὲν ὀσμᾶσθαι αἰσθάνεσθαι 直译该是，“嗅觉就是一项感觉”，很难与上下文贯通。分析这一节的文句，推求他的立意，当在说明 αἰσθάνεσθαι “感觉作用”须作两类分别：其一，有触感的与有味感的事物直接着于物身（人身），它们作用于感觉器官者，属于“生理（物身）作用”。其二，色（光），声，臭（香）感的事物，通过气或水这类介质，而着其作用于各与相应的专项感觉器官者，属于“心理（灵魂）作用”。（在解剖学上既已究明了神经系的实况，现代看来，这样分类是不切实的）另有一个提到了而未能阐明的疑问：声、光、嗅这类凭介质以着其影响（性质）于感觉器官者，以臭为例，是否此臭物发出的臭气通过空气而着于器官，抑此臭物先使空气变成了与之相应的臭气，然后，这些与人鼻接觉的臭空气乃作用于感觉器官以促成其人的嗅感。

卷(Γ)三

章一

凭以下的辩证,人们可以满足于(相信)感觉确乎限在五项(所云五项,我明举之为视,听,嗅,味与触觉),外此别无感觉。因为我们凭触觉察识所有一切具备可触摸性的可触摸事物,我们可以设想一切事物,凡有所感应于触觉者,我们皆可感觉(察识)。又,若说我们缺乏任何一项的感觉,我们必然是缺失了某项感觉器官;更又,一切事物,如果是须经摸触到了以后,才会察觉,这就是有赖于触觉为之辨认的一项感觉,这样一项感觉,我们确乎是具备的;至于那些不因实际摸触到,而是通过间体(介质)以取感觉的,这就有所凭借于某些原始单体,例如气与水。[①] 又,这是确实的,倘事物之品类相异,而可得由同一种介质传输其感应者,那么,人有具备了相符合的感觉器官者,将可两皆察觉(例如,其感觉器官倘属气组成的,而介质恰正是气,于是,声和色,两皆可凭以传输),倘同一

① 近代学者治《亚氏全集》著名者,鲍尼兹(Bonitz)以章节分析,见称于时;他的章句工夫,以标点(punctuation)显明文义,往往能解除历世积疑;不改动一个字母,但纠正或增加一些标点符号,或移换一个几个措辞的位置,便使诘屈之语,豁然贯通。这里,自 $424^{b}24$ 行至 $425^{a}13$ 行,依鲍尼兹标点为一个一气呵成的长句;层叠而下,思路是贯串的。我们现在就其分句号(;)处,析作四句。

事物而为之传感之介质乃不止一种，例如气和水，两者都可传输色感(因为两者都是透明的)，于是，人之具有两者之一，便可通感到 425[a] 传输其感觉于两介质间的事物。感觉器官就只是气和水两个单体物质构成的(眼的瞳子是水成的，听觉器官则是气成的，至于嗅觉器官则是两者之其一或另一构成的)。但，火不是传感的介质(间体)，可是，若无热度(热性)，感觉就不会发生，那么也许一切感觉咸有火在内，还有土也不是传感的介质(间体)，可是土，于触觉这一项，该是特与相关联的。这样，我们该当设想，离却水与气，这就不能构成感觉器官；而有些动物确实具备气和水所组成的器官。到此，我们该可论定：一切动物之既非发育不完全，也不是畸残的，就都统备了一切诸感觉；虽是鼹鼠，①似乎皮下也有眼睛。于是，若说，这世界上，除了这些单体(四元素)以外，别无单体(元素)，除了属于这些单体的素质(属性)以外，别无其它素质(属性)，那么，我们上所开列的诸项感觉，就真无遗漏了。

作进一步的研究，对于我们凭相应的这个或那个专项(各别)感觉所识得的共通可感觉事物，不可能另有一个特殊的感觉器官，这样共通感觉到的事物，②我指运动，休止，形状(图案)，量度(大

---

① ἀσπάλαξ 鼹鼠。鼹鼠科 Talpidae 为食虫小兽(Insectivora)，旧有多属；欧洲、亚洲、北美，古时普遍有鼹鼠(mole)生活于田野间，穴居土中。体长五六寸，蔽覆软毛。眼小，隐在皮下，几无视觉。小耳而听觉灵敏，嗅觉亦佳，前肢硬且有力，掘土成穴，通以长廊。夜出觅食蚯蚓与小虫，达旦而息，西方人于视觉不良者，称之为“鼹眼”。中国，“鼹”，名见于《本草纲目》，亦称“隐鼠”。此章所举，当为欧洲种之鼹(Talpa Europaea)。参看亚里士多德，《动物志》卷一章九，491[b]28—33，卷四章八，533[a]1—15。

② αἰσθητός κοινάς “共通感觉对象”，相对于专项感觉对象 τὰ αἰσθητὰ ἴδιαι “专项感觉诸对象”，即五项感觉。这里所举共通感觉六事，本篇在先，418[a]10—20 已开示，(未列入“单元ἑνος”这一种)，随后，于428[b]22—30，重又论及此题。《感觉与感觉客(接下页)

小），数目，单元（合一）；所有这些，例如量度，我们都因依于运动而得以察觉的，由是也有赖于形状（图案），因为形状也是量度的一式；至于休止，我们是凭运动之停歇来认取的，数目则因否定诸可感觉物的延续性来认取的。既然，每一项感觉感应于同项诸可感觉物，对于任何一个共通可感觉物，有如运动这类事物，这就显然不可能另有一项专门（特殊）感觉。如果，反乎此理，而谓另有一项特殊感觉，那么它对那共通可感觉物，盖当类同于因视觉而辨识甜味物了。事物的两项素质，碰巧为我们所同时察觉，这只是由于这两项各别的素质是相关涉的，若不遭逢如此的偶然情况，我们就无由察觉；试举例以喻之，我们感觉到（察识）了克里翁的儿子，我们实际上只是看到了他是白的，他是克里翁的儿子，不是视觉所能感知的，关涉于他（这个白色物）是克里翁的儿子，实际上事出偶然。① 我们原有的感觉能察识那事物的共通（两项）素质，正由于它

（接上页）体》篇，442^{b}4—10，《记忆与回忆》450^{a}9—12，451^{a}16，452^{b}7—13 涉及此题增列有“时间”。大卫·罗斯《灵魂论》新校本（1961），“绪言”，34 页：亚里士多德关于“共通感觉”的观念，盖有所受于柏拉图《对话·泰阿泰德》184B4—186A1（严群汉译本 77—80 页，商务印书馆，1963）。此文论及凭两个以上的感觉来察觉的事物（事情），开列有存在或不存在，相似或不相似，同、异，单元与列数（“数”内，有“奇·偶”）。两个阵列，虽内容相异，但所据以立论者是相同的，当时举为感觉的一个疑难。所以为解者两家不同。柏拉图指出这些事物（事情）应把它们作为思想（心识）部分的问题来考虑。亚里士多德认为一事物有色而发声者，视觉认色，听觉认声，固各属专项，然视觉与听觉各为感觉的一项，于是目与耳之专项各感觉自然会通于对这同一事物的共感。

① 卷三这首章，旨在说明我们（人类与高等动物）就只五项感觉，别无第六感觉。由于当时心理学上的技术名词有限，和句法的定型，不能适应宛曲的思想，行文艰涩，辞难达意。阿奎那《诠疏》卷三，第一课，第 579，580 两节，释 425^{a}10—29：甜与白，分别相应于各本项的味觉与视觉。如果同一事物，兼有甜味与白色，则单凭视觉可直接感到白色，若于甜味，只能因其白色，间接地［联想］为之察辨。但事物之具有两项可感觉素质者，若无任何一个直接地感觉到了的感觉，另一项素质就不能间接地感觉到。（接下页）

们是相互关涉的，认取这联结着的附属感觉者，不须有另一特殊(专项)感觉。若说真有这么一项特殊感觉，我们就得说“我们已经看到了克里翁的儿子”。[①]

诸感觉于同一事物，例如胆汁，感到了它是苦味而作黄色，但当他们作此感觉时，各别的机能各作与之相符合的感应；说这苦味与彼黄色实出于同一事物，这一嗅觉器官与那一视觉器官，皆无意于此；可是，既然事发于同一顷刻，遂不自觉而认为其味其色同属 425b
其物；这里，实际，没有另一感觉机能来辨别两感觉之发于共通或不同来源，这样的问题。所以感觉是可以被绐而成错误的，如人有见到了一黄色物者，他辄谓为胆汁。人们可以提出这样的疑问，何故而我们不专备一项感觉而乃有多项感觉？盍由如此：我们具备了多项感觉机能，庶几对于随和而复合的物情，有如运动，量度，与数目之类，不至轻易漏失于察觉，如果我们只备有视觉这单项机能，倘他看到了某物之为白色，他可能引起较多的错觉，颜色与量度，既相符合而同在，这就误取为真属一物了。但事实乃真有不然者，幸而我们实具多项机能，爰知彼同为黄色而具有某种量度者，乃属另一物件，而且这里确乎存在着两个分别而性质攸同的

(接上页)凭我们的视觉只能见到一个白色的人，他是“克里翁的儿子” Κλέωνος υἱός，不是我们眼能见的，但凭这视象，我们可间接地认取这“白色”物，就是“克里翁的儿子”。在视觉和另四项感觉之外，实无另一专门感官，能直接察觉“克里翁的儿子”这样的事物的。当然也没有在各别的视觉与味觉器官之外，另有一个器官能兼识色，味，两者的“共通机能”。

① τὸν Κλέωνος υἱὸν ἡμᾶς ὁρᾶν “我们看到了克里翁的儿子”是不可能的。识别“克里翁的儿子”须是多种感觉所得征象，汇合到这同一人身上，而且这个人先曾被认明为克里翁的儿子，而储有此认识于“记忆”之中。

事物。[①]

章二

既然我们于所看或所听着的各自为察觉，那么为此察觉（感觉）者，该应或即视觉自能感知其所看见的视象，或须是另一种感觉，[别于视觉的某种感觉，]为此察识。但，于前一设想而言，那同一种感觉（视觉）必须既能察认视象，又能察认物色，即那着色的物体（视象的客体）。这样，于同一个视象，或（1）当有两种感觉为之察认或（2）视觉，这一种感觉能自认知其视象。又，如果说，另有一种察辨视觉的感觉，那么这还得有另一种感觉来察辨那前一种感觉，而由是以至于无休止地累叠起来，或者终久须有一个能自觉的感觉。若然如此，我们就尽可以在第一种（第一次）感觉上，及早作出如此的休止。[②]

① 这里，再举释氏法相宗，唯识体系，与“共通感觉”，相关涉者为比照，以佐我们对于这一论题的理解。五根（眼、耳、鼻、舌、身）对五尘（色、声、香、味、触——《中论》，“五尘”为五根所缘之境界，亦称“五境”），相应而生见识、闻识、嗅识、味识、触识（见于《涅槃经》）。这里，根即“感觉器官”，尘或境为“可感觉物”，而识即“感觉”。对于各专项感觉的个别认识（“个别作用”）和对于一“事物”（一尘或一境）的多项感觉的汇综认识，相宗称此五识以上的第六识，为“意识”，相应于此的意识客体（可意识物）曰“法尘”，相应于意识器官者曰“意根”（意根所在曰“心所”）。六根（五根加意根）对六尘（五尘加法尘）而生六识（《成唯识论》）。六识（五识加意识）为释氏大乘小乘所同说的心理学体系。大乘经论增说第七（末那）识，第八，阿赖耶（藏识）。

② $425^{b}11$—17 这一节，亚氏设疑：各专项感觉于感觉客体各有所感之后，是否有另一机能反映此感应于感觉灵魂；亚氏的答案：没有这样的，也不需有这样的二重机能。各专项感觉，除感应功能（perception）外，咸有感觉于所感的感觉，而各有其“自觉”（self-consciousness）功能。对于物质感觉这样的推理方式，相仿地运用于非物质的理知（思想）机能。《形而上学》卷十二，章九，$1074^{b}35$：“……而思想就成为思想于所思想的一种思想”（汉文译本 234 页）。

但，这里存在有一个疑难：若说视觉是为感应，恰就在“看”，看而成“见”者、为“色”，或“着色的物体”，于是，如果有谁看见了那个看而成见者，那个看了成见者，原本就得是着了色的。所以，这是明显的“凭视象以为感觉”（τὸ τῇ ὄψει ἀισθάνεσθαι）这短语，具有不止一个的命意；我们不看什么事物，就能凭视觉识别暗冥与光亮，但其所以为之识别（觉察）者，[与辨色而论，]其道不同。又，在一个命意上说，虽谓那个看而有所见者便着了物色（客体的色相）；而每一个感觉器官所接受的可感觉客体，却是除外了它的物质（材料）的。所以，虽则那个被感觉了的物体已不在眼前（失其所在），诸所感而成觉者与其印象（想像，αἱ φαντασίαι）还留在感觉器官之中。

但，被感觉到了的物象（客体）的活动和感觉的活动是同一个事件，[①]虽则它们的实是并不相同；说它们相同，我的命意是现实地发声与现实地听着。譬如，一个具有听觉的人，可是他并不倾听，而一个能发声的事物，恰也时常不发其声。只有那个能听的人正在倾听，而那个能发声的事物，正在作声，于是现实的听觉与现实的声响，遇合于同时而合成为一个活动（这样，人们才可以说其一“正在倾听”，另一“正在发声”）。 **426**a

于是，如果承认，两兼活动（主动）与受动（被动）的一个运动（活动）须得出现于受动体上，[②]那么，声响与听闻，当其正在活动（实现）的时刻，应必在听觉机能上发显；由于运动或活动因素（作

① 参看本卷章八。

② 参看亚里士多德《物理学》(Phys.)卷三章三。

用)必然在受动体(接受因素)上得其实现,所以,那个肇致运动的事物(因素)是可以处于静止状态的。这里,那个能够作声者的实现,就是声响或发声,而那个能听闻者的实现,就是听觉或倾听;"声"与"听"两字,各都是双关的。同样的事理适用于其它诸感觉与其可感觉的诸客体(对象)。因为主动(活动)与被动(受动)的功能显示于被动(受动)体上,而不在活动体上,所以感觉主体与可感觉物(客体)的活动(功能),两都实现于感觉体上。但,于这综合实现的两个方面,有些感觉传习有各别的名词,例如说到听觉,分别为"发声"与"倾听",另些感觉则或在这方面,或在那方面,曾未置有名词,例如视觉机能的实现,谓之"看见",可是,于"色"之实现,这个方面就没有专置名词;味觉机能的实现,谓之"尝试"(辨味),可是于"味"的实现,则没有名词。既然可感觉物(客体)和感觉机能,虽它们的本体型式(实是)各别,当其综合为一个感觉现实的过程,现实听闻与现实声响的各别存在,盍于同一时刻出现,同一时刻消失,那么,现实尝试与现实滋味,以及其它感觉过程的两方面,也当如此,至于就其潜在而论,则其一乃可于另一不在时,自为其存在。较早的自然哲学家们(自然研究者)认为若无视觉,白或黑就两不存在,若无味觉,世上就没有滋味。[①] 这样的陈说,一部分是真实的,另部分是错了的:"感觉"与"可感觉物(客体)"都是双关词项(具有两义),既可引用以说明潜在事物,也可引用以说明现实事物:这样的陈说合于现实而误于潜在。他们偏认了一端,遂乃失察于另端。

① 此"较早的自然哲学家"盖指德谟克里图。

若说“嗓音”(ἡ φωνή)常是一个“谐调”(συμφωνία 交响),①若说嗓音与听乎所发作的嗓音,于其一个涵义而论,两者同一(于另一涵义而论,两不同一),②若说谐调(交响)常函有一个比例(程式),那么,听之为感应,与其所闻的音响,必然也同是一个比例(程式)。这就是或过于高或过于低沉的音阶,破坏听觉的缘由。于味感而言,也如此,其过度者,就破坏味觉;于色感而言,其太亮或太 **426^{b}** 暗的,破坏视觉;于嗅感而言,其气息过于剧烈的,无论是甜气太强或苦气过度,③就都破坏嗅觉。这些显征了的感觉确是某种比律(比例)。事物在无所掺杂的净态,而具有与其相应感觉的适当比例,④恰正是使人感到喜悦(爱好)的缘由,例如酸,甜,或咸,都是味觉所喜欢的。但一般说来,混合而倘能造成一个优良的谐调,实际有胜于专只是高音阶或专只是低音阶的声响;至于触觉,温暖总是比寒冷为人所乐受。可是,感觉既同为一种比例,则凡可感觉物之逾越常度者,就使之感到痛苦,或竟破坏了感觉。⑤

---

① 依贝刻尔校本 426^{a}27 行:... ἡ συμφωνία φωνή τις... 这句当译“……谐调若是某种嗓音……”兹依索福尼亚(Sophonias)与柏里斯济安(Priscianus)校订,倒转为...ἡ φωνὴ συμφωνία... 译出。(这里的“嗓音”盖谓人之言语优雅而合乎乐律者。)

② 括弧内分句“καὶ ἔστιν ὡς οὐχ ἕν τὸ αὐτό,”贝刻尔校本存作正文,依笃尔斯羯克(Torstrik)校订,这是删去了的;兹加(　)。

③ 426^{b}1—3,γλυκεῖα“甜”与 πικρά“苦”,兼用以说味觉之为甜为苦,与嗅觉之为甜为苦。参看本书上文卷二章十,422^{b}4—8。又,参看《感觉与感觉客体》篇(de Sensu),章四,440^{b}29—442^{a}11 章五,443^{b}3—17,说味感与嗅感品类相仿各节。

④ 第三行,λόγου τινὸς 所说“某种比例”,指可感觉物(客体)所发,如声,如味的各系列间各自调和的“比例”;这里第五行 τὸν λόγον 的“比例”则是指感觉器官,如耳,如舌者,在构制上,内蕴的感应机能的比例。

⑤ 426^{a}28 行 ἡ συμφωνία (symphonia 交响,harmony 谐调,concord 协奏)这句的实义:虽说嗓音也是一个谐调,音乐的协奏乐曲,毕竟异乎嗓音,音乐的谐和,其(接下页)

于是，每一项感觉，得之于相应的感觉器官者，只与其本项的可感觉物（客体）相关联，而在这项所得的感应，察辨其间的差异；例如视觉专辨白与黑，味觉专辨甜与苦。发生于其它各项的感觉也作如此相同的过程。由于我们还能判别（辨析）白色之异于甜味，而且实际还能判别所有各项感觉间的相差异品质，这该考询，凭什么，我们乃能察识这些差别。既然面对着我们的是可感觉客体，能察识它们的，必然是感觉。依此设想，这是明显的，肌肉不得成为这项终极感觉器官；若以肌肉为这样的终极感觉，那么判别一切可感觉物的各项间之差异，都得依凭于直接的相触了。①

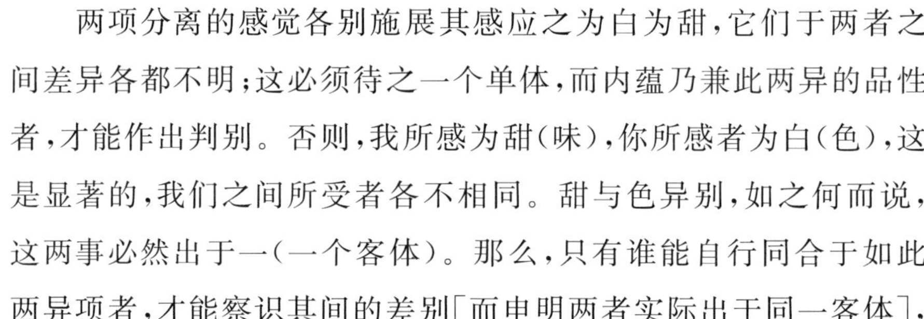

两项分离的感觉各别施展其感应之为白为甜，它们于两者之间差异各都不明；这必须待之一个单体，而内蕴乃兼此两异的品性者，才能作出判别。否则，我所感为甜（味），你所感者为白（色），这是显著的，我们之间所受者各不相同。甜与色异别，如之何而说，这两事必然出于一（一个客体）。那么，只有谁能自行同合于如此两异项者，才能察识其间的差别[而申明两者实际出于同一客体]，

（接上页）高音节与低音节是按某种比例调和了的。λόγος 常译为“比例”（ratio），亦可译为“程式”（formulae）。全节，于诸感觉，凡色、味、嗅觉[未及于触觉]之于所感，皆仿于听觉之于声感之作谐调，咸主于“中和”（μέτριον）。罗斯笺疏，谓亚氏此节取旨于先哲克留毗卢（Cleobulus）的“善德中庸”（μέτριον ἄριστον），梭伦（Solon）的“永勿过度”（不逾规矩）（μηδέν ἀγάν），与泰里（Thales）的“中和色彩”（μετρίῳ χρῷ）。

① 触觉感于物身，味觉感于舌，两者都由肌肉构成；两者都须接触于可感觉物（或冷或暖，或软或硬的物体，与有味物）。但色觉，声觉与嗅觉是在间体（介质）中感应的，不必接触有色物，发音物与具有香臭气息诸物的。所以肌肉不能成为如此的“终极感觉器官”，即通于五项感觉的“共通感觉”器官。

这样的一个审辨机能，盍当既能感觉，又能（考虑）思想。这样，凭两项在分离着的机能，来辨明两个在分离中的可感觉项目，显然是不可能的；(2)在分别的时刻，想作成这样的审辨，这也是不可能的：这可凭如此的考虑为之解释：有如同一机能，当它宣称善与恶是有别的，与之同时，这也宣明了这一物[善物]有别于那一物[恶物]，这"当时"绝不是任意说的。（"我现在说，这里存在一个差别"，这是任意的，但"我说，这里现在存有一个差别"，这"现在"就不是任意的了。）正当机能发言的时刻，也就是显见着那个差别的时刻，必须所宣称与所表现，恰在同一时刻，这才正确。这样，审辨机能必须是不分离的单体，而所作审辨则必须免于时刻的间隔。

但，说要使同一机能，在同一时刻，向相反对的两个方向移动，如果又要求它保持单体，不可分离，那就是不可能的，说在时间上不可分隔，这也是不行的。倘那甜味促进感觉或理知（τὴν νόησιν，思想机能）于一个方向，而苦味则促使进于相反的方向，至于白色 427a 乃运动之使进于全不相关的另一方向。于是，我们就只能设想，这审辨机能之为不可割开，不可分离者，仅乃在为数而言是如此，若于其实是（素质）而言，盍是可分开的？于是，这就可以让它自体中的可分离素质感应于诸相差别的事物，而在另一方面则维持其不可分离的单体。这样，于数，于空间之为不开拆的单体，其内蕴的素质乃是可开拆的。

但，这样的设想，怎么可能呢？自行同合而不分离的单体，确乎可以潜在地兼涵两相反的因素（品质）于一时，但于其本体（实是）是不能自行同合的——迨那潜在因素既经活动而成为实际存在（实是）的时刻，这就无以保持其为单体了。在同一时刻既为白物，又为黑物，是不可能的；所以白物与黑物之为白与黑的形式，也不可能在同一时刻，作用（影响）于上述那样的单体，使其感觉与理知表现上述的情况。可是，恰正有人于一个所谓“点”（στιγμήν）竟就说成“既为一，又为两”，[①]依他的命意，“点”是可分离的。按照这样的论据，来解我们这里的疑难：作为审辨机能，这是不可分离的，在作审辨的顷刻间，表现其为活动的“单”体；但当这同一个“点”号（标志），在同一时刻，而作两个方向的两度应用时，这是可分离的“两”。于是，当把这点看作一事物两端的“限止”（τῷ πέρατι 限度或终点），这就被说成为审辨两个分别事物之“两”（δύο），但，这点被喻为单个审辨机能，在一顷刻中，行其审辨功夫，这就成了“一”（ἑνί）。[②]

① 427^{a}10 行：贝刻尔校本 ἣ μία καὶ ἣ δύο“既是一，又是两”（兼一与两）。莱比锡抄本（Cod. L），保罗堂藏书（Bibliothecae Paulinae）第 1335 号，亚里士多德《灵魂论》，希腊文抄本，ἢ μία καὶ δύο“或一或两”。兹从贝刻尔本索解。

② 427^{a}10－13 这一节，引用一个数学命题（几何命题），以说感觉与共同感觉的为分为合的疑难，原文率略，后世诠家，不易榷诂。现代几何，渊源于古希腊的欧几里得几何。数学家欧几里得（Euclides Mathematicus）约生活于公元前第四世纪下叶埃及的亚历山大城。雅典柏拉图学院和亚里士多德学院中的数学课程，盖较早于欧几里得。在我们学习近代几何，近代数理的人看来，这里的引文实难理解。多马·阿奎那，依这四行的拉丁文（迷尔培克本）义，作了详细的诠疏（《灵魂论·诠疏》卷三章二，第三课，第 609－613 节，K. 福斯特与亨弗里斯（Förster and Hampheries），英译本，372－374 页），兹撮要于下：

从 427^{a}10 行起的这一节，亚氏解答了上述那个超越于五项感觉的，可以遍识各项感觉的“共通感觉”（κοῖνη αἰσθήσις）。他有取于几何方面某一数学家的观念，认为“点”作一条线的两端之终极（πέρας 限止），其数为“二”；至于它在这线段的中间时，一个点为左段的终点，又为右段的始点，则其数为“一”。然此“一”，当其移动着，划成此线的时刻，发生有两方向的作用。准此，作为兼摄诸感觉的单体，它既具诸感觉的各别（一一）功能，于此而获有可分离的各别存在，但它既兼诸功能而超越为一共通感觉功能，恰又是独立存在而为不可分离的了。

这个“共通感觉”（commonsense）虽说超越于五项感觉之上，实际还是（接下页）

关于,我们说明生物界(动物们)之为具有感觉功能的道理,这已足够了,让我们的讨论就于此而止。

章三

人们通常依循两类不同的功能(职能),界说灵魂的性质:一类是位置运动(移换),另一类是思想(考虑),审辨(判别)与感觉(认识)。人们概约地计度思想和智虑,为近似感应(认识)的一种形式,两者(思想灵魂与感觉灵魂)都从事于审辨并认识当前所存在的是个什么,实际上昔贤,有如恩贝杜克里,径直认为思想同于感觉;他说:"人们的智巧会当与经验(积渐的见闻)而日增"[①];他又说,"人们的思虑各随岁月的更新而时自为演变"[②]。又,荷马的短语,

(接上页)被动功能,由色、声、香、味、触五项可感觉物为主动者而发生的诸感,传输到一一接受的终点,这终点就是相应的感觉机能,也就是各项感觉的"根"。每一项感觉机能必须有一器官,内蕴此根,以接受各该项输来的信息。共通感觉也得有这么一个总根,以汇通同时输来的诸感觉讯息,而为之识别与联系。亚氏曾试求此器官于人身遍体都有的"肌肉",但他毕竟"未能有何定论"。这个共通感觉的器官何在?没有着落。

在阿奎那《诠疏》中,称之为"根"(radix, root)的这词,在亚氏原文中,实无与之相应的"ῥίζα"这样的名称。佛藏,相宗的唯识诸经论中,却用以指称眼、耳、鼻、舌、身为"五根"(五项感觉器官),以相应于色、声、香、味、触的"五尘"(五项可感觉物)(见于《阿毘达摩》,即《对法论》)。五根对应五尘而生"五识"(五项感觉)。总比五识乃有为之联系并与汇通的第六识。亚氏竭其逻辑推理而考核的"共通感觉",在法相宗经论中,似乎是现成的,即不用费力探勘,而径称之为"意识"者,便是。下文讨论到的ὁνοῦς 心识(mind),亦作理知(reason),思想(thinking)解,亚氏把它提到比感觉灵魂高一级的理知或精神灵魂的机能,这在相宗心理学体系有当于第七识,即"末那"识(mana)。

① 恩贝杜克里,《残片》(Emped. Frag.),106,这引句中,μῆτις一字,在迷尔培克(Moerbeke)拉丁译文中作"voluntes""意志"。μῆτις有数义:"意志","智虑","技巧"。于此节中,取义"智巧"为切合。

② 又,《残片》,108。

“人心概若此，所识毋乃同”①，所昭示的义理，正也如此。所有这些作家，统都设想，思虑的过程，有如感觉，也是一个属于身体（生理）的职能（机能），像我们在这一论题的开始时，曾已说过的那样②，凭“物以类应”的原则，人们因其攸同的内涵质素，感应并审察外界的相类示像。可是，他们在发作这些议论时，该也得提到人
427^b 们会有失误（错谬）的这一问题；涵有灵魂的生物（动物），凡灵魂与之俱在的岁时，深且久者，似乎自然地更易于失误。若然如此，究其失误之由来，当不出两者，(1)或如有些人所主张的，凡人们[从感觉或思想]所获识见的现象，率轻信之为事实，(2)或他的识见是由于和与之不同类的感应得来的。凭不同类物取感或着想，实际违反了“物以类应”（物以类认）的原则。但于物之对反者（或对成者）而言，谬误（错认）或明知（真识），似乎是一样的。③

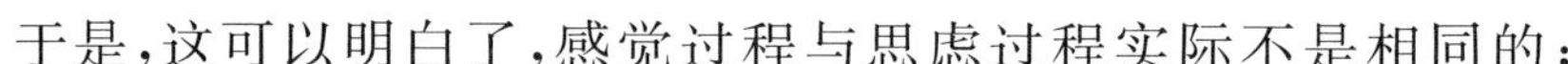

于是，这可以明白了，感觉过程与思虑过程实际不是相同的；

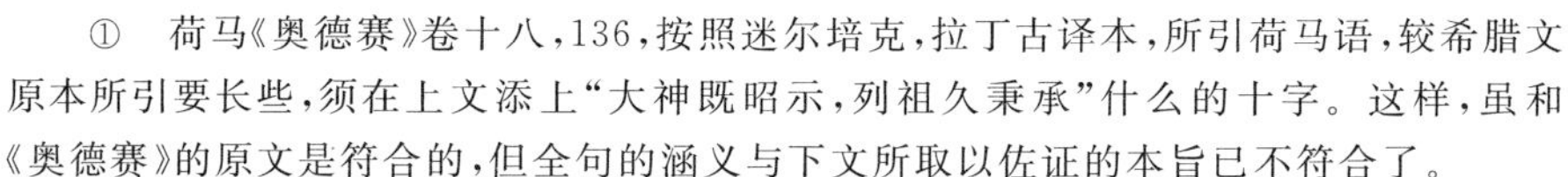

① 荷马《奥德赛》卷十八，136，按照迷尔培克，拉丁古译本，所引荷马语，较希腊文原本所引要长些，须在上文添上“大神既昭示，列祖久秉承”什么的十字。这样，虽和《奥德赛》的原文是符合的，但全句的涵义与下文所取以佐证的本旨已不符合了。

② 本篇，卷一章二，404^b8-18。

③ 427^b2-7 所举，人们“更易于失误”（错谬 ἀπάτη）两个来由，亚里士多德所以否定其(1)者，见于《形而上学》，卷四章五，(Met. iv,5)1010^b1 以下：“关于真实的性质，我们必须认定每一呈现的物象，并不都属真实；第一，即便感觉不错——至少感觉与感觉对象互相符合——印象却也不必然真与感觉符合。……事物在远距离与在近处所呈现于人眼前时，是否尺度相同，颜色相同；其所呈现于病人或于健康人眼前时，是否相同，……明显地，他们并未想到，这些都是疑难（迷惑）。”亚里士多德认为这里“有些人所主张的”是不能成立的，他不加辩论，就对第(2)来由，作了一句简略的纠正。阿奎那《诠疏》，阐明 427^b7 这句的论点，见于卷三，章三，第 4 课，第 628 节：“同类与不同类是一个相反的配对。对反两事物必须在一共通的底层之上为演变。故有识于‘正’者，也就有识于‘反’；凡误于其‘正’者，也就必误于其‘反’。”所以凭第(2)来由为准，感觉与思想之真讹与是非，两都无以论定。

所有一切生物(动物)统都参与感觉,但只有少数种属具备思虑(审辨)功能。假设思想(理知)机能和感觉(见闻)过程相同,也是不合的,思想可以或属正确或属错谬——由智慧(谨慎),知识,与正理(达观),可引得正确的思想,而与之相反的,则引得谬误的思想;对于个别事物的感觉总是正确的,[①]而且所有一切动物的感觉就都是这样正常的;至于理知(理解),这就可能发生错谬,而且那些不具备这功能的动物,是不能理解的。又若臆想(心理幻象)则既不同于感觉,也有异乎思想(理知),可是,如果全无感觉,也难引起臆想(幻象),若全不臆度,这也不能构成什么观念。这样,思想(理知)和观念(审辨)也显然不同。臆想是可以随我们的意愿而作成的,(譬如,我们可凭记忆,[②]追回一个心理印象,或凭备忘录引出前存的一幅图景,或虚构一个魅影),[③]可是,我们若要构成一个观念(理致),这就不能逞意擅行,制作为一个观念,这可以是或属讹谬或属正确的。又,当我们对于某个事物形成为一个危险品或可怕事物的观念,我们的性情,就立刻引起警惕或恐惧,同样,若于某物被认为是足以为我鼓励的事物,我随即兴奋起来;但,对于臆度所作的幻象,我们有如在一幅画图上看到某一可怕的或足资鼓励的事物,我们是无动于衷的。由审辨功能所肇制的饰辞是多样的,知识,观念,与谨慎(智慧),还有正与此三者相反的制词;这些制词(饰

---

① 举例:在平常的景况中,有人眼见了一个红色物,准定这一物确属红色。

② οἱ μνημονικοί 两解(1)记忆(memoria),(2)备忘录(memorandom)或记事术(memoria technica)。

③ εἰδωλο-ποιοῦντες“构成形象”,谓偶像,或幻想如鬼魅。[τὸ εἴδωλον(源于 εἶδος 形式)衍变而作假神(偶像 idol),或鬼影(phantom)之类。]

辞），相互间的差别，必须留待提到另一论题①的时候，再行研究。

思想（理解）别异于感觉，这应涵盖臆想（φαντασία 幻象）与审辨（ὑπόληψις 信念）两事：因此，我们必须把臆度的范围（界说）先予
428^{a} 概划，在臆想的定义既已明了之后，我们就可以讨论审辨。我们凭以审辨事物或事理的为正为误（为是为非），有这么些机能（职能）：感觉（αἴσθησις），信念（δόξα 成见），知识（ἐπιστήμη），理性（νοῦς 心识）。现在，设若有一个影像呈现于我们之前，这个影像恰正缘起于臆想（幻觉），而且这所谓臆想，并不是我们常时取作隐喻的景物，这是否为关涉到这影像的唯一机能？而我们又将何所凭借来审定这个影像的为正为误？

凭以下这些考核，可以显明，臆想（φαντασία）②不是感觉：感觉是有如“观看”或“见到”这样的功能或活动，臆想（幻觉）却发生于“既不在看，也无所见”的景况之中，例如在梦里。又，感觉是常在的，臆想（幻觉）却不常现。如果感觉与臆想自潜能以抵于实现，确属相同，那么一切野生动物该就统都能为臆想了，可是，实际不然，

---

① 这“另一论题”也许是指说《尼哥马沽·伦理学》(Ethica Nicom.)，1139^{b}15 以下那些章节（卷六，章三至十一）。

② φαντασία “臆想”或“幻象”，或译“心理印象”(mental image)。427^{b}27—429^{a}9，以够长的篇幅申说“臆想”，他说臆想是思想的两个要素之一，另一要素是“审辨机能”(ὑπόληψις)。可是，有时他遗落审辨，而以“成见”(δόξα 信念或信条)代“审辨”，与“臆想”相比照。他又说臆想不同于“知识与心识”(ἐπιστήμη καὶ νοῦς)，因为臆想只是些疑是影像。他也说到臆想异乎“感觉”。这样，他尽多地举示了所以为之否定的条件。于正面的定义，例如说“臆想为凭实际感觉所引发的一个过程”，总是不完备的。《自然诸短篇》中，《记忆》与《说梦》内关于臆想也未作成精确的定义。推求其实义，只能说，臆想是“感觉”与“思想”两者之间的机能活动。《诗学》(Poetica)，1455^{a}，亚里士多德释“臆想”(φαντασία，imagination)为“狂痫所作的优良诗篇”。又云，“好诗出于诗人的狂想（幻臆）。”文学上所谓臆想，与这里心理学上的臆想，名词虽同一，实恰殊别。

例如蚁、蜂或蠕虫们(如蚯蚓之类)是不会臆想(不起幻觉)的。又，感觉总是真实不误的，臆想(幻觉)则大多是虚妄(讹误)的。凡可感觉物，既经真切的观看，我们决不会说，这形象"似乎"是一个人；我们只在没有看清楚的形象(事物)上，说"似乎"。又，我们曾已说到，人们闭合了眼睛(不用视觉)，也会呈现形象。既然臆想常时入于虚妄，那么，有如智识与心识(理性)这些永求真实(永不犯误)的机能，也必与臆想(幻觉)无关。

于是，余留下来的就只是对于(成见)信念(δόξα)的考核了，信念是可以或正确或谬误的。但信念包涵有偏见(πίστις 成见)(对于我们自己的观想，若全无偏见或无所偏执，这就不能构成什么信念)，可是，许多野生动物，看来它们也会有些幻觉，然而它们全没有偏见(偏信)。又，一一信念，辄由偏见促成，而与偏见密相联结，迨偏见与理解相联结而循成信念(观念)；试看野生动物们，有些真也具有幻觉(臆想)，若及理解功能，它们是全都没有的。说到这里，这是明显的了，臆想(幻觉)不能是(1)信念加之感觉，(2)信念也不须经由(联结)感觉，(3)更不能说臆想是信念与感觉混合起来的。[①] 所以，这是明显的了，信念只能涉及与之相关的某项感觉，

① 有关臆想的这三个观点，参看柏拉图对话，《蒂迈欧》(Timaeus)，52A，《智者》(Sophisticus)264 A,B，《菲勒波》(Philebus)，39B。《菲勒波》是以"快乐"为主题的一个伦理对话；这一节说：观念根据于观察(视觉等诸感觉)，诸感觉是可以为正确，也可以错误的。你在远处见到形状，就说"这是一个人"。随后，又说，"不是的，这是牧羊人制作的一个影像。"无论你这话出口(作声)与否，你的灵魂中的一位文士已把你这观念着录了，还有一位画家把你这印象，复制了以为存照。柏拉图这里所说的文士与画家，即"记忆"。臆想大抵出于过去视象的回顾。视象的谬误常由于物象在远处或物象间的相互关联之错乱，而造成错误；由此所建立的观念也跟着错误。随跟这错误而作臆想就成了幻觉。由此而论，臆想盍是失真的记忆(回顾)。

不能与其它各项相关涉；这里，明说我的本旨，臆想(幻觉)是一个“白”的信念和一个“白”的感觉组成的，这不能是一个“善”的信念和一个“白”的感觉的组成。依照这个案例，[白念与白感必然相
428b 符]而论，所谓臆想(幻觉)者，即其人所想，恰和彼所曾感觉的(曾看见的)严格地相印符。然而这样的信念[臆想]，虽于相应的感觉作出了合符的观念(审辨)，还是可能发生错误现象的；举例以明之，太阳的量度看来是够一尺长(直径)，可是，我们相信太阳比我们方今居住着的地球更大。于是，我们必须在这两者之间有所取舍：我们将维持我们从视觉所得的印象，而舍弃我们[经由计虑而得的]那个真切的信念，抑或坚守我们的观念(信念)，如果事物未尝有改更其真际，我们也不忘怀或遗弃自己的前识，臆想若乃任凭两者各遂其意而无所抉择，那么，一一观念盍必两或为正确，两或为虚妄。事物的真际已经改变(更换)而我们直不认识，则后起的观点(信念)自必成为谬讹。臆想(幻觉)确乎不是上举诸事状[不是观念，也不是感觉，]也不是它们的混合。

但，由成规可以表明，一物入于动态后，另一物可被那一动态中的事物所促动。臆想该当是一个动态，而且只有具备感觉(能观看)的人物，才能为臆想，若不具备感觉，臆想就是不可能的，而臆想的内容也不离乎那些可感到(看到)的事物，又，因为这一运动可由感觉活动产生(造成)，运动必须是(1)(甲)不可能离绝于感觉，(乙)也不能存在于我们正有所感觉(有所见到)以外的时候，(2)作如此臆想的人物既然处于如此的境界，这就可以发生多种(多样)的主动和被动的形式，而(3)引起若干或属真实或属虚妄的效应(影像)。出现这样的不确定效应(或真或假的影像)的缘由，可作

如下的解释。(一)个别事物的感觉总是真实的,或偶有偏差,这偏差也必是很微小的。(二)其次,这些事物所引起的这些感觉,都属于偶然的(附带的)性状;①于偶然(附带)性状,失察(谬误)常是可能的。感觉到我们当前出现有“白”色,这是不会错乱的,但于发此白色者,究属为何事物(由此或由彼),②我们的感觉会得错乱(受给)。(三)第三,作为相应来到的感觉客体,某些(个别)可感觉物的普遍属性(例如运动与量度),入于感觉时,最可能(最容易)诱起失误,而使臆想成为幻觉。由这些感觉活动所操持的,三异态所引起的臆想活动,相应地也是不同的;第一种衍生的运动,只要感觉正当临着在,总是不出错的;第二与第三种运动是可以发生失误的,无论感觉客体正当临,或已不在那里,都可以出现错乱,若这客体遥寄在远处,尤容易引起错乱(幻象)。于是,若说臆想的情况就

已尽于我们上所叙述的状态,别无它异,那么,臆想必然是由感觉 429a
功能实际活动所引起的一种心理运动效应。③

视觉是在诸感觉中发展到最高度的一项感觉,而视觉乃全赖乎光,若没有光,什么都不能看见,所以 φαντασία(“臆想”)这词是源于 φάος(“光”)而形成的。

---

① 依从摆渥特(Bywater)的校订,把 24 行 ἅ συμβέβηκε τοίs αἰσθητοῖs(“属于感觉的偶然性状”)移上,置于 20 行 ταῦτα(“这些感觉”)之后。《灵魂论》,卷三章三,428b18—25这一节,学者久不得其解,因此移接而文理得以畅明。参看大卫·罗斯(David Ross),亚里士多德《灵魂论(Περὶ ψυχῆs)新校本》,“绪言”第 5 页。

② 阿奎那《诠疏》,卷三章四,第六课,第 662 节,呈现为“白”色,而人们视觉随即报称其为“白”色,是必然不误的,至于那呈现其“白”色的原物是“雪”或是“面粉”,感觉常是失误的,这原物处于遥远的距离时,尤易于错认。

③ 上引书,第 667 节:是否可由外物的感觉之外的某种机能,引起幻象臆想运动,亚氏这里,未曾阐明。似乎应该提到,有些臆想不专由外感引起。

又,因为臆想(幻觉)涵蕴于我们,与诸感觉器官相符应的内部,生物界(动物们)时常凭种种臆想而为活动,它们,有些因为没有心识(缺乏理知),有如野生动物,这就只能依靠于臆想了,有些,例如人类,他们的心识,时或为感情或疾病所暂时的掩蔽,或在睡眠中失却了心识。

关于臆想(幻觉)之属何性质,由何发生的论题,到此已讲得够多了。

章四

关于灵魂的作用于认识与思想的部分,是否可分离而独立存在,或实际上为不可分离,而在理念上则是可分离的,我们必须考虑这个部分的特异性质,以及它如何肇致思想的过程。如果思想过程是可与感觉过程相比拟的,这就该有可思想物,或与之相似的某物的活动,促使或引起它从事于思想。说得精确些;这不应是被促动的官能,而该为接受意式(形式)的机能,这种机能虽不会外现,实际上确乎内潜着具在。思想(理知)机能对于可思想(可理知)物的关系,恰相似于,感觉机能之于可感觉物的关系。于是,既然一切可思想物,全都可由心识(思想)所收容(接受),恰如亚那克萨哥拉说到的,[1]心识之为物,既旨在控制(主持)一切,才可认识一切,这就必须是纯净而无杂的;如其掺入了杂物,这些外来的渣滓全将蔽塞它的秉赋而妨碍其容受功能,这样,除了具备着容受功能之外,心识一无所有。于是,我所称之为心识的这部分灵魂,

① 《亚那克萨哥拉,残片》(Anaxag. , Frag)12。

(“心识”(ὁ νοῦς)这字,我的命意,专指灵魂中,思想,和由思想以成立信念的那个部分)在它从事于思想之前应无现实存在。所以,若说它是和合于躯体之中的某物,这就不通于理了;如其不然,而谓其必存在于体内,那么它就必须参与某些物性,例如,热或冷,或且成为,有如感觉器官那样的,某个项目的器官。但如实说来,不存在这种器官。说灵魂为“诸形式(意式)的所在”(τόπον εἰδῶν),[1]确乎是优良的诠疏,但这个胜义,须限止于灵魂的思想功能,不可应用于全整的灵魂,而那些“形式”(τὰ εἴδη)只能是潜在形式,不可为现实形式。可是在被动的容受能量方面,思想机能不同于感觉器官与感觉,是明显的。于过度强烈的可感觉物的活动,感觉机能(ἡ αἴσθησις)是全不能感应(接受)的;例如声音若过度的作响我们就 429b
听不到,如果颜色[光]过强,或气息(香臭)过烈,视感或嗅感也失其效应;但心识(ὁ νοῦς)则不然。心识思想于(考虑着)严重的题目(事物),其为功用不减于较轻易的题目(事物),甚或于彼而显示了更敏利的功用。推究这差异之所由,就只在于:感觉机能与身体不相分离而心识却是离立于身体的。当心识(理知)完成了它思想(考虑)一切理知题目之后,譬如一位博学多识的人,经一番思想活动之后,而自谓已有所领会了(这时候,他已能由己地操持其思想机能),就在这时刻“心识”又复于潜能状态了,虽这时刻的潜能,比

① τόπον εἰδῶν “诸意式的所在”(识所聚处),这样的意念该出于柏拉图,但今所存柏拉图《对话》中,未见这样的措辞。εἶδος 本义为“形式”(form),亦衍其义为“模式”或“法式”(model)。多数 εἴδη (ἰδεαί, ideas)“意式”或“通式”(general form)抽象的普遍形式,以相对于“各别的物质材料”(particular material)。参看柏拉图《共和国》,507B,与 596 以下;亚里士多德《形而上学》卷一章六,卷六,章十四,卷十二,章十。

之经历这番研究与领会之前，殊已不同于等；这样，心识就能由己地行其思想（考虑）。

有如量度的一个实数与抽象的量度，命意不相同，某一份水样与水的普遍性状也如此地不相同；还有许多其它案例也如此，但不是一切案例全属如此；例如某块肌肉和一般肌肉的性状是同样的；这两者或由不同的机能为之审辨，或由同一机能在不同情态中，为之审辨；这里，肌肉之必需涵存于其所以成为肌肉的物质材料之中，恰如“凹鼻”（“塌鼻梁”）之为“凭某个[材料]表现作某个[形式]”。[①] 这里，感觉（触觉）凭感觉机能，以辨认热与冷，而这个感觉机能，正是那个由某些元素，按某个比例组成的肌肉；至于我们凭以审辨肌肉自己的本性，则很明显地应是另一种机能；这机能盍相同于一条曲线被拉直以后而审権其直性那样的机能。又，于抽象的普遍性（通式）而言，“直性”常和合于延伸，而相似于“凹鼻”的本性；如果“直的”与“直性”两者为不同事物，我们就得应用另一种机能来认取“直之所以为直”的本性。姑作直性的定义为数“二”（δυάs），[②] 于如此的案例，这须由另一种机能，或同一机能在不同的情态中为之审辨。总而言之，诸事物的实是[③] 既然可以分离于

① $429^{b}14$ τὸ σιμόν “凹鼻喻”，又见于下文 $431^{b}13$。此喻说明“形式（意式）寓于物质（材料）”（τόδε ἐν τῳ̃δε, a this in a this）[广义言之，为“普遍依凭特殊”]屡见于《形而上学》（Met.），参看卷六章一，$1025^{b}30$—34 等章节。

② 阿奎那，《诠疏》，卷三章四，第八课，第 715 节，直线之本数为“二”，出于柏拉图数理哲学：点之数为一，直线之数为二，面之数为三，立体之数为四。

③ τὰ πράγματα，通义为“诸事物”（these things, deeds, or affairs）。诸家英译，翻此词各异，斯密司作“realities”，希脱作“objects”；福斯特与亨弗里斯（K. Förster and S. Humphries）译迷尔培克拉丁本作“things”。兹译作“诸事物的实是”（essence（接下页）

与它们相应的物质(材料)，心识(理知)的诸机能也该可以[分离于它们的理知客体]。①

倘若恰如亚那克萨哥拉所说，心识(理知)是一个单纯的事物，不与其它任何事物相混相通，故不为任何外物所动(所作用)，人们正可提出这么的一个问题，若然如此，心识怎能思想(考虑)，思想该是[为可思想物所作用的]一个被动(容受)的事物？凡其一为主动，另一为被动而引起的相互作用，必须两者原就先曾内涵有相通的因素。又，②还有这么一个问题，心识(理知)可能不依赖它物而由己地自为其理知客体(可思想物)吗？若说心识(思想)能由己地自行思想，那么所思想物该与思想(心识)属于同一范畴，于是心识便将归同于一切思想物(理知客体)的种属，或不作此想，则就得承认心识内涵某些混杂因素，而正有赖于这些与诸思想客体共通的因素，心识才能自行思想(自为可思想物)。

我们在先曾有短语，“由于某些共通因素，而能接受(成为被动体)”③或许这一短语足以解释上述的疑难，思想客体与思想(心识，

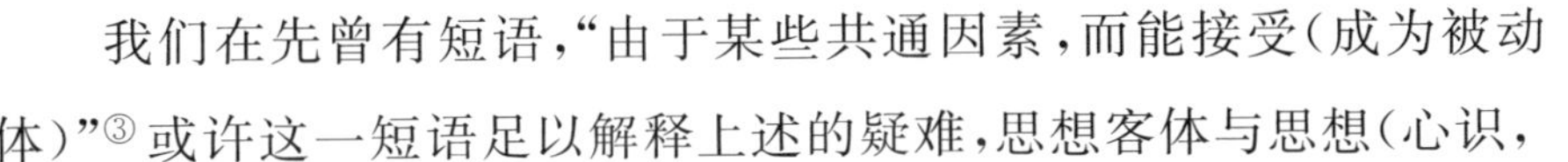

(接上页)of things)或“怎是”(quiddity)。$429^{b}5-22$，本章这一节辨析感觉机能与心识(理知)机能的别异，亚里士多德应用其《本体论》的逻辑，参看《形而上学》卷七章六，$1031^{a}5-{}^{b}19$，汉文译本133页脚注(1)，(2)，(3)。亚氏“本体论”(Ontology)多用“沓语”(“如此如彼”，“这样那样”……)，铸词，造句，行文，颇费追寻。故后世索解多歧，因而译文或异。

① 这一节与上下节不相承接；全节所举“抽象”，“本体”诸论，“凹鼻”“曲线”诸喻以证“理知灵魂之可离立于物身”逻辑上实多破绽。全节盖也类于本卷章七，是后世编者搜索亚氏残片，拼凑起来的，不是亚氏手笔[例如“凹鼻喻”就是亚氏《形而上学》(卷六章一，$1025^{b}30-34$等章节)中屡次应用到的]。

② $429^{b}26-29$；“另还有这么一个问题……”(ἢ γὰρ τοῖς ἄλλοις...)这句很费解，和上下文相接也不全通顺。或是原文有缺误。

③ $429^{b}30$，“ἢ τὸ μέν πάσχειν κατὰ κοινόν τι”这一短语，追索上文，没有恰相符应的措辞。卷二章五，$417^{b}1-12$，于理知机能(心识)为可理知物的“接受因素”(接下页)

理知)潜在地为同一,但现实地来说,不是同一,惟有心识正在思想
430a 的一刻,才是同一的。举示书版这样的例,以譬喻这事,是贴切的,一块空白的石版(或木版),说它上面写着有字,这只能是潜在为有字而已,现实地讲,此时版上,一个字也没有:心识恰恰就是这样。于是,心识(思想)就自为其思想(理知)客体,恰如其它诸思想客体(可思想物)。[①] 于事物之不涵有物质材料者而言,思想过程与被想到的事物是合同的;专于纯理知识作想,思想(知识)主体就同一于纯理(知识)客体(心识何以不能常时作思想活动,[它,时或着想,时或无所思虑]须待后论)。[②] 于事物之潜在地含有物质者,各自为一个思想客体(被思想物)——在这样的案例中,心识原是非物质的,也是潜在的;凭这些审辨来作定

(接上页)(τὸ πάσχειν),有所说明;本章,429^{b}26,"ἧ γὰρ τι κοινόν ἀμφοῖν"于思想机能与思想客体的活动与接受活动,"两者间的共通因素",也有所说明。大概这些都可以算作这一短语的"前绪"。参看本卷章三,426^{a}3 以下一节,说感觉器官(五根)与可感觉物(感觉客体,即五尘),互为熏染,互为主动与被动(活动与受动),而成感觉(五识),其间所措动词,各作双关命意而可以互用。

① 参看《形而上学》卷十一,章九。亚里士多德这一章的论题,同于他的《物理学》(Phys.)卷三,第一至三章的论题:"潜能之实现与运动"。《形而上学》卷十一,章七,1064^{a}20—26,"我们该注意到自然哲学家,怎样来界说事而为其'怎是'('这是什么')制成公式——这些就有如'凹鼻',或如'凹性'两类公式。'凹鼻'包括物质,'凹性'离于物质而独立;凹鼻得之于鼻,我们必不能舍鼻而另致其公式,凹鼻就是一个具有凹形的鼻。"这里所谓"思想客体"(νοητός)当指不涵物质的,例如"凹性公式";所谓"其它诸思想客体"(τἀ νοητά)当指含有物质的,例如"凹鼻公式"。

② 从近代译者希克司(Hicks),特里高(Tricot)与斯密司(Smith)的校勘,于这句加"删出正文"的( )号。"须待后论"者见于下文第五章。[ ]是从上举英文本译者添加的短语。

议:心识(思想机能)实不系属于思想客体,而思想(理知)客体乃系属于心识(理知)。[①]

章五

自然万物的每个级类各有其物质(材料),它们所由以潜在地而各为一事物者在此,离于此者,还有它们各自的主动体,即它们所由以各自成其为一[现实的]事物的原因,两者之间的关系,恰如艺术和它施以操作的材料之间的关系;这样两相关而各别的要素必然也存在于灵魂之中。心识(理知),如我们上所叙明的,[②]具有一个适应一切事物的要素,也具有另一个缔造(措置)一切事物的要素,这后一要素类乎光照的效应;光的一个命意,就在照亮潜在的色,成为现实的色。在作主体活动中的心识是"(独立的)可分离的,不被动的,是单纯的(不含杂物的)";主动要素总是优于被动要素,原因(本因与动因)总是高于物因(材料)。

正在实现中的知识是与知识客体相同的。潜在知识于各别(特殊)事物而言,较其现实了的知识为先于时间,但于普遍而言,

---

① 这一节中,$429^b32-430^a2$ 句,举示了"书版"(γραμματεῖον)喻,从一块无字的潜能书版,实现其为一块有字的书版,实际有赖于一番写作功能(亦即思想功能)。阿奎那《诠疏》,卷三章四,第九课,第 723 节:"这一节的论辩,不仅反于前时自然哲学家的'灵魂含有一切要素,故能识知(认识)一切事物'这样的主张,他也否定柏拉图的'宿慧'(reminiscence)说。柏拉图假想人的灵魂天赋有灵性,是全知的,迨其入于人身,而合一于躯体(肉体)之后,灵性消亡,遗忘了全知。柏拉图所持此说,把教育简化为,只要唤起记忆,使人回复他诞生以前,固有的天赋(知识)。"

② 见于上文,章四。

则不先于时间；[①]心识有时不考虑知识(不作理知活动)，有时是全不活动(不行思想)的。心识，可是，只有在它“分离了”(χωρισθεῖs)以后，才显见其真实的存在。只有在这情况，它才是“不死灭的，永恒的”(ἀθάνατον καὶ ἀΐδιον)。[②] 既然它不是被动体[而是主动体]，所以它不作记忆[于以前的活动无所回想]，作为被动体的心识(ὁ παθητικὸs νοῦs)，是要死灭的，而灵魂(理知灵魂)失去了被动心识就再不能思想(理解)任何事物(任何实用思想的外感客体)了。[③]

章六

关于不可能错认(误讹)的事物，应在不可分割的那些思想单

① 《形而上学》，卷九，主题是《潜在与实现》；章九 $1049^{b}10-12$：“实现对于所有这类潜能，在公式上和本体上均属‘先于’；在时间上，某一义可说‘先于’，另一义则非‘先于’。”札巴里拉(Zabarella)，《自然物性》(De Rebus Naturalibus)勘阅此句($530^{a}19-22$)与上下文失粘，应删出这章；下文章七开章句，略同此句。

② 《形而上学》卷十二，章三，$1020^{a}24-27$：“我们应检验，任何形式在综合事物消逝以后，是否仍然存活。有些例，似乎未必不是这样，例如灵魂，可以具此性质。(并非整个灵魂，而只是其中的理性部分；整个灵魂，大约不可能身没而犹然存活。)”

③ 本章 $430^{a}20-25$，关于灵魂应可“离立”χωρισθεὶs于物身这一节，原文久悬为笺家，译者，与读者的疑难。本文很难通解，古诠疏往往各持异说。迷尔培克拉丁译文，于原文有所补缀，仍还未能完全贯串。多马·阿奎那《诠疏》，于这一节是按照拉丁文句索解的。疑难主要在于作为主词或宾词的代名词，用得多了，读者很难追求它所实指的名物。所以后代译本于这一节常多差异。我们这里的末一句，也照拉丁译文与阿奎那《诠疏》，添实了“灵魂”(anima)这主词，以下的“被动心识”(理知客体 passivus intellectus)，也是按照拉丁译文指实了的。按照希腊原文 τοῦτου 只是一个不确定的“这个”(this)，承上文而加以揣摩，毋宁应指“理知主体(纯理灵魂)”。人死后，被动心识不作“回忆”(μνημονεύμαι，reminiscitur)云云，阿奎那认为被动心识应为实践理知，既与物身(人身)而俱灭，那么所说不灭而常在的，只有主动心识，相应而为纯理灵魂了。

元(单体)上探求,至于那些可以是真,也可成伪的,盍都是由若干思想客体联合而造致的貌似单体,有如恩贝杜克里曾讲到的:[①]许多生物的无颈的头茁生了,于是“友爱”(τῇ φιλίᾳ)乃联接之于一体。这样,有些分立的(各不相属的)实是(事物)也被联合了起来,例如“不可计量的”与“对角线”。[②] 如果思想涉及于正在创生中的,或行将出现的,那么,这类思想体系盍当着落于或旁察于时序 430b
排列。讹误(错谬)就常发生在缀合的过程之中,倘竟然有人说“白”为“非白”,他只是把一个“非白”观念错接上了。在这些案例上,你尽可说缀合,却也不妨把一切予以分析。可是,我们不仅应该推敲“克里翁是白的”这句话,是真是假,这里还得加以追查,克里翁之为白,属于过去的事情,抑或属于将来的事情(?),而议论其为真为假。对于这里每个案例,为之主持其联合的(合成者),统都是“心识”(ὁ νοῦς,理知)。

因为,所谓“不可分割的”(τὸ ἀδιαίρετον “单体”)具有双重命意,即(甲)潜在地未被分开,与(乙)现实地不分开的,两项,于是心识尽可以于时间上自行认取(思想于)一个未被分割的时间,有如它认取(思想于)一个“长度”那样;这个长度恰就是现实地未被分开的。“时间”(ὁ χρόνος),例于长度(τῷ μήκει),同样是可分开(区

---

① 恩贝杜克里,《残片》(Fr.),57—61,第尔士(Diels)编录:地上,这里,那里,或茁生些头,或出生些肢脚,爱与恨两神交互当世,爱使物物团结,恨使物物分离。两种经久不息的缠斗,事物偶然地团结或偶然地分拆。在众偶然中,这些零件,偶然而凑成一个可以生活(具有了灵魂)的动物,这就可得遗传了。

② τὸ ἀσύμμετρον καὶ ἡ διάμετρος“不可计量的与对角线”,见于《形而上学》卷一章二 983^{a}16—22:“如正方形的对角线不能用边长来计量,等……”。汉文译本第 6 页,译者注:a 边的正方形,其对角线为$\sqrt{2}a$,故云“虽用最小的单位,也是不能计量的”。

划)的,也可以不予分开(区划)。所以,在时间两分的各半时间上,你就无从指说心识对于一线的两分段,方今正想着的是那一分段。这种思想(知识)客体,在既已区分了以前,是没有现实存在的;如果心识在思想上认取的是各别的“半分”,那么,它在时间上也必作出同样的分划,可是,正当此刻,那个划分开来的“半线”,就各成一个长度的新的完全的单体了。但心识若把这两个潜在的半线作想为合拢的一条全线,它在这时刻,也得把时间的两个半分合拢。①

但,当思想客体不在量性(数量)上为不可分划,而只在形式(品种)上为不可分划(单体)时,心识(理知)是凭其灵魂的不可区分部分的机能,在不可区分的时间上,思想于这个思想客体的。②可是,相应而来的审辨;不凭那个不可区分部分的机能,[凭另些可区分的机能]作想,这单体却是可区分的,时间,不在不可区分的命意上(在可区分的命意上)着想,也是可区分的;在这些可区分事物

① 卷三章六,430^{b}6—20 这一节,于“灵魂之为一个不可区分的单体,抑或是一个可以区分的综合体”,这一论题(τὸ ἀδιαίρετον καὶ τὸ διαίρετον)引入了“时空”体系的解析,也是《灵魂论》这书中,令人迷惑的一个章节。古代思想家把绵延的无始无终的“时空”(即“宇宙”,亦即“混沌”),假设为一些可区分的,可计数的段落(量度);他们不期而共相约定了年,月,日,时,刻,以至分,秒(霎那)的时间量度,约定了一指,一肘,一脚(尺),以至于一跑道(斯丹第),地纬一度(今 111 公里余),地球一象限(今 4 万公里),这样的空间量度,由以建置了天文,地理,以至哲学体系上的基本观念。这里把几何线段(空间的一个量元),与时间,构成宇宙的时空体系,引入《灵魂论》中,读者尚能据以推理。下文一些杂说,与灵魂论若即若离,而文内尤多错漏。这章也像是后世编者,把亚氏生前原不相承的断片凑泊起来的。参看本书下章,431^{b}19 注。

② 摆渥特(Bywater)认为 430^{b}14—21 推理于“量性”之不可区分时,不应杂入“品种”之不可分语,把第 15—16 行这句移下,接于 20 行,“也许不能独立存在”句后,可改善文理。

中,确乎涵有一个能使时间成为单体,能使长度(线)成为整一的要素,①但这些虽可析示,也许不能独立存在。于每个“延续体”(τῷ συνεχεῖ)而言,无论其为时间或为长度(空间),这样的事理都是适合的。②

点和一切可区分而未被分划的单体都可以按照我们阐明“阙失”(στερησις)的命意寻取解释。③ 于其它诸案例,相似的事理也是可以假借的,譬如,说:心识(理知)怎样认取“恶”或“黑”;它就从“恶”的对反(善),或“黑”(暗冥)的对反(白)“光亮”,那一端来寻求(察知)其实义。但这个作想(认取)的机能必须在它的自体内现实地存有这对反的一个因素,而潜在地存有这对反的另一个因素。如果它所欲认取的客体,并无与之相对反的,那么它得返求之于自体而现实地寻取其离立的存在。于“是非格”的任何肯定记载,有

① 成为整一(单体)的原理,见于《形上》卷五《词类集释》,1016^{b}32－1017^{a}3:“有些事物以数为一,有些以品种而为一,有些以科属而为一,有些以比而为一,……”这里所举时间与长度(空间)之为一,实以其为“延续体”(συνεχός)之故。多马·阿奎那《诠疏》,卷三章六,相应于 430^{b}20 这一句,第十一课,752 节:“一事物可因其‘延续性’(continuity)而成一;凡延续体(continuum)之被称为不可区分的(单体),就因为它在现实上未被区分,虽则潜在地它是可区分的。”

② 在这里,讨论灵魂的高尚部分,即心识(理知灵魂)时,引入时空体系这宇宙论上的基本概念,似已越出本题之外。笃尔斯羯克曾指出卷三章七,只是后世编者把亚氏生前一些断片汇缀而成的;章六这一节或也如此。关于卷三章六,430^{b}6－20 的注解见上页注①,本页注是其补充说明。

③ στέρησις“阙失”(privation,作为法律名词为“褫夺”):《形上》,卷五,章二十二,“释阙失”,(1021^{b}21－32,“阙失四义”)其,第一义云:“倘一事物原应有的属性(品质),它却没有,或先就没有或随后失去了,是谓阙失。”同书,卷四,《矛盾论》,1011^{b}19:“相对成的两端之一,是另一端的对体,也是它的‘阙失’。”这样的“阙失”,同于“是非格”的非格,或“正反”两对论的反方(负方)。

如申述“某事物关涉于某事物”，这样的记载[①]总是各各或属真确，或属虚假（或正或误）；但于心识（理知）而言，这就不必常然是如此的，当心识着想于事物的“实是之所由以成其为实是者”（物性的抽象即普遍，命意），而不是着想于任何个别，即特殊，事物时，心识（理知）就常是正确的；这恰如视觉之于个别，即特殊，事物，乃常是正确的，但视觉于认见一个白物而指明这白物是一个人或不是一个人时，这就不必常是正确的了（或许是错看了）；凡脱去了物质（材料）而专论其品性，统都该作如此的观念。

章七

431a 知识，当其正在实现时，同一于其客体（可知或所知事物）。潜在知识，在个别事物上，于时序而论，为先于现实知识；但统概而论（普遍地说），虽在时间上，也没有先予；凡物之终尔成实者，必由某一原就内蕴有些实是者出生。[②] 显然，感觉功能受感觉客体的影响，而由潜在的感觉现示其实在的感觉，它的这项操作可不是被动

---

① 430b26，ἡ φάσις 肯定叙述（affirmation）：“肯定”与“否定”叙述（ἀντίφασις）两并为“是非格”。《形上》，卷四章四，1006a3，“是”或“不是”，应各有一个限定的（明确的）命意；每一事物都不得为“如是而又不如是”。卷五，章七，“是非格”：1017a32，“是”与“现是”表明一个记载（叙述）为“真确”，“非是”表明一个记载（叙述）为“不真确”。本章，这里 τι κατὰ τινος “某物之关涉于某物”为感觉上（或感觉灵魂）的一个肯定叙述；ὅ τοί ἐστι κατὰ τὸ τί ἦν εἶναι “实是之所由以成其为实是者”，为理知上（或理知灵魂）的一个肯定叙述；两语中间若加“不”，这就成否定叙述。亚氏这里所作审辨而为决断者是：感觉在单纯的，不可区分的个别事物之认识，必不误，理知则在抽象（普遍）意念上所思想者，必不误。但于多物联缀的认识或多事联缀的命题，感觉与理知都是可以肇成错误的。

② 本章 431a1－4，论知识这句，实即章五，430a19－21 句的重复，只末一分句有异，a4 分句，亚氏忽然转而论涉感觉。

的,也没有改变什么状态。若说感觉机能的这种操作是一种运动,这该是运动的一个别种(异式);运动的通常命意是应为一个未完成的事物,进向于其完成的活动,这在先我们曾已涉及,[①]这事物,在如此单纯的命意上,作成其现实的运动,当是不同种类的。[②] 这里,感觉,实际只是在肯定或考虑;当它肯定或否定某物为可喜或可厌的,感觉灵魂就相应而作为趋向或违避的感应,感到愉悦(可喜)或痛苦(可厌)而采取某样的态度,以对应那个相涉的客体,这表明了这客体于己为善而有益,或恶而有害。这样的或趋或避的内情而见之于外表,虽所外现的情状相异,而实出于同一的感觉机能的底蕴。这里,灵魂的思想(理知)机能所遭逢(映见)的影像,恰就同于感觉的印象。迨灵魂(生命)肯定或否定了某事物之为善或为恶,它就趋向于某物,或逃避于某物。灵魂绝不能全无一个心理影像而作思想;理知机能的操作,恰如空气,为眼睛的瞳子,在这样那样的情况中,作成介质(间体),眼睛于是作用于这样那样的可见事物;于听觉,也类乎如此;但诸感觉终皆汇合于一个单体,汇合于一个汇中性的合体。但这一单体,实际却具备有多样的实是(品性)。

灵魂凭它自己的哪一个部分(从一个甜而又热的客体上)来审辨甜之差别于热,这我们前已说明了,[③]现在,还得再加以考虑。

① 见于本书,卷二章五,$417^{b}2-16$。

② $431^{a}8$ 这一分句,与上下文都是不相承接的。下文,$431^{a}17$ 行,20 行都有这样文不合题的情况。$431^{a}4-{}^{b}1$,这页中,拼凑起来的语句大都是论涉感觉的,$431^{b}2$ 以下,转到"思想与行动的关系",这样的问题;${}^{b}12-19$,又转而考虑于"抽象"客体。

③ 见于本卷章二,$426^{b}12-427^{a}14$。

按照我们方才提及的[表现有两项性状的事物]，只是某种单个的物体（整一），既属单体，它成为两事项的联缀者，当有凭于其比为一与其数为一的本义，[①]它所联缀的一个与另一个的感觉机能与感觉事物当须限于某一范围之内，而两者的性质，该是互通的。（试问，于同级类即同底层的对反，例如白之与黑之间，和不同级类的事物之间审辨，有何差异？）这里，假设A（白）之于B（黑）的关系（比例），相同于Γ之于Δ的关系（比例）。于是，若为之“交互”，这个公式也是正确的。[②] 如果Γ与Δ属于一个主题（物体），那么两者的比例，将等同于A与B的比例；A与B代表同一物体的不同性状

431b （品质），Γ与Δ与之相应为另一性状的差异配对。这样若A为甜而B为白，也可因其主题（物体）之为同一而成立如此的比例。

思想（理知）机能，于是思想于心理影像的诸形式，并按照[感觉机能的]前例所照示的，什么是该应趋求的，或该应违避的，就这样，它在感觉已不复存在的时候，依循这些影像，以行趋求或违避的活动（运动）。举例以明之：人有见到了一个火把（烽燧）的，认知了这是火；[③]随后又见到这火把在移动，他的思想机能由以推证，这是一个敌军前来了。但，另有些例，它所依凭的仿佛是灵魂内在的影像或思想，实际却只是视觉在先所实见的，而据以为当前的现

① 参看《形而上学》，1017a1—2，“一于数者，亦一于品种，然彼于品种为一者，未必于数亦为一；于科属为一者，亦一于比，然彼于比为一者，未必于科属亦为一。”

② ἐναλλάξ，“交互”或“交错对换”（alternando）这数理术语，见于亚氏逻辑《工具论》，《解析后编》（An. Post.）卷一，章五与卷二章十七，四项两对的比例题：设若A∶B∶∶C∶D，则A∶C∶∶B∶D。

③ πῦρ“火”下，删去贝刻尔本的τῇ κοινῇ（“共通的”）字样。

象,盘算并计虑将来的情况,采取相应的措施,于是,心识照感觉所显示的那样,宣称当前的事物是一个可喜的或是一个可恶的(痛苦的)客体,该应向之趋求或即行违避。理知所操持而措施的活动(行为),一般地就是这样。

搁置现实活动这样的论题,重提那些属于普遍性的思想,这些是有异于专涉某个特殊事物的;事物(思想)之可以成为正确,可以为虚伪者,与事物之可以为善,可以为恶者,属于同一范畴。于所谓抽象论题,心识(理知)可以不脱离肌肉(鼻的物质材料)而考究[①]"凹鼻之所以为凹鼻者"即"凹鼻性";如果它除去了肌肉,即那个原本涵有"凹性"的鼻,于是而专研"凹之所以为凹者";当心识之从事于这样的数学(几何)推论时,它姑把肌肉分离了,现实的鼻,实际上不能把肌肉除去。然而,一般地讲,心识(理知),当其有所着想时,总是专注于它所操持的思想客体的。至于心识(理知)是否可能自己存在于具有量度的(空间)事物之外而思想于具有量度的(在空间以内的)事物,我们必须留待后论。[②][③]

① τὸ σιμόν"凹鼻"前,删去 τις("什么"或"那个")字样,从摆渥特(Bywater)以及斯密司,与希脱的校订。

② 本书内,以下未见有这一论题的申说。阿奎那,《诠疏》,卷三章七,第十二课,第785节:空间以外,(不具有量度的事物)即纯理知,非物质事物,属于形而上学的论题;我们现在流传下来的《形而上学》,已不是亚氏原著的全书,所以亚里士多德是否未补写这一论题,或已补缀而随后轶失了,今已不明。在迷尔培克的拉丁古译本(Vetus Translatio)中,也没有这样的章节。

③ 《灵魂论》卷三,文理多疑难,第七章尤甚。时有在本章内不相贯通,与它卷它章或复出,或相乖舛的文句。笃尔斯羯克(Torstrik)认为这一章是后世编者把亚氏原稿中一些断片,拼凑而成的。

章八

综合我们关于灵魂的上所陈说，让我们重申，①“灵魂”的一个命意，是统概了“全宇宙”的。宇宙包涵了一切感觉事物和一切思想（理知）事物，感觉事物相关于感觉，思想事物则为知识所本：我们现在该应考究这么些情况的来由。

知识与感觉两者对于其相应客体的关系，各分为潜在与现实两项，潜在的对应于潜在物，现实的对应于现实物。在灵魂的内部，知识机能和感觉机能，潜在地就得是各与相符的客体，知识合于可识知物，感觉合于可感觉物。“同于”必需是在原物为合于，或在原物的形式为合于。前说是不可能的［那么当然是在形式为“合于”了］。在灵魂（思想灵魂，即理知）之中所能存在的，既不是石块，那

432a 么当然只是石块的形式了。灵魂，于是，盍是类似于手那样活动（操作）的；手是［能运用］诸工具的一件工具，②心识（理知）所以与之类同者，就在于自己为一种形式而能运用诸可理知物的形式，感觉，自己是一种形式，而且是能运用诸可感觉物的形式的。

这是大家都同意的，脱离了可感觉的空间量体（超乎物质体段）之外，实无独立存在，思想（理知）客体，实际上是可感觉事物的形式表现；所谓抽象（数理抽象）③以及感觉诸事物的一切属性或

---

① 431b20，ἡ ψυχὴ τὰ ὄντα... πάντα 或译“灵魂统概万物”或译“统概宇宙”；后一译文与卷一章三，407a5，τὴν τοῦ παντός “大全魂”即“宇宙灵魂”相符。

② 432a2，ἡ χεὶρ ὄργανόν ἐστιν ὀργάνω 这一名句，直译该为“手是诸工具的一件工具”；“能运用”是译者添进去的。

③ ἀφαιρέσει，-ις（本于动词 ἀφαιρέω，本义为自某物“取去”某些，若作法律名词，同于“褫夺”）；亚氏《逻辑（工具论）》，《解析后编》（An. Post.），卷二章十八，作为逻辑名词，译“抽象”（abstract）。这词，在这里，实指各种几何图形，皆从世间实物（接下页）

种种情况之成为思想客体，也都是这样的。为此故，人若不备感觉机能，他就永不能学习或理解任何事物；即便他在从事玄想（推理），也必须有些影像，供为着想的资料，这些影像相似于感觉机能所得之于可感觉客体的印象，这些，实际就是除去了物质材料的感觉客体[的形式]。但，臆想（想象）和肯定与否定（是非格）不是同样的事情；正确与讹谬是思想诸客体的缀合（并驱）。于是，试问，最简单的原始思想（理知）与心理印象之分别（差异）云何？当然，两者有别，这些简单的原始思想既不即是，另些也不即是心理印象，可是，若没有这么的[可感觉形式所肇致的]思想印象，（心理印象）原始思想（理知）就无由出现。

章九

生物（动物）的灵魂是凭两种功能来为之界说（定义）的，（甲）审辨机制，承担思想（理知）和感觉的联合功能，以及（乙）在空间运动的机制。关于心识（理知）与感觉，已经充分地为之阐明，现在我们该研究灵魂内涉及运动机制的那个部分了。这个机制是灵魂本体内一个可分离的（单独）部分，这一部分是具备有空间量度（体段）的吗，或是只有一个名称？抑或整个灵魂恰正是这个机制？若说这是灵魂内的一个部分，那么，这是在我们业已陈述的，和世俗通常议论的，另一特殊部分，抑或就是这些部分中的某一个部分？这里随即引起这么一个疑难：所说灵魂诸部分，其义云何？其数有几？在某个定义上，灵魂的区分，可说是无定限的：有些思想家拟

（接上页）（或方体，或圆球等）摄取其形式，建置其为“方”为“圆”等，“数理抽象”图形。

将灵魂区分为理知（计算），情念与欲望（贪欲），① 另些思想家认为区分只在有理知与无理知之别，② 他们各拟凭这些区分为之界说。我们研究了他们所举的名称与其涵义，勘之于我们上所陈述的分类，其间颇有纠葛而相互错综；譬如说到营养灵魂这个部分，这是植物与动物们所通备的，以及感觉这个部分，人们就很难抉择举以归属之于有理性灵魂，抑或归属之于无理性灵魂，还有，臆想部分，
432b 它的实是（所由名之为臆想的本义）似乎与上举诸家的（三分与两分的）诸类别全不相合，试想配合臆想灵魂于上举诸类别的任何一个，或和其中任何一个部分对析相互间的差异，都是极度困难的。人们如果假定了灵魂确属由分离的若干部分组成的，这些都是随之而引起的严重难题。此外，还有欲望（贪欲）灵魂这个部分，潜存的欲望（贪欲），在逻辑上（名学上）显然和它们（上举诸类别）的功能，各有差异。把这一部分从灵魂整体中割除，自属荒谬：有理性灵魂部分内有意愿，无理性灵魂中有情欲（贪欲）与愤怒；倘使灵魂即此而作三分，那这三部分中，将会发现每一部分中都有欲望（贪欲）在内。③

---

① 见于柏拉图对话《共和国》（Rep.），435—441。

② 这一通俗观念，参看亚里士多德《欧台谟：伦理学》（Ethica Eud.），卷二章五，1102a25—b8。

③ ὄρεξις 欲望，τὸ ὀρεκτικόν 欲望（贪欲）灵魂，实指动物的个体生存与种属生存即蕃殖的活动。《动物志》，卷八章一 589a4—9“‘动物生活行为（功能）’（ἔργον τῆς ζωῆς）可分为两出〔齣〕——其一为生殖，另一为饮食；一切动物生平的全部兴趣，就集中在这两出〔齣〕活动。食料为动物所资以生长的物质，它们寻取各不相同的主要食料。凡符合于天赋本性的事物，动物们便引以为快乐，这就是各种动物在宇宙间，乐生遂性的共同归趋”。中国《论语》云：“食色性也”是和古希腊生物学家以觅食与求偶（繁殖）（τὴν τροφὴν καὶ τὴν τεκνοποιίαν）为动物基本秉赋（灵魂要素）相符合的。βούλησις（接下页）

又，我们现在这一论辩，关涉到这么一个议题，着使动物们进行空间运动的，是灵魂的哪一个部分？生长与灭亡的运动（活动）是一切生物所通行的，必然属于蕃殖与营养的机能；随后，我们将考察到吸气与呼气，以及睡和醒。① 这些也是内涵有好多疑难的。当前，我们该研究空间运动，阐明促使动物们做前进行动的，究竟是什么。显然，这不是营养机能；凡为了营养所做的活动都可见到它有一个目的，与之相并联的还有臆想或欲望；动物，除了为某种强力所迫促，因此不得不有所趋向，或有所违避，它们就决不运动。又，如果说，这是为了求食而行动，那么植物该也内涵有促成这种趋向的机制，外表又得配备能做运动的器官（工具）。这也不得是感觉机能；许多动物具有感觉，却是静止（固定）的，它们终生就不移动。② 于兹，有鉴于自然[之于动物]绝不为之创造无用的物件[器官或肢节]，它也不减省任何必要的配属，③ 于那些畸形（残缺）的或发育不全的动物除外。（这里所论述的，限于发育完全和体无残缺的动物）完整的表征，是它们各能生殖（传衍）自己的品种，并能经历生命的盛壮与死亡，这样，它们就得被配备有移动（行进）的官能。这也不得是所称为（ὁ νοῦς）“心识”的，理知（计算）机能来担

（接上页）意愿，ἐπιθυμία 情欲，与 θυμός 愤怒（亦作“欲念”解）三事都是欲望(desire)的表现，都由于觅食与求偶而发生的冲动，故云“其中都有欲望在内”。

① 这些专篇，现在都编录于《自然诸短篇》(Parva Naturalia)内。

② 参看《动物志》，卷一章一，487^b6-13，τὸ μόνιμα “固定动物”，所举实例有蛎，海绵等。

③ Εἰ οὖν ἡ φύσις μήτε ποιεῖ μάτην μηθὲν μήτε ἀπολείπει τι τῶν ἀναγκαίων，于动物构造，“自然绝不[为之]创造无用的器件，也不减省任何必要的配属。”亚里士多德这一“目的论”名句，屡见于其《动物志》，《动物之构造》等篇；参看本书，章十二，434^a30 注。

当这个运动原理，心识之作用于推理方面者，绝不管实际事情，它不过问（考虑），什么该违避，或什么该追求；但运动的表征恰就在其人之或在违避什么事物，或在追求什么事物。然而，即便心识恰在想念于这类事物，它也不吩咐其人起作趋向或违避；例如心识时常照见某些可怕或可喜的事物，却并不激发恐惧的情趣。反应于可怕的景象者乃是心脏；如果所遭遇为可喜的事物，则引起了反应
433ª 而有所动作的，乃在［人体的］另一部分。[①] 又，有时，心识已发施了命令，思想（理知）也嘱咐我们，对于某物或趋或避，而我们竟未做出运动；可是，我们见到［品德］羸弱的人，一为欲望所促，他立即行动。又，通常，我们见到具备医疗知识的人，不在从事医疗，那么促使之活动的，实不是知识，而另有与其知识相关的别种原由，为之动因。最后，这也未必欲望就能完全主宰运动；秉德贞固（具有自制能力）的人们，也可有所愿望，有所贪欲，但他们循从理知，拒不为满足自己某些欲望而有所动作。[②]

章十

于是，显然，这里有两个致动者，欲望与心识，这里，该把臆想当作某种思想过程；人们常跟着反乎知识（理性）的臆想行动，而且人类以外的诸动物是既不会思想，也不会计算的，它们就专靠臆想

---

① 这里，亚里士多德所隐括的盍是柏拉图的灵魂构制：人体内不同的部位，官能或脏腑，因应于不同的情绪，愤怒或恐惧，中于心脏，心脏为心识的“意志”（意愿）所寄的官能；贪欲情绪，中于肝脏；脑为心识（诸意式）汇聚的所在。

② “秉德贞固的人们”（οἱ ἐγκρατεῖς）与上文“品德羸弱的人”（ὁ ἀκρατης）对于欲望（贪欲）诱惑的反应相异，见于《欧台谟：伦理学》卷七章三，1146^{b}20。

行事。这样,心识与欲望该正是空间运动所由发生的本原了。但,这里所说的心识,须是备有计算功能(工于心计 τοῦ λογιζόμενος)的“实用(实践)心识”(νοῦς ὁ πρακτικός),实用心识所顾虑的,专在如何获致所企求的客体(目标,或终极),“理想心识”(ν. τοῦ θεωρητικοῦ)则没有自己的终极(无所企求);[①]而欲望的种种形式总舍不了有一个企图(目标):欲望(贪欲)的客体正是实用心识的刺激物;这个客体既是思想过程的“终端”(τὰ ἔσχατον),又是行动过程的始点(ἀρχὴ)。于是,这么该是合理的了,欲望(贪欲)与实用心识,两者合同是一运动的创始;说运动发源于心识者,其真意只限于这么一个方面,这个客体激起欲望思想,而为运动,其运动的终极(目的),乃止于获得这个客体(所欲)。臆想在任何时刻产生运动,也莫不有欲望与之相共(相偕)。

那么,实际只有所欲(欲望客体)才是惟一的动因(致动事物)。若说真有两因,即欲望以及心识,相共致动,则其所为动,必由于两者内涵着有某项共通的品质,但按实说来,我们迄未见过心识不与欲望相偕而能肇发运动;而[属于心识的]意愿,恰就是欲望的一种形式。人可凭推理(计算)以为一己行动之准,却也可凭意愿行事;而欲望直可促成其人做出相反于理知所该选取的活动;这里,贪欲便是欲望的一种形式。又,心识常是正确的;但欲望与臆想,

---

① ὁ νοῦς θεωρητικός 理想(纯理或理知)心识,只在灵魂“自体”之内,例如推论“[直角]三角形之另两角加起来等于一直角”,只为研求真理而研究的对象与物身全不相涉。διάνοια πρακτική “实用(实践,或实利)心识”,则有所企图于“身外”之物,如食料或繁殖配偶等物激发欲望,反照于心识,而合致行动,终以获得那个食料或配偶为止。理想与实用之分辨大略如此。

可以是或为正确或为谬误的。所以，所欲(欲望客体，即贪欲的标的)常促成运动，但这个运动，可以是良好的，或仅似乎良好，或不必各方面都属良好，而只在实用上为良好而已。实用(实利)良好的，可能一转而成为实不良好的。

于是，这就明显了，运动是由所称为“欲望”(ὄρεξις)的灵魂功
433b 能肇致的。为灵魂作区划(分析)的人们，如果凭其功能为辨别，他可以析出许多个部分，营养的，感觉的，思想(理知)的，意愿的，以至于欲望的诸部分，这些区划相互之间的差异，比于欲望与情念间的差异为较大。但欲望(贪欲)的种种是自相对反的，动物之具有时序意识者，当其，理知与欲望相矛盾(对反)时，这样的情况就得表现(贪欲只顾当前的事物，而心识(理知)则考虑到了将来的后效，而规导我们拒却这些事物；欲望是顾不到将来的，它总是把暂时为(貌似)可喜的事物，错认为绝对可喜的，而且永远有益(良好)的事物)；于是，肇致运动的原因，在形式上(科属上)虽只是一个(单一)，即欲望功能之所以为之欲望者，追溯其原本，亦即是引致欲念的客体(贪欲客体自己虽然不动，但当它被人念及或被臆想到了，作此念此臆的人，就活动起来了)，实际的动因却是为数多个(众多)的。

关于运动，这该考虑到三个因素：第一是肇始运动的原因，其次，是凭何机能以产生运动，第三，被运动了的是何事物。“肇始运动的原因”是双关语：这可以指称自身不动的某物，或以指称既属自动而又被动的事物。不是被动而自为之动者，为现实之善(实用利益)，自为运动而又被动的，是欲望机能(欲望，于实现其所欲望，便自成为运动，为欲望所影响者，遂被引入运动之中)，至于被投入

了运动的就是那个动物。应用于这运动的工具(器官)就是内涵贪欲质性的身体;由此论之,欲望盍是相通于身体与灵魂的诸功能之一。[①] 在当前,作为综结,只要说明,凭工具为运动的关键,就在其始点与终端相符契之处,例如在一套球窝关节之中。[②] 在那里,球的凸面和窝的凹面相互地成为运动的始点与终端;所以,方后者为静止时,前者就运动。名义上,两者为各不同的事物,在位置上,它们乃是不可分离的。一切运动,简赅起来就只是推开与拉拢。所以,即便以一圆轮为例,其中必有一点,永守其静定,而运动乃恰正从这点发始。[③]

统而言之,复述我上所叙述,动物既各有欲望功能,它就各备运动功能;而动物若无所臆想,它就不能有何欲望;一切臆想则或属于计算(推理),或属于感觉。于感觉而论,不仅是人,一切动物统都参与。

章十一

现在,我们必须研究到关于发育不完全动物们的运动原理,
它们仅有的一项感觉是触觉。它们可能有臆想,抑或没有?有 434^{a}
无欲望(贪欲)?这是明显的,它们会得表现痛苦与愉悦的情态。

① 参看亚里士多德《动物之运动》(de Moto Anim.)章六至十一,702^{a}21—703^{a}22,"动物的运动机制:心理机制(灵魂)与生理机制(身体)。"

② 433^{b}22,ὁ γιγγλυμός,枢轴机构,如户枢(hinge);于解剖学上,为球窝关节(the ball and socket)。

③ 433^{b}27,ἐν κύκλῳ,μένειν τι"车轮上静止的某点",当为中心的车轴。参看《自然诸短篇》,《炁与呼吸》章七,484^{b}11,述骨骼在运动上的功用,恰取"轴"字(ὁ πόλος)。

既然它们能作如此情态，这就必然涵有欲望（贪欲）。但于它们有无臆想，其实义又何如？有鉴于它们的运动只是无定向（无定式）的情态，抑或它们确也有臆想，但它们的臆想仅仅是无定向（无定式）的？按照我们上所叙述的，①凡“本于感觉而起的臆想”（ἡ αἰσθητικὴ φαντασία），是各种动物所通有的，而“意愿（评议）臆想”（ἡ βουλευτικὴ φαντασία）只有擅能推理（计算）的动物才得具备：于评定（抉择）该做这件事或那件事（？）这就得依凭理知（计算）的功能；而评议就得先有一个标准，俾可按之以测量孰较优良。照这样办，人就能够在汇集了多个影像之后，臆为某个合一了的印象。这就是我们认为动物们不会订立旨意（信念）的缘由，它们不具备由综合评议②论定的那样的臆想；惟有理知才能作成抉择臆想。欲望固然不涉及（涵蕴）评议（抉择）功能，事实上，欲望却有时竟然克服意愿并能运动（操持）意愿。可是，有时，意愿也会得作用于欲望，像一个天球（轮天）施展其运动于下一个天球（轮天）；或③一种欲望，也这样的，施展其作用于另一欲望，譬如正当人们德修软弱的情况。但，在自然界而言，上层天球（轮天）常施展其较为巨大的力量，以行控制而发始运动，于是运动的三个因素就此合而为一。

知识机能常是不动而静止的。可是，这里还有举称为“信念”

① 见于上章 433^b29—30。

② ἐκ συλλογισμοῦ “由综合评议（综合推理）”；syllogism 在其它章节作逻辑名词，照已通行的译文，作“三段论法”。

③ 依张德勒（Chandler）（校贝刻尔本），14 行，于 ἡ ὄρεξις “一种欲望”前，加 ἤ “或”字。

(先入成见或观点,ὑπόληψις)这么的因素,其一出于普遍辨识,另一出于个别辨识(前者申称一个人凡在这么的情况之中,该应作这样的操修,后者乃认谓,我这个人,处于如此的这个情况,所该办的就是这种行动)。促发运动的都是个别(特殊)信念而不是普遍观点;或者可说是两者的混合因素引起了运动,其间普遍所着力的,总较小,而个别(特殊)所起的作用就较大。

章十二

于是,一切活着的生物必须具有营养灵魂,每一生物自其诞生,迄于死亡,确都秉赋着一个灵魂。生物一经诞始,便得生长,发育抵于盛壮,而后继之以衰坏;凡是这些活动,若无食料,统都不可能进行。所以,一切事物经历于生灭过程者,必具备营养功能。

但感觉,于一切生物不是全都必需的,一切身体构造简单的生物就不需有触觉(也不是任何生物统都要具备感觉,才能存活);那些若无物质就不能成就其形式(受形并长成)的生物,也不需触觉这项感应功能。[①]

若说自然绝不造作无用(虚废)的事物,[②]那么对于动物们就

① 434ª27—30,(ἐν ἅπασι τοῖς ζῶσιν)"一切生物……"这句,叠有三个 οὔτε 分句(……不……也不……也不……)。汉文译者于第二个"也不"分句,加( )。这里于感觉五项中只举"触觉",因为触觉是最基本的为一切动物所必备的一项感觉。全句所说的"一切生物"当然是指植物(草木),即下文 434ᵇ2,所言"固定的(不移动的)生物"并举"物质"与"形式"的末一分句,表明植物必需吸收肥料才能生长;在这过程中草木凭营养灵魂为生命,无所待于树根、树皮对于泥土或空气的接触是否具有冷暖的触感。

② 参看本卷章九,432ᵇ21。这是亚氏动物学关于构造的名句,屡见于《动物志》和《动物之构造》(de Partibus)。

必须赋予感觉。自然所安排的万物，各秉有凭以生存而抵于终极（达到它所以存在的目的）的配备，或也秉有为此目的而共生的一些附属性状。既然为众生达命全终是自然的功业，每一动物之能向前行进者，若不为之配备感觉，它就无以抵达，受生的
434b 终极而先期灭亡。［倘它没有感觉］它将何以觅食（获得营养）？凡固定的生物，自能从其茁生处的资源吸取食料，但于凭生殖过程诞育而不是固定的生物，它的身体既涵持有“一个灵魂”（ψυχὴν）和“一个能作审辨的心识”（νοῦν κριτικόν），若说它没有感觉，这是不可能的。这也是不可能没有感觉的，即便是不由生殖而诞生的。何为而它不备感觉？如果它赋有了感觉，这该“于它的灵魂或于它的躯体”（τῇ ψυχῇ ἢ τῷ σώματι）两都有益？但，就事论事，我们看来这于两者咸属无益。于前者而言，加之感觉，它的思想不必因以改善，于后者而言，它的躯体也不必由以加强，①所以，凡具有灵魂而不是固着的（能移动的）躯体，统都不能没有感觉。

又，倘使它确有感觉，这身体必然或是构造简单的，或是构造复杂的。这不可能是简单的；如其简单，这将无触觉，而触觉乃是它绝不可缺少的。试作以下这些考虑，借以显明此理：既然活着的动物是一个涵持有灵魂的躯体，而每一躯体总是能触摸

---

① （　）内文句，难以通解。多马·阿奎那《诠疏》，卷三章十二，第十七课，第854—7节，谓非由生殖诞育而具有理知灵魂的，是指说诸天体（星辰）。或谓此节在辨正柏拉图学派所说的“精灵”（demons）之谬误。亚比留（Apuleius）谓柏拉图学派的精灵为“气体生物（air-bodied animate being）具有理知而是永存的”。依亚氏逻辑，这样的事物，不能实际存在。

的，而每一可感觉对象，统都是凭触觉为之感应的，于是，这一动物若说是活着的，或还要活下去，其躯体（物身）必然备有感觉机能。其它诸感觉，有如嗅，视与听觉，其感应是经由某些间体（介质）的；但动物若缺少触觉，当其进向接触时，将无法违避某物而捉摸某物。若然如此，这动物就不能生存。循顺此义，以言味觉，则尝味别是接触的一式；这是颇有关于食料的一项感觉，而食料乃是一项可捉摸的物体。声音，颜色，与香臭，是无所资益于营养的；也无所赖于它们以行生长与衰亡。既然味觉是关于接触物体与其营养品质的感应，这必须是某种型式的触觉。所以，这两项感觉，于活着的动物是必需的，显然，动物若无触觉，就不能生存。

所有其它诸感觉，于获致“优良的生活”，[①]都是必备的，为此故，它们就不是任何一个级类的动物所通有，只有某个级类的动物们才具备视，听，嗅觉，这个级类专指那些能移动（行进）的动物；这种动物，它若要生存，这就不得等待到有所接触，才成感应，它必须在一个距离之外就有所感应。远处感应，惟有通过一个介质间体，才得抵达，可感觉事物在这介质之中，施其效应，而这一动物，则在这介质之中，有所感应于其作用而为行动。凡造成位置移动，必相应而作从某点至于某点的距离变更，一个发起冲动的事物，促使另

① τοῦ τε εὖ ἕνεκα“为了优良的生活”；此词及此节的实义，再见于《感觉与感觉客体》(de Sensu et sensibilibus)，章一，437^{a}1。在本章这一节中，只是说具有视、听、嗅觉而能行走、飞翔、游泳的动物，较之固定动物为能营较优良的生活。亚氏《政治学》中，用同样的措辞于人类各邦的政治经济而言，指说“较优良的社会生活”（即今所习称的“幸福生活”或“社会福利”）。

一物冲动又一事物，阵阵相继，以传递此运动，通过一个间体——初动者之为冲动，自己不是被动的，而末一被动者则自己不更冲动它物，至于间体（自己被冲击而又冲击它物的间体，为数甚多），乃 435a 既被推动，也推动它物。——形态变换，正也如此，所异的只是初变者肇致此变而不使受变（被变）者更换位置。[①] 这样，倘浸入一物件于熔蜡之中，这运动继续进行，直到其全身沉浸而止。若置此物件于石上，这就不做任何距离的运动，如其浸之于水内，则所为扰动，就远逾于此物体的周遭；如果入于空气，则此物之为扰动，将延展到远而又远之极处，气之为被动与冲动，也前后相承而不绝，盖未可穷其止泊之处。为此故，关涉到光的反射，如果空气是延续而安定的，这就毋宁设想那个可见物的形状与颜色作用于气，反映以抵于眼睛，而不是眼睛发出的视线，被反射了回来。于是，设想气为一个延续体而且是平滑的，气就会得前后相承地运动视象，自可见物体以及于视觉器官，恰如刻印在熔蜡上的物像，正与原物体那一面相值，一样。

章十三

这是明白的，动物的躯体不是，有如火或气那样的，单一元素所构成。如上已说到了的，[②]所有具备了灵魂的（有生命的）躯体各有触觉功能；若无触觉，它就不得有任何其它感觉。除了土以

---

① 本书卷一章三："运动有四个品种（四式）（1）移动位置（φορᾶς）（2）变换形态（ἀλλοιώσεις）（3）衰坏（φθίσις）（4）生长（αὐξήσις）。"变换形态，运动四式之一；详见 405^{b}32—406^{b}14。

② 上章，434^{b}10—24。

外，其它诸元素都可以构制感觉器官，但由此以成的器官之为感应，必有赖于它物为之介质，这就须通过间体。但“触觉”(ἡ ἁφή)直接感应于对事物的“接触”(ἅπτεσθαί)，触觉正是由此以取名的。[①] 其它感觉器官之为感应也是有所接触的，但须经由间体；只有触觉才能凭自体为感应。由此看来，动物躯体的构成，不得单依于间体诸元素的任何一个，也不能单凭土元素来构制。[②] 统一切可捉摸物而与之接触，这须具有一宗中和的性质，而接触器官就得容受土构物的种种不同(差别)性质，而且还须感应于热与冷，以及具有其它诸性质的触摸事物。为此故，我们的骨与发〔髮〕以及身体的其它类此各个部分，凡是土元素所构成的，都无感觉。也为此故，既然植物，主要是由土所构成的，它们就不备感觉。可是，若无 435b
触觉，则它诸感觉便不得存在，而这一感觉器官，则既不由土组成，也不由单个其它某元素组成。

于是，显然，一个动物只要被剥夺了这一感觉，它就必须死亡。于一动物而言，触觉是惟一的不可或缺的感觉，于一个不是动物的生物，绝不会具此感觉。这里，恰正表明了其它感觉和触觉之间的下述差异。在其它诸感觉方面，感应的质量如果超度，例如过于强烈的颜色[光亮]，过于高亢的声响，过于激剧的气息，只能破坏相应的感觉器官而不会使这动物死亡(这些情况该当除外，譬如那高

---

① 凭字源学(Etymology)论事，亚氏著作中常有。ἁφή“触觉”(touch, as a sensation)，源于动词 ἅπτω (to touch)；ἅπτεσθαί “接触”(touching)。ἅπτω 本义：接触，附着；衍义：点，燃，着火。

② 动物躯体与诸器官不能由单净某一元素构成，须是诸元素复合的构体，参看卷二章十一，423^a11—16；卷三章一，424^b24—425^a13，章十二，434^a27—34 等章节。

亢的声响实际是随同一个冲撞发生的，或那个可见客体，或可嗅客体，随伴其颜色[光亮]与气息而促发了另些可因接触而行毁灭的事物）。滋味之成为致死的原因，也是在于这有味物附会着可凭接触来毁坏这动物的作用。但，可捉摸物的过度质量，例如热，冷或硬，锐，都可凭其自性以毁灭这动物。有如各项可感觉品质的超量，可以破坏与之相应的感觉器官，可触摸物也是这样，破坏触觉器官（动物肌体），而这项官能恰正是生命的标志；前已阐明，若无触觉，动物就不能生存。所以，触摸客体的品质之过度强烈者，不仅破坏触觉官能，兼也毁灭这动物本身，因为触觉是每一动物所不可或缺的感觉。

如我们上所言明，[①]所有其它诸感觉之于动物们，不是为了"营生"而成为必需具备的官能，但为获致"优良的生活"，这才需要这些感觉。举例以明之：凡生活于气中，在水内，或一般的透明物体之中，它就凭视觉，俾能看，又凭味觉，在既已认明其物（客体）之为可喜的或为痛苦的，又得察觉这些事物作为营养事物的价值，这样引起的欲望，就可促发运动；至于听觉的作用，它凭此获得任何外来的信息，而且它还有一个舌，可以用以向它项感觉有所解释

① 见于上章，434^b24。

(质证)。①②

① 435b24—25，γλῶτταν δὲ ὅπως σημαίνῃ τι ἑτέρῳ照迷尔培克拉丁译文，"……一个舌，可得向其它，表达一些什么"，这译文虽含糊，恰与原文全相符合；现代的希脱英译文与之相应。多马·阿奎那《诠疏》卷三，第十八课，第874节："听觉的功用有裨于动物间相互通报。动物们互助以共营生活，传递各自的生活经验，事属必需，这于哺乳为蕃育，而群居的诸动物尤为显著。所以具有一个舌，也是必需的，俾一动物可凭声音向另一动物通情达意。"牛津英译本，斯密司，从此诠疏，英译为："还有一个舌，可得用以向同侪有所通报。"

1961年印行，大卫·罗斯《灵魂论》(Περὶ ψυχῆs)新校订本诠疏(第326页)略云：所有旧传抄本，在全书这末行都有这个 γλῶτταν ... 分句，旧传诸笺家色密斯希奥(Themistius)，菲洛庞诺(Philoponus)，与索福尼亚(Sophonius)诠疏中也都有这分句，但辛伯里契(Simplicius)的诠疏未及这一分句。这一分句是与上文不相承接的。这一节说明诸官能于动物生活上的功用，在22—24行中已讲明味觉器官，即"舌"(ὁ γλῶτταν)的功用在于辨味，俾能择食；在下文突然提示舌的语言功用，实在不合文理。揣测之：这一分句盍是抄写这一稿本的人，或后世笺家添加的。"它项"(ἑτέρῳ)盍谓"嗅觉官能"这一章于4—19行详说了触觉，21—22行说到了视觉，22—24行说到了味觉，24行说到了听觉，唯独于嗅觉，未涉只字。于是这位细心的抄者或笺家为增数字，补所漏失。这里的汉文翻译是按照罗斯诠疏作解的。

② 本书卷三，末三章叙述各项感觉对于动物之运动，即生活，所起的作用，详于触觉，稍及味觉，而略于视觉，听觉，是否(1)抄本有轶失的卷页，或(2)亚氏原稿如此，或(3)下篇《感觉与感觉客体》中，某些章节与此章相承：三者，孰是殊无定论。

自 然 诸 短 篇

《自然诸短篇》前言

（一）《自然诸短篇》的编次

184

十九世纪，柏林，普鲁士研究院，贝刻尔（I. Bekker）编《亚里士多德全集》，沿承第十三世纪的拉丁古译本，即迷尔培克译本，辑在卷三下半，《灵魂论》之后，有若干短篇的动物生理心理学文章。这些短篇久不为世人所注意。近代有罗马的埃季第（Aegidius Romanus，即 Gilles de Rome）在拉丁古译本（Vetus Translatio Latina Γ'）的一个第十五世纪的抄本上，发现了这些文章，统称之为"Parva Naturalia"《自然诸短篇》。自此而后专研亚里士多德学术的修习此书者遂多。《全集》的卷四为《动物志》，卷五为动物之《构造》，《行进》，《运动》与《生殖（胚胎）》四篇。亚氏撰著卷三这些短篇，拟在动物诸长篇成书与《灵魂论》成书之间的岁月。

在拉尔修人，第奥根尼（Diogenes Laertius），《学者列传·亚里士多德传》（卷五，21）所附《亚氏书目》中，没有《自然诸短篇》。其后所谓《托勒米·陈那（Ptolemius Chennus）书目》（罗司，Rose 柏林印本）中，编号第 39，40，46，47 者，挨次为 περὶ αἰσθήσεως καὶ αἰσθητῶν，ά《感觉与感觉客体》，περὶ μνήμης καὶ ὕπνου，ά《记忆》与《睡眠》，Περὶ μακροβιότητος καὶ βραχιβιότητος，ά《长寿与短命》，

Περὶ ζωῆs καὶ θανατοῦ，ά《生与死》；第 40 号的内容实际上包括了今所传，《记忆，睡・醒，说梦，与梦占》（Περὶ ὕπνου καὶ ἐγρηγόρσεως，Περὶ ἐνυπνίων，Περὶ τῆs καθ' ὕπνον μαντικῆs）；第 47 号的内容相当于今所传《青年与老年・生与死》（Περὶ νεότητοs καὶ γήρωs，καὶ Περὶ ζωῆs καὶ θανατου），并包括了《呼吸》（Περὶ ἀνάπνοηs）。这些篇章合成的这些书卷，盖即现代所称的《自然诸短篇》。法国，莫劳（M. Moraux）诠释"第奥根尼书目"中缺漏了《自然诸短篇》的原因：《列传》所本亚氏著作的全目，原出于公元前约 200 年间的目录学家，当时学者专重亚氏名理著作，不重其生物心理之学，故而未予著录。

在《灵魂论》汉文译稿前的《绪言》中，我们已讲明了近代学者于《灵魂论》与《自然诸短篇》，亚氏当初写作的顺序，这里作些补充。诸短篇的首篇《感觉与感觉客体》的首章 436ᵃ6—14，列举身体（生理）与灵魂（心理）相关诸事项（论题）为感觉、记忆、情思、贪欲与一般欲望，以及与之相应的诸节目如"欢乐与痛苦"和四个最关重要的配对，即"睡与醒"，"青年与老年"，"呼与吸"，"生与死"。这里，他预报行将撰著的一篇目。又《感觉》449ᵇ1—4 说，随后将作《记忆》篇（de Memoria），而《记忆》与《睡眠》（de Somno）相承接，是在这两篇之间，即《记忆》末节（453ᵇ8—17）与《睡眠》的首章标明了的。《睡与醒》章一 453ᵇ17—24 预告了《说梦》（de Somniis）与《梦占》（de Divinatione）。《梦占》的末节与《寿命》的开章（de Divin. 464ᵇ16—de Long. et Brev. Vitae，464ᵇ21）既表明了两篇的相继续，《寿命》（467ᵇ6—9）又预告了《青年与老年》（de Juv. et Senes）和《生与死》（de Vita et Morte），即全组的末两篇。最后的

《呼吸》(de Respiratione)篇，也包涵在《青与老》的简省篇名之中。

考察了《亚氏全集》现传的希腊与拉丁文本，卷三下半，卷四，卷五，可以揣想亚氏著作，当初盍预拟有一个以“生命”或“生物”为总题的较大的编组：《动物志》(Hist. Anim.)为这大编组的基本，继之而有《动物之构造》(de Part. Anim，比较解剖学)与《行进》(Incessu)。《行进》之随附于《构造》，见于《行进》714b20—22。按照《行进》714b22—23 所陈，其后篇该为《灵魂论》(de Anima)。《灵魂》之后，该为《感觉与感觉客体》(de Sensu，436a1—8)。挨次而下，则为《记忆》，《睡・醒》，《说梦》与《梦占》。《梦占》之后，按照《运动》(de Motu)篇 204b1—3 所标明者，该为《运动》，而实际与之相承者，乃是《动物之生殖》(de Gen，Anim. 比较胚胎学)。凭一一篇内，前后互相照应的语句，我们拟订了上述《自然诸短篇》小编组，和生命与生物为总题的大编组的内部顺序，把这顺序提供作传习与研究亚氏生物学，或生物心理学入手的次第是合适的。这些互相照应的语句，是否亚里士多德的原文，抑或后世编者所添入，未可确定，若便据以断言亚氏各篇写作的先后，这还不是充分可信的凭证。

(二)《自然诸短篇》撰写的先后

纽扬《亚里士多德心理学的演化》(F. Nuyens，l’Evolution de la Psychologie d’Arist.，页 170)把《自然诸短篇》和动物学著作相对勘以后，确认：(1)《青・老，生・死，呼・吸》，与动物学诸篇，为同时期之作。(2)《自然诸短篇》的前五篇《感觉，记忆，睡・醒，说梦，梦占》属于亚氏晚期，与《灵魂论》为同时之作。(3)《长寿与短命》(de Longitudine Vitae)则介于中晚期间之作。罗斯《自然诸短篇》重校本(Ross, W. D., Aristotle, Parva Nat., a Revised Text),"绪论"(页11)认为纽扬所榷精到，只《睡与醒》一篇，共三章的撰著期，犹有可疑。这篇的章二，455^b34—456^a6,"在另一专篇中，我们曾拟定于一切活着的动物而言，其感受所由发源之处就在运动所由发起的相同部分。这个部分总得在(甲)头部与(丙)胃下部及(乙)两部之间的三个部分之中，选取其一，以着落其位置。于有血而言，这就在(乙)部，心脏所在的这个区域；凡属有血动物，各具一个心脏，运动的本原和首要的感觉机能(触觉)，恰正位置在这里。于运动而言，这是明白的。呼吸，一般说来，其作用在于冷却，其本原也就在心脏"。这里的 ἐν ἑτέροις "在另一专篇中"，加以考核，应是《动物构造》卷二章十，656^a1—10。又《睡与醒》章三，456^a30—$^b5$,"挨次，我们必须讨论，所称为醒寤与睡眠的某些遭遇，并研究这些作用(效应)究属从何时开始。显然，生物(动物)当其具有感觉而且在生长之中者，必须进食，凡有血动物，其始入为食料，而终成的营养，则为血液；至于无血动物，其所终成者，则为与血液相当的营养物质。血液处于血管之内，其源泉则是心脏。依据解剖研究，这些是明确无误的。当食料从体外进至体内容受食物的构造之中，于此被蒸调，而嘘入诸血管内，在这脉络之中，变化而为血液，由此重复流出，还到它的发源处"。这样的章节，全像是《动物志》与《动物构造》，关于心脏与循环系统解剖记录的撮要；有些语句实际是复抄。又《睡与醒》章二，456^a12，《呼吸》475^a8，有所谓能迸发生理元热的"生理元气"(σύμφυτον πνεῦμα)，或称"内蕴

气”(ἔμφυτον πνεῦμα),这样稀见的名词,也只在《构造》659b17,669a1,《运动》,703a10,15,与《生殖》,744a3,781a24,五节中见到。所以,《睡·醒》的下半(自455b13行以下,到终篇),大概是和《青·老》同属于动物学著作期,即中期的撰著。

《灵魂》卷二既揭示了灵魂为潜在生体的“实现”之后,每一动物就该是“一个涵蕴着灵魂(生命)的身体”(a be-souled body),不再作动物学诸篇中“灵魂与身体各是一个实是,两者的合一乃成为一有生命的动物”这样的观念,不再寻求各级灵魂在物身内,与之相应的各不同的位置。《睡与醒》,章二章三,455b34—456a4,和《青·老,呼吸》,467b28—468a1,469a23—27,474a28—b3指说感觉灵魂与运动灵魂寓寄于心脏区域,这样的观念,在《灵魂论》中已不再见与此相符应的章节,而只能追索之于《动物构造》之中了(例如647a24—26)。所以,吕洛夫斯,在《睡与醒》的校订中(Lulofs, H. J. D., De Somno et Vigilia),凭上述诸论据,肯定了《睡与醒》的下半,该与动物学诸篇为同时,不与《灵魂论》为同时之作。他辩明《睡与醒》上半(章一,453b11行起直到章二,455b13行为止),当是亚里士多德较晚的文字,与《灵魂论》宜在同时,举示《睡·醒》454a12,455a8,25,三次引证及于《灵魂论》,而《灵魂论》432b11—12,也提到了《睡与醒》。但罗斯认为凭这些来断定《睡与醒》的上半,为与《灵魂论》同时,——为亚氏晚期之作,证据是不充分的,因为亚氏书中的称引短语,常可能是后世编者所添加,不必是亚氏原先的手笔,所以《睡·醒》的上半,也该与下半同样归之中期。

吕洛夫斯《说梦与梦占》校本(Lulofs, De Insomniis et De Divinatione per Somnium),认为《说梦》章一,是与《灵魂论》的同

期作品，应附随于《睡·醒》的上半，而章二章三，属于与动物学同期作品，应附随于《睡·醒》的下半。他所举的论据是举示了《说梦》章二，460^a1—2，视觉不仅因通过空气而发生某些效应，它也可自有所活动而发生作用[于视觉客体]，有如发光的炬火。但《感觉与感觉客体》，437^b10—23这节，先提出恩贝杜克里眼睛像灯光照亮事物而成视觉，接着他就否定恩贝杜克里之说，并申述了眼睛不发光，只是感应于光亮而着色的客体，以成视觉的理由。这就相反于《说梦》那一节的论旨。罗斯《自然诸短篇重校本》“绪论”（第13页），认为吕洛夫斯所举《说梦》章二那一节，上下文乖忤，是可疑的文句，不宜据以为辩难的资料，故吕洛夫斯凭这两节而分别拟订《感觉》与《灵魂》为同期，而《说梦》则与较早的动物学诸篇为同期，缺乏充分的证据。罗斯认为《说梦》和《睡与醒》相仿，皆篇幅不多，各篇前后行文也各没有怎么大的自相违异之处，统可列为亚氏中期著作，毋须再各为分析作前半后半之别。

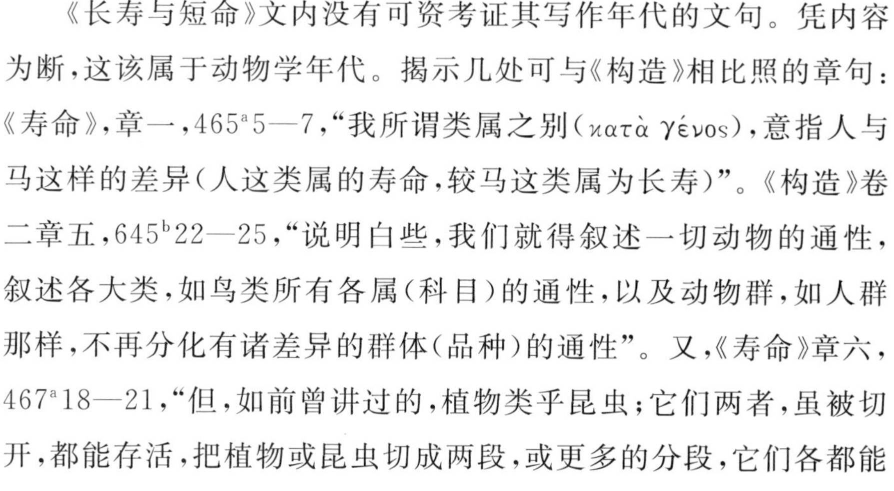

《长寿与短命》文内没有可资考证其写作年代的文句。凭内容为断，这该属于动物学年代。揭示几处可与《构造》相比照的章句：《寿命》，章一，465^a5—7，“我所谓类属之别（κατὰ γένος），意指人与马这样的差异（人这类属的寿命，较马这类属为长寿）”。《构造》卷二章五，645^b22—25，“说明白些，我们就得叙述一切动物的通性，叙述各大类，如鸟类所有各属（科目）的通性，以及动物群，如人群那样，不再分化有诸差异的群体（品种）的通性”。又，《寿命》章六，467^a18—21，“但，如前曾讲过的，植物类乎昆虫；它们两者，虽被切开，都能存活，把植物或昆虫切成两段，或更多的分段，它们各都能存活。但被分割了的昆虫，虽能继续生活，可就活不了多长时间。”

这一节也像是《构造》卷四章五，682b28—32 的复述。这样的章节，实际只是生理学的记载，无关心理学，亚里士多德把所积存的生物学资料，分别应用到两个论题。凭这些相应或相同章节看来，《寿命》尽可属之与动物著作相同的中期。

《感觉》与《记忆》两篇的理致，都相似于《灵魂论》所持的理致。纽扬博士(《心理学演化》，251—2 页)曾提出了些该应注意的《灵魂论》某些章句，卷一，403a16—19，“显然，灵魂的种种情操都隐括着有一物身为之底蕴：温和、恐惧、怜悯、奋励、欢乐、仁爱与憎恨，所有这些心理活动各都内涵着身体与之相应的生理活动”。试对照这一节于《感觉》卷一章一，436a6—10，“动物们最重要的性情，一般地和各别地而言，显然是兼通于灵魂与躯体(物身)的诸事，有如感觉、记忆、情思、贪欲，和一般欲望，更有加于这些，则是欢乐与痛苦；凡是这些，几乎是一切生物(动物)所通备的”。再对照之于《记忆》篇，章二，453a14—18，“回忆原是在体内(物身之中)寻求一个心理印象，可是它的作用，也多少中于(影响)身体(生理)。有些人，当他回想某事而不得着落时，即便他既已放弃了再续回忆，可是在心理(灵魂)上引起的扰乱，仍不平息”。灵魂的操持(心理表现)统都交会着物身的生理与灵魂的心识，两相符应的活动：这样的宗旨，在这三篇的三节中，作出了同样的说明。再举“思想有赖于感觉”这样的论题，《灵魂》卷三章八，432a3—8“脱离了可感觉的空间量体(超乎物质体段)之外，实无独立存在，思想(理知)客体，实际上是可感觉事物的形式表现；所谓抽象(数理抽象)以及感觉诸事物的一切属性，或种种情况之成为思想客体，也都是这样的”。《感觉》章六，445b15—17，“舍却感觉质性，我们将凭那一个机能来

审辨而认识这些？凭心识（理知）么？但它们直不是心识（理知）所考虑（思想）的对象，心识（纯理心识）也不认识任何外在事物，除了那些与感觉相统合（交会）的对象，心识（理知）也不承认任何外在事物”。关于感觉的被动性，参照《灵魂论》卷二章三，416^{b}33—35“感觉有赖于一一从外来的一种作用，或一个运动过程，因为感觉被认为是某种性状的变化”，于《感觉》章二 438^{b}21—23：“因为感觉器官是被感觉客体所激动而后即之以作成感应的，所以感觉必先潜在地存于感觉器官之中，所以那个能够现实地嗅到气息（香臭）的器官，必然潜在地具备有嗅觉功能。”又，以此比照于《灵魂》卷二章十一，424^{a}17—21；“感觉的命意；在于容受事物的可感觉型式而不沾染其物质。其实义必须相同于一个印章指环的授其印记于一蜡块，而这蜡块绝不沾着指环的铁或金质”，和《记忆》章一，450^{a}30—32“……我们乃称之为‘记忆’，记忆这种情态的展示，隐藏感觉活动（运动）的某些印记，恰如人们用指环印章按下的一些印记。”

《感觉》篇，显见亚里士多德对于这论题所发挥的许多思想，常略同于《灵魂论》中所表白的理致。有如触觉是一切动物所通备（《感觉》，章一，436^{b}12—15，《灵魂》，卷二，414^{b}3—11）；共通可感觉物的原则（《感觉》，章一，437^{a}8—9，《灵魂》，卷二，418^{a}8—20）；光为透视体（介质）的实现这样的观念（439^{a}18—^{b}16；参看418^{a}31—419^{a}21）；否定苏格拉底以先诸哲，感觉器官为感觉客体的流播（辐射）所激动而成感觉，这样的概念（440^{a}15—20，参看《灵魂论》418^{b}13—16）；人类的嗅觉功能比之其它诸动物的嗅觉功能为逊（440^{b}31—441^{a}1，参看《灵魂论》421^{a}9—13）；空气与水同属嗅

觉介体(442^b27—29,参看《灵魂论》,419^a32—$^b1$);味觉与嗅觉间关系特为密迩(443^b6—8;参看 421^a16—18);否定恩贝杜克里的光行应历时间的观念(446^a26—$^b28$,参看《灵魂论》418^b20—26)。这些论旨,两书中都是互见的。

凭这些比照,纽扬总结,《感觉》与《记忆》应与《灵魂》为同期著作。罗斯覆考了纽扬所有的校诠而重为之质证:《灵魂》的首章,412^a4—28,亚里士多德提示了灵魂是否为一个"隐得来希"("实现" ἐντελέχεια)的问题,接着就在第一第二章中,肯定了灵魂为一个实现,并为之申说其理由。自此以后,他扬弃了原先动物学著作中所表现的灵魂与身体(动物各个物身)各为一实是而两合以成一有生命的动物,这样的二元观点。按照他的"潜在与现实"论旨,灵魂不能先物身而存在,及动物之受生而灵魂乃与生命相涵蕴。一动物受生而立命,遂成为一"具魂本体"(a be-souled body),此之谓潜在生物的具体实现。迨此物身之死坏,灵魂便也失其存在,不能脱物身而自活。作如是观念的《灵魂论》,可以肯定为亚里士多德回到雅典(公元前 334/5 年)之后的晚期之作。《自然诸短篇》中《感觉》与《记忆》既然理致与《灵魂论》多相同处也属于同期。

《自然诸短篇》中,《感觉》436^b10,14,437^a18,438^b2,439^b11,《睡与醒》454^a11,455^a24《青与老》467^b13,474^b11,各有回顾到《灵魂论》卷二的短语,该应是在《灵魂》卷二之后撰著的。但按照现在所传存这两篇的内容,不可能晚于《灵魂》。著名的亚里士多德学术研究者笃尔斯羯克(A. Torstrik),假设古代另有一种《灵魂》卷二的抄本,是较早于现行本之作,撰写这一稿本的时期,须是在动物学著作之后,而"现实"论尚未成熟之前。另一解释是亚氏诸书的回头短语，当是后世诠疏家所添加，不宜轻信为各个篇章实际写作时间顺序的确凿证据。[①] 由此，罗斯认为自然诸短篇《睡与醒》，《说梦》，《梦占》，允可订为动物学时期之作，《感觉》与《记忆》稍后，可能是在《灵魂》卷二以前，和《灵魂》卷一约略同时之作，《灵魂》卷三，则是亚氏心理学著作的最后文稿。

① 后世编纂者添加这类互相照应的语句，在亚里士多德全集中，是大量的。罗斯曾举及《工具论》(Organon，逻辑论汇编)中的《解释》篇(de Interpretatione，16^a8)提到了《灵魂论》。《解释》为先于《灵魂论》之作是明确的。所以这短语，必然是后添的，不是亚氏原稿。

《自然诸短篇》篇章分析

感觉与感觉客体(436ᵃ1—449ᵇ3)

记忆与回忆(449ᵇ4—453ᵇ11)

睡与醒(453ᵇ12—458ᵃ31)

说梦($458^a32—462^b11$)

梦占($462^b12—464^b19$)

长寿与短命($464^b20—467^b9$)

青年与老年·生与死($467^b10—470^b6$)

呼吸($470^b7—480^b31$)

自 然 诸 短 篇

感觉与感觉客体

章一

关于“灵魂本题”(περὶ ψυχῆs καθ' αὑτὴν)的论述业已完成,于灵魂所有各部分的机能,也都已讲明,我们挨次的功课,该应考察生物(动物)和一切具有动物生活的个体,俾能了解它们各别的特殊活动(习性)和它们共通的活动(习性)。现在,让我们持存先已讲过了的,关于灵魂(生命)的一切事理,进而讨论其余的问题。循乎自然的顺序,以拟订所讨论诸事的先后,动物们最重要的情性,一般地和各别地而言,显然是兼通于灵魂与躯体(物身)的诸事,有如感觉,记忆,情思,贪欲,和一般的欲望,①更有加于这些,则是欢乐与痛苦;凡是这些,几乎是所有一切生物(动物)所通有的。外于这些,有些虽亦为参与于动物生活者所通行,另些却只为某些动物所特有。关于这些,我们认为这么四个配对,最关重要,即:醒与睡,青年与老年,吸气与呼气,生与死;关于这些,我们随后将分别 436a

① 一般欲望四种,这里只提出三种,ὄρεξιs 欲望,θυμόs 情欲(情思),ἐπιθυμία 贪欲,因为 βοῦλησιs (rational wish, or deliberative)“愿望”或“意愿”,既是经过评审机能的抉择而作出的合理期望,是人类所独有的,不是诸动物所通备的。参看《记忆与回忆》章二,453a8—21。

研究它们各是什么(所为何事),以及它们之所以为此者,本于什么原由。

又,这是自然哲学家的义务,于健康与疾病,勤求其第一原理(本原),因为这些都是生命(灵魂)的现象,凡被剥夺了生命的(灵魂的),就绝不会犯病,也绝无健康可言。于这些事理的研究,大多数的自然哲学家,和怀有高度哲学兴趣而精求医疗技术的医药师们的旨趋,是相同的;前者始于自然研究而终必论涉医药(医疗),436b 后者志专医药,而实不能不详察自然。[①]

这是明白的,以上所提出的诸论题,其性质统都兼属于灵魂与躯体。所有上举各端,都由感觉引起,或与感觉相交会;又有些是感觉的属性(受到感觉的影响),另些则是感觉的正常作用;又,有些是旨在卫护并保全生命,而另些乃欲褫夺动物的生机而致之于灭亡。从理论上推榷,或舍理论而验之事实,显然,灵魂凭身体为之介,而感应于感觉。可是,我们在《灵魂论》(τοῖς περὶ ψυχῆς)那个前篇中,[②]先已讲述了感觉与感应,说明了感觉的本义,以及动物们显现这些作用的事理。

因此,一切生物必需具备感觉。我们就凭有无感觉判别动物们还是活着的,抑已死了(不活);于每个生物,触觉与味觉都得终生与之共在,关于触觉之不可或缺,我们已在《灵魂论》中,举示其理由。[③] 至于获取食料(营养)则有赖于味觉;味觉辨别食物之为

---

① 依福斯特(Förster)校订,436b1 这句,删去句末的复出赘文,"περὶ τῆς ἰατρικῆς 关于医疗技术"一短语。

② 本书,《灵魂论》卷二章二,413b 以下,说感觉。

③ 《灵魂论》卷三章十二,434a。

可喜的或苦恼的，动物乃得凭以决定，趋向于其一，而违避其另一，一般地说，滋味正是营养灵魂这个部分的属性（秉赋）。[1] 但那些，必须经由身外介质（间体），才得抵达于那些擅能移换位置的动物们的诸感觉，有如嗅觉，听觉与视觉，则是为保获自体（自身安全）而具备的，具备这些感觉的动物们，可得在逐取其食料之前，先行辨明这些食料为恶劣的，不可取的，或竟是致死的，而知所以违避。至于那些具有思想功能（理知灵魂）的动物，它们不仅为了保全生 437a 命，实乃为了获致更优良的生活之故，才备有这些感觉；由这些感应以引起理知的审辨，这就可得凭生活实践和理知推断，对于那些感觉客体与理知客体间的诸差异，有所抉择，而发施警戒预报。

于动物的生存而言，衡量这些官能，视觉该是最关紧要的，但于心识（理性）而言，相应地，听觉乃较为重要。由于万物皆参有颜色，灵魂就凭这一机制，察认大多数的共通可感觉物（客体），恰正是视觉这项功能，报明当前所有事物间的许多差异（这里所谓“共通”κοινά，我以指称形状，量度，运动与数）。但听觉只审别（记录）声响，于少数某些动物也审别（记录）它们的嗓音。可是，听觉相应地（不期然而然）对于理智作出了最大贡献。所有一切教训与学习，端赖字句或言语，而这些却全靠听觉；但言语由一一单字（词）联缀以成的，而每一单字［音响］，恰就是一个讯号，所以传习（教训）实不是听觉的“由己功能”（καθ' αὑτήν 本业），而只是它的“附属功能”（κατὰ συμβέβηκος 副业）。所以于那些从诞生时就阙失这

① 严格地说，ὁ χυμός 不是“营养灵魂的”部分（τοῦ θρεπτικοῦ μορίου），也不是“味觉机能的”部分（τοῦ γευστικοῦ μορίου）属性，而是“食料的”属性（πάθος）。

项或那项感官的人们而论，盲人总比聋子与哑巴为较富于理智。

章二

关于感觉的这些机能，我们已经一一讲到了。考虑到每项感觉和与之相应的身体上的感觉器官的发施，有些思想家辄从由以组成躯体的诸元素，来寻绎其涵义。可是，当他们的四个元素和五项感觉，难于作成谐和的配合，他们逼切地试为第五元素的探索。因为他们不理解视觉的某些特性，他们统都认为视觉主于火成。当眼被紧压或摩擦或被扰动时，它似乎迸出(冒出)火星(火花)。[①]这在暗冥中，或眼睛闭阖着，确乎可发生这样的现象；闭阖眼睑实际就如同在暗冥中了。但他们这样的解释，引起另一个疑难。按照这样的设想，眼睛应可看见其自体，否则就得另行设想，眼睛可以看见了某个可见对象(客体)而不成某个视觉。可是，当眼睛不被触动时(在安静中)，何以不发生那样的现象？试作如下的考虑，以求解答对于“视觉主于火成”这理论的疑难。在暗冥中照亮(炫映)的，常是一个光滑的平面，虽这平面实不发光，而在眼睛中央，437b 人们所称为眼“黑”(μέλαν)者，显然是平滑的。但，当眼睛被扰动[其平滑面勉强保持其平滑的顷刻]，那样的现象，就可见到，这现象仿佛是一物而两见。这种作用是由运动的速度引致的，[②]因此，

---

① πῦρ ἐκλάμπειν 直译是“闪出火”；推其实义，应是仿佛看见眼里迸出了火花(或火星)。

② 如果一条振动着的弦，其为振动，若足够快速(每秒钟的振动数足够的多)，在我们的眼睛看来就不是一条弦线，而是处于振动上下限的两条弦线。现代心理学称这种现象为“视觉的持续”(persistence of vision)。亚里士多德这里所述案例，似乎就是这一现象。

视觉感应与视觉对象显示了别异。所以，这种现象，只有在暗冥中做快速运动时，才会得遇见；平滑面只有在暗冥中才能照耀（反映），例如，某些鱼的头，衬托在乌贼（鲫）的墨汁水中。① 倘眼睛的运动缓慢，视觉之感应于对象，便不能在同时既属是一，而又显为两。但，在另一方面的案例，当运动是快速时，眼睛有如在反射现象之中，见到了它的自体。如果真像恩贝杜克里所说的那样，像在《蒂迈欧》②［对话］中所说的那样，眼睛就是"火"（πῦρ）从眼睛发出"光"（τοῦ φωτός），有如一盏灯那样，于是这就成为视觉，若然如此，视觉不就该在暗冥中也同样地不昧的吗？"光才从眼睛发出，就被暗冥浸熄了"，《蒂迈欧》的③这个解释，全然是虚诞的；我们于光之被浸熄，殊不明其立义之何所根据？我们在煤的燃烧中，见到火与焰，并由以识得干的被湿的（水）浸熄，热的（火）被冷的浸熄，但热与干实不是光的质性。或说两者确乎是光的属性，只因为它们不在运动之中，所以我们失察了；若然如此，那么，光就该在雨（湿的）中的白天，也被浸湿，而在冻霜（冷的）日子将较多地遭遇昼暗。焰与燃烧着的物体所显示的那些现象，在别的案例中并不全都如此。恩贝杜克里似乎臆想，视觉是从光出离眼睛的时刻发生的，如我们前已说到了的，这里请注意他还有这些叙述：

恰如有人将在风雨中出行，配备了

① 437b7 行，οἷον κεφαλαὶ ἰχθύων τινῶν καὶ ὁ τῆς σηπίας θολός"例如某些鱼的头与乌贼（鲫）的墨汁水"。海中确实有发光的鱼种，但乌贼（鲫或鳇）的墨汁是不能发光的。καὶ ὁ τῆς... 校作 ἐν τῇ... 译。"发光的鱼头"，参看《灵魂论》卷二，章七，419a5。

② 见于柏拉图对话，《蒂迈欧》（Timaeus），45C。

③ 参看《蒂迈欧》，45D。

一盏提灯,四围装着透映的璃片,
挡住并散开吹来的野风,从灯内
跃起的炫火,随即播其光芒于四面,
凭其不倦的辐射,穿过了自己的门限。
于是,他用芒线织成的膜网,络住了
那原火,[①]这膜网竟也包围了眼中
438a 瞳仁;穿过膜网的辐射,照明了
周遭的水圈,而火乃由以播向外面,
作更广更远的曼衍。[②]

这就是他有时关于视觉主体的叙述,但在另些时,他却又说这[光]是由视觉对象(客体)发播(辐射)来的。德谟克里图说,眼睛由水构成是正确的,但他设想视觉只是反映,这便错了。在眼睛里出现可见反映,是由于眼睛有平滑构造,能着录这样的作用(印象),视象不在眼中,而在视觉者其人得有了如此视象。镜照与反映的整

① 437b32 ὠγύγιον πῦρ“原火”。希腊神话时代有古王名 Ὠγύγιον 乌古季翁(或埃及远古时代,名 Ὠγύγια 乌古季亚),故以此制为形容词时 ὠγύγιος,义为远古或原始。

② 这十行诗句,现保存在第尔士编恩贝杜克里《论自然,残片》(Emped. Frag.《先苏残片》卷一,84)。菩纳脱,《早期希腊哲学》(J. Burnet, Early Gr. Philosophy)246页以下,引色奥茀拉斯托(Theophrastus)《论感觉》(章二,第七节),恩贝杜克里认为眼睛内部由火构成,周遭围着水与气。这内在的火向外播射,通过眼内的诸水晕时,则视觉着于暗黑的物体,这些物体就被看见,通过眼内火道,应于发光的对象,则所见为耀眼物体。

柏拉图《对话》,《米诺篇》(Meno, 76C—D5)先哲意谓视觉本于视觉客体的辐射。《泰阿泰德》篇(Theaetetus, 156D—157C),谓先哲之有智巧者,说到视者眼睛的辐射和视觉客体的辐射,两者是潜在的;必须两者会合后,乃成为入于视觉的视象。这里的所云“先哲”实指恩贝杜克里。下文 438a24—b2,亚里士多德对恩贝杜克里的质疑,也就是对柏拉图的质疑。

个理论，一般说来还是很模糊的。何以它物之能映成印象者不起视觉，而眼睛乃有视觉，这是该予考虑的，德谟克里图竟然全未注意及此，这是可诧异的。眼睛确属水成，但视觉的功能实不由于这水而由于水有透明的赋性；这种属性，是水和气所通备的。因为水较稠厚，所以比空气易于控制与涵容。眼睛与瞳子之为水构成，可凭下述三事为之显证：当眼睛朽坏，从中流出的是水，胎儿眼中流出的水，特为冷清。有血动物的眼白是脂肪或油性物质；因为融合于油脂，其中的水分就不至于冷凝（冰冻）。为此故，眼睛是全身对于寒冷最不敏感的一个部分（构制）；从来就没有谁感觉到眼睛内部着了冷。但无血动物的眼，包有一层为之保护的硬皮。[①]

但一般说来，设想瞻视之于视觉，为从眼睛发出了某些事物，其渺远乃直抵于星辰，这样的设想，未必是不合理的，有些人说这播散物发施到视觉对象，便与之和合。但这样的设想，毋宁把它转到眼睛，说视觉客体与视觉所发施者，在眼睛里和合了。可是，即便为作如此的修改，这究竟是愚蠢的设想；说光与光和合，其实义云何？怎样致此和合？偶然地（碰巧的）和合，是不可能发生的。438^{b}
内面的和外面的[光]，怎能和合？两间有一网膜为之阻隔。在另篇[②]中，我们曾已讲到若无“光”（φωτὸς），视觉是不可能肇致的；[③]

---

① 有血动物，如鱼、鸟、兽之眼含脂肪质，见于《动物志》，卷四，章二，$526^{a}10$，无血动物如蟹有硬眼，见于《动物志》，卷三，章十八，$520^{b}3$。

② 见于《灵魂论》卷二，章七章八，$418^{a}26$—$419^{a}24$（“光与透明介质”）。

③ 卜根杜尔夫，《物理史》（J. C. Poggendorf, Geschichte der Physik，莱比锡，1964年重印，1879年初版本）：第一时期（古代物理），第五节19页；古希腊恩贝杜克里，德谟克里图，柏拉图等，都执持，眼睛有辐射，人眼所见物像，是这辐射着于这物而映见的，或眼光与物所发光，会合而成视象。后世希腊自然学家（物理学家）以及拉（接下页）

在眼睛与可见物（视觉客体）之间的介质（间体）是光或是气，暂不置问，总之，产生视觉，实由于通过这介质的运动。于是，这就说对了，眼的内部是由水为之构制的，而水是透明的。这个眼内的透明物体既不是气，便只应是水了。灵魂或灵魂所持的感觉器官，显然必须在眼的内部而不在眼的表面；那么，眼的内部必须透明而成为接受光的部位。以下所举的实况，可佐证此说之为确乎无疑：在战斗中，人有被击在前额之上者，他立即落入了暗冥（感到眼前乌黑），有如一盏灯骤然熄灭了似的，前额原有联贯眼睛的通道，经这一击，恰像那个所称为“瞳子”的（τὴν κόρην），被楔入了一块隔板，遂与那灯光隔绝了。

如果确认我上所举的诸事为确实，显然，惟一的办法，就只有对于每一感觉器官，各分配给并使之适应于一个元素。人们正可设想，眼睛的瞻视部分是由水为之构制的，感应声音的器官是由气为之构成，而嗅觉器则是火成的。因为感觉器官是被可感觉物所激动而后即之以作成感应，所以感觉必先潜在地存于感觉器官之中；所以那个能够现实地嗅到气息（香臭）的器官，必然潜在地具备有嗅觉功能。气息（香臭）类乎烟嘘气，而烟嘘气，乃发于燃火。因此，嗅觉器官特须联属于脑部相近的区域；脑的物质具有潜在热性，而为现实的冷体。眼的生成，有似于嗅觉器官（鼻）者，它全由

（接上页）丁自然学家，多承袭其说。惟亚里士多德，独辟清此惑，确言恩贝杜克里以灯喻眼，眼为火成而能发光，以显物成像者（参看《感觉》章二，437^{b}25—438^{a}3，引恩贝杜克里，《论自然》）为谬误（参看《感觉》章二，438^{a}24—^{b}2；《灵魂》，卷二，章七，418^{b}4—419^{a}24）。亚里士多德的析辨是简当的，若眼能发光，则虽在暗冥之中，人眼亦可为他人所见，而它也应能在暗冥中照见一切物体。亚氏，关于光在空气中传输，着物显像，而人眼（瞳子）作黑体平滑面，乃能像镜一样，映成物像，这样的说明，于光学上实为先导。

脑部发育起来；脑是全身构造中最湿最冷的一个部分。于是，触觉 439^{a} 机能由土构成；[①]而味觉实为触觉的别一型式，为此故，味觉与触觉器官两皆近属于心脏。心脏恰正是脑的对体，相反于脑，心脏乃是全身构造中最热的一个部分。

这里，我们讲完了关于身体的感觉机能的各个部分。

章三

相应于各个感觉器官的各项可感觉物（客体），即色，声，嗅，味与触，诸感觉对象，业已在《灵魂论》中，作了一般的说明，每项感觉的功用，以及每项感觉器官各自的活动，各已分别讲清楚了；现在我们该考求，如何阐述各项感觉的本性（怎是），回答，色是什么，以及声，或嗅（香臭），或味，相似地也及于味，它们究竟各是什么。让我们先行讨论颜色。

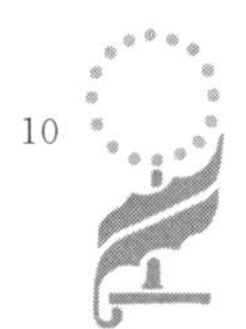

这些词项各都应用于双关的命意，其一为实现，另一为潜在。我们在《灵魂论》中，已经阐释了，现实的颜色与声音的命意或相同于，或相异于现实感觉，即瞻视与倾听（看着与听着）之为色与为声。[②] 让我们现在来考虑每一项感觉机能何所凭依而可得确乎实现其感觉，在上述论题中，[③]我们已说到，"光"（φωτὸs）即与"透明体"（τοῦ διαφανοῦs）相符应的"色"（χρῶμα）；任何时刻，倘透明体中

① 这里，$438^{b}16$—$439^{a}5$，谓五项感觉器官分别为水，气，火，土四元素所构成，异于《灵魂论》$425^{a}3$—8：构成五项感觉器官的物质，只是水与气两个元素。罗斯（D. Ross）《自然诸短篇》校本，"绪论"谓关于物质构成《灵魂论》所言为较成熟。《感觉》，章二，盖先于《灵魂论》所揣拟。

② 《灵魂论》（de Anima）卷三，章二，$425^{b}18$—$426^{a}27$。

③ 参看《灵魂论》卷二，章七至十一，及 $418^{a}3$，$418^{b}11$—15，$419^{a}10$，24。

有一“火性事物”(τι πυρῶδες)存在，当其出现，这就是光明，当其湮熄(阙失)，这就为暗冥。我们所谓“透明”不仅是气或水，或其它任何有透明之称的物体之特性，这盍是这些物体与另些或多或少地具此品质与功能的物体之通性，另些物体实也内涵有如此性能，而且这样的性能与其本质相属而是不可分离的。这里，恰如每一物体必有其限处(终端)，这种物体也得如此。光的本性现于(存在于)一个无限止的透明之中，但这是明白的，在诸物体中的透明性必须有所限止，实际上，这一终端就表现其为颜色；显然颜色就存在于这物体的终限，或正就是它自身的终限。为此故，毕达哥拉宗门(学派)说到“这物体的颜色”[1](τὴν χροιὰν)，就实指“这物体的表面”(τὴν ἐπιφάνειαν)。颜色虽然存在于物体的限处，可是它实非那

439b 个物体的终限；这才是合乎自然的，肇致物体外表的着色，也自存在于其内部。气与水显然是有色的；它们的亮性就属有色的本质。但气与水是无所限止的，存在于这样无限止物中的颜色，如于大气与大海而言，在近处看到的气色与水色，和在远处遥见的天色(气色)与海色，是不相同的。可是，在物体上，除非其外表的周围发生了什么些变化，颜色的表面印象(表面的颜色印象)[2]是划定了界限的。于是，这就明白了，同一事物，于其一例，与其另例，两必须

---

① χροιά 这字，在荷马《伊里亚特》(Homerus, Iliad) xiv, 164，义为“皮肤”；到毕达哥拉学派字汇中，才作“表面”(ἐπιφάνεια)解，更后又转作“颜色”(χρῶμα)解。这里，承袭最后的通义，实际也隐括了前两古义。

② χρόα 这字，在 ἡ φαντασία τῆς χρόας 这短语内，(一)毕达哥拉学派习用的文义是事物的表面。(二)俗用的通义是皮肤的颜色，或人的脸色(颜色)。这里承毕达哥拉字义而双关之于俗义，因而造成了一个艰涩的文句。

是颜色的容受物体。于是，在某种程度或比例上，于这物体中所存在的透明性就使它们参与了颜色（所有各种物体各具有或多或少的透明度）。既然颜色存在于这物体的限界，它也必然就躺在（呈现于）其透明性的限界。这样，盍可以证明，颜色就是一个有限物体的透明限界。由此看来，“色”（χρῶμα）是一切透明物体通有的一个性状（本质），这所云透明物体，包括有如水和任何与之性质相似的物体，兼也包括那些在它们的外限（表面）上存在各自的特殊颜色的事物。[①] 凡在大气中，肇致光（φῶs）效应（作用）的这么的事物，有时似乎存在于透明体中，另时似乎是被除去了，是不存在的。

这里，恰如在大气中，我们既有光明，也有暗冥，在物体上，我们见到白色，又见到黑色。但，我们现在必须商量，除却白与黑以外的诸色，并说明颜色可能有多少种异彩。可能一个显色（辨彩）方式是把白与黑并排比照，如此而各个独立的色彩、由于轻淡（微小）而不可得见，或所得见的，只是某某两色的混彩（调和）。这样，所见到的当然不可能是纯白或纯黑了，这就分明地必须是某种混合色，或某种异型的色。这样，我们就可相信纯白与纯黑之间实有更多的色彩，这些色彩为数几许，当决于原色混合的比例；它们可

① 皮尔（J. I. Beare）《关于基本认识的希腊诸理论》（Greek Theories of Elementary Cognition）页 60；亚里士多德的光学基本，总于其视觉与视象的两条定义，（1）《感觉》，439^{b}11—12，颜色是透明性抵达于一个定有了界限的物体的表面视象。（2）《灵魂论》，418^{a}31—^{b}1 颜色于透明介质（介体，空气或水）中，激起一个运动，这个动波的延展使介质的潜在透明性，现实地成为其透明[色彩]。亚氏有关光与色，与介质的透明性三辞，各未建立，有如近代物理学中，精确而且分明的光学定义；因此这里拉长的文句是迂回的。亚里士多德于一个有色的实物说成为它“潜在地”具有颜色，而在视觉所及的表面（物体与其体外空间的界限）乃显见其“现实地”所成的色彩，这种措辞，实出于毕达哥拉宗的学术思想。

以三比二的数或三比四的数，并排起来，也可以其它的比例数并排，有如在声乐中凭相仿的数比，作出谐和（协调）那样，但它们也未尝不可由过多或太少的数为很不匀称（平衡）的排比，一般地说，它们尽可由无穷尽的数比，从事于这项混合。① 这里，凡由可计算数（整数）为之作比例的混成色彩，有如乐音之发于谐和（协调）数比者，似乎是最可喜爱的色彩，例如紫色与红色，②以及少数几种
440a 与此相似的其它色彩，但整数比例（精简比例）是不多的，可能其它诸色，在数比上都属凌乱（不匀称）的，所以那样动人的色彩是为数稀少的。这也可以作这样的设想，一切色原，都涵“在数内”（ἐν ἀριθμοῖς），其中有些是匀称地排列着的，另些则是凌乱的，于这些内涵数之为凌乱的诸色，如果它们直不属于纯色或精简色彩，则它们的本性必然是有亏于匀称（平衡）排比的。

这是发色的一式，但，还有另一式也可肇成颜色。有如画家（画师）们把一种颜色涂抹上另一种较鲜亮的颜色，别一颜色，就在那两色的相互渲染之间，产生了。他们在绘制大气内或水中的事物（景致）就是这么办的；这样重沓色彩的显映，恰可与阳光的变色相比拟，人们直接看太阳，所见似乎为白色，但透过雾与烟，所见，却是火红色。按照我这里叙述的方法，将可现示许多的色彩。这

---

① 一个透明的介质，如空气或水，在一个火（光），灯光，星光，通过而表现其“光”度（亮度）或“暗”度成为白与黑这个基本色彩配对（439b16—32）这一节，由白黑的各种数比的混合，以成各种色彩，参看下文章四，442a20—25，白色（光）与黑色（光）以不同比例混合成白、黄、红、紫、绿、蓝、黑七色。

② 440a1 ἁλουργόν 或译“紫”（purple）或译海紫（sea-purple）；φοινικοῦν 红（crimson 绯红）。亚氏全集中，有漫步派作家的《颜色》篇（de Coloribus，392a15），谓红色较紫色为鲜明（耀亮）。

样重沓渲染而成的色彩，其上抹层和底色层当有某种相互关系，可是这些关系，未必具备确定的比例。

但，如昔贤（前代的自然哲学家）所说，颜色之所以能被见到，是由于视觉对象（客体）的流散（播发），①这样的主张是不合理的；依从这一设想，所有一切感觉，毋宁说是凭接触（触觉）发生的了，感觉客体激动感觉间体（介质），以抵达于感觉器官，而成兹感觉，这就不必别称之为流散（播发）物了，径可说这项感觉得之于接触。现在设想：若有它们的量度是不被察觉的两物（感觉客体），相傍着并列在一处，于是，它们的运动抵达于眼睛的时间差别，也将失察而不被感觉，那两个同时抵达于眼睛的两物，便将现示为一物。在那另一案例上，关于量度的设想是不必要的了，上层色，在或被下层色推动，或不被下层色推动时，所做运动，当不相同。为此故，这就得显现不相同的色彩，既不是白，也不成黑。若说任何量度（体段）不被察见，这是不可能的；相反于此，若说每一量度（体段）在某个距离上都是可察见的，那么它就该是某些色的混合（合彩）。在这样的案例中，任何颜色，在若干距离间之出现，须是无物为之阻碍的。随后，我们该当考查“量度（体段）是没有不可察见的”这个叙述。②

如我们在《关于调和（混合）》的专篇中③所说，物体的混合由 440^{b}

① ἀπορροῖα “流散（播发）物”近乎今云“辐射物”；昔贤当指恩贝杜克里，也可以包括德谟克里图（上文，438^{a}6）。柏拉图《米诺》篇，76C4—8，高尔基亚（Gorgias）的光学与视觉理论，持说略同于此。

② 参看本篇下文章七，448^{a}14—^{b}14。

③ Περὶ μίξεως《关于混合物》这一专篇，下文，440^{b}13，又提到了。现存亚氏著作不见有如此专篇，但在它现存诸卷章论涉“混合（调和）”是时有所及的。

种种方式调成，通常是随处可以遭遇的，这不仅限于有些人所想的，只应是有色物（客体）的极微小粒互相靠拢而并列着，因此感觉不能作出分明的辨别，才可称之为“混合”（μίξιs）。依照这规定，混合只能在那些区分到最小的事物间，例如人，马，种籽之间办到；这里，每一人是人群中，每一马是马群中，最小的单体；把这样的两群一一分别的，相傍，挨紧，并列起来，这就说是这么两物的混合。但我们就不能说把一个人和一匹马混合。于这样命意的混合，那些没有区分到最小单位的事物是办不到的，可是把这些事物杂凑起来，予以完全的调和，实际上却是最合乎自然的混合。如何调成这种混合物，在先，我们已在《关于调和（混合）》的专篇中，讨论过了。但，于颜色而论，这是明显的，必需诸着色物先行调和了之后，才能成为色的混合，这是出现许多色彩的真实原因。这样现示的色彩，不由于两色的重沓或并列相傍的缘由；由混合物表现的色彩，在任何距离看着，都是单一个色，若由并列所表现的，须是远观才成单一个色，若由重沓所表现的则靠近些也能见其为单一个色。由于诸原物（原色体）的调和可作许多不同的比例，有些是为数有等差，有些只是一量超逾于另量，所以肇成许多不同品种的色彩。于重沓与并列之调色，也可合成许多品种的混合色；但色之为别，品种虽多，其数还是有限，而不是无限的，这于滋味与声音而论，也理有同然，我们将随后讨论这些。①

① 章三，讨论了“色”之后，章四章五，讲“味”与“嗅”，中缺讲述“声”与“触”的两事。诠疏家于此作两种解释：（1）亚氏原有此两章，后世轶失了。（2）亚氏认为这两事已详述于《灵魂论》中，这里已没有什么可补充的了。

章四

现在我们已阐明，云何为色以及色之何故而有许多品种。我们在先业已在《关于灵魂》的专篇中，讨论到声响与嗓音。这里，[①]我们该研究嗅气（香臭）与滋味了。这两项感觉，虽不在相同的境况中相值，所发生的作用是相同的。滋味的种属比之嗅气的种属，较易于为之类析。推究其原因，这当在于我们的嗅觉劣于我们所 441a 有其它诸项感觉，而且也劣于所有其它诸动物的嗅觉。但我们的触觉却较任何动物为优胜（敏利）。味觉则是触觉的别一型式。

水的本性是无味的；水之为无味，拟可有三种不同的解释，（1）恩贝杜克里作这样的揣想，可能水中实含有一切滋味的种籽，但每一品种都含量微乎其微，所以不被察觉。（2）水中可能藏有一切滋味的种籽，[②]而滋味乃从水中这里那里所蕴存的这类物体中孳生。（3）滋味的成因，和水全无关系，味，可能由于有如热效应或太阳的这类作用而发生的。于这三说，恩贝杜克里的理论之为谬误是一览而可知的；我们明见滋味是受到热的影响而为变化的，当果实（果壳）[③]从枝上摘下而被太阳所灼晾之后，这时它的滋味，殊不能有它被置于水中而浸出的滋味，但经长时期的存储，与蒸发并

① Περὶ ψυχῆs《关于灵魂》（《灵魂论》），卷二章八，φόφos（声响），见于 419b3—420a4；φωνή（嗓音或乐音），见于 420a5—421a7。

② 441a6，πανσπερμίαν χυμῶν“滋味的万有种籽”或“所有一切滋味的种籽”，这短语中，πανσπερμία“万有种籽”这字，亚里士多德于《物理》，203a21，《说天》（de Caelo），303a16，《灵魂论》，404a4，引以说德谟克里图的原子论；于《创生与坏死》（de Gen. et Corr.）314a24—b1，用这字说，亚那克萨哥拉的“相似微分”。

③ 441a12 περικαρπίων 应为果皮，果壳，或豆荚；亚里士多德在这里 καρπίων 专指“果实（籽实）”；参看《天象》，380a11，14，28，这同一字也是这样别用的。

干燥之后，这就会从甜的，变作粗涩，或苦的，或其它诸味，而若加焙煮，[①]这又转出种种的滋味。或谓水应内藏一切滋味的原种（万有种籽），这又是不可能的；同一份作为饮食料的水（汤），人们不可任意制作之以成各种不同的滋味。剩下的另一解释，须是滋味的发生，盍由于受到某些作用，经某种方式，变化而成的。现在，这是明白的了，我们所谓味觉功能，实不由热功能获得；水是诸液体中最轻的一种，虽比之于油，也是较轻的。但，由于其稠度之故，油在比水较大的表面上播散。可是，水就没有那么紧地粘结，所以用手捧油，比用手捧水为较难。既然水在被加热时，自身不表现增稠的现象，这样，水的内涵若有所变化，须得在水自身以外寻取其原因；至于一切滋味都显示其具有浓厚度的，若加之热，这就增加其浓厚度。441^{b} 所有一切籽实（果壳）中的滋味都存在于土里（土壤），所以，有些古代自然哲学家[②]申说，水在地下（土中）经行时，吸收了它所内涵的物质。凡水之渗透灰烬的，若灰是属于苦味的，这渗出水也就带有苦味。这是明显的，卤质水必是从盐层渗出的；盐是土的一个品种。地上的许多水泉，有些是苦的，有些是酸的（尖锐的），另些乃具有不同品种的各样滋味。[③] 在[④]草木方面，滋味这类属的诸品种，最为分明，这是合理的。凡“湿的”（τὸ ὑγρόν），都自然地为其

---

① $441^{a}16$，ἐφομένους 多义，见于《天象》$380^{b}31$ 注；这里，用作烹调名词，或译“焙过的”（baked），或译“煮过的”（boiled），或译“发了酵的”（fermented）。

② $441^{b}1$—3，“果实滋味全都来自土壤”这论断，亚历山大《天象论诠疏》，67，17 行以下，谓古哲持此说者有亚那克萨哥拉与米特洛杜罗（Metrodorus）。

③ 滋味诸品种，参看《灵魂论》卷三章九，$421^{a}27$—31。

④ 删省一个联系词 διὸ（“为此故”）。

与相对反的事物所影响（作用），这是万物所同然；与“湿的”相对反者，即“干的”（τὸ ξηρόν）。为此故，这就必在某种程度上，接受火的作用；火的秉赋就是“干燥”（ξηρὰ）。但，有如我们在《论诸元素》专篇中①所已阐明的，火的本质（特质）是“热性”（τὸ θερμόν），而土的本质（特质）才是“干性”（τὸ ξηρόν）。火之于火，或土之于土，通常是既不施展什么影响，也不接受什么作用，只有遭遇各与之相对反的事物，这才会施展其影响或接受其作用。人们浸洗某些有色物或有味物，这样的水就染上那个颜色或涵有那个滋味，自然恰也如此处理那些干性与土性物，让水渗透它们，由热使水流通（运动），于是这水就着了些它们的色或味。如上所云，浸洗干物于水（液体）中，所起的作用而取得的滋味，于是遂使潜在的味觉，转成了现实的味觉；感觉不同于获得知识（理知）而相仿于操持理知（运用知识）。②

人们可以从作为营养的干食物悟到这样的事理，即全干不湿或全水而内无干性物，都不能用为动物的营养（食料），惟干湿两混物才能成食料；人们又可以从此领悟，虽能由干食物获得滋味，却不能由一切干物都取得滋味，而其中全无干物的［液体］，也不会有滋味。可是，凡供应动物的食料全都是可感觉的，使动物们得以进行生长与坏死的活动者，正是那些事物的可捉摸（可触着）部分；生长与坏死相属，系于热性与冷性，而所供应的食料，实际就内寓了 442a

① Ἐν τοῖς περὶ στοιχείων “在《论诸元素》专篇中”，今未见亚氏著作中，有如此题名的独立篇章，但《生灭论》（De Gen. et Corr.），329a 页以下，研究“诸元素”的性状（四本性与四辅性［热，冷，干，湿］）。

② 参看《灵魂论》卷二，章五，417b19—24 及注。

热与冷的素性。供作营养的食物是凭味觉为之识别的。凡物之有甜味的，无论其单独的为甜，或与它味相混杂而含有甜味，统都有益于营养而可以进食。关于这方面的详情，留待在《生成篇》中陈述，[①]当前只提示若干主要事项。食料是由热为之形成并增长的，由那些加过了热的事物中，抽出轻的，于是因其性重而剩下卤盐的与苦味的。在外物而由外热加温的这样的制作食品功能，在动物与植物体内，是由[体内的]自然热承办的；经由这样操作所制成以供养动物与植物的，实际就是属于甜味的食品。但所有其它诸味，例如卤盐的，与尖酸的，在如此过程中，混合于食品之内，也具有[腌渍与酸化的]保持(护储)滋味[②]的作用。过度的甜味使食物不易消化而留滞于体内，这就需要调入它味，以抵消那独多了的甜味。

恰如颜色出于白与黑的调和，滋味乃甜与苦的调和。在调和(混合)中，每个配对各有或较大或较小的比例，这例的比值与其运动，[③]或是有定数的，或是无定数的。可是，凡属令人喜爱的[美]味，其为调和(混合)，所配诸味都各有确定的数比。只是甜味独饶于油性，而鹾盐几乎同于苦味，但粗酷(苛严)的，刺舌(辛辣)的，碱

---

① Περὶ γενέσεως《生成篇》拟即《生灭论》(成坏论)的省略；参看现传亚氏全集中《生灭论》(De Gen. et Corr.)，卷一章五，350—352页。参看《动物之生殖》(De Gen. Anim.)762^{b}12以下。

② ἡδύσματος“经过调制或腌制(如盐渍，酸化，加糖)而成为令人喜爱的美味食品”，这一措辞先已见于《灵魂论》卷三章三，414^{b}13。

③ καὶ κινήσεως“与其运动”，或拟“运动”字样有误。福斯特(Förster)拟为 κιρνήσεως 调和(混合)之误，罗斯《自然诸短篇校本》，《诠疏》206页，校作 κιρνὴσεως 只是上文 μίξεως 的复沓，没有必要。可保留“运动”原文，而解为甜与苦调和时相互间的作用。

盐的，与尖酸的诸味，则属于中间性滋味。①

味的品种分别，几乎全同色别一样。色与味各区别为七种（七式），②如果我们顺其自然，把灰色看作黑色的一个变种。这里，还得考虑，黄为白色的一个变种，恰如我们认为油腻是甜味的变种那样；于是，挨次为红，海紫，绿与蓝，为白与黑之间的中间性颜色；其余种种颜色，都由这些调和（混合）以成的。恰如黑色是在透明介质中全没有（被褫夺了）白，卤盐与苦味是在湿食料中被褫夺了（阙失）甜味。为此故，一切物品若烧成了灰烬，就都作苦味；其中所有可饮用的液汁，业已蒸发而尽了。

但，德谟克里图和大多数的自然哲学家，在研究“感觉”时，撰造了一个很不合理的假设；他们假定一切可感觉物统都是可捉摸（可 442b 触着）客体。于是，显然，若认可这个假定，其它诸感觉，便各都是触觉的一种分式了。这里，大家不难明了，这种假定不符事实。③

① 滋味品评，以甜味与苦味分属于人们在味觉上喜欢的与讨厌的两端，中间四味，第一 αὐστηρός 和第三种 στρυφνός 是难于辨析的。ἀυστηρός 于味觉而言为粗糙或苛酷，于人的情态而言谓“严肃”；στρυφνός（辛辣）于味觉而言，谓其味使口舌感应而收敛者，于人的情态而言，同于 αὐστηρός “严肃”。参看《灵魂论》，卷三章九，421a27—31，章十，422b11—16。

② 442a20，ἑπτὰ... εἴδη “七种”的“七”字很可疑。亚氏于色与味的品种分别，两相类似，若兼举两端（白与黑，甜与苦）则应为“八个”品种；若舍两端，则各为“六”种。或依 22—23 行，并黄于白，并油腻于甜味，若是，则两者乃各为“七个”品种。

③ 442a29—b1，感觉客体的流散（辐射），应于感觉主体（器官）而成感觉，古传为毕泰哥拉，以及巴门尼得（Parmenides）之说，参看艾修（Aetius），四，13，9—10［见于第尔士，《先苏残片》（Diels, Vor Sok.），卷一，226 页］。在亚里士多德的心理学著作中乃属之于恩贝杜克里与德谟克里图。色奥弗拉斯托《感觉论》xi，55，xii，60，xiii，69（第尔士《先苏残片》，二，116—119 页）所记同于亚里士多德。柏拉图，《泰阿泰德》篇（Theaetetus），简撮了原子论者（atomist）的感觉观念（182B，1—17）。

有些事物是所有各项感觉统都能感应的，他们把这些共通可感觉物专属之为只有触觉一项的可感觉（可触）物；在一具有体积和重量的立体事物，除了它为尖锐或敝钝的以外，总还得有量度，形状，以及粗糙或细滑等性质，这些通性，即便不全通于所有一切感觉，至少是通于视觉与触觉两项官感的。涉及共通可感觉物时，感官往往惑误于所觉，但各项专门感官，对于它相应的感觉客体，如视觉之于颜色，听觉之于声音，是不会错误的，但这些思想家们，有如德谟克里图所想的，却把专项的感觉物归属之一般的感官，他把滋味通于形状，因而说明所谓粗糙的与细滑的正就是白的与黑的。[①]又，能认取共通可感觉客体的，毋宁该当是视觉，而不宜任意举而属之于其它某项感觉。感觉功能对于与之相应的某项可感觉物，必能审辨其最微小的差等，若把这么的功能属之于味觉，那么，味觉将是最擅于审辨“形状”的官能了。又，可感觉诸客体，显见有相反的诸客体之配对，例如于色而言，则有黑与白，于味而言则有苦与甜。但于形状（几何图像）而言，这似乎没有什么是互相对反的；怎么能说一个球形与一个多角形为相对反的呢？又，“形状”是为数无定限的，那么，滋味必须也为数无定限么？可是，一物可以引起味感而另一物乃绝无滋味？这里，我们结束关于味觉与滋味的

① 442^{a}29—^{b}23。亚里士多德否定德谟克里图把各项感觉总归于触觉的假设。修洛（Thurot，F. C. E.）校《感觉与感觉客体》，本章，加括弧于这一节，认为这一章在讲“味觉与滋味诸品种”，这一节与上下文不联贯，是题外语。亚氏指出形状，量度等属于共通感觉事项，通于视觉，亦可通于触觉与味觉，不通于听觉与嗅觉。又“共通感觉”（κοίνὰ τῶν αἰσθήσεών），可以发生错误；五个“专项感觉”（ἴδια τῶν αἰσθήσεών）不会发生错误：德谟克里图昧于这两异级功能的差别。

研究，滋味的其它相亲近的诸属性，在《植物自然志》中已有所叙述了。[①]

章五[②]

现在我们该以相同方式进而研究嗅觉，干物体在湿液（汤水）中所产生的一项作用，相仿地也在经由空气与经由水，而产生另一项感应。透明是水与气的一个共通性状，而既属透明，自然是嗅不 443^{a}
到的；但由于它们能清发或浸洗已经润湿了的干性物，所以不仅在气中，也在水内，引起嗅觉功能。于鱼类[③]与介壳动物（贝蛤）[④]诸

① τῇ φυσιολογίᾳ τῇ περὶ τῶν φυτῶν《植物自然志》(Natural History of Plants)，这样的书，按照亚历山大《感觉篇诠疏》，87，11—12，在他当时，绝未见到。按照这里这一节，和《动物志》，539^{a}20—21，《生殖》，731^{a}19—20，亚氏确曾想撰此书，或已撰成此书。今亚里士多德全集亦有 de Plantis《关于植物》之篇，或题云 Phytologie Frag. ，《植物学残片》。现传存有色奥弗拉斯托(Theophrastus)《植物志》(Historium Plantarum)与《植物原理》(de Cans. Plant.)是一本完整的古希腊植物学，世多揣拟谓，这书是这位亚氏继任导师，依据亚氏遗著或资料，整理增补而完成的。

② 按照 Y 抄本，12—13 世纪，梵蒂冈 261 号抄本，以及其它几种古抄本，卷五，开章前有 Ἀριστοτέλους Περὶ αἰσθήσεως καὶ αἰσθητῶν βιβλίον δεύτερον“亚里士多德的《感觉与感觉客体》卷二”这样的题目；那么，现行的这本书，可能是章一至四与章五至七，分成两个先后的时期撰成的。

③ 亚里士多德《动物志》，卷二章十三，505^{a}34—^{b}1，鱼类没有听觉与嗅觉，也未见有司听与司嗅的器官。这一节与本书这里所说不符；但《动物志》(Hist. Anim.)卷四章八，533^{a}11—16 和本书这一节相符：鱼不吃腐臭的钓饵，也不能常用同一种饵来诱取鱼类。鱼类凭嗅觉辨认这些饵料。萨尔帕(σάλπα)喜欢臭饵，可用排泄秽物引致萨尔帕(鲻)。以下 553^{a}16—^{b}13，叙明渔民利用或香或臭的某种气息，作多种方法以引致某些鱼类。参看《动物志》，553^{a}30—554^{b}14。

④ 《动物志》卷四章八，534^{b}15—535^{a}13，述软体动物，介壳动物与节肢动物(昆虫)，皆有嗅觉与味觉，都能凭嗅气感应于若干距离外的食料。昆虫虽不行肺呼吸而无鼻孔，嗅觉特为敏锐，蜜蜂与树蜂都能凭嗅觉而寻取远距离外的食料。

案例中，这是明显的；虽则水中无气（水中，任何时刻若有气体生成［气泡］就立即浮起水面之上了）；而且它们这些属类又是不行吸气的，却在水中确乎表现其具有嗅觉功能。人们不妨把水与空气同样当作润湿物，则有滋味的干性物体，在这润湿流体中应就具备嗅觉性状（香臭气息），而这样的物体遂将成为嗅觉客体。考察那些具有香臭气息和那些不具有气息的事物，使人能够嗅到的作用，显然是有据于滋味的。诸元素如火，气，水与土，若不混杂之于某些事物，而单纯地只是些为干与为湿的物质，皆无滋味，也就皆无香臭（气息）。大海之具有一个气息，执由此故；大海内涵干性而有味的物质。海盐的气息，较之矿盐硝石①的气息为重；海盐渗出的油［卤］，②可举以为此事作证；而矿盐硝石乃较富于土性物。石块又是既无滋味，就也无气息的一证，而树木之具备香臭（气息），正由于它们各有滋味；湿树木之具味较干树木的具味为轻淡。于金属而言，金因为无味，所以也无香臭。但青铜（铜）与铁是有气息的。③ 当这些事物经过燃烧（焙炙），除去了水分，它们余剩的炉碴的气息都是很少的了。但银与锡的气息较金稍多些，而较青铜

① λίτρον 是 νίτρον (natron)的雅典语拼音。埃及沙漠，孟菲斯(Memphis)附近有矿盐硝石 (saltpetre)，见于希罗多德(Hdt.)《史记》者，作 λίτρον“里德隆”。亚里士多德《天象》，卷四，383b，384a，385a，388b，389a，五见此物，作 νίτρον“涅德隆”。涅德隆（硝石）是钾或钠的碳酸盐（碱）。

② 原文 ἔλαιον“油”，意盖谓“盐卤”。

③ 说铜、铁、银与锡有气息，可用嗅觉辨识者，实谓这些金属的结晶盐类，这些晶体各含大量的结晶水，有色有味，也有些可嗅辨的不同气息。这些金属盐类，经高温除去其酸根与结晶水，可得金属剩余，或氧化金属。参看柏拉图《蒂迈欧》(Timaeus)，58D—59B。

(铜)为少;这些金属都是内含了水分的。[①]

有些人认为香臭气息是一些烟嘘气,烟嘘气,一部分是土,一部分是气。关于气息的观念,人们实际都趋向于此说,赫拉克里特本乎这个观念,乃谓世间万物若使统变成烟,鼻将是感应万物的器官了。[②] 统概起来,对于嗅感,作不同的认识者,该包括那些主于蒸汽的人们,和主于嘘烟的人们,也该及于那些认为这当出于两者混合的人们。蒸汽实仅是水湿,而嘘烟,如曾叙明了的,则是气与火两者的混合,从蒸汽所能形成的,只有水,但由嘘烟转变出来的,却是某些式样的土。然而,也许两者都不是嗅感的由来;蒸汽既属水所组成,而烟嘘却全不留滞在水内。但如上已言及,水中所含存的事物却是可具有嗅感的。又,嘘烟说,相仿于发播(辐射)说。如 443^{b}
果发播说为不佳(不合于理),[③]那么,嘘烟说也就不佳(不合于理)了。[④]

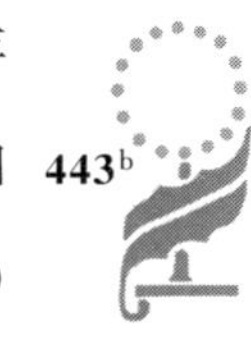

因为空气原有润湿的本性,显然,这可能涵在气中与涵在水中的湿性作用于干性物体而吸收了干性物的具有味感的素质。于是,这就明白了,润湿物,如在空气中,发生了对干物的浸洗作用;而嗅感所自的气息,恰相仿于滋味。于某些案例,这确乎是可比照

---

① 罗斯(Ross, W. D.),《自然诸短篇·校本》,《诠疏》,214 页,443^{a}18 注,引柏拉图《蒂迈欧》,58D4—59A6 云,水有两种,一是河海常见的水,二是熔融的金属液体。古希腊人谓金属内含有水者,于此取意。

② 参看第尔士(Diels)编《先苏残片》,赫拉克里特(Heraclitus)残片,第 7,第 12。

③ ἀπορροῖα 发播(流散)合乎本字的原义,近代或译“emanation”,“发射”。本书章三,440^{a}17,说在视觉客体(色)上,发播(流散或辐射)说,是不合理的。

④ ἡ ἀναθυμίασις “嘘气”有干烟,湿汽两种,常见于《天象》各章节中。罗斯(Ross, W. D.),《亚里士多德》(Aristotle),109—111,汇撮了嘘气的大意。

的；品评气息的种别就和滋味的种别相仿，而为粗涩（苛严）的，甜蜜（香气）的，辛辣（刺鼻）的，与油腻（油气）的，以及相仿于苦味而为腐恶（臭气）的。有如苦味那样，人们厌于饮食，人们于臭气也是那样恼于吸入。于是，这可明白了，在气中，也在水中，发生作用的嗅感气息，实相当于仅在水中引致的味感作用。为此故，寒冷与冰冻休歇了滋味，也会使嗅感灭失；寒冷与冰冻实际抵消了那激发感觉而产生滋味的暖热。

但，嗅觉客体（对象）区分有两个类别；有些人说可嗅物没有类别，这是不合的，可嗅物确乎为类有异。我们该应说明，于何命意而嗅觉对象为类有异，又，于何命意，而为类无别。有一类的嗅气，是可以列置于如我们前曾叙述的，诸滋味的相同范畴的，有如可喜爱的和苦恼的这些词项，就相应于香甜的和苦味的而成为附属名称；既然它们是营养机能的作用，这类嗅感气息激发动物的贪欲，它们成为被喜爱的，但当动物们既饱既足之后，已无所需于它们时，它们乃转而为无可喜爱的事物了，有些事物作为食品，其滋味，对于某些动物而言，是不可喜爱的，于是其气息也成为不可喜爱的。这样的成为可喜爱的香甜气或相反的苦臭气，实只是附属于滋味而云然，而这样的情况，却于许多动物为常见。另有些嗅感气息、其为可喜爱者乃起于它们的自体，譬如花卉的香气；花香之或甚浓重，或为清微，都不为招惹人们而自献为食品，其所抒发者也不在激励人们的贪欲，也许其旨竟是相反的；斯脱拉底讥讽欧里比特说：“ὅταν φακῆν ἕψητε, μὴ πιχεῖν μύρον. 你调制羹汤时，请勿浇
444a 上香料。”斯脱拉底恰正道破了人们调羹的谲巧，他们投我们嗜好的积习，混合两项感觉之所可喜爱者，遂使我们迷误了其为喜爱，

乃只自一项感觉引起的。从气息引起喜悦感应，是人类的特性，所有其它诸动物，如我们前曾讲过的，都专重事物内涵的滋味，以选择其食品。凭此以辨嗅气的分类：人类所认取的，孰为香甜而可喜，孰为臭恶而为苦恼者，出于气息自体的嗅感，而其它诸动物所求者，则是相应事物之滋味，附随而来的气息，其为欢为恼，只是滋味的从属感应。

推究，凡由本性而为感应的气息，何以专属人类之故，盍由于人类脑部周围区域的冷性。脑是自然地冷的，脑外围血脉中的血是轻而清的，且又容易冷却。（为此故，从食品中引发的滋味，当其冷却时，促进了脑周围的冷性，肇致病理泌液。）人类，为了有益于他的健康，乃有这样的嗅感功能；气息，除外了这样的作用，也就没有其它作用。它显然是在发挥这样的作用；食品之味甜而可喜者，无论其为干或湿，往往有害于健康，至于事物之以气息（香甜）而为可喜者，则一般都有益于人的健康，无论其人之体质（或强或弱）为如何。为此故，嗅觉既由吸气为传递，这就不能及于所有一切动物，而只能达到人类或热血动物之有如四脚（兽）者类，和那些自然地吸气足够多的类属。嗅觉感官，自然地为具有热性，由其热度，凡凭之以传递及于其躯体的脑部周遭，须是气息之较为清轻者，如此气息确是有益于健康的。

自然应用呼吸于两个方面，它的主要作用在于保护（帮助）胸腔，次要作用就在于嗅觉功能；当一活动物吸气时，嗅感气息也经由鼻管的运动，像似于从一个边旁通道，跟着也吸进了。这样形式的嗅感特显于人类，因为他独具，凭体积为比较计量，所有一切动物中最大又最湿的脑；恰正也因此而人类，于一切动物之中，独能

领会而怡情于花卉和相类事物的[芳香]气息。这些气息所发生的

444^{b} 热量与运动，平衡了他身上这个感应于嗅觉的构造及其周围，过度的湿性与冷性。自然，于所有其它具肺而行呼吸的诸动物，只配给与嗅感的第二等级功能，避免为它们作成两个分离的官能；自然认为，对于它们，这样的呼吸方式就已足够，让人类能对两个级类的嗅觉对象统都感应，至于其它诸动物就仅须感应于一个级类。但，这是明白的，那些不行呼吸的动物们，也具有对于可嗅客体的感应；鱼类和所有各科属的昆虫类，对于营养物品的嗅觉气息，虽在一个距离之外，便能很精确地察识，虽把这可以进食的事物置于远处，它们能凭其内涵的营养性质，遥作明辨。譬如蜜蜂之于花蜜，就显见了这个情况，蚁类的一个小种，所称为“克尼伯斯”的，以及海生动物中，有如紫骨螺，以及其它许多相似的种属，[①]都具有对于气息的敏感以寻取其滋味为合乎它们进食的感觉（嗅觉）机能。但，这些动物的这种机能，与相符应的感觉（嗅觉）器官，究属于它

① 《动物志》，卷四章八，534^{b}29—535^{a}12：“昆虫所追求的食物是多种多样的，它们的味嗜各不相同：譬如蜜蜂老是萦绕于新鲜而甜蜜的花朵，从不栖止于凋萎的草卉；而郭奴伯斯（醋蝇）便叮住辛辣的事物，并不追求甜味。……介壳类具有嗅觉与味觉。关于嗅觉，这可由诱饵为之证明，例如紫骨螺喜欢腥臭的肉，它感应到腥气，会从老远的地方引来。……凡动物之闻香或闻臭而引来者，这必然因为那发生气息的事物，其味为它素所爱好。又，一切具有口器的动物，于接触到有滋味的液汁时，都会引起愉悦或厌苦的表情。”（汉文译本，180 页）这一节正可引作本篇本章，443^{b}13—444^{b}15 几节，关于嗅觉与嗅感客体的两级分类的笺注。所引动物实例，αἱ μέλιτται“蜜蜂”与 αἱ πορφύραι“紫骨螺”，两书相同；但本章中，κνίπας 句，记明其为“蚁类”（τῶν μυρμήκων），《动物志》中所举则为 κώνωψ（conops，醋蝇）。κνίηας 本字当为 κνίψ；《动物志》，534^{b}19，κνίψ 与蜜蜂并列，应为“瘿蜂”之属（cynipid）。这里“克尼伯斯”既列于蚁类中，当是蚁类中之 aphis 阿蚩属（树蠹，或蠹蚁，或蜜蚁）。

们身上在哪个部分，迄今不明。

若说嗅觉，只有吸气的动物们才得具备，那么，上述这些不吸气的动物，将凭怎样的器官而为嗅感，人们当然大为迷惑。于一切能行呼吸的动物之具有嗅觉，这显然是无疑的；可是，这里所举示诸动物，没有一种是行呼吸的，而竟乃都有嗅感，也许在五项感觉之外，真别有一项感官。但这是不可能的。识得香臭的气息确是嗅觉的功能，而且这些动物确实感觉到了臭（香）气，可是它们由何途径致此感应，也许是别异的。于举行呼吸的动物而言，嗅觉器官上恰像有一个覆盖，呼吸恰好揭开了这个事物，所以若不呼吸，它们就像有所遮蔽，嗅不到任何气息；但于不行呼吸的动物们而言，这个覆盖先已是除去了的。以眼睛为喻，这就可明白其真相，有些动物有眼睑皮，睑皮闭阖，它们的眼睛就什么都看不见了；但硬眼动物[如虾蟹]没有眼睑皮，不需有什么来为之揭除其遮蔽，视觉对象，在任何时刻，在可见距离之内，一经呈现于其前，它们随即见到了。相似地，于其它诸动物而言，除了有些相应而为致命的事物外，各个气息不良的嗅觉对象，于它们都不引起苦恼的表情。从煤炭里泄发的煤气，使人头痛，甚或使之死亡；与此相仿，其它诸动物常被硫磺与沥青的效力所杀死，因此它们相率违避这些事物。445a 但，这些动物，对于事物固有的不良气息，倘若这些事物的滋味不属它们所爱好，作为食物，它们全然不取的，就漠然无动于其嗅觉感应。（虽则许多植物具有使它们嫌恶的气息，它们也是全不理会的。）

诸项感觉的总加是一个奇数，奇数常被应用为中项的一个单位。诸触觉——姑将味觉归类于触觉，而为一个方面——又列其

它感觉之必须经由介质而达成的，即视觉与听觉为另一方面，嗅感似乎可被认取为两方面的这么一个中项。所以，嗅感的作用是可资营养诸物质的一个属性，（这些物质都属于可触摸物的级类，）也是可听闻与可看见物的一个属性。因此，嗅气在空气中，也在水中感应。既然嗅感附现于触觉，也附现于听觉与透视，它就该是兼通于这两个方面的了；因此论定嗅感气息发于干性物在湿体与液体中的浸出或涤散，是合理的。于嗅觉的种种，凡我们所能说明的，以及我们所未能说明的，就到此为止了。

但，有些毕泰哥拉学派的从者，所提出的一个主张是不合理的；他们说，有些动物以嗅气为营养（食物）。首先，我们见到食品都是复合物，供为动物们作营养的物质，实际不能是简单的物质，为此故，进食后的动物，有如草木那样，在它们体内体外，都是有残余（剩物）的。虽是水，若全不掺入些实物，也是不能用为营养的，必需加入某些实体，这才能粘结而成食品。空气当然更不如水，更不能使物体实成为食品。还有，显然，一切动物必需其躯体内具备一个容受食物的构造（部分），它的全身由此以资取其营养。现在，嗅觉器官却位置于头部，而嗅感气息，随呼吸以进达这个区域，就像吸入的空气一样，必需止于呼吸所止的区域。于是，这就明白了，嗅感之为嗅感，实无关于食品。可是，这也是同样明白的，凭我们前已讲到了的，凭我们自己（人类）的感觉而言，嗅感气息实际有补益于身体健康，所以，于营养，以及对
445b 受到营养的人，嗅觉气官和嗅气是尽了它有助于人人健康的功效的。

对于各项感觉器官的陈述，就到此为止。

章六

可许提出的一个疑难是，若说各个物体能容受作无限止的分划，它的诸属性也该可容受作如此的区分，所云诸属性，我指说色，味，嗅，声，重量，以及冷与热，光，硬与软。也许，这是不可能的；这些物体实际上各各产生感觉，而且正是依循它们各所因应其专项客体之专项机能，题取了它们各自的专项名称。这样，按照上述的设问，感觉须是无限地可区分的了，而且每一区分（分段）各须是可感觉的；若非那个分段也具有白色，这就不可能具见其为“白”。否则，一个既无色也无重量，也无其它属性的事物，也得存在而可感觉到了。但，事实上，这样的事物（物体）是全不可感觉到的；凡可感觉的事物（客体）已尽在上举的诸项（五项）了。按照这个事理，每一可感觉物体，将不是由可感觉的诸部分组成的了。但由以组成为各个物体的诸部分，不得是些数理抽象，而该须是可感觉的事物。又，舍却感觉，我们将凭哪一个机能来审辨而认识这些？凭心识（理知）吗？但它们直不是心识（理知）所考虑（思想）的对象，心识也不认识任何外在事物，除了那些与感觉相结合（交会）的对象。同时，若谓此义为无误，那么拥护原子（不可区分物）理论的那些人们的主张，盍是可取的了；我们的疑难，也许可由此而得以解释；这一理论，我们曾已在《运动篇》τοῖς λόγοις τοίς περὶ κινήσεως[①] 中讲述过了。阐明了这些问题，何故而色，味，声与其它可感觉物之品种，各为有限数目，将是清楚的了。凡具有两方面的极限的事物，

① 实指现行亚里士多德全集中的《物理学》（Physica），参看这书，卷六，章一至二，231^{a}21—232^{a}25。

其中间级别(等差)必然是为数有限的;彼两相对反者,恰处于两极限。而各项感觉对象都内涵着对反(相反配对),例如于色而言,有白与黑,于味而言,有甜与苦,于所有其它诸项感觉客体而言,其相应极限,也就各是它们的相反配对。这里,凡物体之具有延续性者,可以区分为无限数的不等部分,但区分之为相等诸部分,这就为数有限的了。① 至于物体之自性为非延续者,则可区分为若干有限数的品种。准此而论,这里所涉及的属性可以当作诸品种来

446a 叙述,而延续性则是它们的自然诸性状之一,人们必须考虑到潜在状态与现实状态之间的差异;为此故,人们看到了一个粟堆而失察于其中只有万分之一那么微小的粟粒,人们能听到整个延续的乐调(旋律),而失察于乐调中的四分之一音程。② 可是,两极之间的间隔是没有认明的。于其它可感觉物而言,凡属微小分量,情况与此相同;潜在地,它们是被看到的,但它们若不从整体中孤离起来,现实地是看不到的。潜在的"一尺长"存在于两尺之内,但,这只有被切开了之后,人们才能现实地有那个"一尺长"。但这恰是合乎自然的,这些品种的增值(增益)盍当淹没于它们的外围环境之中,有如屑屑薄味泼入了大海。但这些微小增益,感觉自己是感觉不

① 照古希腊的数学语言来解释 445^{b}27—29 句,一个真正的延续体不能无限地区分为相等分部分;若说能如此等分,那就自身须是无限的了。若作挨次至于极微的不等分部分,这是可以分划至于无限次数的(例如 2＝2＋½＋¼＋… ad infinitum 至于无限数)。

② δίεσιs,希腊古音乐中的"半音程"(semi-tone)。亚里士多德书中称为"四分之一音程"(quarter-tone)。这是乐音中最短促的音程,虽最优良的乐队指挥也难审听,半音程(二分之一)则是大众能辨明的。参看亚里士多德[伪著]《集题》(Problemata),917^{b}35—918^{a}2;参看亚里士托克色尼,《协和乐调》Aristoxenes, Harmonica 第 21 页,梅伊蓬 Meibom 编订本。

到的，即便从整体分离（孤立）了之后，（这种分离活动只有在较显著的感觉项目上才潜隐地存在），这也不可能现实地见到这品种的可感觉客体；它们既潜在地为如此，这也只有在它们返合于整体之后，才能现实地为如此。于是，我们已陈述了于某些量度（区分）与某些属性，我们欠于注意；我们说明了这一失察的原因，也说明了它们作为可感觉客体和不作为可感觉客体的命意。但，由于有些感觉项目的某些品种，具有这么样的[这么大的]存在，它们竟已成为现实地可认见的了，它们不但在整体中确实存在，而且即便离立了之后，也是存在的，所以颜色，滋味与声音[的品种]，必须是为数有限的。

还有一个疑难应该予以考虑：这些感觉对象，或由它们所发起的运动（不管从哪个方向或途径发起的），在它们成为现实之先，是否先得抵达一个中点，有如嗅气与声音似乎就是这样的？人站得较近于嗅源的，先嗅到这香气或臭气，而声音既经打击而发作，要待随后才能抵达于听众。这于视觉对象与光，情况也相同么？恩贝杜克里曾说到，太阳光在抵达地球，或大家的视野之前，先行寄止于一个中间点上。这一例示似乎颇得其实；凡被运动了的事物，其为运动必来自某个动源，而运动于某个方向，运动发始之后，从一点至另一点，必须经历一段时间的间隔。但一切“时”都是可区分的，所以在先未被看见以前，当有一段落的时间，光线正在这中 **446^b**
隔的空间运动（行进）。即便假设“听”与“听到了”，“触”与正乃“触及了”，在同时发生，这么的间隔（段落）总还是存在的，①恰合符于

① 见于《物理学》(Physica)，卷七，258^b17；《说天》(de Coelo)，卷一，286^b27。

使钟发声的一击，业已打了，而声音还没有到达我们的耳中。言词的拼音（声腔），我们听来已有变异，这可证明如此的变异是在这中隔空间发生的，①正当声音向听者行进，空气的扰动，肇致了些变化，所以他所听到的，就不符合于所说的了。于色与光，情况也恰正与此相同么？这是不确实的，说其一人看，另一人就被看见，只因为他俩正处在两相等的某个境况；若然如此，这就无需乎两人该应各有指定的位置了；若说事物可以一例为之等同，那么它们或相靠近和或相远离，都无分别了。②这是合理的，假设同样的情况发生于声音与嗅气；它们所通过的间质（介体），气与水，是延续的，所以，它们也得是延续的，可是，两者的行进（运动），该设定为分段的（有区划的）。这样，其一义是第一人和末一人听到与嗅到了相同（同一）的事物，可是，另一义，两人所听到嗅到的，不是同一事物。但，有些人在这里发生又一个疑难；他们就认为一个人听，或看，或嗅，和另一人所听，所看，听嗅为同一事物，是不可能的；他们申辩，许多人站在相互分离的位置上，一人与另一人怎能听或嗅到同一事物，若说如此，那个发声发臭的事物将离立于自身了。③这些运

① ἡ τῶν γραμμάτων “文字”或“拼音字母”，姑解作言词的拼音；μετασχημάτισις “变形”，这里，以形喻声，译作“变异”或“变化”；例如在大风中传话，人就听不清楚，发语者的声腔和所说的是什么。

② 《形而上学》，卷五，章十五，1220ᵇ25—1221ᵇ12，《释关系》（τὰ πρός τι）事物之间“关系”三义：（一）数的较大或较小，相比而成的倍数或分数关系；（二）主动与被动关系；（三）计量与可计量关系，例如感觉与可感觉事物之间的关系（αἰσθητὸν πρὸς αἴσθησιν）。这里涉及“关系”论题，亚里士多德所指，不是第一与第三义，他在说第二义，即主动与被动关系，在这“关系”方面，事物间有“位置”差异。

③ 贝刻尔本《亚氏全集》第六册，“诸短篇”（Opuscula）中，有“评议米利苏，崔诺芳，高尔基亚诸家论题”“de Melisso，Xenophane，Gorgia”；牛津英译本有勒芙（接下页）

动的发始者，有如钟，或炷香，或火，大家同时所听，所嗅，与所看的，虽然相同而其数只一的事物，而且是形式上相同的，但各人听到，嗅到与看到的，在品质上乃为数有异（非一）。这些［声，臭（香）色（像）］不是物体，而是物体的某些项目的属性或其运动（否则这样的事情就不得遭遇），虽然这些属性或其运动，都是与物体相关联的。

关于光的事理是特殊的，与这些相异；光是一个现存的事物，不是一个运动。一般说来，形态变化与位置移动是不同的；空间运动自然先行于中隔空间（声音显然是某些事物在行进之中），但事 **447a**
物之为形态变化者，情况不同，因为一物的形态变化可能一时而全然突变，不是一半先变的（不是渐变的），例如水，可一时而全然冰冻。可是，这又该承认，水的高热（增温）与冰冻，须待大部分到达某一热度，骤然［融化或］冰冻，大部分冻结以后，这就影响着挨次的部分，这样，全块冰冻也就不必限之于一霎那了。尝味实际竟相类于嗅感，倘使我们生活于水中，这在尚未接触之前，隔着一段距离时，就有感于味源之所在了。但，自然地，那些经由间体的诸感觉，除了光以外，就不是在同时感应的，间体的作用，前已讲过，由于光肇致视觉（才能看见），那么，视象就可以大众同时看见。

（接上页）戴与福斯特（T. Loveday and E. S. Förster），据第尔士（Diels）1900年编校本（柏林）的英译。980^{b}9—22，评高尔基亚 Gorgias 提出的一个“矛盾”（παραδόξ“不可说”或“悖理”）：“‘同一个事物不能同时呈现于几个离立着的人［的视觉］’；若说能［同时呈现］，那么这同一事物将分离为二。但，他辩说，若同一事物而能呈现于几个人，未必各人所得印象是全相似的（全相同的）。如果他们不在同一位置，而且他们所得印象各人不全相似（相同）；……”这里，亚氏实际在应用这一“矛盾”例。

章七

关于感觉，还有一个疑问，是否人能在同一个不可再区分的时间内，感应于两物（两个感觉客体）？① 或说，一个感觉的较大运动能否消除一个较小的运动？人有恰正在思想有所集中的时刻，或正在有所恐惧之中，或正在倾听着一个响亮的声音，他们的眼睛就看不见投入其视野的事物（可见对象）。假设这事理是确实的。又假设以下这事理也是确实的，感应于个别而单净的事物（感觉对象）较易，感应于相互混合了的事物（感觉对象）较难，例如，品尝（评定）纯酒，比混合了水的酒的滋味，为较易，这于蜂蜜，或于颜色也如此；聆听下弦的单独一个最低音较易，辨明在八度音程和声中的这个低音节较难，因为不同的音节相互中和（抵消）了它们的响声。对于构成一个整体中的各个个体，这些情况是常有的。于是，其运动较强（较大）的一个，倘与运动较弱（较小）的一个相值，强大的随即消除了弱小的，可是，那个强大者之为感应，也得因此而比它单独出现时为减逊了；当那个弱小的与之混合时，实也抵消了它一些强度，所以一切单纯的事物总是较易被感应。于是，若说有两个各别的运动，恰恰相等，两者各以其恰可相挡的强度，互缠着一

① 这一章的结构是复杂的。讨论的问题是：人能同时看到（感觉到）超于一个以上的事物么？$447^{a}12$—$448^{a}19$ 讨论了这问题，并作出了否定的结论。$448^{a}19$—$^{b}17$ 试作如此解答：两物之不能同时看到，若挨次地看，其相隔的时间是短而又短，以至于不能察觉。他随又辩说此解答为不合于理。$448^{b}17$—$449^{a}20$ 他重论这一问题，而提出他自己的解答：五项感觉，各只能于一个时间内，感应于一件事物，但感觉的中枢机能乃能感应一个以上，两个或更多的事物。$449^{a}26$—31，他证明了凡不可再区分的极微客体，是不能被感觉的——微乎其微的，“极微可感觉物”（minima sensibilia）是没有的。（在感觉上不能实际存在，只在思想上存在于这些“极微物”——“原子”的大堆（集合体）中。）

同行进，那么，其为感应将不能分辨这是出于哪一个的。它们各在自已单纯状态中的表现，这已不可能得到感应。这样，或于两者各别说来乃全无感应，或说所感觉到的只是两者合成的一种感应，那是和原来两物各所抒的感应都不相同的了。这样的效果，当两事物以任何方式或比例组成，或混合起来后，似乎实际见到了的。这样的混合，有时真产生了一个合成的完物，有时恰实不产生什么新物；如果所有参与此混合的各别事物属于不同项的感觉客体，这就归于后一情况[不产生什么新物]（只有事物之性状，其两极属于相 **447**b
反配对的，予以混合时，才能合成；一个白色物和一个尖锐物是不能合成单独一个可感觉客体的，但事物之兼具或辅备有如此的两项属性者除外；尖轻音与沉重音则不能在同一拍上奏成谐和或交响）；所以，这样的异项感觉混到一起，是不可能被感应的。两者动能若属等量，它们将互缠而对挡着行进，谁的刺激都不能突出。但两物的感性若不等量，较强大的一个将激发感觉，因为灵魂（感觉灵魂）在同一时刻，感应于两件事物，盍便依循它的常习，运用它某一专项感觉机能，好像这两件事物恰就属于同项感觉机能，有如尖轻（高）音与沉重（低）音，单项感觉的同时两个感应，总比两项感觉，有如视觉与听觉的同时感应，其为功能，总是较大的。

但用一项感觉感应于两个感觉对象，不是可能的，除外的，须是两者统齐而合成为一个对象；合成过程催使两物化为一个整体，只备具一项感觉，即符适于它的本性的一项感觉。因为灵魂感应于事物，现实地只能依循一项感觉，所以，凡属同时感觉到了的多事物，必须是既已化合（统齐）了的；凡感觉之其数为一者，其所感应之感觉对象亦必其数为一，但感觉客体之一于品种（形式）者，相

应的感觉机能只可潜在地为之单元。[1] 若感觉机能而为现实的一(单元),则它所感应的客体就该是一(单元)。所以,它们(原举的两物)必须是统齐而合成的一体了。它们在未合一时,现实感觉须是两别的。案之单独一个机能,在一个不可再区分的时间内,只能作单独一个活动;既然于一顷刻间,灵魂只能运用一个机能的活动,那么,在这里,正在活动的机能就只有一个。于是,一个感觉机能是不可能感应于两事物的。又,既然同项感觉的两个感觉客体,不能被一个机能,在同一时刻所感应,显然,两个不同项的感觉客体,例如一个白的与一个甜的,就更不可能由一项机能同时所感应了。灵魂不能关顾到其数为一的什么样事物,但其物又必同时而是品种为一的,灵魂能以其审辨感觉与方式,关顾到这样的事物。这里,我意在指说:感应于白的与黑的感觉,自身为同项感觉,若与感应甜的与苦的感觉为比照,该是异项感觉;这两项感觉各循其自己的方式感应于其客体的相反配对,但两者之所以为感应者,盍又内涵有两通的审辨机能,例如视觉之辨识白色者,通于味觉之辨识

448a 甜味的法式,视觉之辨识黑色者,也通于味觉之辨识苦味的法式。

又,若说相反配对所引发的运动是相反的,其相对反者就不得寓寄于同一的不可区分的客体之中,相反配对之属于同项感觉者,有如甜与苦,该是不能同时被感应的。感觉之属于同项者,虽非对

① 这一章中好些造句冗长反复而涵义有些纷杂,索解为难。14—16 行这句,推究其意,盖谓(用实例作说明):倘你观于两个白色物,觉到了它们是两个白色物,你确认所见的不是一个印象,乃是两个印象,那么,你盍是用了两个感觉功能,一感觉功能是不能同时接受两个印象的。若说两个白物只发抒为一个“白”的普遍(共通)印象,这样离立于“诸白物”之为“白”者,你为之容受的感觉机能,固然只需要一个,但这样的白色感觉只能是潜在的,不能是现实的。

反，也是不能同时被感应的，例如有些颜色近乎白的，另些近乎黑的；相类似地，于其感觉客体而言，例如有些滋味近乎甜的，另些近乎苦的。多个混成(复合)客体也不能同时被感觉到(混成物是依其相反配对间比例复合起来的，例如全八度音程或五分之一音程)，除外的情况，是几个混合了的杂物，被当作一整个客体而感觉到的。声音的两个极端的比例，可以成为这种混一的例，至于其它诸项感觉是没有这种混成比例的；作成比例则可以有多数对比少数，和奇数对比偶数，反之，这也可以少数对比多数，偶数对比奇数。如果我称之为“相应的”感觉对象，相互间的差距，愈更扩大，在同级类(项目)内的差距，比之异级类(项目)内的，为更扩大(我称甜的与白的为“相应的”，虽然它们不属同级(同项)；在品种(形式)上而论，甜之异乎黑，盖较白之异乎黑者为尤甚)，这就盍该更难同时感觉到这些(例如，甜的与白的)，比之同级类[1]感觉对象(例如白的与黑的)。这样，既然同科属[不同品种]的多个对象不可能同时感觉到，那么，异项的多个对象，当然是不可能同时感应的了。

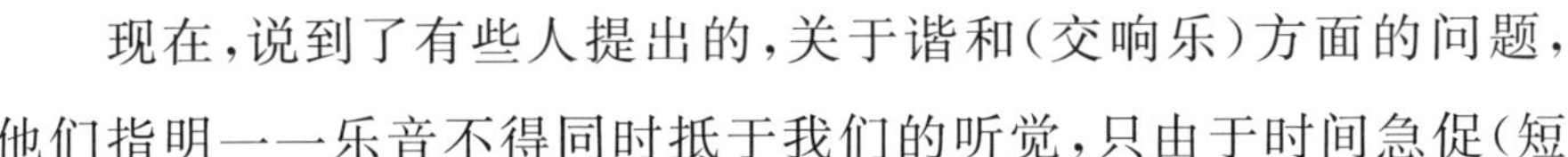

现在，说到了有些人提出的，关于谐和(交响乐)方面的问题，他们指明——乐音不得同时抵于我们的听觉，只由于时间急促(短

① Γένος 为“科属”，εἴδος 为品种，是亚氏书中分类学基本名词，小(“品种” specie)涵于大(“科属” genus)，各篇中都如此措意。其偶尔混淆了两字的原本的分类命意，失了相涵的大小关系者，有《形而上学》，卷十，$1058^{b}26$—$1059^{a}15$，参看汉文译本 $1058^{b}28$ 注(第 207 页)，汉文翻译本在那里遇此混淆了的名词，另译 εἴδος 为“级类”(型式)，γένος 为“科属”(种属)。这样的舛异也见于《动物志》，卷一，$490^{b}16$ 与 17，《政治学》卷四，$1290^{b}33$ 与 36。《感觉》篇这里一节，$448^{a}17$，τῷ εἴδει (specificially)，与 19 行 τῷ γένει (generically)，恰也如此，与其它诸篇中基本措意相异。

暂),因此,大家都失察了,众乐音就给骗了我们的耳朵,我们就好像是在同时听到的。他们所说的正确么,抑或有误?也许这可以立即回答:我们只是由于未能察别时序的间隔,故尔假想我们是在同时视而得见,听而有闻的。大概,这么说是不真确的,任何时间都不可能被失察或不被感觉,于每一这样的间隔,必然人各有所觉知。在绵延无已(古往今来)的时序中,人皆感知其自身(自己)或任何外物,说他曾或失察于他的存在,这是不可能的;又,如果在绵延无已的时序中,竟乃有这么一个短暂的顷刻是可以不被察觉的,这是明白的,在这样的假想中,人盍该失察于他自己的存在,而且,
448b 若说他已有所见,竟乃不感知他曾看着;又,如果他正有所觉,却说他所觉知乃无时间,而且也没有那个感觉客体存在,或为之作些例外的解释,说他只在微乎其微的时间内,对微乎其微的事物,有所认视而已;这样,毋宁就是说,由于其为微小之至,真乃存在有一些不可觉察的时间量段,或不可觉察的事物微量;于是,他目视一全线而且有觉于全时间的绵延无已,而竟然失察于其畸零的(微小之至的)什么了。[从全线 AB 中]切除 ΓB 这段,这段(部分)就代表他视而一无所见的时间。推究这一设论,他感觉于或是一至暂的(畸零的)时,或是一至短的(畸零的)线,然而,无斯至暂至短的命意,他乃可凭所见到了的一小地段,以周视整个世界(地球),因为他曾在一年中的某顷刻,行过一小地段,于是他就尽有理由,尽一个整年漫步周行整个世界。① 但依我们的假定,在BΓ这线段(时

① 448a20—b18 这一节,本旨在说明,两个可感觉物,绝不能同时被感觉到。448a23—26,设想在瞬息的短时间内,人们感应到了两个感觉对象,虽在这短时间内,对于两个物象,也许是先后分别成像,但由于这一瞬息,其为时序间隔,实至(接下页)

间)内,他是视而无所见的。而按之彼所设理,他是在全时间内看见了全线 AB 的,因为他在一段落的时间内,看见了一部分的线段。同样的事理,也适用于 AΓ 线段;这里行将发现这么的情况,人常可感觉到一个部分,在一个段落的时间之内,而人乃永不能感应于那个全部。所以,一切事物各可被感觉(看见),但其量度实不自呈于我们的感觉机能(器官);举例以明之,人有观于一个量度,例如看见太阳,或在若干距离处所置的一个四尺之柱,然而他实际上是看不见这些事物的量度(尺寸,大小)的;有时这事物似乎显示为一不可区分的整体,但我们所见到的,实际上不是不可区分的。这在我们涉及这个论题时,前已讲过其缘由。① 于是,这可明白了,所云不可感觉的(失察的)时间,实际上是没有的。

关于上述的疑难,我们必须慎重考虑以阐明:同时感觉于(认取)两事物,究属可能或不可能。说"同时"(同一瞬息 τὸ ἅμα),我意指一个[短促的]时间,在这时间内对于不同事物之间的相互关系而言,是不可再区分的一单元。第一,倘灵魂具有不同的部分,运用这些部分,能否同时(在同一瞬息间)感觉(看见)两事物,这里所谓"同时"就是真正的不可再区分的时间,而只是在全时间的绵延性意义上之为不可再区分?或于诸项感觉中,在这里,我们先举有如视觉这一项而言,灵魂能否凭它一个部分感应(观看)一个颜

(接上页)为短促,人们的审辨机能没有那么精微,于是就设想这是"同时"而见到了两个客体。448^b7—9 句,承 448^a26—$^b7$,这漫长的复句,以"归谬法"(reductio ad absurdum),证明 448^a23—26 的设想,内涵有逻辑错误。("归谬法":甲方就乙方的设理,发为问答,诱使乙方一步一步的转到与已原论相反的方面,落入了"原所持论"乃是"不可能成立的"。故"归谬法"亦称"raductio ad impossibile"。)

① 见于本篇章六,445^b11。

色，而凭另一部分感应（观看）另一颜色，灵魂盍具有若干品种不同的部分？至于它所感应的视觉对象则属于同项（同一级类）。如果有人起而执持这样的主张，恰如人之具有两眼，与之相应的灵魂，就未必不也具备两个相同的部分，于此，我们答复，两眼实构成一个感觉器官，它们在实际操作中，显示为一个机能的活动；两只眼睛构成一个观看器官，我认为在这样的一个机制中，这个器官当是感觉（视觉）主体，如果它们分离着操持其功能，情况将是不同的
449a 了。又，于是这同项的感觉将成为多数，恰如人们于知识而论，可有不同的多数分支。各个机能若没有各自的潜能，就不可得到任何实现，感觉亦然，若无相应的潜在机能，这就不可有任何现实感觉。

但，若然灵魂在一个不可再区分的时间内，看见这些事物，明显地，它也得在其它情况中，看见这些；较之于不同级类（异项）的事物，它该更易于同时看见，几个这些同项事物。于是，若说这是确实的，灵魂凭它一个部分感应于甜味，凭它另一部分感应于白色，对于这些，随后所形成的感觉，必然或是一个，或不是一个。但感觉机能既然只是一个单体，它所感应到的也必须是一个。于是，对于这两对象，那个单体机能究属感应于哪一个呢？两个各别的（异项的）对象，当然不能合组成为一个单独对象。那么，这里必须，如前曾说过了的，有一个部分的灵魂能遍感于一切［同项］对象，而且，还得有另一相异的部分，凭以感应于不同项对象。方在操作的机能之为不可区分者，须得有一个机能通感于甜味与白色，但在完成了操作过程（感觉既已实现）的时刻，这机能盍又是可区分而为不同项的了。这于感觉诸对

象(客体)为事属可能的,于灵魂而言也必相同(相应)而为可能的。这个于数为一的相同事物,可以既白而又甜,还更具有许多其它的性状,若说这些属性是相互混杂在一起的,它们的实是(本质)却各别而分离着存在。这样,我们必须设想灵魂也确乎体念着如此相同的情况,通感于一切事物(客体)的这个机能是其数为一的相同单体,但其本体却已是分化于现实感应而为不同实是,有时则于科属(级类或项目)为别异,又有时而为品种的别异。这么,灵魂该应常以同一部分的机能为感应,但在理论上乃假设为不是同一个部分。

这当然是明白的,每一可感觉物(感觉客体)是一个量度,而所有一切感觉客体,都是可区分的。一个客体远至不能为主体所见的距离是无定限的,但其可得见到的距离(间隔)是有定限的。于嗅觉与听觉客体,以及所有它项客体之不经接触,而可得感觉者,咸同于此。可是,于不可见到(感觉)间隔(距离),该得有一个极端(终点),而于可见间隔(距离),则该有一个始点(起点)。这点(位置)必须是不可再区分的,远于这点,就什么都不能看见,在这点的距离之内,主体就必能见到客体。于是,若任何感觉对象是不可再区分的,而被安置于这个限点,即不可得见的终点,而又是可得见的始点,那么,这客体将是在同时,既为可见而又为不可见,这是不可能的(是悖理的)。[①]

① 现代几何,点无量度,是无长,无阔,无高的;若用这定义,亚里士多德在这里所设的疑难就自然消释了。亚氏所设疑难:"实际上是'可能'而且常有的事,理论上乃是'不可能'的。"应用"点"的现代定义:一切具有量度的可感物,置之于这无量度的点上,就成为既处于可见始点之内,又在不可见终点以外了。

449b 关于感觉器官(机能)与可感觉物(感觉客体),它们的一般性质和诸机能各别情状,我们已讲述完毕。于剩下诸论题,我们必须先研究“记忆与回想(περὶ μνήμης καὶ τοῦ μνημονεύειν)”。

记 忆 与 回 忆

章一

现在我们应该研究“记忆与回忆”(Περὶ μνήμης καὶ τοῦ μνημονύεειν)了:记忆是什么,如之何而成记忆,记忆与回忆的[属性]功能属于灵魂的哪一个部分。记忆良好的人不必就是擅于回忆的人,一般地,实际上,滞钝的人记忆较好,而敏捷的人,擅于学习,也就较善于回忆。①

现在,我们优先考虑的题目是:入于记忆诸事物的性质,因为许多错误常常源出于所记忆的事物。回想,不能着落于未曾有的事物(未来),这只是虚想或期望。(有些人崇尚预言[谶文],也许这就是一门关于期望的学术研究。)回想也与“现在”(当前的事物)无涉:现在属于“感觉”这一门,于感觉这一门来讲求学术(知识),它不管未来,也不管过去的事物,只管(现在)当前的事物。于是,记忆就专值“过去的事物”(τοῦ γενομένου);谁都不能回想于“现在”(τὸ παρὸν),不能回想当前“正在”的事物。举例以明之,当有人正在看着某一白色物,他就不得说回想于某个白色物,正当其人在

---

① 《动物志》,卷九章一,608^b11—15,讲到动物的性情与记忆与本章这一节相应者,有云,女人比之男人记忆较为良好,女人较易吵闹而多诈伪,这和这里所说不全相符。

考虑某一论题而为之推理时，他也不得说回想于一个理论研究的题目。其人所企求，于前者为感觉，于后者为知识。但，当其人既有了知识，或感觉，而不在运用这些成绩时，于是，他就回想。例如，其人曾已习知或曾经考明一个图形学案，一个三角形的诸角之和等于两直角，或者，其人感到，他曾有所闻于，或有所见于某些事物，或这么品种（形式）的某些事物；凡人在运用（操持）其记忆时，他常常说，在他的灵魂（心识）中，他先前曾经听到，或感到，或想到了这些。

于是，记忆既不是感觉，也不是概念，而只是在时序逝去了之后，乃从这些引起的一种境界（惯性）或情景（影响）。如上已言明，凡此时此刻，正在表现的事物，是不能作记忆的，关涉于现行事物的惟“感觉”（αἴσθησις），关涉于将来事物的惟“期望”（ἐλπίς），惟关涉到过去了的事物，才是“记忆”（μνήμη）。所以，一切记忆都隐括了时序的消逝。这样，惟有具备时序感觉的生物（动物），才能与之谈论记忆，他们就应用时序感这个部分，从事于记忆。

关于“臆想”（φαντασίας），如先曾在《灵魂论》中（ἐν τοῖς περὶ ψυχῆς）说过了的，①若全没有一个心理印象，虽欲思想，总是不可
450a 能的。仿之于绘图的过程，思想过程正与相同；于绘图而言，我们直不应用“一个三角形的量度（面积）是有定限的”这个成理，恰径就画了一个有限量度的三角形。同样，人之有所思想者，虽若无意于有限量度这成理，可是，在他眼前竟展开了一个有限量度的形象，然而他真没有寻思于如此的形象。又，即便这事物的本性确为

① 《灵魂论》，卷三章七，427^b27—429^a9；章八，432^a10—14。

一个量度，但是一个无定限量度，展开在他眼前的，却仍然是一个有定限量度，然而在他寻思之中，当作一个无定限量度而着想。至于何故而思想不能有所联属（延续），或人们不能不凭时间（段落）以寻思于原无时限的事物，这须是另外的论题。但，基本上，这该确认，心理印象是一般感觉（共通感觉）的附随效应，而考虑（思想）于量度与运动，则必依凭于时间因素。[①] 所以，这是明白的，这些情实的认识，属于第一感觉功能。可是，记忆与所思想诸事物（事情），不能不先有一个心理印象为之准备。这样，它们好像又该附随地属于思想功能（心识）了。但追索其本质，则它们总是由己地属于第一感觉。这就是记忆何以不专属于人类，专属于那些能思想而持有概念（成见）的人们，而是某些动物也具备记忆的缘由。但，记忆若专属于（全属于）理知功能这个部分，在许多其它动物，就不会存在（具备）记忆，实际上真也如此，许多动物没有记忆，也许，虽是人类也不是任何人都有记忆，因为人们也不全都具有时间感应；按照我们前曾讲过了的，凡人在运用其记忆时，就回顾于他所曾见到的，听到的，或曾学习到的某些事物（事情），他常常于此显示其增附感觉，随和着说这是他“在先”听到的；这里，“在先”或“在后”都是关联于时序的。

于是，这是明显的了，记忆所关涉的灵魂的那个部分，就是臆想所关涉的那个部分；一切心理印象原本就是记忆的题材。那些不能离立于臆想而存在的印象，则是附从于臆想而引起的记忆题

① 450ª9—10，μέγεθος... καὶ κίνησιν... καὶ χρόνον“量度，运动，与时间”这三者，都是“共通感觉”（κοινὴ αἴσθησις）的客体（对象），参看《感觉篇》437ª8—9。

材。[1] 疑难可由这里引起，人，如之何而能在不属现行的事作回想；这是说，思想的活动正当现在，但所思想的客体却如今不在。这是明显的，灵魂（感觉灵魂）当内涵在躯体的某个部分，人必须思想到，由于感觉在灵魂上所造成的一些生活形象（写真）——就是这样一种效应所成的最后的形象，我们乃称之为记忆；这种状态的展示，隐藏着感觉活动（运动）的某些印记，恰如人们用指环印章按
450b 下的一些印记。[2] 为此故，有些人，由于疾病或衰老的原因，虽历受许多的刺激（运动），而不成记忆，恰似一个刺激或一个印章，冲着了或打印于流水之上。对于他们，图像就无可着录，他们已经这样疲软，有如房屋的颓垣，处处崩塌，自然不受印记，或他们相应于此的部分已经硬化，这也就不受印记了。为此故，幼小的稚儿和老人，都是记忆不良的；稚儿由于他们正在生长，老年由于他们正在衰坏，他们的相应机能都在流移状态之中。由于相似的缘由，过度敏捷的人和特别滞钝的人，记忆也不会良好；前者较为润湿，后者较为硬固；于前者，虽打上图像，可不能保持，于后者，它是不受打印的。

① 在《感觉》篇中，“臆想”是紧跟着“感觉”而引起的，于心理上所出现的是一些“似乎如此”（seeming so-and-so）的印象。在《记忆》与《说梦》中，他应用这辞以说在感觉客体逝去以后，或久已消失之后，所感觉或见到的现象。在《灵魂》论中，“臆想”特别相关于“共通可感觉物”如量度，形状之类（例如太阳之为“一尺直径”），即属于共通感觉的，易于发生错误的事项，不属于各个不会发生错误的专项感觉。凡是隔了若干时间以后重现的专项或共通感觉的真确印象，这就是“记忆”；凡这样隔时的错误的感觉印象，这必出于“臆想”（幻觉）。（参看罗斯，《自然诸短篇，校本》，“绪论”，第 32—33 页。）

② “指环印章喻”，οἱ σφραγιζόμενοι τοῖς δακτυλίοις，盖从柏拉图，《泰阿泰德》对话（Theaetetus），191C8—E1，引取的。

如果，这就是对于记忆实况的正确说明，记忆盍即人们回想于现时的效应，抑或是由以引起回想的原件？若说是前者，我们不该能回想任何现今不在的事物；若说是后者，我们又怎能于现今不在的事物有所感觉，而凭如此实际上不可得的感觉作回想？倘说一个印象或一图画，对于我们，其为效应是相同的，何以这记忆中的感觉，不作自体感觉而为它物感觉？方其人正在运用其记忆时，他考虑并感觉到了这个效应（作用）。于是，他是怎么回想到当前不在的事物的？这里隐括了这么一个涵义：观看与聆听当前所不在的事物是可能的。诚然，这既属可能，而且实际上显示了这个情况。在画幅所描绘的这肖像，既是一图画，又是一肖像，两者是同件事物，可是，它们的现实存在（实是）却不是同一的，若说把这图像兼想为一个生物的原本，却又是一幅肖像，是可能的，那么，我们也该把我们内现的心理形象，兼顾之为其自体表现，却又是它物（它身）的一个心理形象。作为自体表现来考虑，这是一个思想客体或一个心理形象，但，作为某个它物（它身）的肖像而论，则我们所思想的乃是一个摄影，是一个记忆客体。所以，方当刺激在活动之中，若从乎其自体而观之，灵魂于此的观感，就显见其为一思想对象或一心理形象；但，如果作为它身的一个肖像而论，那么，恰似人们把画幅中的人物看成了一幅肖像那样，他虽未尝晤见哥里斯可，可就把这画中人当作了哥里斯可的肖像。于后一案例，观乎此
图（肖像）而兴起的情感是与作为图画而观看此图的情感是不同 451a
的，由前者而入于灵魂之中的就只是一个思想对象，但由后者之若此而为成像，则已是属于记忆的题目了。为此故，当我们灵魂中的这种刺激（运动），原先从感觉兴起时，我们不知道，这是否由感觉

发生，也怀疑这就是记忆，或不是记忆。但，有时，我们偶尔反思，回想到这一某事某物，先前曾听到或看到。现在，可真碰上了，我们又想到了这事物，先是作为它自体而设想，随即又转而作为另一某事物来考虑。相反的情况，也会碰上，有如渥留奥人安底费隆[①]以及其他疯癫的人们，就把他们的心理形象（幻象）当作实际发生的事物（事情），而且他们似乎真的回想到了这些事物（事情）。这里所遭遇的是，有人把原不是一个肖像，当作了肖像；但屡经了回忆过程，这就由于积习（反复地操练）而保持为“记忆”。记忆非它，实际就只是对于一个其自体不是现实存在的形象（肖像）的反复思念。

这里，我们已解释了，记忆与回想是把原只是一个心理影像，看成为一肖像，这样的一个效应；这样的心理效应，将何所归属呢（?），这归属于原始感觉，归属于我们灵魂（心理）的具有时序感的部分。

章二

这里，还须讲述“回忆”（τοῦ ἀναμιμνήσκεσθαι）。但我们先得承

① 以弗所人，密嘉尔（Michaelio Ephesii），《诠疏》，17. 30—18. 2，谓这里的'Αντιφέροντι 安底费隆，即《天象》，373b4—10：“一个视觉衰弱，观象模糊的人；当他步行向前时，常看到有一影子在他面前，正对向着他自己。关于他时常发生这一现象的原因，盖就是他自身的映影；……”亚历山大，《天象·诠疏》（Alex.，Meteor. Comm.）148，5，与奥令比乌杜罗，《天象·诠疏》，（Olympiodorus，Meteor. Comm.）232，9—15，说那一节的安底费隆是泰伦托人（Tarentum），不是这里这一节的（欧卑亚岛上的一个小镇），渥留奥人。关于安底费隆其人，没有其他典籍上提到，无可考证。

认，前曾于我们《辩证试论》[①]陈明的一些事理，是真确的，承认这些事理已是证实了的。回忆既不是恢复记忆，也不是获得记忆（μνήμηs）；当人们领受或习知第一个感觉印象时，不能说他恢复了任何记忆[②]（还没有什么已过去了的印象），也不能说他从这个第一印象获得了记忆；只有在他已体会了学习的效益之后，或领受了这感觉印象的后效之余，于是，这才可说到记忆，所以，记忆实不同时起于领受感觉印象的顷刻。又，在记忆最初出现于不可再区分的终极感觉机能内的时刻，作用（影响）已经存在于被作用者之内了，"知识" ἐπιστήμην 正也如此，如果，人们可以说情况（习性）或作用（影响），就是知识，（这里，没有什么会得妨碍我们附随地回想于某些我们所知的事物）；但，记忆必须等候时间逝去之后，才能兴起；人在当今回想于他过去所曾见或所曾受领的事物（事情）；人在当前，不能回想于当前正在经历的事情（事物）。又，这是明白的， **451b**
人可能回想不起早先所曾感觉到或领受了的种种，却想着了此刻没有要唤回的事情。但当其人恢复他早先曾具有的知识或感觉，

① 'Eν τοῖs ἐπιχειρηματικοῖs λόγοιs《辩证（或正或误）试论》，这样的一篇对话，不传于今。鲍尼兹（Bonitz）《亚里士多德全集索引》（Index）99^a40 解此篇名为《试论》，忖即本篇之章一，别无如此的《对话（辩证）》。索福尼亚（Sophonias）设想亚氏确另有这样一篇专论，作"或正或误"这种叙述（签题）的对话。拉尔修人第奥根尼（Diogenes Laertius）《学者列传》中《亚里士多德传》所附书目，有第 33 号 ὑπομνήματα ἐπιχειρηματικαί，第 65 号 ἐπιχειρημάτων，α，β，又，第 70 号 θέσειs ἐπιχειρηματικάι，密嘉尔（Michael）《诠疏》，20，16，谓所指这篇，应在《集题》内，但现存《集题》全书内，实无如此篇章。

② 在这里，亚里士多德的命意，当在否定柏拉图"记忆"（μνήμην）就是"学习"（ἥ μάθη）之说。

或恢复了早先着此记忆的情境，正当这个时刻，他就可说，发生了回忆（ἀναμιμνήσκεσθαι），相接而来的就现示了所说的旧事。可是，[①]回忆的过程隐含有记忆，而且这记忆跟着就来到。说，“过去了的这事情重新兴起”，这也不全然真确，这只是在一个方面为真确，于另一方面来说，这是不真确的。因为同一人重复两次发现而习知同一事情，是可能的，这里，于回忆而论，必须与此不同，凡作回想，不能依循于我们所由习知（认识）这事情的原始刺激，而必须溯洄于这原始刺激以外（以后）的某些刺激（作用）。[②]

当一个活动（刺激），自然地继之以又一活动（刺激），这就发作了“回忆”的效应；现在，若然所发生的连续顺序是一个必然顺序，这就显然，一个刺激既行之后，挨次的另一刺激，也随即跟着发生；但，如果其顺序不是必然（不可避免）的，而只是寻常的，那么，第二个运动（刺激）就只是照常地相随而出现。可是，有些人乃有这样的情态，只遭遇一回的刺激（活动），对于他竟比之于领受了多回的刺激，反更容易形成他的习性；这样，我们于某些只见过一次的事物，比之于见过多回的事物，反更能作较深切的回忆。于是，当我们进行回忆时，我们因早先种种刺激（活动）之一，而引起活动，相继而直到那个寻常随续的那个刺激而止。所以，从当前一件事情

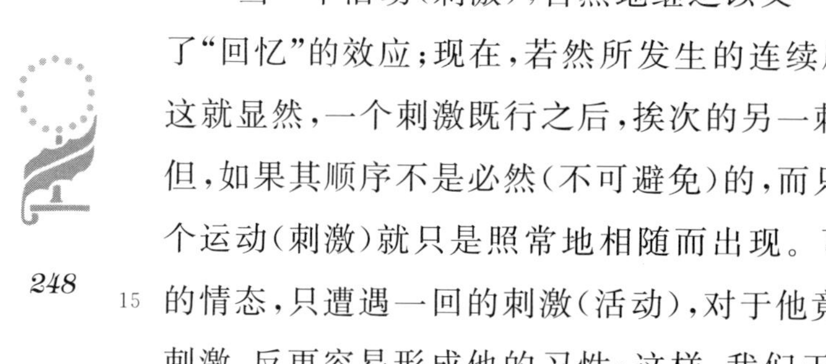

① 这里，这个承转词，δὲ“可是”，所承转的辞意应是：“虽则‘记忆’不必隐含‘回忆’（ἀναμιμνήσκεσθαι）。”原文脱略了这样一个前分句，直接上“回忆的过程［却］隐含有记忆，”这样一个后分句。

② 章二，451^{a}18—^{b}10，亚里士多德分别 μνήμη“记忆”与 ἀνάμνησις“回忆”的差别，实际在柏拉图对话《斐多》（Phaedo），73E1—3，《米诺》（Meno）81C9—D5，85D5—6；《费勒波》（Philebus），34^{b}6—8 中，已有所启示；回忆为“搜求”某个先前的心理印象的过程，在《米诺》篇中，也颇有发挥。

开始思想，我们紧跟着这么的线索，溯源于某些相似的，或相对反的，或与之相关的，这样的顺序。[①] 如此而回忆兴起，这些发始的刺激（活动）有时正和我们所追思者相同，有时乃在同一刻间，遭逢多种刺激，有时恰正肇致了我们所企求或搜寻的事物，如此所得这么个部分，实际乃由种种刺激的，其中一个小小的刺激得来的。

这就是人们激发回忆的方式，就是他们由以进行回忆的路径，当刺激一个跟着一个相接而至时，他们虽不欲继续思索，而回忆终于抵达那个所企求的部分；一般说来，我们上所讲起的种种刺激，终于激动了那某个恰正相属的刺激。我们不需要考虑如何来回想远年的旧事，可以自限其回想于近时的往迹；这是明显的，回想的方式，于两者相同，就依循于一连串的相续的情节，而无所假借于预拟的探索与节外的回忆。按照习惯（成例），刺激（运动）相接而来，一个跟着一个。人有企图唤回某些往事者，他就可取用这个方式。先为刺激（运动）寻取一个起点，循此起点，挨次而下，他终可获致他所企求的某个往事。所以，回忆之能先得一合适的起点者，常能尽快速地，最有成效地，取得结果；因为一桩桩往事之循序相接者，其所 452a

① 451b19—20，回想的线索、源于事物之相似，与相反与相关者（ἀφ’ ὁμοίου ἤ ἐναντίου ἤ τοῦ σύνεγγυs）盖为今心理学上“联想律”（Laws of association）的原始程式，亚里士多德这一原始程式盖为柏拉图对话《斐多》，73B2—74A4 的联想诸例的总括：（1）见到所爱者的遗物，如一弦琴，或一外套，则思念逝去的爱人（“睹物思人”）。（2）见到息姆米亚（Simmias），则忆及其所友好的赛培斯（Cebes）。（3）见到了一匹马的画像，想起了这马的主人。（4）见到息姆米亚的画像，想起了赛培斯。（5）也想起了息姆米亚本人。柏拉图原先总结这联想五例于第 4 例，ἀφ’ὁμοίον “相似”和第 2 συνεχῆs “延续”，盍即亚里士多德的“相关” τοῦ σύμνεγγυs。“相对反”或“相对照”例，ἤ ἐναντίου 则是亚氏在这里增益的项目。

由引起的刺激（活动）恰也如此循序相接。那些题材之具有整秩的阵列者，例如数学命题，最易于回想；另些较低较次的题材，[①]思欲回复，就有困难。回忆与从新学习，两者之差别就在这里，若云回忆，他可能经历若干自力的活动，从起点遂以达于所求的旧题。但于其事之实无记忆者，回想是无效的，这就只能从另些途径（依凭）进行了。

常常，有人一时唤不回往事，但［别又］找到了他所想念的事物。当其人动念于许多刺激（思想活动），这就会遭遇这样的景况，最后他动念到某个刺激，于是他所想要的往事毕竟跟着就来到了。回想确乎有赖于其人潜存着的激发因素；如曾已讲过的，激发因素实际存在于其人自己，就在他所有的诸刺激之内。但他必须捉住这个起点。为此故，有些人就应用“落点法”，（ἀπὸ τόπων，分区法）来进行回忆。缘此起点，人们就逐点（挨着分区），迅速地一步一步（一点一点）通过；例如从“牛乳”联想到“白的”，从白的联想到空气，从空气联想到润湿的原野，如果他原来在试欲回忆某一个季节，这一回，他恰正想到了那个“秋季”。一般说来，中点似乎是一个良好的起点；人有任何它点，前点或后点，而不能引起所需求的回忆者，殆一接此中点，他就回忆到了。举例以明之，假如人有思想于一个系列的刺激（活动）者，兹以 ΑΒΓΔΕΖΗΘ 这些字母代表这一系列；其人，若不能从 Ε 点唤回所需的往事，可在 Θ[②] 点，乃得还致其记忆［在 Ε 点失误的原因是］，从这点起，运动可进向两端，

① 从希脱（W. S. Hett）校作 τὰ δὲ φαῦλα，译“另些较低较次的［贫乏的］题材”。贝刻尔校本，原分句：τὰ δὲ φαύλως καὶ χαλεπως “另些题材”，思欲回复，可就“贫乏而有困难”。这是不易通解的。

② 贝刻尔校本作 ΕΘ，从罗斯（W. D. Ross）校改为 Θ。

或向于Δ，或向于Z。[①] 假如其人所想找回的，或是H，或是Z，倘使他的回忆抵于Γ点为之缘起，他能唤回所想的往事。如其抵于A点为之缘起，他可就唤不回了。[②] 成功之道，常由如此的路径。有时能唤回所搜索的事物（事情），有时却不能（失误），推究其故，这就因为同一个起点，可以行进于不止一个方向；例如Γ点，我们可由以进向到Z点，或也可以行到Δ点而止（断）。

人们如果不是在沿着老路行进，他就老是怀有要转向于他习常路径的趋致；因为习惯就是后成的天性（自然）。我们循习熟了的思想行道搜索而进，所要回想的某事很快就来到；在自然中，一物跟着一物，比次相从，我们操持其机能者，正也如此；凡是反复地习成的动作，就若出自然（天性 φύσιν）。[③] 但，完全自然的现象也会得发生反常（παρὰ φύσιν 超于自然）的情况和偶然的事件，“习 452^{b}
惯”（ἔθος）也恰正相似，而且可有更多的“事出偶然”（ἀπὸ τύχης）的机会，于这里，“自然”之为义，就得别裁了；这样，人之追思到了这分区（落点）中，就不免失误了，当有些刺激（活动）具有放散（迷误）思绪的趋向，甚或促使思绪倒转去了，当其人遭遇这样的境况，

① 贝刻尔本为E，从罗斯校作Z。

② 452^{a}19—26这一节，照原文的贝刻尔（Bekker）校订，各行所措回忆序点（字母）多有错乱，实难通读。19—21行这句，循罗斯校改了两个字母，稍就通顺。但21行以下这句，其旨总在说，若要回忆有效，重在找准起点，但原文实际没有能说明其中因缘。历代诠家相继为之校改，难得恰当的措辞。

③ φύσις ἤδη τὸ ἔθος（452^{a}27），“习俗（习惯）是后成的自然”[custom (or habit) is a second nature，积习是第二天性]；亚里士多德著作中这名句，和中国先贤成语“习惯成自然”或“少成若天性”，是相符合的。下文，造句稍异而命意全同，τὸ δὲ πολλάκις φύσιν ποιεῖ（452^{a}31），“反复习成的[动作]就若出自然”。

这就特易于发生失误。所以，人有急于回想一个人名者，他想到了一个与之相类（近似）的名字，可就怎么也记忆不起所搜求的真正名字。回忆，于是，就落入这么个境况。

但，在回忆（认识）中，最重要的因素是时间，或是精确的，或是无定准的。假定人各具有析别时间或长或短的一个机能；这是合乎自然的，设想我们都能像析别形状（空间）的大小那样，析别时间的长短。心识（理知）之思想于事物，毋须因为其物甚大，且在远处，而近就其物，某些人意谓心识须近就其物，才能识知其物者，他误以心识的操作，类似于视觉的操作了，心识之思想于事物之不在当前者无论其为远为近，都同样地容易，人们是应用（凭借）一个心理刺激（活动）来进行思想的；在心识中存在有相类似的形象与活动。于是，试问，心识（理知）之思想于较大的事物，有所异于思想较小的事物么？不妨，姑作此说，在心识中所现事物的形象都以相应的比例，较之在心识之外的原物缩小了的。于是，也许，恰如我们设想的，在人的意识中，各内存有相符的形象在，那么，我们也可设想，他于距离而言，也内存有相符的意识。于是，倘心识思想于AB：BE这个比例（公式），他随即识知ΓΔ，[①]因为AΓ与ΓΔ和AB：BE的比例是相同的。可是，如何思想于AB：BE，联想只及于ΓΔ而不及于ZH？当然，这因为AB于AΓ之为比例，相同于Θ之比I。[②] 所以，对于这些运动，刺激是同时为作用的。于是，他若要思想ZH，他虽照旧念及了BE，但这一回须考虑K与Λ之比，而

① 贝刻尔本AΔ，校改之为ΓΔ。

② 贝刻尔本M，校改之为I。

不是 Θ 与 I 之比；因为 K 同于 ZA，是和 Λ 同于 BA 作比的。①

倘事件的刺激和激发的时间恰正相符，于是其人于那一事件就确实地回想到了。但，如果其人臆想某一事件发生的时刻，实际失误了，在那时刻，那一事件，实未发生，若此而他自谓已得其回想，这就被幻象所绐而转以自绐了。可是，人的回想如果真有了着落，他便不能设想这还没有着落；凡回忆，必涵蕴着自觉，一经忆及，他就知道，这已得其着落。但，如果这运动引发而出现的所忆及的往事，于时间上是不符合的（脱离了的），或这运动激发了真确的时间，可是在这时间上，未能现示这该应发生的事件，这样，其人所作的回想都是失败的（没有成效）。

可是，运动（刺激）之引显时间回想是双承的；有时，人之忆及某一事件，随同有一个真确的时间，例如他说出这件事是在前三日 453a
的那一天遭遇的，有时却说，这件事是曾遭遇的，但何时遭遇此事，则已记不清楚了；然而这样一个虽则时序不明的活动，仍该确认其人作成了一番记忆。人们的常习就是这样的，他们回想到某桩事

① 索福尼亚（Soph.）《感觉篇诠疏》附图案，现存的《亚里士多德集》，E 抄本所附图，盖依索氏图改作。密嘉尔《诠疏》（Mich.）的现存 R 抄本，也有插图，与原文不全切合。

有如上节，这里行文也有率略或阙漏。兹从希脱（Hett）英译本作图，说明 452b17—24 这一节的数理（几何）叙述：有人一念及于 AB：BE 的比例，他随即可凭此图像，得知 AΓ 与 ΓΔ 的比例与之相同。以 BE 为 Θ，ΓΔ 为 I，则 Θ：I，也相同。但进而延伸及于 AZ 和 ZH，而询问 AZ（＝K），和 AB（＝Λ）之间的比例，这就不是他所能识知的了，因为这些实际在于他的心识之外。

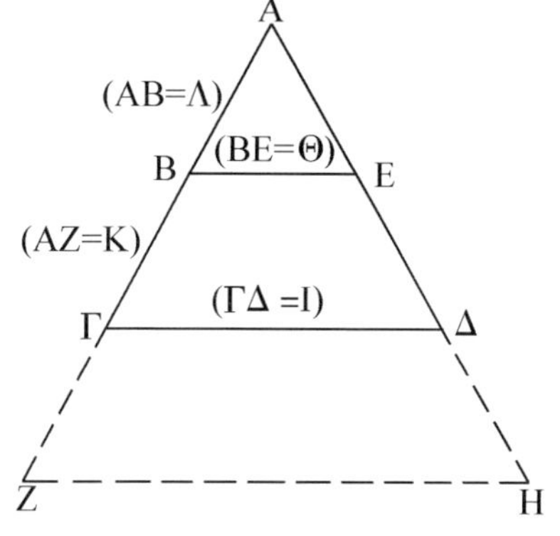

情，可是，这事情发生在何前何后的时限之两端，已全模糊了，但这事情是确实遭遇的。

我们前已明确指陈，人之记忆良好者与人之敏于回想者，两不相同。回忆与记忆，不仅在有关时间的方面相异，两者之间还有一个差别是，许多其它生物都参有记忆，但，除了人类以外，所称为动物者，谁都不能作回忆。这因为回忆包涵有一个论理(推比)过程；当其人从事回忆之时，他凝想于以往曾见到或听到，或接触到这么些事物(事情)，这是一个追索的过程。这种功能，自然只赋之于那些具有评议机制(意愿灵魂)的动物；而意愿(选择)实抉之于一个论理(推比)过程。

但，事实是这么的，回忆原是在体内(物身之中)寻求一个心理印象，可是，它的作用也多少中于(影响)身体(生理)，有些人，当他回想某事而不得着落时，显见有烦躁的情态，即便他既已放弃了再续回忆，可是在心理(灵魂)上引起的扰乱，仍不平息，于那些易于激动的人们(属于黑胆汁型的人们)，[①]心理状态的被扰乱者尤甚；这类型的人们是特易于感受心理印象的冲动的。推究他们有失于回忆功能的原因，恰有似人们抛出了一石块，却就没法停止这石块的滚动，人之行于回忆与搜索往事者，也类乎如此，发始了一个生理(体内)运动，而不能自已。人身所由发始运动，亦即行使回忆与探索前影的部分，这个润泽多水的部分，[②]被干扰尤烈；运动一经

---

① τοὺς μελαγχολικούς 人之“黑胆汁型”者，多以言其人性情悲切；这里谓“易于激动”，《睡与醒》，$457^{a}22$，《梦占》，$463^{a}17$，$464^{a}32$，皆取此义。参看《尼哥马沽·伦理学》(Eth. Nic.)，$1150^{b}25$。

② 这样的部分(机能或构造)指“心脏”。

开始，就难于停歇，思想循着直线行进，直到达于所求的客体（往事）而后止。为此故，他们发作脾气，愤懑或恐惧，他们一旦开始了一个运动（刺激），这就停不下来，即便事件已转出反向的运动，他们自体也引出相对的反应。有些人就碰上这样的经历，偶尔唱起了一个乐曲，或提到了一个姓名，或讲起了一句什么话，他一经从自己口腔着力地发作了之后，虽自想要歇止下来，也竟势有所不能，于是他们一而再，再而三地，继续的重复唱着这些，或叫着，讲着这些。

那些上身特长的人们以及矮人们，比之与相反的（下身长而上 **453b**
身短的）人们，记忆较差，由于他们藏纳感觉器官的部分（体段），负荷着较大的重量，发始回忆的起动能力，不克与之相称，回忆因而不能循直线进行，遂以迷离了应可抵达其所追求者的方向。稚儿与老耄们统都记忆不良，因为他们的生理都在变化之中，后者随将衰亡，而前者则在迅猛地发育（生长）；又，小孩一般作（头重脚轻的）矮相（上身的比例大于下身），直到他们成年时，上下身的比例才转变过来。

这里，结束我们关于记忆与回想的论述，叙明了这些题目的本原，也讲到了生物（动物）凭以操持回想的这部分灵魂（机能）。我们也已阐述了回忆是什么，若云何而行作回忆，以及行作回忆的缘由。①

① 这篇关于“记忆”与“回忆”于心理机能上的说明，以及两者的分别（章二，451a18—b10），都是精到的。当古代，心理学的字汇还很少，心理学语言还很艰涩时，作成如此清晰的议论，是难能可贵的。说“记忆”是人与其它动物所通备，而“回忆”则惟人为独能，这样的条例，这在动物心理学（比较心理学）上，是首创的。沿承柏拉图《斐多》，《米诺》，与《费勒波》等篇的“联想”五例，而发展之以立“回忆三线索”（参看451b19—20及注），实际建成了近代心理学上联想律（Laws of association）的原始程式。

睡　与　醒

章一

现在我们该进而讲说有关《睡与醒》（περὶ ὕπνου καὶ ἐγρηγόρσεως）的问题了。这里是些什么样的问题，它们是专属于灵魂的么，抑或专属于躯体，抑或通属于两者？倘说它们通属于两者，须问明属于灵魂的哪一部分和躯体的哪一部分？何故而睡与醒的情实，该应当作生物（动物）的表征（本性）？所有一切生物都通参于两者，抑或有些生物只睡不醒，另些乃只醒不睡，或有些不睡不醒，有些则又睡又醒？又，何谓梦；何故而人们入睡之后，有时成梦，有时不梦？抑或入睡之人常在梦境，但他们有时乃遗忘了他们的所梦？若云后说为确然者，须问明，这何为而若此？预见未来是可能的，抑或不可能？若云可能，其道如何？又，若云可能，这仅能预见人的行事，抑或于一个神灵的行将有所作为，也能预见么？抑且于自然的常序或有所变异，或全无外因为之促成的后果，都能预见么？

让我们先行说明，“醒与睡”系属于生物（动物）的同一个部分，这当可确认其为无误。睡，显然为醒的“否定（阙失）”，在这一命意而言，两者互为“对反”；于自然演化之中，或在其它事例上，凡相反配对总必发于同一容受机能（底层），而实际上乃是同一主体的属

性变异；关于这些，我意指健康与疾病，美与丑，强与弱，目明与目盲，耳聪与耳聋。凭下述的情况，也可说明这里所举的事实，我们 **454a**
认取其人之在醒态，同样有赖于认取其人之在睡态的表征；凡人在官感上具足自觉者，我们就认定他是醒着的，而每个醒着的人都能感觉到身外的什么活动，或自体内的什么领会。若说离乎感觉，就无由论述醒寤，那么，所谓醒寤，显然就如此的相应于自觉（回复感觉），而所谓睡眠（入睡），也如彼的相应于自觉（失去感觉）。

但，既然感觉不偏属（专属）于灵魂，也不偏属（专属）于躯体（可是，作为现实而言感觉，这是灵魂经由以物身为载体的活动，凡现实所属的部分，也正是潜在所属的部分），这是明白了的，睡眠的作用不专属于灵魂，可是，反而言之，若无灵魂，躯体就不能感应而有觉。

我们先已在别篇，①分析了灵魂的各个部分，并陈明营养灵魂这部分，在那些具有了生命的万物中，是分离于其它部分的，而生物若无营养灵魂，就无由生存。所以，这是明白的了，万物（群生）除了生长与衰亡而外，别无其它生命的表征者，有如植物（草木）这类，就不能入睡，也不会醒寤。它们不具备，不管是离立的，或不可分离的，必需的感觉这部分灵魂；感觉灵魂实际上，潜在地与现实地，都是可分离的一个部分。

相似地，这也是明白的，群生，谁都不能永恒地醒寤，也谁都不能永恒地睡眠，这两效应实际同出于相同诸动物的本性；如果世有

① 见于《灵魂论》(de Anima)，卷三章八，432a15 以下。

不[1]具备感觉自应的任何动物，它就既不能入睡，也不会醒寤；两者都是第一级官能的感性效应。同一动物不可能具有，尽睡或尽寤，这样的永恒属性；查遍所有动物诸种属，永睡或永醒的动物是没有的。身体上所有各具其机能的诸部分，迨超过了它所能操作其功能的时限，它就失去其功能而无由着力了；例如司视的眼睛，这时就一无所见，司握的手就不复能执持，相似地，其它各种机能的各个部分也如此各失其机能。于是，感觉既为某些部分一种机能，倘使超过了它能领受而行于感觉效应的延续时限，它就失其功能，不能复有所感应了。于是，倘使感觉效应之亡失，恰正表志了
454b 醒寤的边界，遂即抵达，而且到此限度，相反配对的两端，必须是一存一没，那么，到这边界，若说睡眠正是醒寤的相反配对，于是其人就必然入睡了。按照我这里所说，睡眠的秉性当是醒寤过了限度而引起的失能（寤态），醒寤过度（转入寐态）有时缘于疾病，有时不缘于疾病，人们无论他染疾或无病，总是会得泯失感觉而落入寐态的；万物之能行于醒寤者，必然也能入睡，因为群生莫能永久活动而全不休止。相似地，万众也莫能永久地休眠。睡眠之为我们感觉部分之表征者，毋乃是一个锁铐（束缚）或休止状态，循此而论，凡物之能入睡者，必具备这个感觉[灵魂与躯体的]部分。感觉部分（机能）当然是具能于为感应活动的；但人们入睡之后，他的各个官感，不复能同时作出完全的感应；所以，睡眠必须能被唤醒或寤回。

事实上，所有其它动物，无论它们是在海生的游水类，空中的

[1] 贝刻尔校本，无此“不”（$\mu\grave{\eta}$）字，从皮尔（Beare）校订，加此字。

有翼类，与陆居的有足类，统都参与睡眠；所有各属鱼类和软体动物们，入睡的情况，统已被观察到了的，一切具眼的其它动物，都须睡眠；①这是明白的，硬眼动物和昆虫们都睡眠，可是，这些动物②入睡时间甚为短暂，所以人们怀疑它们是否真的睡着了。于贝介（硬壳）类③而论，直接的观察迄今未证实它们睡或不睡。但人们如果认为我们上所辨析者为不误，他该可相信，它们也会睡眠。

由此更作以下的考虑，足可显证一切动物统都参与睡眠。动物界的定义就是具备感觉，我们更进而论定睡眠实感觉之表征，睡眠为感觉机能之休止或锁铐（束缚），而醒寤则是这束缚（锁铐）的解放或消除。但，任何植物（草木）都不参与这两属性，它们既无感觉，这就不会睡眠，也就无可醒寤。而且，生物之具备感觉者，也都能作悲忧（痛苦表情）与愉悦（欢乐表情）；具有悲欢情绪的这些生物，又必然具有欲望而有所企求。可是，在草木而言，这些都是没有的。关于这方面的明征见于这么的事实，[动物们的]营养机能， 455a

---

① 参看《动物志》卷四章十，536b21—537a4，“关于‘睡与醒’，一切红血有脚动物的入睡，及其从睡眠中醒寤，均可确切地察知；事实上，一切具有眼睑皮的动物，当它们入睡时，便可见其眼睑闭合。……水生动物也要睡眠。有如鱼类，软体类，甲壳类，若螯虾和与之相类似的生物，均可取以为例。这些动物必也入睡，只是它们睡着的时间极短。这些生物都无眼睑皮，所以它们的睡眠，不能凭眼睛的状态来判明——这可由它们全身不动的姿势为证。”

② 《动物志》卷四章十，537a5—b4 详述多个种属鱼类的睡态。τὰ σκληρόφθαλμα “硬眼动物”谓甲壳纲（节肢动物门）之虾蟹。τὰ ἔντομα “昆虫纲（节肢动物门）”，《动物志》，437b6 “虫豸也显然睡眠；它们的完全静止休息状态，必然就是入睡”。昆虫在夕阳瞑沉时，一例就息；蜂群入夜停歇了嗡嗡声。

③ τῶν ὀστρακο-δέρμων “硬皮（贝介）动物”谓软体动物门之腹足纲（螺）与瓣鳃纲（贝）（参看《动物志》，523b8—12）。

在睡眠中，比之于醒寤时，进行着较为有效的操持；因为睡眠中，人们无所感应，不为悲欢与欲望所扰乱，在这期间，营养机能吸收较多的营养，他就生长较快了。

章二

我们现在应须转到，一个生物何为而作或睡或醒的状态，睡与醒是哪一项官感，或哪些官感［若说发生作用的官感不止一个］的作用。有鉴于某些动物具备所有各项官感，另有些却不全具备①（例如某些没有视觉），②但一切生物（动物），除了畸残者之外，（不完全，即畸残动物这问题，曾已在《灵魂论》，ἐν τοῖs Περὶ ψυχῆs 讨论过了）③统都有触觉与味觉，由此看来，严格地讲，一切入睡了的动物，就全然不复能有所感觉，所称为“睡眠”者，它所发生的作用，就在使它的任何感应，一齐失落；如果这一作用只影响一个官能，而不影响其它官能，那么，当其睡眠时，那个后一官能就得行使其感应了，这是不可能的。

但，每项官感各各兼备其自己的专项机能和与其它诸项所同有的一个共通机能；举例以明之，视觉的专项感应是看见，听觉的专项感应是听闻，其它诸官感，与此相似；可是，这里与各专项感应而具在的，还有一个共通机能，凭此共通机能，人们才能视而成见，听而

---

① 参看《灵魂论》卷二章二，413^b2—414^a1，卷二章三，414^b3—10。

② 不具视觉的动物盖谓鼹鼠（ἀσπάλαξ），参看《灵魂论》，卷三章一，425^a8—11，及，汉文译本注。

③ τι τῶν ζῴων ἀτελέs“某些不完全动物（畸残动物）”，参看《灵魂论》卷二章五，417^a16，卷三章九，432^b21—433^a8；《物理学》（Physica），201^b31，257^b8。

有闻；若只成视象，人将无以自觉（自识）其所见。又，人皆能审辨，能辨明甜味之异乎白色；但这里的审辨，既不由味感，也不由色感，也不由两官感的统合，盍该有通于所有诸感觉器官的这么一个部分；这里，确乎该有一个主体感觉器官，操持一个[共通]感觉；但各个实际对应于各项感觉的，例如声音与颜色者，则须是各别的官能。这于触觉这一项是特殊显著的（触觉器官是分离于其它诸器官的，但其它诸器官却不分离于触觉器官。我们在《灵魂论》中已讨论到这一题旨）。[①] 这就明白了，醒寤与睡眠是这共通感觉所发引的作用（效应）。为此故，醒与睡乃是一切活着的动物所通行的秉性；相应地，诸感觉中，惟独触觉这项乃为一切活着的动物所通备的感觉。若说睡眠起于所有各项感觉的某种作用，那么，倘使那些感觉认为没有必要同时操持，也不可能同时操持于同一种活动时，睡眠就不成了；或且发生径直相反的情况，各项感觉器官，在这时候，不全同时休止。可是，我们现在的设想，提供了一个合理的解释。诸项感觉共通参与这种感应[如睡与醒的作用]，盍正是它们的主导作用（总体作用），这样的主导作用，虽有所本于各项的贡奉，但这主导作用一经发始其活动，所有其它各项就得跟着行事，而且这是不会倒 **455^{b}**
转的；[②]某项感觉若失其操持，总体作用不会跟着失其总持。这是从多个方面都可以讲清楚的，睡眠的主要因素不在于感官的失其

① 见于《灵魂论》，卷二章十一，$422^{b}16$—$424^{a}16$。

② 揣摩 $455^{a}32$—$^{b}1$ 这一节的大意：人若睡熟，五官，色，声，香，味，触，全休止，不会发生某些部分休眠，而另些部分还能各自为感应，有如梦游病者，已失四项感觉，而其人专用两手两脚的触觉活动，仍能循其日常所行路径为进退。参看 $456^{a}23$—26，关于梦游病这一节。

操持而成为无用的事物，也不在于它们这时未能昭示任何感觉。人在昏厥中所表现的就是这样的情况，感觉器官失其功能。有些人在[神经]错乱中①的情况与此相类。又，人们如果按捺（紧压）其颈部血管（血脉）也会“失去知觉”。但，睡眠中的停止感觉活动，如我们方才解释了的，实由于感觉[总体]对一切诸项感官的第一[基本]功能的作用，而不是凭任何单独一项感官，循任何偶然的缘由而发作的；这个感觉总体一经失却其第一功能，任何其它的单独感官，就无以接受任何感应；反之，若其它任何一项感觉失其机能时，它就不会影响这主导感觉，连累着它也失其功能。②

现在，我们该考虑到睡眠的原因了，以及它是什么样的一种作用（属性），[可是，原因有多种——极因，论其终端的目的，动因，论其活动的开始，物因，论其材料，本因，论其形式。]于是，四因的首

① ἐκνοία“失去知觉”或“丧失理知”；这里，作病理名词，近乎“神经错乱”（derangement）。参看下文 $456^{b}11$。

② κοινὴ αἴσθησις“共通感觉”这名词，在亚里士多德动物学与心理（灵魂）学诸篇中，不是常用的，但在《灵魂》，$425^{a}27$，《记忆》$450^{a}10$，《睡与醒》，$455^{a}15$《构造》，($666^{a}31$)各章节，他论说这名词是很认真的。统勘这些章节，略可知“共通感觉”不是超过五个“专项感觉”（αἱ ἰδίαι αἴσθητα）之上的高一级的感觉，只是五项感觉各所内涵的一个共通或互通的一些自然质性（机能）。由此，我们该理解，五感须是本于一体的机能，只在应用上乃示为五个分支，而各显见其效应。“共通感觉”作为未分化的一个机能，其效用（一）见于对“共通感觉”作为未分化的一个机能等；（二）见于专项感觉客体的辅从感觉；（三）对于我们所由感知自己的诸所感觉（《灵魂》，$425^{b}12$—25，《睡与醒》$455^{a}12$—17）；（四）审辨诸客体间的不同项诸感觉（《灵魂》$426^{b}12$—$427^{a}14$）；（五）最后亚氏指出睡眠中各项感觉统归消歇。盍是这共通感觉机能的消歇（《睡与醒》，$454^{b}25$—27，$455^{a}20$—$^{b}13$）。这一共通机能之消歇，出于生理原由，也就是睡眠的极因（同篇，$455^{b}28$—$458^{a}25$）。在《青与老》（de Juventute），$469^{a}5$—6，16—18，$478^{b}31$—$479^{a}1$）中，亚里士多德拟想五项感觉所由相通的机能寓于心脏，心脏应为各专项感觉的共通机能之中枢（《睡与醒》，$455^{a}19$—20）。

要，我们曾说到，自然凭各该具有的目的创造事物，这目的，即终极，就是某些善业，我们又讲过，万物循自然而为活动（发展），可不能继续着作毫无间歇的永恒活动，“休息” ἀναπαύσει 诚然是可喜（快乐）而有益的效应，①作为“睡眠” τῷ ὕπνῳ的隐喻，而我们称之为“休息”者，确然涵有这么的真实（真理），睡眠之为休息，旨在葆全生命，护持动物（生物）。但，睡眠之卒抵其终极，乃成为“醒寤”（ἡ ἐγρήγοσις）状态；一切动物的正当企图宁是感觉与思想，生命的宗旨恰该具此两项不可缺一的功能；极因即最高的善德（善业），而感觉与思想正是心理（灵魂）的至善。所以，睡眠，对于每一类属的生物（动物），都是主要的因素。我称之为主要因素者，本乎这么的假设，万物之能尽其天性以演化于自然之中，必具备其主要因素，凡既具有了主要因素，其它[从属]因素也随附而具在了。

挨次，我们该应讲述，动物当其入睡与醒寤的时候，在它们躯体之内进行着怎样的活动（运动），实践了怎样的经验。这里，我们必须认明，一切动物所以需要操持睡眠与醒寤的缘由，咸属相同，或相类似，凡有血动物的这些行为，就或同或似于人类，而其它诸动物又

① $455^{b}18$—19，“休息”（ἀνάπαυσις）为“运动之终止”，“睡眠”为“感觉”之终止。兹以休息说睡眠，称之为可喜而有益的生活效应，这反证了感觉盍是于生活与生理上可悲而有害的机能。《尼哥马沽·伦理学》（Ethica Nicom.），$1154^{b}7$：“动物之生也，常为视听所动，而劳苦于形役；其为生生之悲也如此。”在《睡与醒》这一节，说到人生睡时之得休息其感觉与运动为可喜（快乐）而止；未尝指陈醒时因感觉而引起生活的百般劳苦之为可悲。研精于漫步派学术者，举证色奥弗拉斯托（Theophrastus，De Sensu）v. 29，记亚那克萨哥拉之语，ἅπασαν αἴσθησιν μετὰ λύπης “感觉（视听）[之为勤劳，役使众生终身营营，无有已时]，总于忧愁苦恼而已。”后世深论亚氏这里，以休息与睡眠为可喜，未必不有感于亚那克萨哥拉的慨叹语。但就在这句的下文，亚氏发挥的都是乐生的观念，不作悯世的苦语。

或同或类于有血动物；我们整个理论研究须是有本于这个假设的。

456a 在另些篇章中，①我们曾拟定，在一切活着的动物而言，其感觉所由发源之处，就在运动所由发起的相同部分。这个部分，总是在身体的三个确实的部分之中，选取其一，以着落其位置，②合适的自然是在头与胃的下部之间。于有血动物而言，这就在心脏所在的这个区域；凡属有血动物，各具有一个心脏，运动的本原和首要的感觉机能（触觉），恰正位置在这里。于运动而言，这是明白的，呼吸，一般说来，其作用在于冷却，而其本原则在心脏，自然应用润湿的液质，供应于呼吸过程，也赋予了冷却的功能，其实旨盖在保持这部分的热度。我们随后将详述这一专题。③ 至于无血动物们，昆虫与那些不呼气的属类，实际上，在与其它动物的心脏部分相符合的区域，它们具有一起一落的调气功能，也是可以察见的。这在全翅类④的昆虫，有如胡蜂，与蜜蜂，以及群蝇和相近似

---

① 《灵魂论》，卷三章九（$432^{b}21$—$433^{a}8$）的大意："动物们，凡接触所及的诸事物，如果感觉到这些对于他自己的生命与生殖两件大事业，有益或有害，其心识，就相应而起可喜或可怖的情绪与欲望，其肢体又相应而作出或趋或避的运动。运动所由着力的部位，就在心脏。"这里所云"另篇"或"别章"（ἐν ἑτέροις），盍即谓上述的这一章。

② 凭以选取感觉机能所寓寄于物身（生理构造）内的"三个确定的部分"。（τριῶν διωρισμένων τόπων）：（1）脑所在的头部；（2）心脏与其附近区域。参看《感觉篇》章二，$438^{b}29$—$439^{a}6$；《动物之构造》，（de Part. Anim.），卷二章十，$656^{a}1$—10。（3）胃部为营养机能所在部位，营养灵魂因这生理（物身）部分的饥饱感觉，促发心识，兴起心脏作出求食的运动。又，本篇（《睡与醒》），$457^{b}7$—19，说睡眠与食物（饥饱），讲到胃的冷暖与睡眠有关。

③ 见于《呼吸》篇（de Respiratione）。

④ τῶν ὁλοπτέρων "全翅类"，亚氏动物学分类以指昆虫纲（节肢动物门），以与鸟纲（卵生动物门）之为"歧翅类" σχιζόπτερα 者相对。"歧翅"即鸟羽翼。"全翅"亚氏亦称"膜翅"（Hymenoptera）。他以"膜翅"兼称蜂、蝇、蚁等之膜翅与甲虫，小金虫等之为"鞘翅"（Coleoptera）。参看《动物志》，卷一章五，$490^{a}6$—20；汉文译本，$490^{a}7$ 行注（第 28 页）。

诸种属间，特为显著。可是，若无力量(热度)，这就不可能做任何运动或完成任何作业，而进气恰就能产生力量(热度)，(凡能吸气的动物，这气是从外进入的，至于那些不从外吸气的动物，这生理元气[①]是由内部运使的)。这就可以明白，昆虫们运动(飞行)时，何为而作嗡嗡声的缘由了，这时空气冲击着这些动物全翅的膜片，[②]于是，因摩擦而发出声响。任何运动，一有所发作，主导感觉机能，或凭它自己的本体，或各个专项机能，总会感应到的。但，若说睡与醒出于身体上感觉器官所在部分的作用，这就可明白，在身体上的哪一个位置(部分)，睡与醒将最先出现。

有些人，正在睡眠中，竟会行动，并且能做醒时的种种行为。但在这时候，他也未尝全免于一些心理幻象，也还有些感性自觉；在这情况中，梦境还是感觉的一种形式。我们必须留待此后讨论这一专题。人们何以遗忘了在醒态中所做的行为，可是，竟然能在梦醒之后，详记梦中的情事，这已在我们《集题》(τοῖs Προβληματικοῖs)这专篇中讨论过了。[③]

① τὸ σύμφυτον πνεῦμα“生理元炁”这名词，另见于《呼吸》(de Resp.)$475^{a}8$。参看下文$458^{a}26$，τοῦ συμφύτον θερμοῦ自然热(生命热)，就说是由这“生理元炁”迸出的。

② ὑπόζωμα 在《动物志》，卷五章五，$535^{b}4$—14，谓膜肢昆虫，腰腹的鼓膜；蜂之嗡嗡，蝉之嘒嘒，都由此鼓膜摩擦作出的声音。这里以指“虫翅的膜片”，于昆虫解剖学与生态学上是不确切的，或就说是错误的。删除“τῶν ὁλοπτέρα 全翅的”，这就不错了。

③ 亚里士多德，《集题》(Problemata)，卷三十，章十四，$956^{b}28$—$957^{a}35$，是说梦的一章，但全章中没有明确讨论这里所举的题目或文句。现在流传的《集题》，大家都能鉴定它不是原先亚氏学院中的真本；亚氏其它著作中征引及《集题》的论点或文句，与现传《集题》诸卷章中所存者不符，是不奇怪的。

章三

挨次，我们必须讨论所称为醒寤与睡眠的某些遭遇，并研究这些作用(效应)究属从何时开始。显然，生物(动物)，当其具有感觉而且在生长之中者，必须进食。凡有血动物，其始入为食料，而终成的营养则为血液，至于无血动物，其所终成者，则为与血液相当的营养物质。血液处于血管之内，其源泉则是心脏。依据解剖研
456^{b} 究，这些是明确无误的。当食料从外进至体内容受食物的构造之中，于此被蒸调而嘘入诸血管内，在这脉络之中，变化而为血液，由此重复流出，并还到它的源处。这一论题，我们先已在《关于食料》(Περὶ τροφῆs)的专篇中讨论过了。这里，于醒寤与睡眠状态出现(发生)之初，我们必须重寻运动起因(原始)的问题，考明感觉部分的机能、究竟是怎样被作用(受影响)的。如前曾说到，在睡眠中，感觉机能固未尝失落其功用；这种[暂时无能]状态，在[神经]错乱，与窒塞与昏厥[①]时，都会产生。现在，人们虽在剧烈的(致命的)昏厥中，还表现有某些心理印象(幻觉)。于是，这就涵蕴了一个疑难；可否把人之入睡，说成他在昏厥(昏迷)之中，而称述其心理表现是在做梦？又，那些在剧烈地昏厥了的人们，几乎被看作有如死亡了的，他们可还在大发呓语；不妨设想对于这些，都可通用同样的解释。

但，我们上已讲过，睡眠的起因，不由于所有各项感觉机能全都丧失了它们的功能。可是，有一个因素该应特予注意，那是由食

① ἡ λειποψυχία 依字义谓“失魂落魄”，即“丧生”。作为病理名词，希朴克拉底《医学精义》(Hippocrates，Aphorism) 1258，为“昏厥”(晕眩)。亚里士多德，这里正也用作病理名词。下文 $456^{b}17$，病之极严重者乃致死亡(λειποψυχήσαντες，“死于昏厥”)。

物的蒸调而引发的，[在胃内的]食物被蒸调之后，必须推挤到某处，化为液质而后转回，通过一个狭漕。可是，在各个动物体内，凡热性事物咸趋向上升；升到较高部分后，集结起来，倒行而下流。所以睡眠大都是在进食以后遭遇的。于是，液体饮料与固体食物集结到饱足的容量，而向上升起。正在这时候，吃饱了的[动物或人]，当其静定，渐感头重，不自觉地打盹，[腹内的]平衡迨已变更，而转向下部播移，于是热气发散，瞌睡来到身上，这动物竟尔眠熟了。引睡（催眠）植物（药品）①恰可为这情事的证明，有如罂粟（丽春花籽），曼陀罗葛尔，酒（葡萄酒）以及埃拉（醉人莠草），这些物品，②无论制为液状饮料或固体药物，服之，统都使人头重。当他们所服食的这些麻醉（引睡）食物，发生其药效时，他们就起沉重之感而打盹，怎么也抬不起头，睁不开眼睑皮。这样的睡眠，大多发于餐后，因为常餐（粮饷）所蒸调而熏成的嘘出物，为量是相当

① τὰ ὑπνωτικά“致睡”或“引睡物”，字义与今“催眠剂”同；古希腊时，这些都由草卉或其根叶制成。这词在古希腊经典中，只见于亚里士多德这一篇章中；希朴克拉底的医书中，还是没有的。

② μήκων 在动物解剖学中，为软体动物的肝脏，乌鲗的墨囊。这里，在植物学上为罂粟（poppy）；罂粟花大而艳丽，拉丁分类名词“Atropa belldonna”，“属”谓“伤生致命”，今云“麻醉”；“种”谓“美妇人”。中国《群芳谱》称“虞美人”者，与之正合；《群芳谱》或云“丽春花”。罂花结蒴果，未成熟时，取其乳白色状浆汁，制为 μήκωνος ὀπὸς，见于《希朴克拉底医书》（Hipp.，670. 24），可作麻醉药用者，即鸦片（opium）。ὁ μανδραγορας 曼陀罗葛尔（Mandragora officinarum），南欧温热地区盛产夜影花科（night shades－Solanasceae）草木，十九世纪分类学，已列 75 属，1800 余种，往往有麻醉药效。曼陀罗葛尔为“曼陀罗属之正种，”卵形叶，白或紫蓝色花，根部深长，分叉，类中国之人参作婴儿形。古希腊人迷信传说，谓妇人食其根实，佐之成孕。欧洲医药久取之为麻醉剂药源。Aἶρα 埃拉（darnel），禾本科，麦田莠草，枝头双行交叉结穗，即有芒野麦；学名 Lolium temulentum“醉草”。

大的。

457a 但，睡眠有时也起于疲倦(劳苦)；一番劳倦，[体内]产生了溶解剩液，这些溶液，苟非冷性，可说是食料的未消化物。某些疾病也肇致同样的征象，例如由于受湿过度与受热过度而发作的热病①与昏睡病。②

于童年的早期，情况也有相类似者；儿童们睡眠时间很长，因为所有食料统都上行。儿童们的上身段较大(较长)于下身段这一事实，可以证明它们的发育(生长)，向上趋势是最大的。癫痫(痉挛)③的发作盖也由与此相同的缘故；睡眠与癫痫(痉挛)相仿，在

① πυ̃ρεττόs 从 πυ̃ρ“火”，作为病理名词，正同中国俗语“发烧”。现代医学，“发烧”(热病，fever)是许多病症的外观征象。亚里士多德时，总归发烧(“发寒发热”)的病因于“湿”与“热”；伪亚氏书，《集题》，卷一章五六，866b3—5“热病”，凡由于受热而发者，治以润湿[其理在水能冷却热度]；凡由受湿而发者，治以温暖[其理在热能蒸除水湿]。中国古医书《素问》，“热蹶”者，“身热面赤，唇燥口渴，小便短涩，大便燥结。甚或身反冷而见阴象。”上句为发高烧现象，下句似谓疟疾征象。古希腊，希朴克拉底医书中，πυ̃ρεττόs“发烧”多指“间歇热(intermittent fever)”即今云“疟疾”(malaria)，有日日发，隔日发，三、四日发四种。亚氏《集题》，卷一章五五，章五六，述“间歇热”之治疗。当时既不明疟原虫实况，所言治疗都不切实际。

② ληθάργοιs 字源 λήθη“遗忘”，作为病理名词为“昏睡症”，见于希朴克拉底《医理》(Hipp.，Aph.)1248 者为“昏睡症”(lethargy)，加伦(Galenus)医书，作 ληθαργία 才成了正式的病理名词。近代医学：非洲“采采蝇”(tzetze)传布的热带传染病原体，使人淋巴腺肿胀，脾脏肿大，终日昏睡，至于死亡。

③ ἐπίληπτοs 本义为“被捉到的”(被逮住的)，作为病理名词 ἐπίληψιs 为“痉挛”或“癫痫”(epilepsy)，患者间歇发作；全身猝然颤抖不息无法自制，数分钟后停止，并入睡，轻者片刻即醒，醒后全不记忆其事。古希腊医学与解剖学尚未知神经系统，故亚氏这里的病征与病因叙述多不切实际。这一病症，先见于希朴克拉底，《医理》，1246，(ἡ ἐπιληπτίκεs)，也见于亚里士多德，《尼哥马沽·伦理学》(Ethica Nicom.)，卷七章五(νοσήματα ἐπίληπτοs)。中国俗传癫痫患者，邪物或“鬼魅”上了身，正同古希腊人认为患者被“痫物”所“捉住”的命意。

于人身好像被什么占据了似的，那么，睡眠的一个命意，就是被占据(拘束)[而失其自主]。所以，有许多癫痫的病例是在睡眠中发作的，正当他们睡着时，这病捉住了他们，当其醒寤，癫痫是捉不住他们的。当其呼吸强烈地向上升起，继又降落下来，血脉肿胀，于是窒塞了呼吸的通道。这恰正是酒类无益于婴儿的缘由，喝过酒的母乳，①也是不利于婴儿的(也许乳母喝酒，实际正和婴儿自己喝酒一样)，哺乳的母亲们宜多饮液汁(水性物)，可也不要太多；至于酒属风性(气性)，愈是浓黑的酒，风性(气性)愈强。② 婴儿的上身就这么的充满了食料，直到第五个月，他们的颈项是弯不转的；这也像喝得烂醉的人那样，够多的液湿物在向上行。大概胎儿当初静静地躺在子宫(胞)内的原因，也就在此。一般地说，那些不外露血脉的人，矮人，和那些大头人们，都是最易于瞌睡的；这就因为他们的血管狭细，液体下行，不能流畅，那些矮人和大头人，上行流动既属通畅，他们的血液和胃内熏蒸嘘气又为量充沛。可是，那些血脉贲张(外露)的人们，由于血液流畅，就不多睡眠，但如其遭逢某种与此相抵的疾病，这就当别论了。内脏具足黑胆汁的(易于激动的)人们，也有少睡的倾向；他们体内寒凉，于凉性体质而言，熏蒸嘘气当然是不多的。为此故，他们老是吃得很多，人身却是瘦损

---

① τιτθῶs 妇女乳头；τίτθη 为乳母或母乳。这里把 τὰs τίτθαs 解作“喝过酒的母乳”或“喜饮酒的乳母”是参考了下文(　)内句，拟定的。括弧(　)句，正该是后世诠家添入的注解。

② πνευματῶδεs “风性”，即气性。地(土)，水，风(气)火四元素，于物理化学(物性)上，或在医学上讲，气属干与热，水属冷与湿。在希腊，οἱ οἶνοι 酒类统谓“葡萄酒”(wine)，故愈浓者色黑。

的；按照他们的体质，食物对于他们就没营养功用。黑胆汁原本具有冷性，凡体内这种凉性潜存过多，这就使他们的营养机能和其它
457b 部分都归寒冷了。

这样，实况是够明白了，由我们上已说清楚了的情节看，睡眠的一个命意，是身体各部自然相互反应①与内热的交会，论其缘因，我们在先也已讲过。所以，睡眠的活动是多方面的。可是，当热度下降而寒冷乘之，眼睑就因此凉意而下弛而闭阖了。他的上部（上身）与外边（体表）渐渐冷却，但下部（下身）和体内却渐渐暖热而且这些内热直伸展到两脚。

可是，人们也许在这些事实上，察觉某些疑难，睡眠何故而于饱餐后，入于沉酣，酒类和其它具有自然热性的事物，何以能引人入睡。既然睡眠原于热因，那么，睡后渐凉，似乎是不合理的了。或拟，空腹原自温暖，一经填饱，由这活动，遂尔致冷，而且方当[食物的]熏蒸嘘气上升之际，其通道以及头部，也因而冷却，这是可能的么？或拟之于这么的类似情况：人有被热水烫了的，先是发抖，全身颤动；或释这样的例案：在上升中的热，被积寒所冷却，这就逼

① ἀντιπερίστασις 这里，我们译为“相互反应”（mutual reaction）这字，由动词ἀντιπερΐστημι 铸成。这字迭见于《天象》，《物理》与《睡与醒》，《集题》等许多篇章，显然为亚氏的一个物理学技术名词。近代各国各家的译文都本于古诠疏家辛伯里希（Simplicius）《物理学诠疏》，1350，31—36 的释义作“包围并压紧”参看《天象》卷一章十，347b5—11，并汉文注释；《天象》卷四章四，382a14（参看汉文注），译作“换位”也是根据辛伯里希的释义，参照所在章节上下文实义而衍化以成的（外围的事物包围并向内压紧，终于挤出了内物于外，而外物乃得内据其部位）。《物理》（Physica），208b2，209b25，211b27 等都译作“相互反应”，也是“换位”的进一步衍化。这里，按照下文 σύνοδός “交会”云云（内热与外冷的交会），也译作“反应”。

使他的热性自然地萎缩而失其功能?[①] 但,事实盍该是这么的,当饱食之后,腹内热度骤升,应和投入了柴爿而旺起来的火那样,这须待到消化(燃烧)终尽,才会凉冷。

如我们[在别篇中]曾讲到的,[②]正当食料内的物质要素经由热度调煮,熏蒸而通过血管,上升达于头部时,睡眠就此来临。但,那些上升的熏蒸嘘出物积渐而至于过量时,情形又得倒转,它们的运动不能不取相反的下行方向了。于是,致彼上升的热度,随即退缩,而人们遽尔沉落(俯卧)了,(在众生物间,惟人类是直立的)相从于这样的跌翻(俯卧),随即失去知觉,又后而继以幻象。[③] 也许,关于冷却的叙述,可能作为这里一些疑难的解答;总而言之,如我们在另篇曾讲过的,这区域内一切统主于脑。脑是全身所有构造中最冷清的部分,于无脑的动物而言,必也有与之相当的部分。恰如太阳热蒸发起来的水分,上升到高处,在寒空中,还复冷凝而为水滴以下降那样,体内的熏蒸上升热度抵到脑部,其过量的嘘气 458^{a}

① 这里仍由上举这个复合词 ἀντι-περί-στασις 的复杂义,承转而下,文句不完全明白。《集题》相涉章节,也内涵这个动词,可有助于通解这里的文句。《集题》,卷二章十六,$867^{b}31$—33,"何故而睡着了的人,呼气较为顺适? 这是由于热度被驱赶到了内部么? 于是,集结了的内热,就把水湿[连同其冷性]逼逐出去了。"《集题》,卷三,章二十六,卷八章十一,$888^{a}31$—37,"何故当热水或冷水灌到我们身上时,我们都会发抖? 这是可诧异的,相反的情事造成同样的结果。推究其故,冷水浇身,则淋息了内热,故尔发抖;若灌以热水,则体表的寒冷遂被包围且被压紧而内向凑缩。这样,相反原因,所以施之者两异,虽作相似效应,而所以操持其功能者,乃实际相异,一则自内向外,另一乃自外向内。"

② 见于《动物之构造》,卷二章七,$653^{a}24$—$653^{b}8$。

③ 《自然诸短篇》(Parva Naturalia),牛津英译本,《睡与醒》(de Somno),皮尔(J. I. Beare) 译文,$457^{b}27$ 注,引《梦》(de Somniis),$461^{a}25$ 指说这里的"幻象"(臆想)就是"做梦"。

便凝集而成为黏液分泌[①](所以黏膜炎病,似乎发起于头部,而成为头痛症),其间凡无病的嘘气所冷凝的无害黏液,相聚而下流,便冷却了那些上升热。脑部血管(血脉)纤小而狭窄,阻使嘘气难于上行,恰又是有佐于这冷凝过程的。这样,虽上升嘘气的热量超常地巨大,却因此缘由,终归冷却。

迨消化完毕,这就醒回;先在一小区域内汇集的大量热度,于是分离于其周遭的物质实体,而析出净纯的血液。头内的血液是最轻清,最净纯的,下身各个部分血液则是最浓厚的,最重浊的。所有全部血液的源泉,如我们在本篇内以及在别篇内,曾说过的,则在心脏;心脏的中间贯通它各个心室(心房);诸心室(心房)分别的各自接受,从所称为"大血管(大静脉)"与挂脉(大动脉)[②]流入相应诸血管的血液;这些血管的分隔也正在心脏的中部。[③] 关于心脏与流通血液的脉管的更详确的叙述,属于另一专题,宜在另篇申说。入睡后,当消化与营养的吸收在进行之中,血液还没分离清

---

① φλέγμα (phlegm,黏膜分泌)头部"黏液"谓喉头,口腔,鼻管等部分的分泌,《集题》,卷一章二十九,862^{b}26—28,"……人体的诸液,胆汁属于热性,黏膜分泌(黏液)属于冷性。"

② τῆs φλεβόs,τῆs μεγάληs"大血管",即今所称"大静脉";τῆs ἀορτῆs 即今所称"大动脉"。亚里士多德《动物志》,卷三章二至四,叙述人体循环系统,"大血管","挂脉",迭见于 510^{a}15,513^{b}5,25,514^{a}24 等,参看汉文译本有关注释。ἀορτή这名词,源于动词 ἀείρειν (to lift) 义为"上举"。从左心房引出大动脉,在心脏冠状体之上,故称之为ἀορτή"举脉"。古希腊医师作解剖时,看起来也好像心脏悬挂在这大动脉之下,后世推求此意,也译"挂脉"。另一大动脉引向胸部腹部的,延伸于心脏之下,也称 ἀορτά。

③ 罗斯《自然诸短篇·校本》"绪论"(页 12),勘出这篇的章二章三,与《动物之构造》(De Part. Anim.)相符契者,三节;457^{b}29—30;652^{a}27—28;458^{a}15—16;665^{b}27—28;458^{a}16—19;666^{b}21—667^{a}6。

浊而析离以前，人(或动物)是尽眠着的；迨较清的血升于较上的诸部分，较浊的血降于较下诸部分，这时血液直已完全脱解于所进食料的重质①之外了，人(或动物)于是苏醒(醒寤)。

这里，我们已阐明了睡眠的原因，在于凭自然热(体内热)熏蒸而上升的物质要素的相互反应，表现于第一(基本)感觉器官；我们已显示了睡眠实际由于第一(基本)感觉器官之被麻痹而失却了功能；这是一个必需的过程(动物必需舒展而实现其天赋本性即自然目的，才得其存在，而成全它的生命)，休息所以葆养生命，那么，睡眠的宗旨正所以完成这保全的天功。②③

① τοῦ ἐκ τῆs τροφῆs βάρουs“所进食料的重质”，实指消化过程所剩遗的干湿残余，即排泄物(粪便)。

② 这末节的总结，上一分句说明睡眠的“本因(形式)”，即“何谓睡眠”；下一分句，说明睡眠的“极因”，其“目的”，“在于保存动物的生命”。

③ 罗斯《自然诸短篇·校本》(D. Ross, Parva Naturalia, a Revised Text)，“绪论”(页11—12)。

(甲)《睡与醒》和(乙)《青与老》，《呼吸》相符合的语句章节：(甲)456ª13—21，(乙)475ª3—11；

(甲)456ª34—35；(乙)469ª1—2，474ᵇ3—5；(甲)456ᵇ1—2；(乙)468ᵇ31—32，474ᵇ7—8。

(甲)456ᵇ2—6；(乙)469ᵇ29—31；(甲)457ᵇ17—19；(乙)470ª22—27；(甲)457ᵇ25；(乙)477ª21—22。

说　　梦

章一

现在，我们的研究，“关涉于梦”（Περὶ ἐνυπνίων），说到“梦”，首
458b 要在考察它的作用属于“灵魂”（τῆς ψυχῆς）的哪一部分，属于思想机能，抑或属于感觉部分；舍却我们所内蕴的这两种机能，我们就无由获致任何知识。

这里，若说视觉的效用为看见，听觉的效用为听闻，而感觉，一般地统说，则是感应；又，若说，对于某些事物，有如形式，度量，运动，以及类此诸事物，是诸感觉共通参与的，至于另些，有如色，声，与味觉，则属于各个专项感官；更又，若说，大众（群生）统都闭阖它们的眼睛而入睡，这就什么都不会看见，其它各项感觉也相似地都不起什么效应，显然，当我们在梦中，这是全无①感觉的。所以，凡我们在梦里的见闻，皆不由感觉②得致。

---

① οὐδὲν ἐν τοῖς ὕπνοις“在梦中全无”感觉，这句中“全无”字样从基里斯脱（Christ）的校订与解释。

② 这句的 αἰσθανόμεθα“感觉”与上句的“感觉”，措字相同，而取义乃相异。这里是指各个“专项感觉”。全篇下文叙述梦中诸印象，皆出于“感觉机能”，全篇末节的结论，说明梦境不由心识，而由于感觉灵魂的活动，这里的感觉是指 458b5 的“共通感觉” κοινὰ τῶν αἰσθήσεων 亦即主观感觉（五项感觉所通有的自觉感应）。

成梦也不由意念。因为，于梦境，不仅说，那里向我行近的是一人，或一马，可还得说，那是白的，或优良的；关于这些，若无感觉为之应用，意念，不管其所说为真为假，都不能成说。可是，灵魂竟然在梦里如此行事；我们似乎真的看到那向我们行返的物体是一人，而且他是白色。还有［在梦里］，我们作出另些观念，譬如说，看到了某些在我们醒时所见过的某物；我们于所曾寓目的一些事物，实际是时常想念着的。正也如此，我们在睡眠中，有时会发起超于心理印象（幻觉）的其它思想。当人们醒寤之后，试返想其梦境而回忆所经历者，这样的情况就显而易见了。实际上，有些人所梦见的情景（情节）似乎是按照他自己的回忆程序，编排出来的；这是往往遇到的，人们逾越他原本的梦境以外，在自己眼前，排列了好些心理现象。于是，这可明白了，说一个梦境，未必全是睡眠中所显示的心理现象（幻觉），却也凑合着我们想念所及，因而形成的一些思想①投影（幻想）。

在关于“梦”的全题内，这些事情，无论如何，已是明白的了，实际上是被给了的（或是自欺欺人之谈），这样的梦醒后的说梦，全相同于睡醒后说眠中的闻见那样，恰有如病后说病中的什么感觉（闻见），都是错乱（受给）的。对于健康的人们而言，太阳显示于他的

① 中国旧传“日有所思，夜有所梦”这么一个认识，其来历当是很古老的。准之亚氏，此说实不精确。梦境，基本上是“感觉”的后遗或复现，全没有思想因素；凡梦境都是零碎的，没有逻辑程序的。人们所述许多梦中有条理的情节，实际是他有意或无意编撰的，或错互的梦外铺陈。

视觉者为一尺直径那么大，它实际有多大，我们却也知道。[①] 但，灵魂这部分构制的心理印象和生理机能那部分所见到或感受的视象，是否相同呢？可是，无论如何，这总不能全没有某些视象或感受为之依据；凡人或看或听而有误于所见所闻，殊属常事，但当他属思，则其所想，就不应该或误。这里，我们先已约定，共同承认，在睡眠中，人是全然不见，全然不闻，他就全没有任何感觉。这里，
459a 说全无所见是确实的，但说感官（感觉机能）全无些感受，则是不确实的；事实上，这是可能的，视觉器官或其它感官，[在睡眠中]曾有所感应于某些事物，但当他醒回时报传于其[共通的或总持的]感觉机能者，可就不同于他在清醒时报传其在清醒中所感应的见闻（事物）。[梦后说梦，]——或意念抒其作用，而揣知梦中所见殊非真实，不可例之于醒时的所见，另一则意念（观想）是被蒙蔽了，情况全凭“心理现象”（τῷ φαντάσματι 幻觉）为主。

现在，这是清楚了，我们称之为“做梦”（ἐνυπνιάζειν）的效应（作用），既不属于[灵魂的]形成意念部分，也不属于（理性）思考机能（部分）。可是，这也不能说它全属于感觉部分（机能）；若说它全属于感觉机能，那么，人在梦中，将是目真有所见而耳真有所闻了。但，我们必须考明，梦，究属怎么肇致，而由何来到（形成）。这里，让我们把业已完全明白了的情事，首先共予认定；梦之由于感觉机

---

① 《灵魂论》(de Anima)，卷三章三，428^{b}1—3：太阳显见其直径约莫有一尺宽，可是，我们实际知道它比我们现在所卜居的地球更大。参看本篇下章，460^{b}18。这里，原句(458^{b}29)中，δοκεῖ“拟想”或“推想”，从牛津英译本，皮尔(J. I. Beare)校注，改作φάννεται“显示于视觉”，这样才与下一分句符合，也和下文，与《灵魂论》的相应章节符合。

能为之作用者，其道恰同于睡眠之由于感觉机能的作用；我们一响未能察别睡眠是一个生物（动物）性状而梦乃另一生物（动物）性状，两者都共见于同一生物。但，当我们在《灵魂论》（Περὶ ψυχῆs）中，讨论“臆想”（心理印象，φαντασίαs）的时候，①大家同意，形成心理印象（幻象）的机能就是感觉机能，可是，相同的这一机能，（由不同方式）所形成的心理印象与感觉示现，两者的实是（本性），却是不同的。臆想既已公认为感觉机能在操作中发出的一些活动，梦似乎也是这种操作所成的一些心理印象（投影）（我们于睡眠中所示现的一些心理印象，或简直就称之为“梦”，或只在其中某部分的含义上称之为梦）；这是明白了，“做梦”属于感觉机能的活动，这一活动（效应）之缘由于感觉机能者，其道恰与臆想之缘由于感觉机能者相同。

章二

梦是什么，以及它怎样缘起，我们最好是从睡眠的情况着手研究。感觉客体，依凭各项感觉器官，引发我们的感觉，这些物体，对于诸器官，不仅在正当操持其机能时起着作用（效应），迨这些物体实际已离去了诸器官，它们的效应却还在继续着。在这方面的作用（效用），不妨，例似之于抛物至于落地的情况。抛出一个物体（物件），当这物已脱离了抛出它的[手或机械]，运动却继续在进行；原始的动因（动力），冲击着一些空气，这些空气的运动，又冲击

① 《灵魂论》，卷三，章三的下半，$427^{b}14$—$429^{a}9$ 的论题，正是 φαντασία “臆想”（幻象，或心理印象）；参看 $432^{a}10$—14。

另些。就是这样，原始动因，在空气中，或在水中，所激发的运动，
459b 促使这被抛出的物件，直到它着落而迄于静止。

人们可设想于“形态变化”上，也作与此相似的演进，已被加热了的物体，挨次以加热（传热）于与之邻近的事物，由此相接而传递不息，直到热度返回到原热的初发生处。① 这样，于感觉而言，既然感觉是形态变化一式的健康操作，原始要终，情况就必然是这样的。所以，这一作用不仅于感官正在感应的时刻，示现功效，即便感应已经歇止了之后，它的效应还存在于深层与其表面。这是明白的，当我连续地操持着某项感觉，然后另换一项感觉，原行的那项感觉会得相仍而继示其效应；举例，我们试从太阳光照之后，转入暗黑之中，这时，由于阳光在我们眼中还坚持其活动（作用），所以我们一无所见。又，我们若专注于一个颜色——或为白色，或为绿色——在凝视既久之后，转移我们的注视于另个任何物体，这物体在我们眼中就老是呈现为白或绿色。又，我们若在直视太阳，或其它耀亮的物体之后，闭阖我们的眼睛，于是认真地精细地自伺着视觉的现象，我们将在原本太阳所在的朝向，发现，先是太阳的本色，随后转出红色，又变为紫色，直到它渐尔黯淡，成为黑色，以至消失。这样的旧像持续活动（作用），在我们经久地注目于一个运动中的物体，例如，一川流水——那是最常见的显著的较速地行进的物体——之后，转

① 皮尔英译本注：ἕως τῆς ἀρχῆς 回到“原热的初发生处”，只宜参考《睡与醒》，457b2 σύνοδος“交会”索解，这里的热运动，只是 ἀλλοίωσις“位置移换”或“形态变化”的一式。《睡与醒》458a1，10，讲到地面水蒸气升到上空，复凝结而降落地面，这是“热循环”的一式。这里的文句，像是在说水内或气内热循环，实际，依上文“抛物”这么的运动，不能是循环的。

眸着于另一物体，这物体，我们感觉它正在流动，实际它却是完全静止的。正也如此，高强的噪音，聋了我们的听觉，剧烈的嗅气，泯了我们的嗅觉。所有这样的情况，都会在上所描述的境界中遭遇。

我们从镜①中显现的情景，可证明感觉器官对于它们的客体，虽微细的差异也能作出敏锐的感应；人们若就物体的本身有所研究，可能发生相当大的困难。但，这是明白的，恰如一个物体之作用于视象，视象也对其客体有所影响。［本篇本章以下，459^{b}29—460^{a}22 这一段原文似乎是从另些典册，或篇章，或断片，混入这里的一个错简，全段的首句与上文似相属而实不相属，其末句则与下文全然违离。全段，句读间多误字，也未必没有漏缺字，甚难通解。近代语，如各个英译本，都保留原希腊与拉丁文句，不予翻译。兹撮其大意如下：］当妇女在行经的时
日，照影于完全洁净的镜中，她在平正光滑的镜面上，见到血样的 460^{a}
云彩。映成这样的玷像，新镜不如古镜那样容易，推究其故，如我们曾已讲过，视觉不仅因通过空气而发生某些影响（作用），为可因视觉的有所活动而肇致某些效应，于是，眼睛有似耀亮而着了色彩的火炬。月经的始发，其热血的流放所激发于妇女的眼睛者，盖恰相似于男人的精液的注射，虽则在男人这方面，这样的征象不是显著的。于青铜镜而言，古镜较为平滑而纯净，有如衣服，凡最清洁，

① ἐνοπτρον，或 κάτ-οπτρον“镜”（speculum，mirror），谓能反映物象的一个平面，有如《天象论》所说，常是一个静止的水面；这里则是指一个磨光了的铜制盘状平面，下文 460^{a}15 ὁ χαλκὸs（青铜，bronze）即是。（中国古镜应用青铜，罗马古镜应用“aes”，也是青铜——铜锡合金。中国秦前，罗马共和国前期，希腊雅典诸城邦兴盛的时代，工艺大概相同，或相近。）

最平滑的，必是色彩易被透入深处，而被玷污乃是最快速的。[这一段的 460^{a}1—2 句，说到，视觉器官（眼睛）成为发光的火炬，考所持义，盖谓妇女经期受经血分泌的激励，而眼睛乃能传递血样的彩红。勘之《感觉与感觉客体》，章二 437^{b}10—13，亚里士多德，先叙明恩贝杜克里（Empedocles）之说，眼睛如灯或炬，能发光照物，而随即辩正其说为谬误：视觉器官（眼睛）为视觉成像之处，绝不是光源。这样，这一段所述，与亚氏素所持论者相背，必非亚氏手笔。]所有这些证明三事，第一，运动（活动）都由微小的差异引发的，第二，感觉皆如应斯响，是很敏捷的，以及第三，感官之认取颜色者，不仅凭颜色以效其机能，反转，它也施其作用于颜色。这个结论还可引酿酒和配制香料的过程为之佐证。油类在调制过程中，迅速地吸收了与之相邻接的香气，酒类，在酿造过程中也受同样的影响；它们不仅有赖于混合其中的少量配料而获得它们各殊的气息，甚且由于为之盛装的容器，或竟由于这些容器附近的事物而沾上了某种气息。

460^{b} 回顾我们这研究的起点，凭我上已说明了各节，该可确认这一实理了：引发印象（视象）的外来客体，业已离脱于感官之后，其印象（视象）竟可经久遗留于感官之内，而且当我们既内储了这些后遗印象，我们于这方面的感觉（视觉）就易于被绐（被欺诳）了，某些人在某些景况被绐，另些人在另些景况被绐；举例以明之，胆怯的人于所恐惧，恋爱的人于其所爱的形象，是容易受诳骗的，于是，虽只一个很淡漠的类似人形，胆怯的人就想他碰见了他的仇敌，于一个渺茫的映像，恋爱的人就直觉遇到了他的爱人；他所中于其前尘影事者愈深，则愈更湮久，愈更淡远的陈迹，将能依旧激发他的臆想（梦境）。同样，在愤怒中的人，在一切迷惑于种种贪欲的人，都是易于受绐（被欺诳）的，凡愤怒愈烈，贪欲愈炽的，他们就更易被蒙骗。这样，在发烧而热晕了的病人，于墙上联缀起一些断断续续的线条，而若有所类似者，他想象自己看见了什么些动物。如果，他们疾患轻微，情绪所受的扰乱不大，他们知道墙上的构图是个假象（错觉），可是，病患若竟加重，他们终于相信，自己所见是真实的了。推究其故，他们对于感官所感应的印象作成审辨的主管功能，已今异（弱）于昔了。这可凭太阳于我们视觉似为一尺直径①这俗念，为之作证，人们另有些机能，所作审辨，否定这个印象（度量）。这样，又，交叉的两指夹着一个物件时，人们似乎感觉到了两个物件，但我们否认所挟者有两；因为视觉于认明事物的功能而言，较强于触觉。可是，若说触觉为当前唯一的标准，我们便该判定那一个物体为两了。② 这种欺谎（假象）的由来，是可解释的，任何类

① ὁ ἥλιος ποδιαῖος“太阳[看起来]一尺直径”这例示，迭见于《灵魂论》428b1—3，本篇，章二，460b16。τὴν... δύναμιν κρίνειν τὸ τε κύριον“主管审辨诸感觉的功能”，参看《灵魂论》卷二章二，24a5，25b21，26b10 等有关 κρίνειν（discriminating，judging“审辨”）各节；参看《灵魂论》，卷三章九，灵魂的理知（心识）部分具有计算机能（τὸ λογιστικόν，the calculative）。

② 460b20—22 所举“触感错觉”（tactile illusion）一节，欧洲 19 世纪下半叶，近代心理学开始发展时，盛称之为“亚里士多德实验”（A.'s experiment）。英国鲍尔温，《哲学与心理学辞典》（Baldwin，Dict. of Philosophy and Psychology），撰作了加详的叙述：左或右手的中指加于第一指的指背之上，中间挟一大理石小球，指尖触及大拇指的指面。对于这一小球，因为它对于两手指，有两个接触面，其所感觉，不是一个，乃是两个小球。这错觉如不显著，可轻微移动指尖，而加强此错感。以后，罗勃孙（G. Croom Robertson）列之入于《实验心理学课程》（Course in Experimentary Psychology），第三实验（Mind，1. 1876）。里维尔斯（W. H. R. Rivers）继而复试了这实验，并加以讨论；他认为这种“触觉复感”，类于“重复视象”（double vision）。法国，亨利（V. Henri）重又复试，并刊载其实验记录于《心理学年鉴》（Année Psychology）iii，227—9（1898）。

别的物体,呈现于我们的诸感官时,刺激(运动)了这些感官,但诸感官一经接受了这刺激(运动)之后,它们就会得有如那个刺激所行的作用,自为若此的刺激(运动);举例以明吾意,人们扬帆傍岸驶船,见到的是岸线(陆地)在运动(退行),实际,[陆地是不动的]由于另一原因,即船在行进,他们的眼睛正被运动着在行进。

章三

经过以上这些解释,这是明显的了,从感官所起的诸运动(活动),包括由外来事物所激发的,和由体内缘起的诸活动,不仅当我们醒寤的时刻,随在而发生(遭逢),实际,当我们入睡以后,也同样
461a 在施其作用,甚或在寐时施行更多的作用。在白昼,当感官与心识的活动正属盛强的时刻,这些迷惘(欺诳)的作用是被荫蔽了的,有如一个较微弱的火为一个较大的火所荫蔽那样,这也像人在沉痛或狂欢之中,小小的忧喜就不再触动他的情绪了。可是,大的活动,若一行歇止,那么,虽所遇仅属微末,他也重有所感了;迨昏夜[而入睡],由于热量倒流,由外表而内注,渐以上升及于诸感觉作始的位置,①当此时辰,纷纭喧嚣,亦已尽消,凡诸感官,既各休止,一不效其机能,于是,它们(上述的荫蔽的微弱)的活动,便出现于感官所在的部位。人们不妨设想,这些活动(梦影)像是长川中的涡旋,常循其既定的规式,一涡相接着又一涡的澌逝,可是有时也会得碰上什么阻碍,把它们分开而且转变为另些式样。为此故,进

① 诸感觉"作始的位置"(τὴν ἀρχήν),指心脏;参看《青年与老年》469a57。

食之后，或年岁幼小，有如婴儿者，皆无梦境；于他们而言，由食料所发生的内热既相当巨大，这些[荫蔽的]活动便无由兴起。如是，乃有一潭清水，既被剧烈扰翻，遂已全无投影，偶或似有些映照，也只能是些扭曲了的，与原物全不相符的形象，然而一止扰乱，还为澄泓，清明而平正的投影，又宛然在目了。睡眠之中，正尔若此，诸感官中所起的视象或其它各项的感应都是原本那个较强大活动的余映，如我们上曾陈述的这些被荫蔽了的微弱活动，所现示的视象有时是一片混乱或是怪诞的奇境，凡诸梦影似乎都是虚渺的，有如黑胆汁病人的烦躁怒张，①发高烧（发疟）的病呓，和醉汉的昏沉，所有这些病态（性状），由于各在喘气，因而激发了许多胡乱的活动（表现）。于有血动物而言，当其血行流通，趋于安静的时候，血内较清纯的要素分离于较浑浊的成分之外，相应于此而各项感官所受的刺激，各来自与之相符的要素，于是，出现于其人梦中的印象就颇为清晰，因此他认为，一切视象，真经自己目睹，一切声响，真由自己耳闻。由其它各项感官所引致的现象，相似地，他也一一认为是真实的。虽在醒寤的时候，其人所得的种种感官印象，也当是种种活动（刺激）抵达于诸感官领受其感应的原始部位，而后他才 461b
相应而有所见，有所闻，或有所触着；可是，有时，实际绝无什么物体出现于他眼前，只因为他的视觉被刺激，而起恍惚的视象，于是他就说，真见到了什么，有时，实际只一物触到了他[只因此物没

① 461a23 τὸ μελαγχολιτικός“黑胆汁病人的脾气（性情）”见于希朴克拉底《医学精义》（Hipp.，Aph.，1246）谓其人，烦躁不安，怒气贲张，亦见于亚里士多德，《尼哥马沽・伦理学》（Eth. Nic.）卷七章十（“黑胆汁病”，μελαγχολία，见于《希朴克拉底・长生》（Hipp.，’Aër.，288）。

有激起他的视觉]，他就凭触觉的感应，称其为两物了。[①] 一般说来，若别无更强的机能为之否定，大家总就认可主管本项感觉所领受的印象(感应)。每一案例，各都有本于感觉所得的印象，但这些印象，未必一一都是正确的，唯有审辨机能为之権断了的，才属可信，而这审辨机能，则该不受它那一项活动的影响的，才能免于混乱。但，恰如我们前曾述过的，有些人易于被某些作用(机能活动)所欺诳，另些人则易于被另些作用(机能活动)所欺诳，这样，睡眠的人由于他在睡眠之中易于受给，事实就正是这么的，他的感觉诸器官，以及与感觉相关的诸事物，往往被某些假象所刺激而起幻感，这些假象只是原物的渺茫的淡影而已，他却被给而当作了原物(感觉客体)。当人入睡时，大部分的血液汇归于其发源处(心脏及其附近)，在这些血液中所涵蕴的[感觉机能]诸活动，有些是潜在的，另些是现实的，也跟着汇聚到这里，也跟着继续流通。这些机能的剩物，在流通中，有时会得脱离血液而飘浮到液面之上，它们的情况，大体就如此浮起的随即消逝，另一个继又浮起。它们相互间的关系，类似于蜡制青蛙，[②]当它腹中的储盐溶消于水中之后，就一只只挨次浮上水面来了。它们原先只是潜在的，迨为之阻遏

---

① 章三，461b3，重举交叉手指夹物时，触觉误一为两，回顾到章二，460b20—23，先所举例。这里，所说触觉的惑乱，与章一，458b27—28，ἀπατωμέθα，ἐν τοῖς νόσοις “病中被给了的感应”(复述于章三，461a23)，和章二，460b23，διεψεῦσθαι... τοῦ αἰσθήσεως “被给了的感觉”(“虚假感应”)，于近代心理学上称为“错觉”(illusion)。在二千年前，这篇文章的章三，说“错觉”如此详到，确是亚里士多德学术精胜的一例。

② 461b16 οἱ πεπλασμένοι βάτραχοι “蜡制青蛙”，或译“人造青蛙”(artificial frogs)。πεπλασμένοι 本于动词，πλάσσω 原义为制造，或模制，或型制。拉丁译文 fiugere 谓模制或蜡制。今 plastic “塑料”，亦肇源于此动词。

的原因，一行解除，这就发生它们的现实作用了；它们行游在少许的流转血液之中，以达于感觉各项器官并迟留在那些部分，而时或一现，有似浮云为幻，偶尔像人形以显示，可是一霎间它又转变为一“半人马的怪物”[①]了。如曾已叙明的，这些事物正是现实原像的后遗；畴者的真像，遂已逝去，而其剩余却久犹滞留，举例以言之，这虽不是哥里斯可，说起来却竟然真像是哥里斯可。当感觉（视觉）现实地开始时，主管（制导）机能与审辨机能，殊不宣布这就是哥里斯可，但主管（制导）机能可便指称（暗示）那里的那个人是哥里斯可的真身（真正的哥里斯可）。这须直待［内涵着那原始活动的］血液，完全现实地制导了境况，视觉器官现实地看到了以后，这才宣布那个形体正是［其人或］其物，可是，如今，尚未实际见到，而只是在感觉器官中所涵存的一些活动所扰发而出现了一些影像，它竟就指说为（其人）其物。这样，与之类似的某物遽尔被称为真正的某物。于是睡眠的功能就使人［失其审辨而］罔昧乎其实际了。如果有人把手指压着眼睛的下

睑，他的眼睛就会把一物看成两物，倘其人而自知其手指压着眼 **462**[a]
睛，那么，虽见其为两，却不致误信其真为两，然而彼若不自知其眼之被压抑，这就不仅为似乎如此的两，而竟是绝无疑问的真两了。在睡眠中，情况恰正类此，如果其人自知其正在睡眠，自知其所见的现象，出于寐中的感觉，于是，在他的内中，似乎就有什

① κενταύροις，依字义为“刺牛者”。古传，在帖撒里的贝里雄与奥萨山（Pelion and Ossa）之间，有这么一个名为“刺牛”的野蛮氏族；随后，他们和邻族，拉匹司族（Lapithae），作战，全族覆亡。后世神话，把他们幻想成为一“半人半马的怪物”，升天为“半人马座”（Centaurus），南天诸星座之一。这里应用此字，指这星座。

么在向之诉说，“那里只是哥里斯可的映影，不是真正的哥里斯可”（在睡眠中的人，常有灵魂的某个部分，向他报说，他所见闻的色声，只是梦境中的如影似响）；但，他如果不自知自己已经入睡，这就没有什么（无物）为之提示，以否定那些幻象（心理现象，φαντασίᾳ）了。

凡我们在这里所陈述，显然都属真确的，如果其人在睡足醒回的时刻，试一追想（回忆），眠中的一一憧憬，这是清楚的，我们的感官中着了幻觉的活动（刺激）；有时正就如此，酣眠才寤，他随即察识，寐中若隐若现的种种映影，实际是感官内荫藏着的活动，有些儿童，若处暗冥之中，张开了他们的眼睛，许多映影似乎正在活动，于是，他们大为惊慌，大家都蒙护着自己的头。

由以上所有种种陈述，这该可综结，梦是在睡眠中所遭遇（示现）的心理印象（幻觉）的一式；我们在紧接着的上一节中所说的映影（εἴδωλα）就不是梦境，当感官机能弛懈了的时刻，所显示的其它诸形象，也不是梦；也不能说睡眠中所遭逢的每一心理印象（幻觉）都是一个梦。有些人，在睡眠中，实际上感应到了声，与光，与气息，与触觉，只是这些都发作在远处，所以印象淡弱；他们拟想自己游移地见到了黯淡的灯光，迨彼醒回，睁大睡眼，立即认明了那里正有这么的灯光在照亮着；相似地，他们在先所闻隐约的鸡鸣或犬吠，及既清醒，乃知所感应的确乎是巷鸡邻犬的声音。又有些人，在睡眠中，当被询问一事时，他们竟然作出了答语；这是很可能的，当两人，一醒一眠中所作的问答，实际相同于两皆在醒态中所作的问答。然而，这些情事各都不能称之为“一梦”（ἐνύπνιον）。那些于睡时出现的相关于心理印象而实际上是属于思想（心识）的情事，[①]也不得[称之为梦]。只有，人在睡眠中，在绝未脱出睡眠的境界以内，从他的感觉机能的活动(运动)之中，兴起的心理印象(幻觉)这才是“一个梦”(ἐνύπνιον)。

但，有些人，好像事出偶然，或命该如此，他们竟然终其一生，永未遭逢一个梦境。这样的事，很难得，可是确也曾见到过这样的 **462^b** 人。这些人，其中有些是毕生不梦的，另有些则直到耄年，才有梦，在迟暮以前，他们不知梦为何物。他们何故不梦的原因，不妨设想是和幼童不梦的原因相同，也可拟之与那些进食之后就安眠的人们，不梦的原因相同。那些人们，具有这般的体质构成，内发的巨量热嘘气上升，迨其抵于高处而下回时，产生相当大的活动(运动)，这就自然地见不到什么心理印象了。[②] 但，这是不必诧异的。他们既年龄增高，梦也赶着来到了；由于高龄衰逊或病患相及，他们体质渐变，体内的热嘘，盖已行于相反的效应了。[③]

① ἀληθεῖς ἔννοιαι (true thought)“真正思想”(或“心识实际” real mind)，即本章上文 462^{a}b，在寐时，向他有所报说的灵魂的某部分(心识或“理知灵魂”)。行文到这末节，回应到章一，首节所提出的问题，而明确地作答：“梦，属于感觉灵魂。”

② 参看上篇，《睡与醒》(de Somno et vigilia)，章三，456^{a}22—28。

③ 吕洛芙斯(Lulofs，H. J. D.)《说梦与梦占》(De Insom. et Div.)，1947，指说，《说梦》这篇，行文至 461^{a}29—30 揭示了梦的定义，应正式结束；^{a}31—^{b}11 这一节，须是亚里士多德，在匆遽中所写的一个“补遗”，既与上文不相承接，于所论的题旨也没有作成充分的叙述。

梦　　占

——关于以睡时梦兆说吉凶的事

章一

关于睡时入梦而得来的景象，作为预兆，这样的情事，不宜轻信，也不可率然鄙弃。一应众人，或至少可说，大多数人，统都拟想梦境，有如若干积验而肇成的信念，征兆什么[行将遭遇的]情事(吉凶)；有些梦境盍是有所预兆(启示)，也不是全属荒诞(不可信)的，人们对于这些应验了的梦境，推想其中似乎真有些理知(道理)，可凭以占取休咎，由是而于其它梦境，也一例循以追寻其中的示像。但详加勘察，梦境与随后的遭遇，其间关系，实未必一一相属，于是人们又不敢相信梦兆真是神启，且不说其它可举的论证，单只揭发这么一项就够了，神何为常示梦于偶尔某些鄙愚的人，却不示梦于那些至美(优胜)而且明智的人们，这不正是很可诧异而实属荒谬的么。[①] 可是，我们倘完全摒弃“梦兆由于神启”的假设，似又别无其它可取的解释；这显然超越了我们的理解，怎么有人竟

① “神示的梦兆”，多出于“鄙愚的人们”(τῇ ἀλογίᾳ)，而不出于明智的人们，所以是“荒谬的”(ἄτοπον)；这句是全篇中要义，参看下文，章二，463^b15—20。

能预见在希拉克里砥柱或在波吕叙尼发生的一些事情。[①]

可是，释梦总不能外于这么的两法，或举为随后所值事件的缘由或其预兆，另或拟说所有一切梦境，或某些梦应，或仅某个梦应，与梦中或梦后的遭逢，只是偶尔的凑合。这里，我所谓“缘由”（αἴτιον）的命意，有取于这样的陈述：月亮是日蚀的[缘由]，或疲劳是炎症（发热）的[“缘由”]；至于[日蚀之前]恰有某个[或几个]星进入我的视野，则我称之谓日蚀的“预兆”（σημεῖον）；与此相类：舌苔感觉粗糙则是炎症（发热）的“预兆”；但，正当日蚀之顷，某些人 **463**[a]
恰在道上行走，乃适逢其会的“偶尔凑合”（τῶν συμπτωμάτων）。这些人的行走，既显然不是日蚀的“缘由”（原因），也不是日蚀的“预兆”，倒转来说，日蚀恰也同样不是这些人行走的“缘由”（原因），正又同样不是他们行走的“预兆”（示像）。凡适逢其会的巧遇（偶尔凑合）都不会时常碰到，更不能必其遭遇。于是，举身体（生理）上随后出现的事情为例，这可是确实的，某些梦是这些事情的缘由，另些乃可征之为预兆。真有造诣的名医曾说到，对于病人的梦境宜深加注意；那么，于那些爱重真理（实学），乐于研究，而不具备专精技术的人们而论，他们考虑梦境之为后事的先兆，或且为后事的前因，正该是合乎自然的了。

因为在白天醒态中，人们接触着较大的运动（刺激），所以，凡是较大的运动（刺激），所以，凡是较小的乏力的刺激（运动），便不

① Ἡρακλεῖαι στῆλαι 希拉克里砥柱，即今地中海，直布罗陀海峡（Gibraltar），详见《天象》，350^{b}3，354^{a}3 等，及汉文注释。Βορυσθένες 波吕叙尼（Borysthenes），见于希罗多德，《史记》（Hdt.）卷四，章十八，是斯居泰族（Scythian）所在地区的一个河川，即今苏联南部流入黑海的第聂伯河（R. Dniper）。

及注意，疏忽了它们的出现。但在睡时，情况恰正相反；寐中，任何小小的冲击（运动）似乎都被感应为严重的事件。从睡时常遇的景象来说，这是明显的；当人们的耳朵实只有闻于一淡远的回声，他们竟感应到了一阵雷电，当一点黏液（口涎）咽下[他们的喉管]，他们感到了甜味，意谓正在饮着蜂蜜，他们认为通过了一烘大火，异常地灼热，实际只是在他们身上的某一部分稍稍加暖而已。迨他们醒回，这些真相随即明白了。既然万事皆发端于微细，行将延及其身体的疾病与其它诸苦难的作始，也必是微小的。于是，这些小小的病原与祸根，必然在寐梦之际，比之在醒态中，为较显著而易于发现。

又，这也未必不合于理：假设在睡眠中出现的某些心理印象（幻觉），盍是与之相关联的某些行动的缘起；恰当你将有所动作，或正从事于这一行，或业已做完了这一动作，你就念念不忘于这一动作，而重行之于一个活现的梦中（推考其故，当是在昼间发始的刺激，导引他进行这些活动）。这样倒转过来，寐时的冲击，又必常成为昼间诸行动的所缘起，夜梦中，他正想要实行的诸活动，导引他在白昼作出如此的施为。循这样的意向（归趋），这就可解释某些梦境，既是预兆，也是缘由（原因）。

463b 但大多数的梦境，盍该是偶尔的凑合，尤其是那些过度盛侈的景象，确乎不能是现实的活动，必然只能适逢其会的情事，例如有人梦中参与于海战，或梦见遥远的事件；于这些梦例而言，其成梦的过程大致是相同的，其人方有忆于某一往事或旧物，于是，这就[在他梦中]出现了。可有什么能阻止这些回忆于寐间出现呢？不然，这类的梦境大致是频繁的。回忆到某人，当然不能说是实际

(偶然)逢到某人的“预兆”,也不能说是“原因”(缘由),于梦兆而言,恰也如此,梦见某人,不能说是随后真遇某人的“预兆”,也不是“原因”(缘由),这仅乃是偶尔的凑合。所以许多的梦境,随后都是不验的;因为偶合的事,不能期其必至,即便求其约略地(大多数)有所应验,也还是不可能的。

章二

一般说来,有鉴于其它[较人类为低级]的动物也会做梦,这可证示,梦不会是神送来人间的,神也不会是成梦的缘由,可是,梦总是奇异的,而人的本性虽不属神圣,也总是奇异的(该是挨次于神性的)。[①] 有些能圆成栩栩然的梦境,而宜为预兆的,实际是鄙贱(低级)的人,即此一端,就足可证明“梦不是神送给的”;只有那些属于黑胆汁的(病态的)人们,秉性便喋喋不休而作语无序,正惟这个类属,他们能见到所有一切示象(异象),他们能随时随地地感应于任何当前出现的刺激(运动);他们偶尔碰上了些所谓预兆,毋宁

① Δαίμων (1)古义谓“神”:ο 为阳性神,同于 θεός,ἡ 为女神,同于 θεά。(2)亦以称嘉代善人或英雄之亡魂,意谓这些英灵处于神与人之间,能两通人神。(3)诸神往往干预世人的命途,或吉或凶,于定命或神功而言,多以 δαίμων 为凶神(恶煞)。(4)后世衍用 δαίμων (demons)者,或以称鬼魅。463^b14—15 句中,δαιμόνια (deity),常义亦以称神性,但其所以为神者不是大神或真神,故我们这里译以“次神”(inferior divine beings,较低级的神物)。这句中还有一个常用字而在此为一疑词者,有“φύσις”我们这里译为“[人的]本性”《鲍尼兹索引》(Bonitz Index),解作“[其它诸动物的]本性”。蔡勒《亚里士多德》(Zeller,“Aristotle”)英译本,卷一,421 页,也释为“[其它,诸动物的 τῶν ἄμων ζῴων]本性”,即“禽兽本性”,这对于 δαιμόνια 给予了最低的命意。

相似于掷骰以卜单双（吉凶）的人们[①]所得的骰彩（卢雉）；俗谚有云："你掷骰到尽多的次数，总可在某次掷得一个异彩。"

但，这又是不必惊奇的：许多的梦，随后全无征验；人事的演变不必常从于体内生理的先兆，恰正有如我们观览于天象（气候）者，你准可宣说今朝的风雨，占明日的阴晴，可是天象的演变，不必遵循你的预测；你准于当时的征象（情况），推算随后的果报，倘随后而发作了一个更强大的冲击，那么你凭前一个较小的刺激所推算的果报，自然就不复会出现，那么，人事的梦兆，和气候的预测便全都失验（不灵）。许多想要建树的事功，虽然当初作了周密的设计，终由于随后发生突变而更强大的事故，前业竟归于失败。一般说来，一切可能或然发生的事，一切会将来到（遭遇）的事，以及一切也许会得出现的事，统都不是必然能实践的；但，对于这些全失后验的征象，我们总还是称之为事机的缘由（发始）；而且有些预言的后果虽则绝没有出现，可是，在先所指以为示象（σημεῖα 预兆）者，确乎是可取的（合于自然的）。

464a 梦的又一类，其发始既异乎我们上述的品类，可又于时间上，或于地域上，或于幅度上，作漫无边际的展延，或其为展延，别出于时间，地域，或幅度之外的曼衍，可总仍属于这么的一类，它们一自梦始，做着，做着，便脱离初旨，入于诡奇而漫汗不能自制，这样的梦境，若说它也有些征兆，那就净然只是"凑合"（συμπτώματος）了，

---

① 贝刻尔校，旧抄本 ἀρτία μερίζοντες，直不可解，施耐得（Schneider）揣为 ἀρτιάζοντες"掷骰以博单双的人们"。ἀρτιάζω（掷骰）这字，稀见于希腊古籍，只亚里斯托芬尼（Aristophanes，Pl.，816）与柏拉图，对话《吕雪斯》（Lysis）206E，应用此字。

这样的梦境而欲为之解释者，似乎只有寄托之于德谟克里图的详梦之词了，他喻说这些梦境为流波中的映影（映影与其流逝）。设若有物搅动了水或气，最初被动了的水或气肇发了运动（波动），挨次以动相接近的水或气，迨当初的冲击已停歇，相应的波动却仍然在扩散，直抵其动势完全消逝的某处而后已；恰正也如此，没有什么事物会来阻挡某些运动（刺激）进入睡眠中的灵魂之内，并由以引起某些感应，德谟克里图乃因之而构成他的“波影荡漾”（τὰ εἴδωλα καὶ τὰς ἀπορροίας）之说。[①] 这样荡漾开来的波影，何以容易在夜里发作而被感应呢？因为这种波影，在白昼容易被种种事物所干扰而随即散失（夜间较平静，空气较少被扰动），那些运动（刺激）只能在入睡了的人体内引起感觉，这是不难解释的，人方醒时，对于轻弱的冲击，感官都疏忽而漫不经意，迨既入睡，感觉才易于应接细小而内向的刺激。就从这些刺激所引成的心理印象，详梦的人们，预言梦者随后会将发生这么那么些事情（休咎）。[②] 情况

---

① τῶν τοιοῦτων“这么那么些事情”（“如此如此”），回顾上文，本节的开端，464a1—4。

② 亚里士多德“说梦”只举及德谟克里图一位前贤，德氏以“映影与流波”（τὰ εἴδωλα καὶ ἀπορροιαι）464a1—24 说“梦”。《普卢太赫集》，Plutarchus，Quaest. Conv.，734—735C，（见于第尔士编校本，Ⅱ，103—4）记载有德谟克里图的这个梦理。另外还提到略与德谟克里图同时，圆梦人安底丰（Antiphon），为人圆梦（详梦）有奇验；著有《判梦》（Περὶ κρίσεως ὀνείρων）一篇。又，希朴克拉底学派，《医学集成》中，有 περὶ διαίτης《治生验方》（约为公元前 400 年间之作，作者姓名不详），这书甚重“梦兆”，（Oneiromancy）。作者认为，人在睡时，思想（理知），不像醒时，易受物干扰，而可得自由发展，故梦中所暴露者，多属其人生理真像与心理真情，可凭以占知其前因与后果。柏拉图在《共和国》篇中（571C3—D4），亦重梦兆，认为人在醒时，欲望为理知所抑，不能发抒真情，而梦中景象庶几可觇其内心，内心的善念恶念，未必不招致随后的休咎。在《蒂迈欧》（Timaeus）中（45D3—46A2）他认为梦是昼间醒时，人们剧烈感情冲动的（接下页）

就是这么的，如此如此的梦兆，所以易于在世俗众人那里得来，若彼慧通明智的人们是不会被这类梦境（梦兆）所中的。若说，梦真是神赋给他们的，这样的梦兆该也在白昼给予，而且该也同样赋之于明智的人；但，按之实际，这还是合乎自然的，俗人乃能感于预兆；这些人的心识（理知）素不作深思熟虑，他们既无所用心，常保持其内涵的空虚，所以一碰到什么刺激（运动），随即跟着这刺激发展其感应。

有些心识（理知）不健康稳定的人们，乃能感于预兆（梦兆），推究其故，这是由于他们自己的心理活动，不干扰身外的事物，而放任自己所已内受者、发展开来；所以他们对于外界的刺激（运动），最是敏于感受。有些栩栩然如在目前的梦例，可有特殊的解释；譬如有人梦见他们的朋友，他们必然是相知甚深的朋友，所以互相系念者也特地深切：他们相互间忆念着，虽契阔遥阻，而一动思心，印象攸作，相见乃如晤面；知己的厚谊，爰起悬想，若此想像，其为成

464b 梦的刺激（活动）者，直与情谊同其强烈。生性属于黑胆汁的人们，感情易于冲动，他们擅于描准，引导远射，辄能中的（靶），这里，隐喻于梦兆，他们都能预征前因。又，因为他们情激意盛，时刻而作紧张的演变，出现在他们梦中的景象，一个挨次着一个，相接而至；恰正像癫狂的人们，背诵原已读得滥熟了的菲莱琪德[①]的诗篇，

（接上页）后遗征象，随后（71A3—72B5）他又别说肝脏在体内的位置与性质，认为梦境之有神性预兆作用者，函于肝脏。

亚里士多德早年在《哲学》对话中，认为梦境出于神示，至晚期著《说梦》，与《占梦》虽未绝对否定前说，却明智地申述了绝大多数的梦境，不由神示；凡所夸说的预兆都是不灵的。

① Φιλαιγίδες（Philaegides）菲莱琪德，牛津译本，皮尔（Beare，J. I.）注，（接下页）

有如《亚芙洛第忒》之章（'Αφροδίτην），原来就[取义暧昧]而谐声绵联，络绎不绝，他们也一行扣着一行的朗吟而下，若不能已；这样，情操激切的人们之梦兆，就往往绵延成串。又，因为他们情感强烈，一个入梦的刺激，肆其运动，新起或外来的冲击都不能取代，这也是他们梦兆绵延，自成串联的一个缘由。

特擅于详梦的人，① 当具有察识像似的（模糊的）形象之才能；

（接上页）大概就是，吕基安《诳骗家们》（Lucian，Pseudologista）第二十四节中的 Φιλαινίδες，菲莱尼德，这一名字也见于雅典那俄，《智学谶语》（Athenaeus，Deipnosophistae），335B—E；但关于 'Αφροδίτην《亚芙洛第忒》诗章，今无可考知。

罗斯《自然诸短篇·校本》诠疏，283 页，考证这里只是些谐声相属的巫咒。τοῦ Φιλαινγίδου ποιήματα 菲莱琪德诗篇有，（1）雅典那俄与吕基亚书中所涉菲莱琪德，其人其诗，皆不明。（2）《巴拉汀山群芳集》（Anthologia Palatina），vii，450，有菲莱妮斯（Φιλαινίς）诗，'Αφροδίτην φροδίτην《疑想的亚芙洛第忒》；其人或即菲莱琪德，而其诗隐秘，不类亚氏此节所属意。（3）欧里比特《特洛亚德》（Euripides，Troad）989—90 有 'Αφροδίτην βροτοῖς《世俗的亚芙洛第忒》，行间有取于谐声或缀音相似之语，稍近本篇此章之所属意。葛罗宁根（Groningen，B. A. van）《长忆录》（Mnemos）iv，1，107—8（1948），录有一个第六世纪的《驱鳄咒》："亚芙洛第忒的车门，弗洛第坦，洛第坦，奥第坦，第坦，伊坦，坦坦，恩，第坦，伊坦，坦恩唔。"亚里士多德这里所说的《亚芙洛第忒》之章，该就是这样全无意义的，巫祝所造的，谐声缀音的符咒，古代至于中古，或直到近代，（愚夫愚妇）信男信女所诵习的辟邪迎祥符，或引神驱魔咒（ammlets）大率如此。无论古埃及、希腊、印度或中国道教的巫觋，无论是驱邪捉妖，圆梦祈福的种种法术，所表现的就只是这些伎俩。

① κριτὴς ἐνυπνίων "详梦的人"（interpreter of dreams）。关于本篇的题目，περὶ τῆς ἐκ τῶν ἐνυπνίων μαντικῆς "凭梦里示像以说预兆"，我们简译为"梦占"（或"占梦"）。中国，梦卜（占梦）最初见于《书经·说命》，殷高宗因梦卜而得传说以为相。《诗经·斯干》以"梦熊"为生儿得男子之占。《左传》，宣公三年（公元前 607 年），追记旧事，郑文公（在位，公元前 672—前 628 年）妾燕姞梦天使与之兰，既而生穆公（在位，公元前 627—前 606 年），名之曰"兰"。春秋时期，梦卜（梦占）甚盛；史家多记录旧传如此。惟唐，柳宗元作《非国语》，责《国语》多记梦占等怪诞之说，为妄。中国上述史载诸梦例，与西方古史籍及诗文所着录者颇相似。柳宗元诽难"梦占"所持论，亦与亚氏此篇所持论颇相似。亚里士多德在这短篇内，反复说梦境出于感觉机能，而人在寐时，心识减（接下页）

若栩栩然(分明)的梦兆,[①] 任何人都能审辨。所谓模糊了的“像似”(τὰς ὁμοιότητας),我用以指称,如我们前已讲到了的,有如水中反照(映影)的心理印象。倘水被搅扰(运动)得太多,反照(映影)便失其原形,肖像就全不肖似了。可是,那一位真够聪慧的详梦人,就能把这些播散了的扭曲了的肖像,拼凑起来,而敏捷地辨认之为一个人,或说是一匹马,或任何其它事物的一个完整的形象。[太多的]运动(刺激)破坏栩栩然(分明)的梦境,现在,这么的[模糊的“像似”]梦类,就具有相似的这么的功能(作用)。

于是,我们业已阐明了睡眠和寐梦是什么,每一类梦是由何起因而做成的,我们也陈述了关于“占梦”(从梦里的示像推测所预兆的吉凶)的意见。

(接上页)损于功用,梦境多是混乱模糊的感觉印象,不是“神”的功用,只与各自的生理和心理有关,不可以卜人事或邦国休咎,故轻诋做梦与说梦者为鄙俗的人,不是明智之士。中国,至唐时,称“占梦”,曰“圆梦”。《洛中记异》云:“智满禅师,愿为唐高祖(李渊)‘圆梦’,皆验。”高祖建唐,为智满建兴仪寺,寺中置有“圆梦堂”。明清间“圆梦”亦称“详梦”。“详”之一义为审察,这里 κριτής,本义正是“审察者”,或“判断人”。

① ἐυθυ-ὀνειρίας “分明的梦”(vivid dreams)。《庄子·齐物论》,“庄周梦为蝴蝶,栩栩然蝶也。俄而觉,则蘧蘧然周也。”我们在这里假借庄周这寓言译这字为“栩梦”。ἐυθύ这字的原义是“直捷”或“分明”(有如目击的)。

长寿与短命*

章一

现在我们的课程是研究何故而有些生物寿长，另些短命，并统概地于寿命之为长为短，作一番考察。对于这一论题的研究，我们必须先从与之相涉的诸疑问着手。何以有些动物与植物寿长(μακρόβια)，另些乃寿短(βραχύβια)，追求其故是否全都出于同一个原因或各别的动植物乃有各不同的原因，这就是大家不明白的一个疑问。有些植物生活不逾一年，另些却又活到好长的年代。又一个疑问，于一切自然(生物)构体而言，长寿和身体健康是同一的事么，抑或短命与疾病两不相关，抑或于某些疾病而论，短命正由病患，而于另些疾病，则其病患实际全不妨碍他们活得寿长？

我们先已讨论了睡眠与醒寤，随后还须讲述生与死，以及于生理哲学上而论，与生死问题，颇为近似的，疾病与健康的问题。**465a**

---

* 464b19—465a2，威尔逊(Cook Wilson)在《语言学评论》(Philologie Rundschau, i,1881,1240)上指出《长寿与短命》，464b19—30，是本章的一个发凡；但464b30—465a2，却作出了另一发凡。对照464b19—21于下文464b32—465a2，别尔(Biehl)认为第一发凡，不是亚氏手笔，是后人添加的。但密嘉尔(Michael)诠疏，于这两发凡都一样作注，吕洛夫斯(Lulofs)《说梦与梦占》章一，第四十页，认为原篇本从464b30开章，随后他又补缀了464b19—30这一节。

但，我们现在的研究，关涉于何故而某些生物寿长，而某些寿短。这里，如先曾涉及了的，不同的科属，显示有相互的差异，我们也发现在同一个品种之内，各个个体之间，也是有差异的。[①] 说到科属之别，我意指其例之如人与马之间的差异（人这科属比之于马这科属，寿命较长），说品种之别，我意指人与人之间的差异；因所在的地区而异，有些人寿长，另些人寿短；凡居住于温热地区的部族，比之居住于寒冷地区的部族，较为寿长。[②] 可是，有些人居住于同一地区，他们相互间却又人各不同于寿命。

章二

我们必须考虑，在自然万物（诸生物）之间，何以某一容易坏死（灭亡）而另一乃不易坏死（灭亡）。火，水与其它元素之分别，亲和于生物之体内者，所具有的功能是各不相同的，相互地肇致自我与它别间的创生与坏死，这样，由此而引得或组合的诸生体，自然而然地，就该参有诸元素间相互为生灭成坏的性能，只有那些事物，例如一幢房屋，实由许多元素混合着，众建起来的，才得除外。关于其它诸事物，这又是另一不同的问题；许多现存的事物，有如知识与愚昧，健康与疾病，它们各有其致于毁灭各自的原因；这些事

① 这一句中的 γένος“科属”与 εἶδος“品种”作为分类名词的命意，与下句中这两名词的取义，显见有些乖误。依下句，北方民族与南方民族，为“人这科属”(genus)的“品种”(species)之别。

② 465^a9—10，住在热带（温带）的较住在寒地的人为寿长之说，今已不然。在亚里士多德的世代，黑海以北的土著居民过着相当原始的生活、衣服、居室、食用百物都不足以御北方的严寒，所以寿数较短于南方各族。

物是可灭坏的，虽储存这些的诸生物并未灭坏，而且尚在继续生存；举例以明之，学习与回想可灭坏（破除）愚昧，而遗忘（疏忽）与欺罔（弄巧）可灭坏（毁弃）知识。但，事实上，当自然物体坏死了，其它附属诸性能随即从之而坏死（消失），生体一旦灭亡，知识与健康之寓于此生体之中者，也同归灭亡。

从这些事实，人们可获致关于灵魂的某些结论，灵魂若不是凭其本性以涵存于身体（物身）之中，而是循依于知识（理性）之涵存于灵魂中的方式（即附属的方式），那么灵魂就可以在物身尚未坏死之前，先为某些其它毁灭作用所伤害了。但，事实显然不是这样的，灵魂之结合于物身，不能是知识（理性）之附属于灵魂之中的方式。

章三

这里，可以提出这么一个问题，是否世上有这样的区域，凡可 **465**b
灭坏的事物入处其中，就不会灭坏，例如火（元素）在上空高层，那里别无与之反对的（元素）存在，就永不灭坏。凡对反事物被毁灭时，所有附于这对反事物的诸属性随带着亡失；而对反诸事物总是相互为消除（抵制）的；但诸对反之凭其本体（本质）而存在者，绝不会偶然地被毁灭，因为本体就不是任何事物的属性。于是，任何事物，若无与之为对反者，或其所在的范围以内，绝无与之对反者存在，就绝不会被毁灭。若说，惟有与之对反者才能毁灭事物，那么，如果这样的对反或是全不存在，或于那个范围之内，实不存在，又有什么来使之毁灭呢？也许这个陈述只是部分地真确，而部分地不合实际；一切事物凡具有物质材料者；在某些涵义上，必然各有一个对反。事物之所涵蕴(物性),有如“热”或“直”固然可在任何物体(实是)上表现,但离立的“热”、“直”或“白”,这样的事物,是没有的;若说可有,那么原该是附从的属性、将可独立存在了。于是,若说,主动和被动事物同时存在,其一有所施为,另一接受所施为,这就不可能全不发生什么变化。又,若说动与被动两相抵消之后,盍有所剩余,于是这余量就是一个对反;因所有变化,统都起对反的相互作用,“余量”就是上述抵牾剩下来的。于是,倘一切主动对反物全然消除了,我们就可获得永不毁灭的事物。但,按之实际,事有所不然;事物将被它自己所发展而形成的周身的(周遭的)对体(敌反物)所毁灭。

[我们倘在这方面作了充分的辩论,经上所陈述,该已有足够的论据,如云不然,人们必须假定,这里产生了某些主动对反或现实对反,而引出了一个余量。][1]这样,较小的火焰被较大的火焰随附着(偶然地)消耗了,若说烟为火焰的饲料[2],于较小的焰,须经长时间才消耗以尽,于较大的焰,这就急速地烧尽了。所以,一切事物都在运动不息的状态之中,或正在生成,或正在灭坏。它的周遭(环境)或与之同工,或作相反的施为。一切事

---

① 645^{b}21—23 这一累句,和下句,^{b}23—25,不相承接,拟为抄写的文士,擅行添入的。兹作为异文加[ ]。

② 这里原文难解,近代校订者各拟有其校订文字,此从别尔(Biehl)校,作 ἡ τροφὴ ᾖν “若说……作为饲料”译。《自然诸短篇》各章节,类此的疑难句读,或文法上,或逻辑上的疑难,所在多有,十九世纪迄今,相继的校勘者,翻译者,研究者,各有所阐明,罗斯(W. D. Ross)校本晚出(1955),汇萃前贤,其诠疏所订正者尤多。现在这汉文译本,于疑难处都从罗斯诠疏索解。(参看罗斯《自然诸短篇·校本》诠疏 288—89 页,所作对于 465^{b}1—25 的疑难章句的分析。)

物，为此故而变化不息，它们的寿命，比照于它们的自性（秉赋）所许可的期限，就将或较长，或较短了，但它们既各有其所对反者在，这就谁都不能永存不死；而它们既各都涵蕴有物质材料，它们的对反，就也各与之具在了。这样，如果这个对反，属于位置的，则其变化当为区域移运，如属量性，则其变化演为生长与衰坏。

章四

体型巨大的生物，作为一个级类，未必较不易于灭坏（一匹马实不较一个人为寿长），[①]体型小的，也未必（大多数的昆虫只活一年），整个植物界而言，也未必较动物为不易于灭坏（有些植物就是一年生的），那些红血动物也未必（蜜蜂的寿命就比某些具足的红血动物们长些），无血动物也未必（软体动物是无血的，也只活一年），陆地生物也未必（有些植物与陆生动物就只活一年），海生动物也未必（在海洋中，贝介与软体类两都是短命的）较不易于灭坏。一般说来，寿命最长的属在植物，例如椰枣；次之，长寿较常见于有血动物，而无血动物为短命；较之水生动物，陆地动物盍为寿长。缀合有血与陆生两事而论，则于一切动物之中，人与象最为寿长。一般说来，体型较大的动物比之较小的，活得长些。其它活得寿长的动物往往属于体型巨大的级类， **466**[a]

① 《动物之生殖》（De Gen. Anim.）777^{b}2—6，马属（genus Equus）称鬃尾动物（λόφουρα），确言马寿比人寿为短。

有如我们上述的两者。[①]

章五

于所有这些通理，我们揭示下列的论据以说明其缘由。大家该当承认，生物（活动物）统都秉赋有湿性与热性，生命原来就本于这些自然性能，迨入老年，既冷且干，就这样转成了一个死体。这是明白的。这里，凡活物，其所组成身体的材料（物质），统属热与冷，干与湿的（四性能）。当他们有生之年，随岁月而俱增，老耄及之，生命的诸性能必然渐尔耗竭。湿性盍是不易干枯的。为此故，油脂事物较不易于衰损（朽坏）。这因为它们内涵有气；气和其它元素相涉时，有类于火和其它元素间的关系：火是不易朽坏（衰熄）的。水湿的涵量也不得太少；小量的水湿易于干涸。执此之故，大体型生物——兼动物与植物而言——如上已讲到，一般说到，年寿

① 466^{a}9—16 亚里士多德于动物寿命比较所得的条例：较高级的（红血）动物，较巨大的动物，统概而论，具有较多的长寿机会。兰开斯特（E. Ray Lankester），《人与其它动物的寿命比较》（Comparative Longevity in Man and in Other Animals），第 46 页，"可能的最高寿命是跟着生物进化而为变的，进化愈高则寿命加长。这盖已是被公认了的，动物进化的涵义就是较复杂的构造，与较大的体型，这两者或两者之任何一事，都本于'长时间'的进化过程。"兰开斯特确知，若不经时间过程，动物不能增长体积。魏斯曼（Weismann）《遗传文集》（Essays on Heredity），第 6 篇，"最巨大的动物抵达最高的年龄……这不难编制一个动物级降系列，标志寿命的递减，几乎和体型的递减为正比例。"亚里士多德所订上述条例，当然是容许有例外的，他原就没说他的条例是绝对的。鹦鹉，乌鸦与鸿雁，比之许多较大型鸟类及哺乳类活得较长。有些鱼能活到高龄——萨孟鱼（Salmo Salar）可活百岁，鲤鱼可活一百五十岁，梭子鱼（Esox Lucius）可活二百岁。关于植物，亚里士多德说，植物未必较动物为长寿，但生物之臻于最高年龄者，却应在植物中寻取，——这一通论是确实的，植物学家于一本巨型水杉（Sequeia gigantea）估计已有 1335 岁，于一本紫杉（Taxodium）估计已逾 4000 岁了。

较长；较大的动物自然地涵存着较多的水湿。但这个不是它们寿命较长的惟一原因；寿长须得量与质两方面的条件，所以，这不仅该有足量的水湿，这些水湿还必须是热的，凭此热性，这份水湿才不致易于冰冻或干涸。这就是人类比某些较大型动物活得更长的缘由；水湿涵量较少的动物，如果其质性（热性）较佳，可补偿其为量之不足， 466b
这就能活得较长。又，某些动物的热性出于油脂物质，①其身体既不易干枯，也不易冷却；又另些动物体乃具有另些滋味。

又，凡动物之能抵抗衰坏者，不可有太多的剩余（排泄），这种剩余或凭其自然秉赋所产生，或由于疾病而产生的，其作用，有时是损害其自然生命的，另有时是为害于其某部分的功能的。为此故，动物之饶于种籽（精液）而行过度繁殖者，都属早衰（速老）；种籽（精液）是剩余排泄，一经泄出，物身随之干枯。这就是骡，比之于马与驴，即骡所由受生的双亲，较为寿长的缘由，倘雄性动物而乐于过度交配，这也是雌性动物比其雄性较为寿长的缘由；正由于此，雄麻雀比它的雌鸟寿命较短。又，这是确实的，一切雄性之交媾过度者，由于劳悴困乏，统都较快地衰老；劳乏使其身就干，而干枯即便衰老。但，更广泛地说，雄动物，于自然本性上，盍较其雌性为寿长，因为雄性实比雌性为秉赋较热的动物。② 居住于较暖热

① τὸ λιπαρόν“油脂物质”：油腻性为“滋味”（οἱ χμοί）诸品种之一，参看《感觉》篇（de Sensu.）章四，442a17 以下。

② 466b10—11，动物界，雌性 θήλεα 与雄性 ἄρρενα 寿命比较，参看《动物志》，538a23—24，红血动物之有足而非卵生者（哺乳类）雄性常较雌性为寿长，575a3—5，于大多数的犬种而言，就是这样的。《动物志》613a24—26，于环鸠（ring dove）与雉鸠（turtle dove）而言，亦然如此。

466b14—15，φύσει“于自然本性而言”，若勿使雄动物过度交媾，致于劳悴，则雄性将循常例，活得比雌性长些。

地区的动物，比居住在冷处的，寿命较长，这与体型较大的动物寿命较长者，其理相同。动物之秉赋寒冷者，其体型大小，循乎此理；这是明白的，蛇、蜥蜴和棱甲动物，凡生活于热带的，就体型巨大，在红海内的贝介类也是这样的；热湿既是生命之成因，也就是生长的原理。但，在寒冷地区，动物体内的湿度，多属水性；所以，易于凝聚，因此，在北方地区的寒冷气候中，无血动物或少血动物是全然没有的（无论在陆地上有脚类，海洋里的水族，那样的品种都是没有的），或竟也遭遇一些少血或无血动物，它们总是体型较小，而且寿命较短；这里的冻霜遏止了它们的生长（发育）。

倘断绝了营养（供给），植物与动物，两归死亡，这时，它们就消耗自己的物身；恰如一个大焰火燃烧垂尽时，就消耗任何添加的燃料，遂也烧光了那些小焰火，正也如此，消化功能凭自然原热为之基本原因者，遂乃耗竭了它的物身所涵存的储备。水生动物较陆地动物为寿短，这不仅由于它们的湿性，更因为它们的湿性属于水
467a 质；这样的湿性易于干枯，因为这是冷的而且易于凝聚。① 凭同样的缘由，无血动物易于衰亡，惟其体型巨大者乃能支持那样的消耗；这种动物既无脂肪，又无甜味。在活动物体内的脂肪是甜的；为此故，蜜蜂的寿命比之其它体型较大的动物要长些。

---

① 章五，综上述各章的理论与实际，归结寿命长短的原因为六条：(1)466a17 以下，水湿（主要为血液）较充足者，寿命较长。(2)466a29 以下，富于体内热者较寿长。(3)466b4 以下，体内水湿，富于油脂或富于其它滋味者，寿命较长。(4)b16 以下，饶于精液（种籽）而交配过度的雄动物较其雌性为寿短。（若顺适自然秉性，不行过度交媾，则一般地，雄动物可较其雌性活得长些。）(5)b18 以下，体型大小为比较寿命长短之征：居住于热地（温带）的动物，多比其居住于寒带的相类属动物，体型较大，寿命较长。(6)b33 以下，水生动物（冷血）大多数较陆上动物（热血）为寿短。

章六

在植物界中，有些种类活到很高的年龄，比高龄的动物们，寿数还更长，这，第一，因为它们的体液不是水样（稀薄）的，所以不易干凝（枯槁）；第二，它们富有油性与黏度，所以它们的物身虽属土质而为干性，可是，既内涵了这样的湿物，它们就不易枯槁。但，我们研究树龄的旨趣，要在阐明其长寿的原因；除外昆虫，而论比生物间寿命长短的表征，植物为寿的原因是特殊的。由于草木时时在重生，所以它们竟能存活如此的久长；当有些旧枝老去时，新枝常在桠间萌生。他们的根也是这样。这样的更新，不是顷刻之间发生的，只在老干与老枝行将枯槁（凋谢）的时日，新枝萌芽在它们旁边发育，并形成新干；也在这时机，旧根（宿根）旁边也茁长了新根；于是这棵树，一部分凋枯，一部分重生，它的生命如此而延存，如此而致于长寿。但，树木（植物）也有类乎上曾述及的昆虫的生态；它们虽被分割，可由一个生体形成两个或多个生体。可是，昆虫于被区分了以后，虽还继续存活，活着的时间是不怎么长的；它们缺少营生所需的器官，在每一切段中，其内涵的生机，也不供应重生这些器官的元质。[①] 但植物的切段就能重生一一必需的诸部分；因为它们在每一分段中，各具备潜在的根和潜在的株秆。所以，树林经常地，一部分在老化，一部分在萌芽，两者寿命略同其长短，犹如插扦或嫁接切片，从树木本身分离以后的生长与凋落的岁月。人们恰可指说树本上分株的实义，正相类乎分取的切片；而切

① 467[a]21—23，昆虫切节，不备营生所需的诸器官，参看《青年与老年》468[b]6—9，昆虫区分了各体段，或存头节而无腹节，或有腹部而无口器。

片正是这棵植物本体的一个部分。差别只在切片是分离于本体，而新枝（萌芽）则是延续于本体的。由此可知（可证），植物的每个部分（片段）各各潜存有一切的生命要素（元理）。

动物界与植物界，两皆显现有这样相同的情况：于动物而言，按之通例，雄性活得较长；揆之雄性的体型，上身较其下身为大（因为雄性比之雌性更显示其像矮侏样的），可是，热性却正位在上身，而寒冷乃在下身之中；于植物界而言，凡它们的头部最重的就是寿命最长的。考究植物界中具有如此秉赋的，当不是
467^{b} 一年生的（草本），而该是有如乔木样的种属；于植物论，根是它真正的头部，但一年生植物（草本），其生长与发育的趋向，重在下身，即[相对于根部的]株上的籽实。随后，我们将在《植物志》中（ἐν τοῖς Περὶ φυτῶν），作为一个专题，更详尽地讨论这方面的问题；①至于，现在的讨论，既以动物为主，则我们已阐明了它们寿命之为长为短的缘由。剩余的问题，我们该继此而研究的，是"青年与老年"（περὶ νεότητος καὶ γήρως）和"生与死"（καὶ ζωῆς καὶ θανάτου）；待我们于这些专题讨论完毕，我们关于生物的全部研究就抵于结束。②

① 亚里士多德《植物学》著作，今已逸失。参看《感觉篇》，$442^{b}24$—26，关于植物的"上下"方位比照人身的上下方位，该颠倒着看；又看，《动物之行进》（De Incessu.），$705^{a}29$—$^{b}2$。

② 以下牛津版 D. Ross（罗斯）希文本和 G. R. T. Ross（罗斯）（英译文都将《青年与老年》二章，《生与死》四章和《呼吸》二十一章合为一篇共二十七章，本书将前二者合为一篇分六章，将《呼吸》另立一篇二十一章，参见 295 页注①和 306 页注①——编校者）。

青年与老年

生与死

章一

我们现在必须讨论《青年与老年，和生与死》的问题。同时我们也该叙明“呼吸”的缘由；因为这在某些动物，“呼吸”恰正是它们活着或不活的差别（分限）。[①] 但，在另一专篇中，[②]我们已论定了关于灵魂的定义，这是明显的，灵魂的要素不属于物身（肉体），可是，这也同样明显，灵魂该寓于物身的某个部分，寓于那个能行控制功能的部分。我们现在尽可忽略灵魂的其它诸机能或诸部分（任凭你称之为机能或部分）；我们于足够称之为兼备两项辞旨（即既是动物而且又是活着的），所谓“活动物”（ζῷα καὶ ζῆν）者，必须在那个同一部分，由此而成为“有生命物者”，即此而呼之为一个动物（ὁ ζῷον）。“动物之由此而为动物者”（τὸ ζῷον ᾗ ζῷον），当然不能是不活的，可是，我们不能仅仅因为它是活的，也就必须指说它是一个动物；因为植物（草木）也是活的，但它们没有“感觉”

---

① 凭本章发凡的这两句，后世编者或把 $467^{b}10$—$480^{b}31$ 全文编为一篇，或分编为两篇，题为《青年与老年·生与死》和《呼吸》。关于“呼吸”（ἀναπνοῆ），这专指具肺的动物们，参看 $470^{b}9$—15。

② 参看《灵魂论》，卷二，章一，$412^{a}1$—$413^{a}10$。

(αἴσθησιν),所以,我们区分动物于非动物者,实际在于有无感觉。①

举以数论,这个部分只能是单一的而且同样的事物,但举其要素(实义)论,这便不止只一,而是有差异的;作为一个动物(τὸ ζῴῳ)的实际,和作为一个生命(活物 τὸ ζῆν)而言,就不是相同的。于是,所有各个专项感觉器官,当诸感觉由以实现其为感觉时,必须会合于一个共通感觉器官,这个器官必须位置于所称为“前”(πρόσθεν),和所称为“后”(ὄπισθεν)之间的“中部”(μέσον)。(所谓“前”,我以指感觉所引向的部分,所谓“后”则是与之相反的部分。)又,一切生物的躯体,各区分为“上部”(ἄνω)与“下部”(κάτω),(因

468a 为它们全都像植物,各具有上身与下身。)这是明显的,它在两者之间,具有营养本原;于食料进入的部分,我们称之为“上身”,这是凭它自身看来之所谓“上”,不是考虑到它的外围总体而谓之“上”,但我们称之为“下身”的,则是基本残余由以排泄出去的部分。② 这些在植物与动物身上,所在的位置不同;因为人在所有一切生物中为惟一直立的,在这方面的性质特为显著,他的“上身”于他的外围总体(全天宇)而言,也是“上部”,但在其它动物而言,这在[天宇间的]“中部”;至于植物,它们是不移动的(固定的),从土壤吸收食料,进食的这个部分常在“下部”。植物的根,符合于动物的口;这

① 有生命,又有感觉机能的生物,实指具有心脏的诸动物;心脏即上文 19—21 行句中的“那个同一部分”(ἕν μόριον καθ' δ'...),“由此而成为‘有生命物者’,即此而呼之为一个动物。”

② τὸ περίττωμα... τὸ πρῶτον “原始残余”(或基本残余)应包括食物残余。(《动物之构造》,卷三章八,671ᵃ7,“胃肠的土质残余”,卷二章七,655ᵇ13 等,“食料残余”)和身体分泌(排泄)如精液(γονή)与乳汁(γάλα);后举两类事物,亚氏也称之为残余(排泄)περίττωμα。

个进口部分，有些是凭以从土取食的，另些则凭以从本类（同类）取食。[①]

章二

所有一切躯体完整的动物分为三个部分，第一部分，是凭以吸收食料的，第二部分是食物残余所由排泄的，第三部分处于那两部分之间。后举的这个部分，在大型的动物体上，被称为“胸”，于其它体型的动物身上，称以可以照的名词。于这个部分说来，有些比之于另些，是较为专业化了的。那些具有移动机能的动物，外加有能行运动的机构，凭以移动其全身，这些就是腿和脚，以及为此功能所具备的其它诸部分（构制）。但，灵魂的营养功能的所在，寓于上述三部分的中部，这样的安排是合理的，也可凭感觉而明知的。许多生物，当它们失去了其它两部分之一，即相应地称为头与进食器官（食料容器），仍还应用它们的中部，力求生存。昆虫，如胡蜂与蜜蜂，明白显示了这样的情况；昆虫以外的许多动物也能在被割以后，应用它们的营养部分（构制）存活。营养机能的诸区分，潜在地为数有几个（为多），现实地却为数只是一个；这样的组成，和植物的营养机能（部分）相似；植物，当被分割（区划）了之后，其分段能各自存活，而且能在同一萌发处（起点）茁长好多树木（分株）。

① 这一 τὰ μὲν（468^{a}11 行）... τὰ δὲ（12 行）“有些……另些……”句是疏略的。渥格尔认这句承上文的植物而言。“另些”是指“寄生植物”（parasites），例如槲寄生（mistletoe）。另些诠疏解释这句承上文的动物，“有些”为草食兽类（herbivora），草是土生土长的，“另些”则为“肉食兽类”（carnivora），是自类相食的，例如虎（兽类）吃兔（兽类）。又有些诠疏认为，这里可以兼承动植物而言，两者于取食为别，如此的两类都与本文所叙相符合。

何以有些，在区分了以后，不能存活；另些植物则不能凭其切片发
468b 育成长，将在另一专篇中予以讨论，①但在这方面而论，植物和昆虫这一类动物是相似的。这样，在一个具有营养灵魂的生物，于这一机能（构制）必须潜在地为数是多，而现实地只能是单一的。又，这于感觉第一原理（要素），情况也确实相同；这些被分割了的生物，那些区分了的各个部分，真像具备感觉。但，于自然本性（生命）的葆全而论，植物乃能继续生存，昆虫则不能继续生存，因为它们于葆全生命所必需具备的诸器官，未能全备，它们，有些阙失了抓取食物的工具，或没有接纳食物的容器，另有些则两皆缺少。这样型式的动物们好像原来是多个生体的团聚（聚合构造）；但，凡属优良的动物，不该是这样构造的，它们尽可能各构成一个单独整体。这些可分割生物的某些切段，虽也显示有某些灵魂属性，却毕竟只具备微弱的感觉功能。它们，当其内脏被挖去之后，还表现有运动能力，这样的例有陆龟，把陆龟的心脏除去，它继续爬行。②

① 在现存的《亚氏全集》中，未见有符合此论题的专篇。或谓，这该包涵在亚氏逸文《论植物》(de Plantis)这专著之内的某篇章。468^{a}31—32 句内的“有些”，不明是指动物或植物。

② 468^{b}12—15，罗斯诠：这一节明白地举出了龟和其它某些动物的活体解剖记录；下文《呼吸》章十七，479^{a}3—7 也是陆龟（χελῶνες）的活体解剖记录。罗斯又举伦斯（T. F. Lones）《亚里士多德的自然科学研究》（A. 's Research in Natural Science），章八，关于亚氏动物学中的活体解剖（vivisection），《动物志》563^{b}23—27 是参考了一避役（chameleon，变色蜥）的活体解剖的，《动物之生殖》，774^{b}31—34，可能涉及燕属（swallows）的活体解剖记录，也可能是一些顽童把燕眼挖出的观察。《动物之生殖》，765^{a}25—31 涉及的活体解剖，可能是一次医疗手术中得来的。亚氏书中解剖实例很多，除上举的例外，都不像是活体解剖。渥格尔诠 468^{b}15 句，于活体解剖，提示了他自己所亲历的情实：昆虫如蚱蜢，在制作标本时，把它的内脏全挖空了，用棉花绒给以填塞后，如果不加针定，这蚱蜢常是飞了去。参看《呼吸》479^{a}3—7。

章三

如果,我们从种籽发育和嫁接或插扦蕃殖来研究植物的原始,植物界与动物界在这方面的情况,又是很明白的。植物的种籽发育始于中部;一切种籽,都有两个小瓣,① 一个植物新生命从两瓣相接的中点开始萌生,从这个共通于两瓣之间的部分,茁长这棵植物的茎与根,生命之原,实际就在这个中点。在嫁接与切取插扦分片(或分段)时,选择都着于"眼睛"(τοὺς ὄζους 结节);② "眼睛"正是这一桠枝的生原所在,这也在中部,他们(繁殖植物的人)或就此处剪取接穗,或把接穗嫁接在砧木的这一眼点之内,于是分枝或根就从这一点萌发,育成新茎(新干)与新根,溯彼生原的开始,实际在树身的中部(中段)。③

① διθύρων γὰρ ὄντων πάντων "一切[种籽]都有两个小瓣",参看《动物之生殖》(De Gen. Anim.),卷三章二,752^a21—23。这一错误论断,当是亚氏从荚科诸豆验证得来的。渥格尔(Ogle,W.)《亚里士多德,"青年与老年,生与死"和"呼吸"》英译本注:色奥弗拉斯托《植物志》(Theoph.,Hist. Plant.),卷八章二;"植物种籽统都内具两瓣,这于豆科最为明显,而谷类籽实该也作两分瓣。"古希腊植物学家所谓"两瓣"(διθύρων)今云(Dicotyledon)"双子叶"。豆科,蔷薇科(桃李),诸果实确属"双子叶植物"。禾本科的谷类及诸草,实为"单子叶植物"(monocotyledon)。以子叶数为植物的初级分类,始于第十七世纪的雷氏(Ray)。

② 468^b25,ὁ ὄζος "结节"(nodus)或"眼睛"(eye):此字,见于本篇本章这一节者,亦见于色奥弗拉斯托《植物志》,卷一章一,第九节。"嫁接"(ἐμφυτεία)剪取选定的种树之"穗",成片状,接合于同属的劣种,或常见种(砧木);凡砧木上之接点必选在树干上、结节处,树皮纹理有如"眼睛"者。如嫁接而未能成活,栽树者(园艺家)辄谓其所接合之"眼睛"为 τυφλὸς ὄζος "盲眼"(色氏《植物志》,卷一章八第四节)。

③ 关于树根与树干的接合部位,直到十九世纪的植物学家,还有承于亚氏植物学,认真地研究这个部位在植物上的重要作用;有一个时期,甚至于相信这里就是"植物灵魂",即"营养机能"的所在。这期间的植物学拟订这个部位的植物生理学名称为树"心"(cor)或树"脑"(cerebrum)或植物基点(fundus plantae)或树"颈"(collum)。这(接下页)

于动物之有血者而言，生原的开始，先见于心脏。从那些，其诞生（胚胎）过程可得观察的，而且我们曾已验证的诸动物为例示，这是明显的。于无血动物而言，相符于心脏的构制必然最先生成。我们先已在我们的专著，《动物之构造》（τὰ Πέρη τῶν ζῴων）中，[①] 469a 陈述了心脏为血脉之源；而血液则为有血动物养料供应的总汇，它们全身各个部分的育成，皆有赖于血液为之资源。现在，这是明白的了，关于食料（营养），口执行了一个功能，腹实施另一功能。但心脏完成营养的最后作用，实际主管着营养的全部功能。这样，有血动物的感觉与营养灵魂之本原必然寓于心脏；关于营养，其它诸部分的功能都从心脏为主而各施其辅助作用；有如医师之于健康，凭事功的底成（目的）而论，主管者必寄之于力能控制的一个部分而不在为之辅助的其它诸部分。又，一切有血动物，总领各项感觉的主管机能寓于心脏；因为参与容受各项感觉器官所作成种种感觉的［共通］器官，必然就在这里。我们见到味觉与触觉两项明显地集中于共通感觉器官，那么其它诸项感觉也必是这样的；只有在一［共通］感觉器官，才能感应于其它诸器官所发生的刺激而且这些刺激实未达到上身部分。[②] 又，若说一切生物的生机就寓止于

（接上页）里所谓“中部”（τὸ μέσον），于种籽而言，如豆科发芽在两子叶间的联缀点，则当其长成为豆株时，这在地面上根茎相接处；如具生气根的榕树，露兜树等，发生粗大气根，为这植物吸收地下养料，亦为之地上支持，则这一接合树根与树干的“中部”已位在地面丈尺之上。

① 参看《动物之构造》（De Partibus Anim.），卷三至五，665^b10—668^b32，“心脏与血液循环”这一章。

② 视觉凭眼，听觉凭耳，嗅觉在鼻，这三器官都在头部，三项感觉都系属于头壳中的脑部；这情况可凭表面现象为之推论。亚氏动物解剖，于人与兽类的循环（接下页）

此，这样，它明显地必然就是感觉的本原；我们曾说到，凡称为一个这活物的，必须具有现实生命，但以感觉为存活的征象，那么我们若说这是一个动物，那么，它就该是具有感觉的。何以有些感觉显然抵达心脏而另些乃涵于头部（因此，有些人假想动物的感觉有赖）于它们的脑部。关于这个问题，我们已在另篇说明了它的缘由。① 照我们上已陈述了的，凭外表的现象来判断，这是明白的了，感觉，生长与营养灵魂的本原确乎就在这里；这里就是身体三个部分的中部。②

章四

可是，凭理知为判断，这是明显的，自然于任何机会都应用随时随地的手头材料创造尽可能最优良的事物。上述两机能（灵魂本原）所以被安置在全身的中部旨在让它们各能最完善地施行各自的作用；作为食料的收纳机构，和处理食料的最后步骤（消化），这个中部位置恰该是最有利于控制（管领）的区域。但，我们必须区分管理功能与接受使唤的功能之间的差别。凭各项所遂行的作 **469**b
用而论，作出如此分别是可能的，恰如我们分别笛和使笛运动以成

（接上页）系统（心脏与血管），见于《动物志》与《动物解剖》者，已相当清楚。但在他当时实未析出神经系统。当时，于感觉中枢或主于脑，或主于心脏。触觉，味觉神经始于皮下末梢神经，其传递系统有与血管脉络相符段落，亚氏因而误以心脏为触觉与味觉（为触觉之别式）的中枢。亚氏从乎"心脏实主感觉"之说，转而设想视，听，嗅觉之聚于脑部者，别有通于心脏的传递管道（路线），坚持以心脏为五项感觉的总汇。

① 参看《动物之构造》，卷二章十，$656^{b}5$ 以下。

② 生活于公元前 500 年间的亚尔克迈翁（Alcmaeon）先已发现了脑部实司感觉机能，参看菩纳脱《希腊早期哲学家》（Burnet，Early Gr. Philosophy）第 194 页。执持心脏为共通感觉器官所在为亚氏心理-生理学的一大失误。

音调的手那样。于是，既然“动物”（τὸ ζῷον 生物）以具有“感觉灵魂”（τὴν αἰσθητικὴν ψυχήν）为定义，那么，有血动物的这个本原必须着在心脏之内，而无血动物的，则着在与心脏相符的某个部分。

这里，生物（动物）所有各部分，亦即说全身，内涵有某量的自然热；因此，当它们活着时，被感觉到是暖热的，迨其生命被剥夺而身死之后，人们就相反地感觉到其身体是寒冷的。现在说来，这热源必然存在于有血动物的心脏之内，于无血动物而言，则在与心脏相符应的部分；动物各凭其体内的自然热①以行其营功能而消化食物，行使这样的功能的机制，必然寓于最擅于控制的构造。这样，当别的什么部分业已冷却，生命还在，但，当心脏区域一经冷却，全身遂即坏死，这就因为身体各部分的生理，全然有赖于内涵的火热，而与物身各部分相应的灵魂各部分，于有血动物则由心脏，而于无血动物则由与之相符的部分，点着了火而在燃烧。所以生命实有赖于这体内热的保持，我们循此而认知，这体内热的毁灭就是死亡。

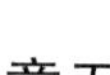

章五

现在，我们见到（得知），火的被毁灭，率由两法，一或因消耗而

① θερμότη φυσική（469^{b}8，13）“生理自然热”，先见于《寿命》466^{b}32，即动物诸篇时或提到的 ἔμψυχος θερμότης “生命原热”，或作 φυσικόν πῦρ “生理（自然）火”，或作 τὸ ἐντὸς πῦρ “内蕴火”（体内火）；下文，469^{b}17：“身体各部分的生理，全然有赖于内燃着的火（ἐμπεπυρευμένης）。”“内燃火”即“内蕴热”。参看本篇 469^{a}2—12，2，^{b}1，^{b}12，473^{a}4，474^{a}25—^{b}3，479^{a}29，480^{a}16，参看《灵魂论》416^{b}29，参看《动物之构造》，650^{a}14，《生殖》，732^{a}18，755^{a}20，762^{a}20。

自行熄灭，或被扑灭。“自行熄灭”（自然死亡，ὑφ᾽ αὑτοῦ μάρανσιν），我们以称[火或生命]之由于自己衰损而致此者，“被扑灭”（τὴν σβεσιν）则是因相反的缘由而致此者；[于生命而论，]其一为因老年而自然死亡，另一则由于横暴而死于非命。[①] 可是，这两不同的毁灭方式，实际出于同一缘由；两式的熄火都由于燃料（饲料）不继，这就是说，由以发生热量的食物已经耗尽了。两式中的反式，即扑灭式，其法在阻遏火焰使之不得与燃料接应；这也可由于聚热太高太旺，既不能呼吸，也不能冷减之故，因此那个大热（大火）集焰迅急，把饲料（燃料）消耗以尽，遂使小热（小火）不得焰气，归于熄灭。所以较小的火，在近边较大的火旺烧起来的时刻，旋即萎歇，一盏焰灯置入一较大的焰火以内，恰如其它可燃事物，遽尔 470a
耗竭，以致自灭。[②] 推究其故，当是原来供应小火的燃料，在小火尚未及引取的时刻，就被大火抢去了，大火愈烧愈旺，焰气激荡，像河流奔腾，小火无以阻挡，只能自行消失。

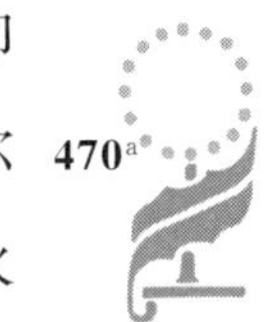

所以，这是明白的了，倘动物而谋求持续地生存，它必须保持

---

① 469b23，την μὲν... βίαιον“另一，由于暴力横加”依别尔（Biehl）校订，这一分句为衍文。密嘉尔《诠疏》，109，9—11，有这么一个分句；但诠疏中存有此语，不能确证原文中必有此语。

② 关于大火小火的发旺与萎歇，参看《长寿与短命》，章三，465b23—25。自从发明了助燃元素“氧”气以来，用现代的燃烧理论来说，无论大火小火的熄灭(1)由于燃料不继(2)失去了氧气供应；那么，火的死亡，实际都是自灭的。大火夺去小火的燃料供应，不是常例，而是“事出偶然”（κατὰ συμβεβηκός，465b23）。在这里“火被扑灭”的例，可举用水浇火，或用沙压火；470a11—16，所举“加灰覆蔽”（储火）已知流通空气为延续燃烧的条件，不举浇水压沙，以隔绝空气的措施，疑抄本有阙漏的文句。在古代，既把火作为一物质元素，燃烧理论不明，这些有关燃烧的章句，不能不是模糊的。

其热量，若要保全热量，这就必须冷却全身领要部分[①]的原热。我们可以检出一个实例，作这事的明征，煤火的焖炉，[②]若罩在上面的覆盖，我们称之为“窒塞”(πνιγεῖ)者，延续地紧罩着，火便快快地被窒熄；但人们若交替着，盖上或揭开这覆盖，虽经历了许多次数，煤火还是长时期地燃着的。“加灰覆蔽”(ἡ ἔγκρυψις)[③]就正是葆火（储火）的一法；由于灰烬的多孔罅性状，它不阻绝空气的进入，与荫在其中的火种相接，可是被围着在内的热量却又受到了保护，不致被外围的冷空气所扑灭。在灰储火种和煤火窒塞两例上，何以引出两相反的效应（其一，火种长时期的保全了，另一，则火被遏灭了），其理由，我们已在《集题》(ἐν τοῖς προβλήμασιν)中研究过了。[④]

章六

每个生物各有一灵魂，又如我们才已讲过的，没有哪一个生物不内涵有自然热而能存活，于此以论植物的生存，它们所由保持其体内原热者，只须依赖其外围（环境）和进食所得的辅益就足够了。

---

① τοῦ ἐν τῇ ἀρχῇ“全身领要部分”，实指“心脏”。

② τῶν καταπνιγομένων ἀνθράκων“煤火焖炉”，以煤为燃料的焖炉，盖即当时的面包烤炉。

③ $470^{a}13$ ἔγκρυψις (ἐγκρυφίζω，义为阴蔽)，加灰“覆蔽”为储火一注，把煤球或炭基燃旺后，保存于灰缸之内，中国山村中迄今还沿用着。

④ 现传的 Problemata《集题》，卷一，“医药题”，章五十五，关于“发烧”(fever)这节，也有“大火吸收小火”这样的语句；但整章看来实与本篇这一句所指者无关。亚氏生前确撰有《集题》这书；但原著轶失。现行本盖基督教兴起后，亚历山大港城中，漫步派先后学者的笔札、汇编成书，其持论多本于亚氏，然其内容实已迥然不同于原著。

进食引起冷却(恰如人类在进食之初);①但禁食就引起发热与苦渴;空气当其静止,常增高热度,然进食之后,空气流动了,这就转冷,直到消化了之后。倘因季候迁移,外围由于严霜来临,而入于酷寒,植物遂以凋落;反之,如果夏暑燥旱,土地水湿尽被烘干,更无可为之冷却者,于是热量既消耗殆尽,这株植物就枯死,植物之死于这样的季节者,人们谓之“风干枯谢”(σφακελίζειν)或“日曝干瘪”(ἀστρόβλητα)②为此故,人们在树根底下置入某些种类的石块,于花盆内灌水,俾令植物的根,可借以冷却。但,于动物而论,因为它们有些生活在水中,另些生活于空气内,它们就凭这些元素——
470b
有些凭水,另些凭气——完成其冷却功能。这些情况怎样发生和由怎样的方式完成其功能,须待更深入地研究了这问题之后,才能续说。

① 皮尔(Beare)认为这分句是后人撰入的,加(　)。罗斯认为人初进食时是吸收着体内热的,既消化之后,营养料转又发生热量。这分句承上文,推理是可通的,但原句率略,当有缺漏。

② σφακελίζειν“风干枯谢”,本于 σφακέλος,ὁ“局部坏死”(gangrene)。“局部坏死”两类,干坏死,谓皮层坏死,湿坏死之起于肌肉深层者,即“痈疽”(carbuncle)。ἀστρόβλης,-τος“星曝”,或“日曝”(sideratus,or sunstroken)此字见于本篇,亦见于色奥弗拉斯托,《植物志》,卷四章十四,第七节。亚氏《动物志》,卷八,章二十,“大鲶鱼”这一节,602b22,汉文译本作“中暑”。这里,说植物夏季死亡,两皆由于失水。解此死亡原因为不能冷却而任全热量消耗以尽,是承接上文的迂回申述。

呼　　吸[1]

章一

少数几个自然学家（先哲）[2]曾研究到呼吸的论题；有些人对于生物（动物）之表此现象，没有作出说明；另些人于此有所讨论而无深知灼见，于实际情况的验证还是不充分的。又，他们说一切动物统都呼气，这是不确实的。我们现在该当先行着意于此，前贤已逝，今已不能复为己所持论作辩护，吾人务勿对他们施展无根据的检查。

这是明确的，凡具肺的动物统都呼吸。又，动物之具有无血的（少血的）或海绵样肺的，比之其它动物需要较少的呼吸；这就是它们体力强健，能够久留在水内的缘由。一切卵生动物，各有一多孔的肺，例如蛙属（蛙类）的肺。又，淡水龟与海龟两都能长时间生活于水中，这就因为它们的肺含血既少，只有微量的热；它们的肺因

---

① 现在我们这里照贝刻尔本，《青年与老年・生与死》（$467^{b}10$—$470^{b}5$）共六章，《呼吸》（$470^{b}6$—$480^{b}30$）共二十一章，分辑为两篇。罗斯校本（Ross Text）按照 Z 抄本编订，《青年与老年》二章，《生与死》四章，《呼吸》二十一章，顺次订为二十七章，复合成一个专篇。

② $470^{b}6$ 'Ολίγοι μὲν τινες τῶν πρότερον φυσικῶν"少数几位前时的自然学家"，列举于以下各章者，为：德谟克里图（$470^{b}28$），亚那克萨哥拉与亚浦隆尼人第奥根尼（$470^{b}30$—31），柏拉图（$472^{b}6$），与恩贝杜克里（$475^{a}10$）。

运动而扩张，冷却是迅速的，所以这些动物能长时间滞留在（沉没于）水下。但，如果有人捉着它，强迫它沉没过长的时间，这样的一个动物终于溺死；这些动物统都不能像鱼类那样吸水。一切动物之具有含血的肺者，由于它们富有热量，需要较多呼吸；至于另些无肺的动物，则全不施行呼吸。①

章二

亚白第拉人德谟克里图，和其它某些自然学家，都曾研究过呼吸问题，他们认为动物统都实行呼吸，一切生物在这方面没有差异；亚那克萨哥拉与第奥根尼肯定所有一切生物（动物）统都呼吸，而且说明了鱼类与蚝蛎的呼吸方法。亚那克萨哥拉说，当鱼类从鳃中吐出水时，它们口内就吸进空气；真空是不可能存在的；第奥 471a
根尼则说，任何时刻，当鱼类由鳃间放出水时，他们就凭口腔内的虚空，吸进外围水中的空气，水内实际涵有空气。但这是不可能

① 渥格尔（Ogle，W.）《青与老·生与死·呼吸》伦敦，1897 年英译本，关于这一章的诠疏：两栖类和爬虫类如某些蜥蜴的肺，只是简单的膜袋，大多数的爬虫膜袋，或多或少的作些间隔，增加了空气接触表面。它们的基层组织，比之哺乳类（兽）的肺，是较为松散，较为粗糙的海绵样结构。这一章，于具肺动物各纲的肺部构造差别，虽似简略，于亚氏当年的解剖学而论，可算是非常精审的了。这里，470b19—22，讲到龟类的肺，于《动物之构造》（De Part. Anim.），卷三章八，671a16—18，有相符的一节："棱甲动物于此独异的原因，是由于其天赋的构造，未曾发育完全的缘故；这于海龟（蠵龟或玳瑁）而言，它们的肺是肉质似的，内涵血液，类于牛肺，于陆龟的肺而言，这是很不相称地巨大。"达尔文在《猎犬号舰航行记》（Voyage of the Beagle）第 10 版，365—6 页，在加拉岛上（Galapagos）所作龟类解剖，实际证明了二千年前亚里士多德的解剖功夫。470b17 讲到卵生动物的肺是多孔隙的，只举及两栖的蛙类，亚氏认为鸟类肺小，又作穿孔断面，空气交换功能必逊于兽类。下文，章一，475b19—26 重又讲到鸟类，两栖与爬虫类的肺，较本章加详。

的。(1)首先,他们于生物界这共通的问题,说出了一个方面,而遗漏另方面(另一半)的事实。所称为“呼吸”(ἀναπνοή)者,应统概“呼出”(τὸ ἐκπνοή)与“吸进”(ἐισπνοή)。但,他们直不提示呼出;这样的动物,它们是怎么呼气的呢?他们也无以为之解释:动物凡有所吸进,必须像所纳入的那样,有所呼出,还更须交互地施行这些活动,俾它们在同时纳入水,而随又吐出。单方面的操作,必然碰上另一方面的活动而肇致妨碍。(2)又,当它们放水时,同时也由口腔或由鳃间呼出空气;他们就是这么说的,鱼类吸气的时刻,就是放水的时刻,这样,它们的呼气与吸气必得同时施行。但,这是不可能同时又呼又吸的。按照他们这样的陈述,结论只能是这样的,若说凡营呼吸的动物,必须同时为呼与吸,它们就全不能呼出,实际,它们就没有哪一只动物能行呼吸了。

章三

(3)说水族由口腔吸入空气,或说由口入水而由水内所涵,获得空气,这是不可能的;既然水族不具备肺,所以它们没有气管,而胃便直接着口腔,这样该是空气被胃部吸入的了。若然如此,其它生物(动物)将也可以那么办了;但,事实上它们不是这么办的。还有,那些生活于水外的诸动物,显然也可以这么办,但这是明白的,它们不是这么办的。(4)又,于一切经营呼吸的动物,当它们吸气时,我们见到它们行使呼吸的部分(构造)有所运动,这在鱼类体上是看不到的;在它们胃部(腹部)不见有什么运动(胀缩),当它们游于水中,只见有鳃部在运动,当他们从水里被摔上了干处,这就见到它们鳃部急促地抖动(哮喘)。[①] (5)又,当一切经营呼吸的动物们被溺于水而致命时,逼出的气泡,剧烈地上升于水面;举例以证之,人们用力捉住龟,或蛙或如此科目中的任何其它种属,强压之 471b
于水下,这就表见这样的现象;但于鱼类,它们既然不从外围吸入什么空气,我们就怎么也没法溺死它。(6)他们所阐述的动物界一般呼吸的方法该也适用于人类在水中用以呼吸;若说鱼由口腔,从外围的水中,吸取空气,像我们这些人类以及所有其它诸生物(动物),不也该可以同样办么?于是,我们也该能像群鱼,张口纳气,鱼之所能为,人类也该能为;但,这于人与其它动物而言,实不能为,那么这是明显的了,鱼的呼吸也未必真是这么办的。(7)又有加于此者,鱼类何以一离了水,就在空气中死亡呢?若说它们能呼吸,怎么一到这样的境界,只见它们像痉挛似地喘气,[②]仿佛是被窒塞了的?这样显示的征象,当然不是由于短缺了食料。[③] 第奥根尼所作的解释是幼稚的:他说,在空气中(在干处),鱼类吸气太多了,这是它们死亡的缘由,它们在水内生活只吸少量的气。可是,若然如此,陆地动物(有脚动物)该也作同样的表现,但,事实上,没有一匹陆地动物曾因吸气过多而窒塞致死的。(8)又,若说生活于空气中的每一生物(动物)必行呼吸,显然昆虫也得像其它

① 471^{a}31,σπαίρωσιν 在下文 471^{b}13 作 ἀσπαρίζωσιν (-ζοντα)(见于《动物之构造》696^{a}20),字从 σπαίρω 或 ἀσπαίρω 义为“哮喘”或“痉挛”。罗斯校订谓贝刻尔本 σπαίρωσιν 宜改作 ἀσπαρίζωσιν。两词虽拼写不同,而取义相同:但亚氏著作中只见后一拼写,未见其它章节有作前一拼写者。

② 回看章三,471^{a}31 注。

③ 亚里士多德认为呼吸的职能在于冷却,以下这节,旨在否定把呼吸当作营养机能的设想。

动物那样呼吸；但许多昆虫，虽在被分割后仍能存活，例如所谓蜈蚣（百脚），不仅分作两段，即便割开多段，还继续活动；它们这样的分段是凭什么一个器官行使呼吸，应用怎么一个方式来营呼吸？(9)人们于此作出错误（虚伪）的论证，溯其原因，当在于他们从来就没有做过动物内脏解剖的实际工作，他们也没有考虑到，自然于其一切创造，所为之预想的作用与目的；如果他们认真研究了呼吸之为动物界的通有性状，而从这部分器官（构造），有如鳃与肺上，考虑其作用，他们会将顺利地查明这论题，即呼吸的原因。

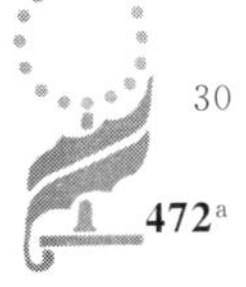

章四

德谟克里图所持说，谓动物界之经营呼吸者，各所得后果是阻
472a 止了它们的灵魂被挤出于身外；但他直不说，这就是自然创制呼吸的目的（作用）；和其他的自然学家一样，他老不承认世间有这样的成物的原因。但，他实际已把［体内］自然热等同于灵魂，他认为两者都作球形微粒的原始形式。所以他争辩，当外围空气力求压碎这些微粒（灵魂微粒，即热性微粒）而把它们逐出[①]体外时，呼吸干预其间而帮助了它们。他认为空气中充有为数甚多的这样的微粒，他称之为心识或灵魂微粒；方动物进行呼吸时，这些微粒混在空气中，一起进入，由以保护了这动物内涵的灵魂，免于被压碎而被驱逐。为此故，吸气与呼气是攸关生与死的；倘外围空气的压碎强力占了主动，呼吸既已不复能施行，外物无以进入，相助为遏止，

① 贝刻尔本，与别尔（Biehl）校本，συγκρινομένων（动词不定式 συγκρίνω 缀合，比较）罗斯（Ross）改为 ἐκκρινομένων（动词，不定式，ἐκκρίνω 选取，分离，逐出）。

死亡便临到这些动物；他认为死亡就是这些[灵魂或热性]微粒被外围空气所压迫而脱离其所寓的物身。但，何故而一切活动物必然在某些时候死亡，他一向不曾做过任何说明。事实上一切活动物虽不是在某个特定时刻死亡，总得或在老年自然死亡，或由于灾殃，暴死于非命。这些动物死亡的原因或属外来，或属内在，有时可得显见，有时隐晦不明，他是应该加以阐述的。他竟然没有说到呼吸的起因，也直没有讲过它缘始于外部或内部。事实上，心识不会从外界伺守着帮助动物们的时机，呼吸的原始及其相应而来的运动，统都发自内部，不凭外围空气的压力进行。他所执持的理论和他所作的解释，恰就认定了外围空气施其压力，而同时进入气又在膨胀，这样就成为呼吸。可是情况正未必如此。

但，我们若相信前曾讲过的——不是一切生物（动物）统都经营呼吸——那么，人们该可注意到，呼吸作为死亡的原因，只适用于经营呼吸的诸动物，不能适用于一切动物。虽在行使呼吸功能的动物，这也不是完全合适的。凭事实和大家熟习的经验看来，这是明显的。在高温的暑季，气候（空气）愈热，我们就更需要呼吸，大家都加速了呼吸的次数；但当外围气氛冷下来时，物体收缩或致冰冻，这就抑减了呼吸。可是，按照空气从外窜入的论点，这就阻 472b
遏了排气。事实上，恰正相反；当过度的热量在外围进合而迫使难于呼气，人们就急切需要呼吸；他们必先吸入而后才能呼出。当他们体热增高，他们就加速呼吸，加速呼吸旨在冷却[体热]，但按照德谟克里图的理论，这竟是“火上加火”（ποιεῖ πῦρ ἐπὶ πῦρ）。[①]

① πῦρ ἐπὶ πῦρ 古希腊谚语，见于亚里士多德全集中《集题》，卷一，章十七，861a31，卷四，章二十八，880a20；参看《亚里士托芬尼，残片》（Aristophanes，Fr.）453。

章五

在《蒂迈欧》篇（ἐν τῷ Τιμαίῳ）中所陈述的“空气的运转”（περίωσις）作为保持热量的方式，不能适合于陆居动物以外的各界；若说只有陆生（有脚）动物具有呼吸机能，这就该阐明，何故而只有陆生动物才是这样；他们于此也没有说明这样或那样的缘由。但，若说其它动物确也如此活动，只是活动方式有所不同，那么，我们必须确切地证明，所有一切动物全都经营呼吸是否合乎事实。

又，推究于呼吸所得这样的缘由，实际是虚妄的。按照这一理论，从口腔嘘出的热，推动外围的空气，回转而还落于内热脱出所原在的空腔；因为真空是不可能存在的，必须有一个物填塞那些失去其原物的位置（区域），于是被推转的外围气，渗透多孔罅的肌肉，回落到原处；当这些空气在体内加热之后，又循前回的途径，嘘出口腔，在周遭回转，再行回落原处；这样的回转，恒久进行，不息地吸入又吐出。但那些相信这一设想的人们，都认为“呼气”（τὴν ἐκπνοὴν）先于吸气。可是，实际恰正相反。这些活动既是交互地进行着的，在这样的换气过程中，末项是“呼出”；所以我们可凭以证明“吸入”（εἰσπνοήν）必须是先行的活动。[①]

又，那些执持这样议论的人们，直不解释这样的情况，何故而发生于生物（我意专指行使吸进与呼出的动物），可是他们却指称

① 本章 $472^{b}6$ 以下所述，柏拉图《蒂迈欧》（Timaeus）中，关于呼吸的叙述，胸与肺内气呼出，冲动周遭的空气，回转而还，由口、鼻重入胸肺，这和《蒂迈欧》，79A 以下所说都是符合的。本章批评《蒂迈欧》所述者，罗斯校本的诠疏，析为五节（1）$472^{b}6$—，（2）$472^{b}12$—，（3）$472^{b}24$—，（4）$472^{b}29$—，（5）$472^{b}33$—。我们的译文，并（4）与（5）为第（4）节。

这事仅乃为辅随属性。但，这在我们看来，呼吸控制着生与死的关键；凡呼吸的动物不再行使呼吸时，跟着的就是它们的灭亡。①

又，这是诧异的，我们知觉于热量经由口腔为交互相继的出去与进入；却说，于嘘气之进入胸腔和它被加温以后的热气之呼出乃无所知觉。若说吸入的为热气，这也是可怪的。显然，事实恰正相反；凡呼出气正乃是热的，而吸入气则是冷的。当其发热，人们的呼吸就感到困难；因为进入的气没有充分冷却，所以人们须得频频 **473a**
吸进。

章六

我们也不可假想体内热是凭呼吸供应其养料的，由是而执持呼吸是为了食物供应，为给体内的火供应燃料，②而人们的呼出必在此火已充分地吃足之后，才施行；这些统都是错误的设想。对于这一辩论，我们将以同于上一论题所作诸否定，予以答复；若谓如彼所设想者为确实，那么其它诸动物也将实施这样的，或类似于此的功能；因为一切动物各都有生命攸关的体热。又，说这热量起于呼吸（嘘

---

① 同本书 324 页注①。

② 473a3—6 以吸气为进食的观念，可能是指希朴克拉底医学传统的持论。《希氏医学集成》中“呼吸篇”(De Flatibus)虽非希朴克拉底手稿，篇中有云，“空气为火的原料”，世以为是希氏医学的传统旧说，“若阻塞了空气，火就不能继续存在(燃烧)”，参看希氏医学《营养篇》(De Alimente)，11。这一设想也可能是指毕达哥拉宗派所持说，参看《感觉与感觉客体》，章五，445a17—23，动物的食料不是简单的某一物质；气味常是可供营养的，大概空气也是可以化为实质而成食料。清水不能使人疗饥，但，气或气息之入水中，而成了羹汤，是可以使人饱足的。亚里士多德所持论和前贤所异者，只在于空气可供应体内之火以燃料，但其主要作用却在冷却“内热”，必体内热度时时冷却，体内火才能慢慢作长久的燃烧，而维持动物各有其稳定的热度(体热)。

气)直属虚妄,我们哪能为此作出解释?依我们所见,体热该是由食料发生的。若谓嘘气(吸入)同于进纳食料,那么,食物残余的排泄也将同于嘘气(呼出)的排泄方式;在这方面来说,这显然是不确的。①

章七

恩贝杜克里也论及呼吸,但他的研究不涉呼吸的作用(目的),也未尝说明是否一切动物概行呼吸,抑或有些动物不行呼吸。又,当他讲到经由鼻孔的呼吸时,他的叙述似乎认为这一方式是呼吸的正常方式。但,在鼻呼吸之外,实也有经由胸腔与气管的呼吸;若不由气管,呼吸也不可能引过鼻孔。又,动物们若闭塞鼻孔,不使呼吸,似乎不怎么感觉痛苦,但当它们失却(断绝)了由气管进行呼吸时,跟着就是死亡。自然之应用鼻孔这呼吸通道,于某些动物,是兼作嗅觉器官的;几乎所有各种动物统有嗅觉,但它们并不具备同样

473b 的嗅觉器官。关于嗅觉与嗅觉器,在另一著作中已有较详的记载。②

但,恩贝杜克里说,因为人们有某些血脉,其中虽有血液,却不是充满了的,这些血脉,有些通向外围空气的开口,这些开口,比体上任何构造的孔道为小,仅够空气的流通,吸气和呼气就在这里,这样进行的;血液具有上升与下降的自然秉赋,当其下降,气就流

① 渥格尔译本注:亚里士多德这里的批评是错误的。有些动物,如腔肠动物(Coelenterata)与某些棘皮动物(Echinodermata)全身只有一个孔,即进食的口,当然也得作为肛门,由此排泄食物残余。《动物志》,卷四章一,524b23 头足纲,乌贼(鲫,Sepia),体内虽有肛门这管道,其开口也在口腔之内。

② 参看《灵魂论》,卷三,421a10《感觉》,443a4,444b7—15。又,参看《动物志》卷四,章八,534b16;《动物之构造》,卷二章十六,记述动物们不同的嗅觉器有四式,兽类的鼻孔,鱼类的鳃,鲸的喷水孔,昆虫的腰部鼓膜。

进，这就成为吸入，当其上升，气被外驱，于是而为呼出，这样的活动，恰可类比于水钟的机制。

“这么的，万物都在吸纳与呼出。所有的人们各备有肉质而缺少血液的管道，伸展着通向全身的表面，这些管道的终端分布有许多小洞，直穿透鼻①的末梢，这样，血液弥散，蔽于孔罅，可正给予空气以一些易于进入的行径。在这里，当温和的血液退缩时，空气就像大潮那样，急速地窜入，迨血液重复上升时，气又被吹了出去，恰像一女孩嬉弄一具亮铜铸成的水钟②那样。当她用一合适的手

① ρἰνῶν ἐσχατα“鼻的末梢”(473^{b}12)实应谓鼻的内外皮层。ῥινῶν 的本字，作 ῥις 译为“鼻”或“鼻孔”，若取 ῥινός 为本字，应为人之肤，或兽之皮。亚里士多德引恩贝杜克里这一节文字，用以论说人类呼吸的作用，所以后世都取 ῥινῶν 为 ῥίς 的多数所有格(genitive plural) 而解为，或译作“鼻孔的”。作为“呼吸”而论，这一节下文许多句读很难解。第尔士(Diels) 与菩纳脱(Burnet)于恩贝杜克里这一节，作了认真的研究，认为 ῥινῶν 应是 ῥινός “皮肤”的所有格，该解作“皮肤的”，这就与上文“全身的表面”(473^{b}10)πύρματον κατὰ σῶμα 相符了。但上文 473^{b}11 στομίοις 许多小口(小洞孔)，只能是汗腺(sweat glands)。在我们今日，手掌与脚掌的汗腺是可目辨的，若在恩贝杜克里时，是否已能认明汗腺，总是可疑的。又，即认可皮肤与汗腺之解为实，这一节与下续的一节也是不能通贯的。

② 473^{b}17 κλεψ-ύδρα，依字义为“藏水秘器”。《里 · 斯字典》释为水钟(water-clock)；其器置于法庭，以计申诉陈辞与辩护答复的时间。古希腊水钟之制略如中国古代“铜壶滴漏”，而较为简便，普通铜匠与木匠可以制造。一铜壶储水，底部接一弯曲之铜管，口径细小，经两个约九十度的反向折曲，而开口漏水于一高圆桶中。桶中所受漏水上涨时，水面浮版抬举一竖尺，其上段有齿刻，转动一小齿轮。小齿轮轴上附指针，外加一不转动的版上面有时刻分划表，圆形 360°。全圈转回始点时，桶内水满，铜壶内水尽。计时盖限于今两三个小时之内。指针在计时版上，随齿轮轴转动，可读得讲说者起讫的时刻。《里 · 斯字典》举此字初见于恩贝杜克里著作，后见于亚里士托芬尼剧本《蜂》(Aristoph.，Vesp.)，93，857 等行，又后，见于亚里士多德本篇，章七。但现存《呼吸》篇(第尔士校本)，473^{b}17 ὥσπερ ὅταν παῖs κλεψύδρην παίζησι...“恰如一女孩嬉弄一具水钟”以下的叙述，直不像一计时的机构。近世诠家与译者，或译为“汲水器”(water-lifter)，其器上管道有开口，底有穿着若干小孔的进水处。沉此器于深(接下页)

指堵塞这精巧的容器的上管道口后，便沉下之于银白色的清水中，其始，器内的气挡住了水的压力，水是无由进入这容器的，但一经放开了上管口的堵塞，水就从器底的多孔漏板涌进器内了。这时器内的气让出了位置于内涌的水。当水灌足了这青铜器的深部，它的上管道和其出口又为人手所堵塞，于是外围的空气为底部诸孔的水压所抵，无由再进。迨这女孩再次松开先曾紧闭了的上管 **474a** 道口，当空气由此冲入容器，器内的水随即由相反方向流出。温和的血液恰就以这么的方式，流通于肢体，当它退缩到它的储汇处时，气流就随处冲进，迨其涨升，气就赶回如前。”①

这些就是恩贝杜克里关于呼吸的议论。但，有如我们曾已说过了的，呼吸该应通过气管（喉管），也通过口腔，也通过鼻孔；这样，若然他真在作关于所谓“呼吸”的议论，他应该考虑到自己所叙述的种种，如之何而能适合于事情的实际；这是明显的，事实恰和他所论者相反。当人们呼吸的时候，他们鼓起了胸膛（这个区域），②恰像铸铜冶坊中的鼓风皮袋的弛张；③这是合乎自然的，热

（接上页）水中，水可自底孔中涌入，窒塞上管道口时，大气压可抵器内水压，不使漏出。移此汲满了的容器，置入另一桶中，而放开上管道的堵塞，水就从底孔流出。

① 473^b9—474^a5 引恩贝杜克里这一节，第尔士（H. Diels）收入了《先苏格拉底诸哲残片》“恩贝杜克里残片”，第100（Vor-Sokratiker，Fr. 100，Empedocles），这一节是很难读通的。亚里士多德在这一节的上下文所作议论也不尽与原来的章句符合，或是亚氏于恩贝杜克里有所误解，或是现传这引文有些错谬，今已不可通释了。

② τὸν τόπον“这个区域”，当即肺部或胸膛。《感觉篇》（de Sensu），章五，445^a27，ᾥστ' εἰς τὸν ἀναπνευστικὸν βαδίζοι ἂν τόπον 吸入的空气……“必需止于呼吸所止泊的区域。”前后所云“区域”，都是指肺部呼吸部分的。

③ 474^a20，γαργαρεῶνα 小舌（uvula 悬雍垂）。参看《动物志》，卷一章十一，493^a4，汉文译本，第39页，注。关于动物的鼻呼吸，参看《动物志》，卷一章十一，492^a14—$^b14$。

度由此而得以提高，人体的血液恰正是这热量的寓处；当鼓风皮袋歇其操作（鼓气）或是撤离了这里，冶炉便嘘出热气。但，在人，和凡是具备呼吸功能的诸生物，空气的进入与呼出，实际不全像冶铸的鼓风那样。如果，他讲呼吸而认为专由鼻孔进出，这就犯了错误。呼吸实不专由鼻孔，气在这区域的进出，另也通过口腔上盖末梢的小舌（悬雍垂），[①]鼻固然是有洞孔的，可是，呼吸无论其为进气或出气，都是一部分经由鼻孔管道，一部分经由口腔。其它自然哲学家们，关于呼吸的议论，也表现有这么一类的疑难。

章八

我们前曾说到，生命与灵魂所由存活的条件，有赖于某种性质的热量；[②]因为消化功能是凭热度进行的，动物若失其灵魂，全没有体热，它们虽进纳了食料，可就无法消化。所以，在这全身的首要部分中的首要位置，必须具备基本的营养灵魂，必需有这热要素的存在。这个部分就在全身上受纳食物与排泄残余之间的中段区域。于 **474b**
无血动物，这区域（部分）没有名称，而于有血动物，这就是心脏。血液的本质是供应动物各个部分（构造）生长所需的养料。血液与血脉（血管），其一作为储备，另一作为受器，盍是互相依存的，两者都靠同一来

① 474a20，γαργαρεῶνα 小舌（uvula 悬雍垂）。参看《动物志》，卷一章十一，493a4，汉文译本，第 39 页，注。关于动物的鼻呼吸，参看《动物志》，卷一章十一，492a14—b14。

② 474a26，θερμοτητός τινός“某种[性质的]热量”，依《动物之生殖》（《比较胚胎学》，De Gen. Anim.），卷二章三，736b29—737a7，应即“生命原热”或“灵魂热性”（θερμότης ψυχικής）。这种热性，不同于平常的热或火，而类似于“天体（群星）元素”（τῶν ἄστρων στοιχείων），较常火为更高级的一种元素。

源。于有血动物而言，血脉总源于心脏，不仅血脉条条通过心脏，而且它们实际都从心脏引出。这是确切地凭解剖①证明了的。

灵魂的另些功能（作用），不得在没有营养灵魂而具备（其理由已在讨论《灵魂》的专篇中讲过了），②也不能没有自然火（生命热）而存在。恰就为此，自然点燃起生命之火。但，如前曾说到了的，火的毁坏，可以或由于被窒熄（焖死），或由于自行熄灭。窒熄由于与火相反的因素之出现；虽是一团大火，若遇外围气氛的大冷，这就被窒熄，如其火是零散的，那就很容易被扑灭。这里，于生物之具备灵魂或不具备灵魂的，突然的熄灭（死亡），都是可以遭遇的；活着的动物，在用解剖工具，加以解剖时，倘逢酷寒而冰冻，它就死亡。但凋枯（自熄）却因为热度太过了；倘外围热度那么强烈，正在燃烧的物体，若不得燃料的供应，正就得枯竭而死去，它是自熄的，不由于外围使之冷却的。这样，生物若要延续其存活过程，就必需施行冷却；对于这样的毁灭方式，惟有冷却可为之救护（保全）。

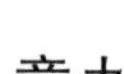

章九

既然有些动物生活于水中，另些乃在陆地，其中有些无血或仅

---

① 鲍尼兹，亚里士多德全集索引（Bonitz，Index）$104^{a}6$，这里 τῶν ἀνατομῶν《解剖》，与 $478^{a}35$ τῶν ἱστοριων《[动物]志》，这两词作为书名，该同是指称亚氏《解剖学》，这么一本现已逸失了的专著。

② 营养灵魂为灵魂三级的初级，即植物与动物所通有的生长机能，亦即生命的基本表现，这里，$474^{b}11$—12，所提的论题，见于《灵魂论》，卷二，$411^{b}18$，$413^{a}31$—$^{b}2$，$414^{a}29$—33。罗斯校本，诠云，这一论题《青年与老年》篇中也曾讲到；而且这一专篇应为先《灵魂论》完稿的著作，这里不提《青年与老年》而引及《灵魂论》，或指现未流传的先一种《灵魂论》初稿（在《青年与老年》之前就已撰成的）。

有少量的血，这类无血与少血动物，无论它们在水或空气内存活，这些外围物已足够为它们施行冷却，而保护之免于上述那样的毁灭；它们既然内涵的热量弱小，所需的保护（消火机能）也该是微少的。为此故几乎所有这类生物统都是短命的。它们在向于热限和向于冷限的两端所可舒展其生活者，［幅度］都是短狭的。但，昆虫类中的长寿者，（所有昆虫都是无血的）在它们躯体的中段各有一 **475**^{a}
个区分（一节），在这区分（一节），鼓膜较为纤薄，是较易于冷却的；它们较之常虫为热，所以较多的需要冷却；这样的昆虫，有如蜜蜂（有些蜜蜂，寿命长及七年），[①]以及所有那些嗡嗡嘈嘈的生物，[②]有如胡蜂，黄蛂（金龟子）与蝉。它们好像是在着力地做着呼吸，由于呼吸因而发生了嗡嗡嘈嘈的声音；嘘气的起伏（出入）在它们自体的中段，嘘气在这里擦着鼓膜；[③]它们振动这膜部，恰似那些用它们的肺外围进行呼吸那样，也像鱼类运动它们的鳃那样。人们如果把施行呼吸的动物，扎紧其嘴巴，闭窒它的呼吸，这就迫使它鼓

① 475^{a}4—5，蜜蜂最长寿命七年，这与《动物志》554^{b}6—7 相符：蜜蜂有些能活七年，但常只六年（参看《动物志》，卷五章二十二，汉文译文第 240 页注），维尔琪《农歌》（Virgil，Georg.）iv，207 说：蜜蜂最长寿命七年。现代养蜂家考明蜂王（后）寿命只能三到四年，偶有些活到五年。工蜂与雄蜂（懒蜂）最长不能活过八个月。

② ὅσα βομβεῖ “所有那些嗡嗡嘈嘈的生物。” βομβέω 动词，to bum，buzz，都是效虫声所造字。ὁ βόμβος，拉丁沿之作 bombus “虫鸣声”。汉文效于虫鸣，大异于“蓬婆”拼音：诗《小雅·小弁》“鸣蜩嘈嘈”（嘈，音喙），蝉鸣。《集韵》“嗡嗡”，像虫声，俗以称蜜蜂所作声。《类篇》“嗡嗡”：音蓊，声音。这与《里·斯字典》，βόμβος 的释文相合：“深沉，暗淡，空濛的声响。”

③ 《动物志》，卷四章七，532^{b}17：“……鸣蜩的躯体中段，具有很易识别的孔窍和膜。”关于蝉科（Cicadidae），雄蝉的鸣器，即腹节间两个鼓膜（鸣膜），参看汉文译本，第 174 页，注。

胀起胸腔。这于行施呼吸的动物，加以如此的作弄，使它的冷却机能不得发挥充分的功效；可是，这于其它[不行呼吸]的生物，情况就不同了(它们不着重冷却的作用)。如我曾已说过的，它们就凭借对于鸣膜的摩擦，发为嗡嗡嘒嘒的声音，恰如儿童们所惯玩的，把一支苇梗，穿出若干洞孔，而贴上一片薄膜[就作成一乐器来吹奏]。这就是蝉类怎么噪鸣的缘由，因为它们是昆虫中较热的科属，而且躯体中段具有那么一个分节；但，另些不会作虫吟的类属，是没有这么一个部分(分节)的。①

于有血具肺的动物中，其肺多空罅而涵血量少者，有些因此能久不呼吸，而仍存活；这样的肺，既缺少血与水分，是作相当大的膨胀的，只凭它自己的活动机能，就可长时间保全其冷度。但，如前曾讲到的，②最后，终是坚持不了，由于憋气而窒死。由于不得冷却而致于枯竭以毁灭者，称为“窒熄”(πνίξις)，我们于动物之死于

① 渥格尔，《“青年与老年”，“生与死”，“呼吸”》，英译本(1897)，475^{a}15—20，这一节诠注：昆虫发声有五个不同方式：(1)以轻缓的叩击(ticking)作嘀咕声。(2)括擦(stridulation)作声，亚里士多德《动物志》535^{b}11—12，记作蚱蜢飞行时，用后肢的股段，括擦后翅的膜缘(边缘)作声，就属于第二式。蟋蟀的瞿瞿(蛩声)是由后翅两翼边缘相刮擦而成的。(3)本篇 475^{a}15—18，ποιοῦσι τὸν βόμβον，作嗡嗡(蓬蓬)声，这第三式就是我们上文所译蜜蜂的“嗡嗡”声，这声响是蜜蜂飞行时，它们的膜翅在空气中飞行振荡而发生的声音。(4)本篇 475^{a}18—20，ᾄδουσιν (singing)以歌声属之具有鼓膜的蝉鸣(蝉唱)。腰腹节，鼓膜振动作声的机制，实际是复杂的，不是亚氏当时的解剖学与声学所能阐明。(5)第五式是膜翅的急速振荡所发声；《动物志》，卷九章四十一，628^{b}19—20 所说胡蜂被执持而努力求挣脱时，所作声，即第五式。亚里士多德于此以鼓膜发声类比之于具肺的动物之呼吸作用，是不切合的。然，在他那个时代，能于昆虫发声器官分辨振翼(膜翅)与鼓膜两种机制，辨明两物相擦与膜片振荡两种发声，已是难能可贵的了。

② 见于章一，470^{b}20—33，说龟类能久沉水下，但若不令出水，终也溺死(淹灭)。

这一方式者，就说它是被闷死的。①

我们前曾讲过，②在动物界内，昆虫不行施呼吸，这在那些小型虫类是明显的，例如蝇与蜜蜂；它们能在水中游动好长时间，如果水不太热，也不太冷。可是，那些只具有弱小能力的动物，试做 475^{b}
较紧促的呼吸。但当它们腹内充满了[水]，横膈中热③终于消歇，于是，它们灭亡了，这就说是被闷死的。就由此之故，若把它们移置灰烬之中，隔了些时，它们会得复苏(复活)。所有一切水生动物中，其无[红]血的种类，比之有血而且能像鱼一样游水(泳海)的种类，可在空气中活着较长的时期；它们体内只涵有少量的热，在相当长时间内，空气就足以为它们施行冷却功能了，软体硬壳动物(贝介)与多足动物(鱆鲫)就是这样的；因为它们涵热量低，不可能永久生活在大气之中。好些鱼，也生活在地上，虽则它们是不游动的，这样的鱼，曾从土内掘出④。

---

① 渥格尔认为这一节，$475^{a}20$—29，错乱了编次，这节与上文相承，应移置章十的前头。罗斯认为这一节虽与其上文，$475^{a}15$—20 不相承，却和更前的一节，$474^{b}31$—$475^{a}15$，是相承的。

② 见于章三，$471^{b}19$—23。

③ 贝刻尔本(Bekker)作 ὑγροῦ “水”，我们依各家校订改 θερμοῦ “热”，把(水)移补于上一分句之末。

④ $475^{b}11$—12... ὀρυττόμενοι 土中“掘出的”鱼，当指鳗鳝，参看《动物志》，卷八章二，$591^{b}30$—$592^{b}2$。罗斯诠疏：土中生活着的鱼，也可能是指某种印度的蛇头鱼(Ophiocephalus)，这是亚里士多德当时可从跟随亚历山大远征军人那里得知的。《色奥弗拉斯托生物著作残片》(Theophr. Fr.)，171，7，记有滂都国(Pontus)土中掘出的活鱼；171，11，记有巴比伦(Babylon)干涸了的河床中，在润湿的土洞里，也掘出了活鱼。

章十

我们曾已讲过，于无血动物方面，有些是资生于外围空气的，另些则资生于水；但于有血而具有心脏的诸动物而言，凡属具肺的种类，统都纳入空气，而凭吸进与呼出为之冷却。所有一切胎生动物全皆具肺——这里的“胎生”，除外有如鲨属（狗鲨）那种外胎生的属类（它们不在体内胎生）[①]而该是内胎生的属类，于卵生动物而言，在有翼种属可举鸟类，于棱甲动物可举诸龟、蜥蜴与蛇类。这两级类的具肺动物，肺部都涵有血液，但后一级类的肺常多孔洞。所以，如前已讲到，[②]它们较少呼吸。

可是，所有生活于水中而且维持其生存于水中的诸动物[两栖纲，爬行纲与兽纲]，有如水蛇，[③]蛙，鳄，淡水龟，以及海龟与陆龟，还有海豹诸属，都是经营呼吸的。所有这些属类都在陆上诞育其
476^{a} 幼儿，它们或睡在陆地，或眠于水中而露其嘴巴于水面之上，以行呼吸。但那些具鳃的水生动物，是纳入水以行冷却的；所称为鲨属的这些族类，统都有鳃。所有的鱼（鱼纲），都没有脚（肢）；在它们脚的部位上具备的器官为“鳍”（πτερύγιον “柏特吕季雄”），这是由于类似[鸟]“翼”（πτέρυξ “柏特吕克斯”）而取名的。尽我们所能观

① τὰ σελάχη 鲨（软骨鱼类），这里所谓外胎生（卵胎生）的鲨，应为小狗鲨（σκύλιον，Scyllium），参看《动物之生殖》（De Gen. Anim.），卷三章三，754^{a}21—755^{a}6；《动物志》，卷六章十，565^{a}12—566^{a}3。

② 见于上文，470^{b}13—15。

③ 475^{b}27 τὸ τῶν ὕδρων γένος 水蛇属（族），参看《动物志》，505^{b}5—12。少数蛇类生活于淡水中。有几种海蛇（鳝属，ὁ ὄφις ὁ θαλάττιος）生活于深海，见于《动物志》，621^{a}2—6，卷九章三十七（Draco marinus 龙头鱼，即“蛇鳗”，Ophisurus colubrines）。淡水蛇之较著称者，有环纹蛇（Natrix torquato）。

察到了的，有脚动物而具鳃者只有水蜥(蝾螈)。但，直到如今，兼具肺和鳃的动物，直未发现过。[①] 推究其故，肺的存在(构成)，旨在冷却体内气的热度(肺之称为“柏纽蒙” πνεύμων，盖取义于它是受纳气——柏纽玛 πνεῦμα——的容器)；而鳃则是借助于水而为冷却的；一个器官行使一种功能，而施行冷却机能，具备一个器官就尽够了。[②] 于是，既然我们深知自然绝不做任何虚废的事，那么，若然为同一功能而设置两个器官，其中就必得有一个是冗赘无用的，为此故，有些动物备有鳃，另些置肺，但兼具两者的动物是没有的。[③]

章十一

但，每一种动物既然需要食料以维持其生存，又需要冷却以保全其生体，自然就把同一的器官兼作了两用；恰如有些动物应用其舌兼行品尝滋味，又使传达事情(讯息)那样，凡具备有肺的那些动物就应用口腔为营养机能以纳取食物，又使为空气的吸进与呼出

① 476^{a}5—7，在亚里士多德既已设定了鳃与肺不能兼备的理论，而仍然记录了蝾螈(κορδύλος，水蜥)为有鳃的四脚动物，具见他重理论，而尤重实验的研究方法。在现代动物学上看来，他当时解剖与动物构造(形态)的结论是不够精详的。水蜥(蝾螈)由蝌蚪发育以至成熟过程，同于蛙类；当水蜥的幼体发育到已生四肢而尾巴还未被吸收了的时期，它保留着鳃，而同时已出现肺的构造了。高山蝾螈(Triton alpestris)的发育过程解剖，可为鳃肺变化之示例。

② 参见 336 页注①及 337 页注②。

③ 除了上述水蜥(蝾螈)有发育过渡期中，两现肺与鳃构造之并存外，亚里士多德当时也不可能知道，鱼纲中的 Dipnoi 两态目(肺鱼)，是兼备肺和鳃的。肺鱼(Lungfishes) 今尚存三属；泥盆纪中的肺鱼化石是相当多的。两栖纲(Amphibiaus)中的两栖属(Amphineus)，在它们成年后，仍能水陆两栖，也就由于兼备鳃肺。

的工作。① 至于那些不具肺而不营呼吸的动物，它们的口腔就专任进食，而由鳃部自然地担当起那些有待冷却的任务(作用)。随后，我们于上述器官的功能将有所说明，指述它们如何承担制冷作用。于行施呼吸和那些进纳水分的诸动物，这里涉及有一同样的问题；当它们从事呼吸的时刻，不能进食；因为气管(喉管)亘在食道之前，而食物是通过食道而纳入于我们所称为肚腹之中的。若它们于进食时呼吸，无论其所进者为干为湿的食物，必然会错入气管而抵于肺部。为了防止这种错乱，于有血四脚动物而言，它们的气管(喉管)上，附加有一个所称为小舌的盖；②但，鸟类和四脚动
476^{b} 物之卵生者[两栖纲与爬行纲]不备此盖，可是，它们的气管能自行紧缩，方当受纳着食物，前一级类就把小舌盖上气管，后一级类则紧缩而闭塞其气管。迨食物既在食道中沿续着咽下时，前一级类就可放开小舌，后一级类也可弛放气管，任令空气跟进，以行冷却作用。但那些具鳃的动物们[鱼纲]一张其口，吐出些水，就吞下了食物；它们没有气管，不须顾虑吃呛的问题，只需防止水勿让混进腹内。为此故，它们先行吐水，而且吞食必需急速下咽；它们大多数，具有像锯一样的尖锐齿列，所以，它们直不能咀

① 《动物之构造》(De Part. Anim.)，$683^{a}22$—26，自然构制动物的规律："一个器官不作两用。"但同书，$659^{a}20$—23，与之相异："同一器官应用于不止一个功能。"(参看同书，$661^{a}34$—$^{b}5$，17—19)。本篇 $476^{a}16$—21 这一节与《动物之构造》的器官可以两用的成规相符合。

② 渥格尔注："只有兽类(哺乳纲)才具有'小舌' ἐπιγλωττίς，其它的脊椎动物而行肺呼吸者，肺气管开口以通于'喉头' λαρυγξ(气管上段)，它们在进食时，用收缩肌(constrictor muscle) 闭塞其气管。"参看亚里士多德《动物之构造》，卷三章三，$664^{b}25$—29。

嚼它们的食物。

章十二

在水生动物中，关于鲸类可以引起一个疑难，但，这个疑难也自有其合理的解释，这些巨大的水生动物，[1]我以指说海豚和须鲸，以及所有其它具有一个喷水孔的诸动物。可疑的是它们没有脚，而具肺，却又会进水。但，如此异常的情况，这里，我们实已说明了的，[2]它们进水的作用，不在于冷却。它们既属有肺，冷却功能是由呼吸来任当的。为此故，它们在睡眠时，总是露出口[鼻]于水面之上的。而且，入寐的海豚确乎打鼾。[3] 又，它们若被捞在网中，因为不能呼吸，它们旋即窒塞。它们既然需在水中得食为养；自必会进水，而后重行喷出，这就是它们全都各有一个喷水孔的缘由；它们一经纳入了水，恰似鱼类把进水从鳃部流释那样，就经由喷水孔，喷出。喷水孔的位置，恰好证明它的作用专在喷水；这孔不通向任何有血的部分(构造)，而位置于脑部之前，就自此放水。

---

① τὰ κητώδη 鲸类，今鲸目，兽纲；κῆτος 原义"巨大"，在《奥德赛》(Od.)xii，97，《伊利亚特》(Il.)xx，147 中，以指在地中海航行所见的海豹，海牛等怪形怪状的巨物。这和中国"鲸"字从"京"相似，"鲸，大鱼也"。亚里士多德于《动物志》中，确言须[鬚]鲸与海豚有喷水孔，营呼吸；胎生，雄雌交配为蕃殖，雄性有睾丸，雌性有乳头，故不属鱼类，而同于兽(哺乳纲)。

② 这里所说一个"疑难"(ἀπορία)和"这里，我们已说明了的"(τὸ νῦν εἰρημένον)，两都造语简率，颇费周章。密嘉尔(Michael)古诠疏谓"疑难"在于鲸类呼吸如陆地畜类，而生活于水中乃如鱼类；这与 $476^{a}14$—15 句，"动物不能兼备肺与鳃"的规律相冲突。密嘉尔又认为下文说到"鲸的进水不为冷却，"这就说明了鲸靠肺呼吸为冷却，不用鳃水出纳为冷却——这就解决("说明")了"疑难"。

③ 海豚的肺呼吸，参看《动物志》，卷四章九，$535^{b}32$—$536^{a}4$；海豚的睡眠与鼾声，参看《动物志》，卷四章十，$537^{a}30$—$^{b}4$。

软体(头足)类①和软甲(甲壳)类——这两类动物,我以指称虾和蟹,它们的进水确也为此同一缘由。这些类属,各个品种都是无血而属于低体温的,所以,外围的水就足够为它们冷却了;它们,谁都
477a 不需要冷却;因此,它们只为进食而具有水孔,当它们受纳食物的时刻,水是不容进入的。甲壳类,如蟹与虾(蝲蛄)经由多毛的鳃夹层排水,②而[头足类]如乌贼(鲗)与多足鱆则经由所谓它们的"头"(κεφαλῆs)上的开口排水。我已在我所撰《动物志》(《动物研究》Περὶ τῶν ζῴων ἱστορίαις)中,对于这些动物作了较精确的记录。③ 这里,关于水的进入,如前所说,其功用原在冷却,对于这些类属,它们既生活于水中,自然地从水中取食[因此,食物和水一起纳入口腔,而后咽下食物,又从口腔排出了水]。

章十三

其次,我们该应阐明,行使呼吸的以及那些具鳃的动物们,是怎样实施其冷却功能的。我们业已叙述,④一切具肺的生物全都呼吸。但,没有说清楚的,还有两个问题;何故而某些生物具有这

① 原文 μαλάκια,"软体动物",包括腹足(螺)纲,瓣鳃(贝)纲,与头足纲 cepha il-opoda (鱆鲗),这里盖专指头足类。

② παρὰ τὰ δασέα... τῶν ἐπιπτυγμάτων "关于虾蟹(软甲动物)的多毛鳃状组织",参看《动物志》,卷四章二,526a26—27。

③ 《动物志》,卷四章一,523a29,至章三,527b33,卷四章四,529a26—530a32 详述软体动物,(鱆鲗)与软甲动物(虾、蟹)的外形与内脏;其中 524a9—12,524b21—22,527b18—22,说它的口器(进水与排水和进食)。

④ 见于本篇,章一,470b12—13。

些器官，又具肺的那些生物，何故而需要呼吸？① 推究其故，凡动物之较尊贵者（具有较高级的创制）就具有较多热量，所以它们才备有肺这器官；它们，同时，也必然经营了较高级的生活；举例以明之，比之于动物界，②他们的生活盍是较尊贵的（较进化了的）。这样，具肺而富于血液，饶于热量的动物们，体型皆较高大，而在一切生身中血量最大，血液最净，这就是说"人"（ὁ ἄνθρωπος），他是"最正直的"（ὀρθότατον）；这种"直立的"（正直的）人，恰就因为他具有这一部分（器官），他的"上向"（τὸ ἄνω）正符合于"全宇宙的上向"（τὸ τοῦ ὅλου ἄνω）。这样，这一类属，以及其它诸动物，即此构造，而于其它诸构造（器官）而言也相似，其为创制的尊卑，盍可由以议订了。为此故，这才有肺这器官。人们也不得不设想，这该是为了适应某种需要而置备的，恰又如许多动物异于这类动物，它们的构

① 477a14—16，两个 διὰ τί "为什么"（问题）：在 477a16 以下，本章回答了第一题；第二题的答复须到章十五，478a11 以下才开始。

在《呼吸》（Περὶ ἀναπνοῆς）全篇中，亚里士多德，一贯论定，呼吸的目的（作用）在于冷却心脏区域血液的热度，这在我们近代人看来，直觉其愚骇之至。实际，古人既以"火"为四元素之一，主热性与干性（土主干冷），而以气主热性与湿性（水主湿冷），那么，以正相反的水为有冷却功能而兼具水之湿性，火之热性如气者，也自然就具有较平和的冷却作用了。本章的首句也提出了 τῆς καταψύσεως "冷却功能"。以"火"为"燃烧元素"（phlogiston）的错误，自古沿习，直到十八世纪，法国拉瓦锡（A. L. Lavoisier，1743—1794），提出了燃烧为各种物质的氧化现象的实验证明，才把火为燃烧元素的观念纠正过来；而世人因此直把拉瓦锡尊为近代化学的创始人。渥格尔于本篇章九，475b5—14 诠云：这篇的"冷却"（refrigeration），其实际作用，等同于当今的"氧化"（oxidation）。"我们如果把通篇所有'需要冷却'这短语（need of refrig.）一律改为'需要氧气'（need of oxyg.），这就全篇通达了。"

② 贝刻尔校本 τῆς τῶν φυτῶν "比之于植物界"罗斯校订，按之密嘉尔诠疏，原文应为 τῆς τῶν ζῴων，"比之于动物界"。我们从罗斯校订。

造就不是这样的；这些动物是为了运动而作成如此构造的；有些生物，有如草木这类植物，是由较多的土元素构成的，而另些，有如水居动物是由水元素为之构成，但具翅（翼）动物与有足（陆居）动物们，则有些由气元素，有些由火元素为之构成。各种类的构造就各有其与相适应的各别的元素（物质）成分。

477b 章十四

恩贝杜克里所说，大部分生物之涵热或火者，都生活于水中，按它们的秉赋（本性），具热过度，而缺于冷性与干性，所以它们居住于与其本性相反的物质中，因此得免于过热而自全其生体；水当然较空气之热性为减逊了的；恩贝杜克里此说是错误的。一般地讲，这显然不合自然，要使各个诞生于陆上的动物迁移它们的居处到水湿之中；生活于水中的诸动物，大多数是没有脚的。可是，开始他就声称，按它们的构造而言，它们原先诞生于干旱的陆地，随后逃避干旱，得以抵达于湖海。又，这是明白的，水居动物实不比陆生动物的体质为热；其中有些全无（红）血液，另些只有少量的血液。

关于谁该属于热性，和谁为冷性，他曾经详加考察；至于有关冷热的物性由来，恩贝杜克里所作解释，有些是合理的，但于这方面的实情，他没有交代清楚。它们若于当地的气候竟有不能适应其过乎它们的常度者，自可迁地以为自葆之计，但一般说来，生物之本性，所以为之保全者，莫善于其诞育的本乡（本土）；生物的一一品种原始所由组成的本质，或有异乎它后来习得的，有如自然的惯性或受到环境影响（安排）所造诣的境界。我的命意则是这样：

如果自然用蜡造为一物，她不能保全之于酷热的气候之中，如果她用冰造为一物，这也不能；与其本质相反的性能，会将迅速地毁坏这么所造的事物；热性必然破灭与之相反的冷性成品。自然若应用盐与涅脱隆（硝石）造为一物，她也决不把它置入水中；水当然要破灭[热性与][1]干性物质所制作的事物的。于是，若说一切物体，必由干性与湿性物质为之构成，那么，凡属水成而属于冷性者，自然地该应生活于水中（而如其为冷性的，便得生活于寒冷之中），[2]凡属干成的则自然地该应生活于干处。为此故，树木只能生长于土地之上，不能生长于水内。可是按照恩贝杜克里的理论，他会将规划树木使生长于水中，因为它们过于干燥，恰如他说过的，过于火热的生物那样，该应置之水内。[3] 按照[居处适应天赋（秉质）]这个理论，则水居动物之入于水内，只是由于它们原属湿性生成而无关于它们之兼有冷性。

[动物所由组成的]物质秉赋（材料）盍相类于其生活所在的物质；湿者生活于水内，干者在陆地，热者在大气之中。但那些具有剧热的生态者，却在寒处蕃育得特为茂盛。那些具有剧冷的生态 478^{a}
者，则旺兴于热处；这样的环境恰好中和了它们过度了的秉赋。生态的变化可能和其所在生活的地域相反对，至于它们本体的材料（物质）是必须相符适的；所以动物们盍当随季节（时令）的变化，寻取转移的区域，但其为探索，仍必有准于自体所由组成的物质材

---

① $478^{b}23$，θερμοῦ καὶ “热性与”，盖为缮抄者所添入的赘语，故加[　]。

② 别尔（Biehl）与契里斯脱（Christ）都认为（　）内语是伪妄的。罗斯勘旧抄本上有此分句，这与上一虚妄的短语一样，盖是同一抄手误加的。

③ 见于本章开首，$477^{b}1$—2。

料。于是，我们，在这里，已充分阐明了恩贝杜克里所执持的，由于自然热之故而动物界乃分别为水居与陆生之说，为谬误，我们也因而阐明了何以有些动物具肺而另些无肺。

章十五

动物所以具肺的原因是为要纳进空气而行呼吸，那些具肺而且肺部充血者，其肺多孔，布满了好多管道，则此旨尤为显明。这部分比之所称为内脏的其它部分，充溢着更多的血液。所有这部分充血的动物，由于它们灵魂之火（体内火）的动势弱小，而血液量多，热量也大，这就需要急速的冷却功能，①使冷空气尽快地通过。可是，气恰正易于实施并完成这些功能；气的性状为稀薄，它可以轻捷地透彻全肺而使之冷却。但，水的情况却是相反的。由此看来，凡肺部充血的动物们，所以呼吸最为急速，是明白的了；较热的动物需要较多的冷却，需要空气轻捷地通入心脏，那里恰就是热量之所发源。

章十六

心脏与肺部相联属的方式，可凭解剖为之照示，在我的《动物志》（《动物研究》，τῶν ἱστοριῶν τῶν περὶ τὰ ζῷα）中，已详述了这论题。② 一般地说来，动物的本性由于心脏内涵有灵魂的火热秉

① ταχείας...τῆς χαταψζσεως“急速的……冷却功能”，用当今的生理化学语言，就是说“急速需要氧化”，参看章十三，477^{a}14—16，引渥格尔（Ogle）诠注。

② 见于《动物志》卷一章十七，496^a 以下，卷三章二，章三，511^b 以下；心肺相联属的方式（构制）即肺气管与支气管，以及末梢的许多微小气管。

赋，[①]故尔需要冷却。于具有心脏而又兼备一肺的动物，这个冷却功能是由呼吸完成的。但，那些具有心脏而无肺的，有如鱼类者，由于它们的自然居处在水中，其冷却功能是凭通过鳃部的水完成的。其鳃部关联于心脏的位置，可在施行解剖时目见。查看我的《动物志》，可以精确地明识这些情况，[②]但在当前，我姑简概地揭示之如此；人们不妨设想群鱼的心脏位置，别异于陆上诸动物的心脏位置，实际上，两者全相类似。心脏的顶端排列都是指向着头部转折处的。可是，群鱼的头部与陆上诸动物的头部转向不同，鱼心脏的顶端[③]指向口腔。由这心脏顶端引出的血脉是肌腱组成的管道，这些血管通到鳃部的中结，所有的鳃页鳃条统都联属于这中结；这管道是粗大的。从心脏的其它部分，另又引出其它血管，分别抵达于鳃页的两头（两端），细狭的水管中引水通过鳃部组织，冷却功能因此作用到心脏。经营呼吸的动物们，当空气进出时，胸部作相应的起伏（胀缩），鱼鳃的开阖运动，恰正与之相仿。倘进气的量太少，经营这功能的动物就发生窒塞现象，鳃部若进水缺乏，情况也相仿；淤积的血，于是发热，[气或水的]冷却

① τῆs ψυχῆs ἐμπύρευσιν“灵魂内涵的火热性”，参看《青年与老年》$469^{b}16$，本篇章八，$474^{b}13$（τοῦ φυσικοῦ πυρός 自然之火——自然热）；参看《动物之构造》（De Part. Anim.）$649^{a}26$，$654^{a}7$，《生殖》（De Gen.）$739^{b}10$。

② 见于《动物志》卷二章十七，$507^{b}3$。

③ 渥格尔诠注，本章，$478^{a}34$—$^{b}7$，$478^{b}7$—9：亚里士多德这里所说的鱼“心脏顶端”（ἡ καρδία τὸ ὀξὺ）实际是附于心脏上端的动脉球（血泡，aortic bulb），由此引向鱼头的鳃部所谓“粗大血管”，是鳃动脉（branchial artery）；由鳃动脉两边分支的弓状（半圆拱）动脉，即所谓“从心脏其它部分引到鳃页两端的较小血管”。亚里士多德所解剖的鱼，大概是魟或鳐；魟（鳐）属的后三页鳃部的血管接联于上述的动脉球泡，即他误认的心脏顶端。

功能两都不足以平衡血液的发热。倘因疾病或衰老，经营呼吸的动物不能运动肺部，或水居动物而不能运动鳃部，跟着来到的就是死亡。

章十七

诞生与死亡是一切活物的普遍征象，但其所以为生与为死的情况却因其品种之别而各异；动物们的死亡虽也有某项共通的因素，实际表现有种种的差别。死亡或出乎自然，或遭遇了横暴（灾害），自然死亡本于动物自己的内因，暴死的原因则都由外来。动物们的自然死亡，可说是从它的本生构造就蕴蓄着它的最后终了，其间全无外来的疾患。这种现象，于植物而言，就说是凋谢，于动物而言，乃谓之衰老（衰废）。一切动物之属于“全生”（μὴ ἀτελεσιν）者，其死亡与毁灭统都相同；非全生物，其为终了也都相似，而其行状则殊有不同。“未全生物”（ἀτελῆ），我意指，举例以明之，卵与植物籽实，于植物生命而言，籽实的严格命意限于尚未生根的。统概这两者而论，毁灭都由缺失热量，但就彼“全生动物”（τοῖς τελείοις）而论，缺失乃在于它“受生立命的本原”（τῆς οὐσίας ἡ ἀρχή）这一部分。如前曾讲过了的，[①]这一部分处于身体的上段与下段相会接之间，于植物，这就是生根与发芽所同的起点，[②]于
479a 动物之有血者，则在心脏，于无血动物而言，这就该在与心脏相符的某个区域。某些无血动物潜在地具有多个生命本原，但，现实

① 见于《青年与老年》(de Juv. et Sen.)，章二至章四。

② 参看《青年与老年》，章三，468b18—24。

地，总只一个本原。这就是昆虫的某些品种，在被分割之后，还能继续存活的缘由，还有那些有血而为量不足的动物，它们天赋的生命活力不够强劲，当它们被挖去了心脏，仍能存活相当长的时间，也执由此故；这样的实例，可举示群龟，失了心脏的龟，若不剖开其壳，它们的四脚会继续着运动，推究它们这种异样的死亡现象，其原因该就在于它们天赋的构造是较为低级的，于昆虫而论，正同此理。[①]

当这些持有生命的主体，所属(蕴结)的热度失于冷却，它们的生命源泉遂归枯竭。如我们业已多次讲过了的，这是由于它们各个自体自行消耗了的。于是，有些动物的肺与另些动物的鳃，经历长时间的使用，渐变而为土质，以致干瘪，其肺，其鳃，各各硬化，这些部分既不能膨胀，也不会收缩，总之是艰于运动了。最后，毕竟抵止于其运会的终限，而生命之火[②]遂乃灭熄。

所以，到了老年，它们(他们)死得快速，虽只偶患微恙，便溘然长逝；因为在它们(他们)长年的生活历程之中，大部分的生体内热已呼出了去，既然余热已为量很少，于是，在这部分[心脏]，任何一些些的担受(牵扯)，遽尔吹之以灭尽了。恰如火焰之就萎，已极微弱，于是淡然灭寂。为此故，高龄(耆年)的死亡是无痛苦的；老人们既然不必因遭逢任何剧烈的疾病而致于绝命，其灵魂(生命)的消释(气息的终止)，着于不知不觉之际。但，肿瘤或废坏的剩

① 参看章二，468^{b}12—15。

② τὸ πῦρ 这里的“火”字，实喻“生命”故衍为“生命之火”。

物，[①]有致使肺部硬化者，或由于疾病，例如发烧，过度的热量使肺呼吸骤然急促，而这样的肺，实已不能作出那么急迫的胀缩了。迨当临终，已全不能运动其肺了，他们呼出最后一口气，而死。

章十八

诞生就是开始参与于营养灵魂的热性，而生命只是这热性的延续。青年（儿童）正当这冷却部分（构制）的初期生长，老年则是这部分的衰坏，至于盛年乃处于两者之间。暴殄或横死正是这热性的被
479b 扑灭或消失；或[生命之火]骤被扑灭，或热情突然消歇，各可肇致毁灭；但自然死亡则是这同一部分历经了悠长的岁月而渐以衰坏，终久抵达了它的极限。自然殒落的现象，于植物被称为“凋谢”（αὔανσιs），于动物则被称为“死亡”（θάνατοs）。由于年老，这部分失去其制冷的机能，于是它们就老死。这样，我们现在阐明了诞生与生命和死亡，并解释了这些情节怎样在生物界挨着一一出现（遭逢）。

章十九

验证了这些事实，这就明白了，何故而那些经营呼吸的动物，入于水中而窒塞（淹死），而群鱼乃暴于空气而窒塞（涸死）；后者原本凭水温以行冷却，而前者则端赖空气，它们一改其居处，既其一

---

① 479a24 φύμα(-σιν)，tumour 肿瘤，包括良性肿瘤（附加生长的肌肉样组织）与恶性的癌症；也包括痈疽。这里跟着在下文的 περιττώμασιν，在亚氏动物著作中，通常指尿、粪这类食物“残余”（排泄），这里见于肺部者，只能是肺痈或肺癌的扩散或溃疡。καρκίνοs，cancer“蟹”作病理名称，即“癌”（蟹脚样的病理组织）在古希腊，已见于希朴克拉底医书之中。章二十，480a1，φύμασιν，我们译为“痈疽”（abscess）。

失水，另一失气，于是各归于亡灭。于其一类之为鳃运动的作用(目的)在于纳进水而又把水挤出，于另一类之为肺运动的作用(目的)，在于吸气与呼气，这样的器官之整个构制，我们随将详析之如下。

章二十

在心脏区域所行的运动有三项：震颤与脉搏①与呼吸：三项活动似若相同，而实际上性质不同。

颤栗(πήδησις 震颤)是由于废物排泄或衰坏的事物所发的冷感，促使心脏内的热性作成急迫的搏抖，另或由于有如所谓“心跳”(τῆ παλμῷι)这种病症引起的，又或由于有所恐惧，也会发生[悸动]；剧烈的惊恐，骤使一些动物上身速冷，热量聚缩入于心脏区域一个狭小的部位，于是它们忽然发抖(悸栗)，有时，动物们竟乃因过度害怕，或因犯着这种病症，而致于死亡或殁于非命。

心脏表现有搏动，这搏动显见是延续不息的，当发生痈疽，随之也有相似的血管搏动(活动)，但因为这里的血液内起有不自然

① πήδησις 的动词 πηδάω，与 σφυγμός 的动词 σφύζω，作为生理或病理学词义，同指“心脏的跳动”，脉搏。ὁ σφυγμός 在《动物志》，卷三章十九，$521^{a}6$ 为“血管的脉搏”(“所有各种动物的血液一例在全身的脉管中搏动”)。在亚里士多德《天象论》(Meteor.)中，以地球的“颤动”(颤栗)说地震现象(卷二章八，$367^{b}32$)。同书，$368^{a}6$，以身体有所激动时“脉搏加快”说地震现象。这里，我们于 $479^{b}18$—19 这两字，依据下文 $479^{b}20$—$480^{a}16$ 的叙述，译 πήδησις 为“颤栗”(心脏的紧急搏动，palpitation)，译 σφυγμός 为“脉搏”(心脏的常规搏动，pulsation)。$479^{b}21$ ὁ παλμός 发抖的心脏剧烈跃动，作为病理名词，为常俗所云“心跳”，或“战栗”(发抖)。

的变化，所以痈疽作痛，这种痛感直待脓胞排除了去，才能解消。脓胞（发炎中的火热产物）的病理情况好像沸腾；这里肿胀起来，渐而增长，内涵的液体（血液）受热而汽化，于是就作沸腾；由是而肿
480a 胀愈加扩大。这样的痈疽，如果别无消肿的方法，为之治疗者，只有任令其病液渐益浓厚，而化成脓包，迨沸煮既熟，终久流溢以尽。但，于心脏而言，内热所驱使的液体（血液）汇于这里而致肿胀者，乃成为“脉搏”（σφυγμόν），脉搏是血液涨起时抵触到心脏的房壁（皮膜）①时发作的。这是一个延续不息的重复过程；血液原在心脏始行造成，由兹而延续地汇流，[血液循环]就是这自然本原的后果。于动物诞生之始，这情况就可见到，在血脉诸分支还未形成之前，心脏已涵蓄了血液。为此故，幼年的脉搏，比老年人的脉搏为较快；②这就因为在幼稚的儿童体内热蒸的作用较强。既然随后伸展的血行网络全都系属于心脏，因此所有一切血管统都搏动而且各分支的脉搏统都作时间相同的起伏。心脏是恒动的；所以诸血管也如此（恒动），当心脏运动为起为伏的时刻，诸血管分支，一一与作相符应的为起为伏。于是，“颤栗”（震颤）应是心脏对于外加的激冷的压力所作的反应（抵抗），而“脉搏”则是内热加于液体

① 480a5，χιτών，多义，作为古代服装，是外套，背夹，或腰带之类。作为军装，指皮甲，或革靴上部皮统。亚里士多德《动物志》，卷五，章三十二，557b16—17，χιτώνὑμενίδης ἀνακνιώδης 实指，吊篮蠋的“蛛网络样的皮膜背夹”即俗称“吊死鬼（皮虫）”的皮囊。在本篇中，参考希朴克拉底《医学集成》中（Hipp.，Aph.，1260）“心脏房壁”译 χιτώνα τῆs καρδίαs 为“心脏皮膜”。

② 480a9 μᾶλλον 的常义是较大，较多，或较强。罗斯诠：这里的实义，只能是“较快”。近代医学（生理学），自婴儿初生，脉搏每分钟为 140，半年间迅速降低，随后与岁月的增长，降至成年为 70，又后而年老，或有稍增为每分钟 80 次的常例。

(血液)蒸发(汽化)的感应。

章二十一

当营养灵魂所依赖的热量增加时,这就行使"呼吸"(ἡ ἀναπνοή)。有如其它部分之需要食料,这一部分(构造)需要的就是呼吸;而且食料之于其它部分构造也未尝不有待于此,则其为需要盍是更为迫切。呼吸(气量)增加时,这器官也得隆涨,人们不妨把这呼吸器官类比之于炼铜冶坊所用鼓风皮囊的构造;心脏和肺的形制两都与鼓风皮囊不相远(不相殊)。这样的器官必然是成双(对称)的,因为营养部分(构造)必然位置于自然功能(生命机制)的正中。① 当它胀起,这就得挺升,而当它挺升,外围着这个器官的体部必然也跟着挺升。这就是人们呼吸时所表现的姿态;他们挺起了胸膛,胸膛内涵着这器官(心脏)的源泉(血液总汇),自然也在这样膨胀;胸膛挺起时,这必须从外面引进空气入于内部,有如空气之入于鼓风皮囊那样,②这些冷气所作冷性,消歇了炉火的

① 480a24 τῆs φυσικῆs δυνάμεωs"自然功能"意指"生命机制"(vital function),这是按照贝刻尔校本译的。依密嘉尔诠疏(Michael)所据古抄本,应是 ψυχικῆs δυν."灵魂机制",指营养营灵魂的功能。依朴斯忒(Poste),以及渥格尔(Ogle)的校订应作 ψυκτικῆs δυν."冷却功能",这与 469a5—7 营养的中心器官,即心脏和 476a7—8,"肺呼吸的作用,在于它的冷却功能"相符合。

② 达朗培格,《考古辞典》(Daranberg, Dict. des Antiq.), Follis,"鼓风皮囊"条:古代冶铸所用鼓风器有单孔进出气的,也有双孔的。返阅 480a23 谓肺器官,两叶"成双"(διπλοῦν)的构造(形制),盖与这里所说古代鼓风皮囊之具有双孔双袋者相应。这句的下一分句,说鼓吹入冷空气以行冷却作用,而保持炉火不至于一下子过旺而熄灭,用现代化学语言来解释,就该是"吹进空气,为炉火加氧,以为维持并加强其燃烧"(参看上文 477a14 注)。

480^{b} 过度炽热。恰如这器官挺起时扩增了容积，当其萎缩（缀合）时，容积减小，进入的空气于是复被驱出，因为这部分内涵有热量，那些富于血液诸动物的肺，含热量尤大，所以进入的冷气，被压出时都是热的了。因为肺部的管道（血脉）是多分叉的，每一支脉管这样展布开来，所以肺似乎充溢着血液。空气的进纳称为“吸入”（ἡ εἴσοδος），其外吐曰“呼出”（ἡ ἔξοδος）。凡生物（动物们）活着的时候，就这样不息地运动其心肺（这部分），延续不息地吐纳着空气。生命之有赖于呼吸之一出一入者如此。

群鱼之运动其鳃页者正也如此。当血液的热度通过身体的各个部分而升高时，它们的鳃页也升起（张开）；但既经冷却，血液还由诸脉管下落（缩合）于心脏之中时，那些鳃也缩闭，把水驱迫出来。正是这样，心脏的热度继续地升高而又冷落，经常地就这样回转。于是，恰如陆上动物的营生或亡失其生命者，全凭呼吸（进气），水生动物的存活就端赖进水。

我们业已约略完成了关于生命，死亡以及相涉的诸论题。关于健康与疾病不仅是医师的专业，而自然学家也须于相涉的某些方面，作某些限度内的讨论。可是，我们必须注意到，这两类别的研究者，于同一论题而考虑于各不同的疑问，采取各不同的途径（方式），事实上，总当征见，达到某种限度为止，他们需是并携而前进的；那些智巧而又心擅探测的医师们，既然不能不于自然知识（科学）有所揭示，至于那些专志于自然知识（科学）研究而卓有成就的人们，确也必须作出不离于医疗原理的综结。①

① $480^{b}25$—30 这篇的末篇，说“健康与疾病”而兼及“医师”与“自然学家”，直回顾到《感觉篇》(de Sensu)的首章，$436^{a}19$—$^{b}1$ 而与相呼应。

炁与呼吸

关于《炁与呼吸》汉文译者绪言

Περὶ πνέυματος《说炁》这短篇，十九世纪中，贝刻尔(E. Bekker)编校《亚氏全集》，次在卷三，列于《自然诸短篇》(Parva Naturalia)之后。亚氏著作的近代编校者，统认为这一短篇是后人伪撰的；篇中 ἀρτηρία 一字的混淆错置，常被举作伪撰的证据——在亚氏生物学著作中，这字或谓(1)自咽喉通到肺部的“气管”(trachea)，或(2)为血液循环系统中的“动脉”(artery)，都是可以分明辨识的；在这篇中，含糊地示为“通气管道”(air passage)。有些人认为这是亚里士多德的同门友从，随后继任主持雅典吕克昂(Lyceum)学院的色奥弗拉斯托(Theophrastus)之作；这一揣测，也是不可信的。这短篇的作者，读过亚氏动物学著作，如《动物之构造》、《动物之生殖》、《动物之行进》以及《动物志》等，都曾研习，也读过《自然诸短篇》抵于末篇，《呼吸》Περὶ 'Ἀναπνοῆς(de Respiratione)大概是在色奥弗拉斯托之后的，一位漫步学派的同门。

《说炁》，现在尚保存有第十二世纪的牛津基督圣体院藏古抄本，与第十二到十六世纪间，几种梵蒂冈抄本。第十七世纪初，但尼尔·芙尔朗(Daniel Furlan)和亚得里安·泰内菩(Adrian Tarnebus)合同编校《色奥弗拉斯托集》时，附录了这篇，也加有诠疏(1605)。但芙尔朗自跋其诠疏云，“对于这篇古籍遗文，虽研深旧经，博通亚里士多德之天才学者，如意大利，朱理·凯撒·斯加里格(Julius Caesar Scaliger，1484—1558)，也认为不可通解，无法为之诠次，自己轻试这艰难的事业，诚属冒昧”。贝刻尔校订本汇录了上述诸抄本的许多异文，仍无补于一一章句的惑误。贝刻尔《亚氏全集》(Aristotelis Opera)，附录的拉丁古译本中，有“说炁”(de Spiritu)这一伪篇的拉丁译文，这一译文较希腊原本为通顺，但其句读往往与原本不相符应；或这一译者(今已不能考知其姓名)当时别有较通顺的古抄本，或是由他自己率改的，虽然通顺了文句，于论理上，许多不可索解的章节，还在照旧遗留着。法国第杜(Didot)编校的《亚氏全集》与其法文译本，于这篇，订正了一些句读。巴多罗缪·圣希莱尔(Barthélemy Saint-Hilaire)的亚氏生物学著作法文译本中，这篇没有入录。

近代以研究希腊先哲著称于世的，德国耶格尔(W. W. Jaeger)，检阅这篇，措字不守定义，行文又多破句，颠三倒四，论理无准度的文章，直称其晦涩，至于不可卒读。但 1913 年终于出版了他的一个新校本(Teubner 戴白纳尔印行)；他汇集了芙尔朗以来，各家的校勘，加入自己对于一些疑文的揣改，比之贝刻尔本已有所改善。就在这时，英国杜白逊(J. F. Dobson)教授，依据贝刻尔校本，耶格尔校本，第杜《亚氏全集》，英译主编，罗斯(W. D. Ross)与《自然诸短篇》英文译者，皮尔(J. I. Beare)的指助，完成了这篇的英译本(牛津，《亚氏全集》译本，卷三，末篇)；他自己于这篇的疑文，也颇有所建明。这篇，原文九章，每章都有若干设疑，提出一些问题。有些下文，未作回答，就转出另题；有些所作答复，是不切实，不完善的。总而言之，这一专篇，不像一已完稿的论文，只可算是一本《集题》(Problemata)。杜白逊这篇译文,仍拉丁篇名作 de Spiritu“炁”。路白经典丛书(Loeb C. Library),1935 年,印行了《自然诸短篇》的希腊-英文对照本。希脱(W. S. Hett)于这末一遗篇是不重视的,原文校订都承袭于前人,他的译文,于本篇论理上的残缺,没有作什么补缀。他于译本的篇名,直称“呼吸”(On Breath),把原题 πνεύματοs 等同于大气中的“空气”(air)。原文中有时指说 πνεῦμα 之为“炁”,异乎 ἀέροs “空气”,有时却又混同了两字,不作区别。汉文译者姑迁就其内自在的迷惑,题作《炁与呼吸》。从来的诠家或译者,所制章节分析,各异其辞,都不能与原文章节一一切符。汉文译本的“章节分析”,力求通顺,也是与原文章节,不一一切符的。

πνεῦμα 通常的命意是“气”,即四元素之一的 ἀήρ,也就是“空气”被吹动而成的“风”(ἄνεμοs)。汉文译者,于亚里士多德生物学著作中,注意到 Σύμφυτον πνεῦμα 这样一个具有重要作用的名词,在《动物之生殖》、《构造》、《行进》等各书中出现时,显然不是指“风之为气”;笺家或译者各尽心推敲,或释为“生命之气”(vital air),或释为“内蕴呼吸”(innate breath),或释为“精炁”或“灵炁”(conate spirit)。亚氏有时也把 ΣΠ 联属于“生物(生命)之原”ζωτικὴ ἀρχή;汉文译者因此制为“精炁”或“生炁”的译名。于自然作成万物时,亚里士多德为配置了一套两相符契的“材料”与“意式”(物因与本因),相类地,于自然,作成诸动物时,他也为之配置了物体(生理)上与心理上两个相符契的系统,“灵魂”(ψυχή)为心理体系的中枢(主动因素),生炁(ΣΠ)为生理体系的中枢(主动因素)。《运动》章十,《生殖》,卷二章六等的大意:心脏为灵魂所在的中枢，生炁(ΣΠ)与之同在；血脉从心脏起始，延展于全身，是流通血液，以供应各部分所需营养的脉络，也当是生炁(ΣΠ)流通的沟渠。有赖于呼吸之作用于心脏而起的搏动，这炁就传递生命的热效应于全身。热为一切生命之动因(作始)，灵魂有热性，生炁也有热性。《生殖》，762ª20 云："地与所有的气中，弥漫着生命原热(即θερμότητα ψυχικήν，灵魂热)。"但亚里士多德于《呼吸》篇(自然诸短篇的末一篇，470ᵇ—486ᵇ)中，慎重说明呼吸的功能为制冷(καταύψξεις)，以保护心脏，免得它发热过度而毁坏。亚氏各书中关于"生炁"(ΣΠ)之为物，及其来踪去迹，语焉不详，而且前前后后，也不是全可贯通的(例如说炁(气)能传热，却又说有制冷作用，又如说冶炉吹风，旨在降低温度保持热量，这与鼓风旺起火焰的实况相背)。后世读者，于 ΣΠ 尽力追索，总不能得其究竟。这篇《说炁》(Περὶ πνεύματος)的作者，揆其本旨，盖将为他的先师补缀这一专篇，借以阐明心肺之于呼吸，胃肠之于消化(血液与营养)这些方面，旧所遗留的若干迷惑。这些问题的症结，在于与"热"相应的"火"的观念。亚里士多德当时的希腊物理与化学，把一切可燃烧物质的"氧化放热"现象，当作了物质四元素之一。血液循环与食物消化过程，恰正是吸热放热的交互反应。燃烧(火)的现象直须二千一百年后，欧洲化学家从水中分析出氢与氧的自燃与助燃之别，从空气分离出氮不助燃，氧能助燃之别，法国拉瓦锡(Lavoisier，A. F.，1742—1794)作成了新的燃烧理论，这才解除了古希腊这久远的迷误。《说炁》这位作者，对于火与热的观念，既怀着亚里士多德时代的同样错误，他的辞费，于他老师所遗留的疑难，自然是无可补益的。

《炁与呼吸》章节分析

章一　炁的功能。　　炁既然是躯体的生理元质，必须由某些营养方式为之维持。营养可由血液供应；血液实际滋养着全身所有各部分(构造)。吸入气作为血液的饲料，于消化之后，必有剩物，剩物怎样排泄(分泌)？疑难在于这些分泌比之饲料是较精细，抑较粗糙？……………………………………………… 481ª1—481ª28

章二　呼吸在动物体内的生理作用。　　亚里士笃季尼设想体内原热转化吸入“气”为“炁”，肺内炁必不同于从体外吸入的气。呼吸之间，完成了消化过程，怎么这样迅速？呼吸抵于肺内而止，炁怎能达到肺以下的各部分(构造)？也许是以分泌的方式通过横膈膜而达于下身的。由此引起另一个疑难：“不呼吸”的，如水生诸动物(鱼等)，如何取得营养物料(气)？呼吸是一切生物(动物)普遍经营的。说水生动物“不呼吸”也许是一个错误的概念。水中既无空气，水生动物大概是在进纳食物中，获得所需的气。

……………………………………………… 481ª29—482ª28

章三　呼吸必然具有明确的功用。　　恩贝杜克里与德谟克里图，各都研究到呼吸过程，但都忽略了呼吸的功用；另些人，于呼吸过程，认为是不究自明的。呼吸的实际功能是在冷却(制冷)。炁(气)均匀地流通于全身，给养各个部分，并及骨骼。在某些骨节上，我们找不到任何气管(血脉)，营养自何为之供应？这些部分，可比拟之于植物，树木体内，也不见有何孔道(气管)，可是它们活着，并且生长。 ………… 482a29—482b14

章四　呼吸所行诸活动。　呼吸三功用：(一)呼吸，(二)脉搏，(三)同化营养物质，可在不同程度上，由感觉或理知察识。呼吸的内蕴动因大概属在灵魂。营养原于呼吸。脉搏，虽是气(炁)的作用，而不与呼吸作相符应的变化。脉搏的功能还未有合理的解释。三者的作用，孰为领先，迄无定论。 ……… 482b15—483a19

章五　呼吸在体内的生理活动。　呼吸径由腰部(肝胰间)的一条管道通入腹部(?)。我们未能明了呼吸与灵魂(生命)，两者关系的深浅；内"炁"与外"气"若之何以相通相属者，也有所不明。炁(气)的温热作用相应于其制冷功能。炁(气)不通行于肌腱。血管(静脉)和气管(动脉)与胃肠相通，而骨骼之间则有筋腱与血管为之联系。 ………………… 483a20—484a13

章六　肌腱。　血液转化而成为肌肉或筋腱。筋腱从骨骼获得营养；也可能是骨骼从筋腱获得营养。趾(指)甲由肌腱形成，皮肤由肌肉形成；两者的成形只是一个干结(凝固)过程。不是一切动物都有血液，有血动物的血液也不必遍达全身；以"血液为普遍营养"这一方式，在贝介和虾蟹，这类无血动物，显然是不合的。…………………………………… 484ª14—484ᵇ9

章七 骨骼的功用。 骨骼具有多项功用：运动，支架，被覆等，各因其不同功用，做成合适的构造。可活动骨节由筋腱联缀起来，便适于折曲，而能运动其身体。那些不需要活动的骨节，则由筋腱为之固定其位置。…………………………………… 484ᵇ10—485ª3

章八 续论骨骼。 凡作生理研究，必须考明其事其物所由作成如此存在的目的（极因）。骨骼、肌腱、肢脚与其它诸部分构制，无不各适其一般（通常）的与各自（特殊）的功用：例如飞翔动物的种种构造皆所以适应于空中生活；步行动物之于陆地，水生动物之于河海，所以为之适应者相仿。 …………… 485ª4—485ª28

章九 体内原热。 动物体内的"原热"，对于不同的生体（有机物），产生不同的效应，有如"火"之于各不同的无生命物（无机物），所肇致的效应，也是各不同的。自然之于火，作为一个工具、也作为一项材料，应用火，以制万物。自然是一位理知的作家（创造者）。热（火）外创制而论，作为一项材料，只能使所合成物作"量"或比例的变化，作为一个工具，加热（用火）的方式却颇不相同，自然为之合成（创作）时，可取不同方式，为其所制作物，获得"质"的变化。

我们必须摒弃恩贝杜克里的假设，他认为所有一切动物的骨相同，于混合各种原材料时，所取比例相同，故全无品质差异：这是错误的。于皮肉肌腱等而论，亦然。 ……………………………… 485[a]29—486[b]6

炁与呼吸

章一

481a 身体中常涵有“炁”(πνεύματος),[①]其实义如何?炁之发生与

---

① πνεῦμα(-ατος),τὸ 多义:希腊古史家希罗多德(Herodotus)的著作中,用此字言“风”或“气”。在亚里士多德《天象论》(Meteor.)中,沿用当时的通义,亦为“风”,为“气”。这名词所源的动词 πνέω,在生理学上为“呼气”(to breath)或“喘气”(to pant);由此而称呼吸的器官为 πνεύμων(“肺”)。在希朴克拉底医书中,这字的生理学实义就专指“呼吸”(respiration)。因为人畜一朝断气(停止呼吸),就失其生命,于是,这种有关“生命的气”(πνεύμα βίου)有时就直作“生命”(ὁ βίος 生资,生活,生命 life,livelihood)[至于后世希腊化世界中,混合了原出于犹太的天主教义,由生命同于“灵魂”(ψυχή)的本义转出了“神灵”(spirit),再转成为 τὸ ἅγιον Πνεῦμα “圣灵”(the Holy Ghost),这些宗教新义与公元前希腊典籍中的措意,实无关系]。

本书措辞、造句、说理,时时有些错乱。于 πνεύματος 这字,虽显然为全篇的主题,却没有先为制作一个定义。第一章,首出 πνεύματος 字样,分明是指充盈于全身各部分的“生命元质”,而另以 ὁ ἀήρ (ἀέρος),大气中的气(空气)说人畜呼吸(吐纳)的气,这气在身体限于自口鼻至肺部而止(481b18)。在随后的章句中,有时分别用这两字,有时却混用了。本书第九章,各节不同的论题之间,行文既疏于承转,又涩于推理。本章讲到体“热”(θερμόν),后世诠家或译者率以此章主旨在论生命原热本于身体内存的“火”元素,亦有赖外“火”的加热功能,其中也隐括有“炁”的作用。本篇章二,章五,述血液循环,也把“炁”与“热”牵连着说的。本篇“炁”字本于《周礼·春官》,“辉〔煇〕”字注,与《贾疏》,以“日光气”为“炁”。《易·系辞》“精气为物”疏:“谓阴阳精灵之气,氤氲积聚而为万物也。”(万物谓“众生”)中国道家书中以“精、炁、神”为生命三要素;道家书中这三字也没有明确的定义:有时“炁”也与“气”通用。这样,我用“炁”字译 πνεῦμα,就兼举了生命元质与生命热的含义。

其增长又如何？我们眼见炁在生物体中，跟着生体年龄的演变与其体态的演变，而日增以渐强，或因这生体的某些部分有某些增益而也有所增益。凡具有灵魂的生物，统都因进食而各有所增益，所以我们该考虑到关于炁（呼吸）作为这种增益（生长）的来源与其性质。发生这种增益，有如于身体的其余部分所遭遇者那样，不外于两个方式，或由于呼吸，或由于接收到食料时，所施行的消化过程。于这两式，为之校比，人们自然地较多地倾向于食物（养料）的假想；按之成语，“物体（生体）咸以物体为饲料”，而炁正也是一种物体（实物）。于是，试问，其为饲食之方式如何？显然，先是吸入[有气]而继乃在通过那些血管消化后纳进的则是这些炁。既然血是终极营养（食料的终极），这是所有各部分全然相同的。于是，有如容器之受纳食物，或[①]函罐之储存热量，这就吸收了炁。于是，这炁（空气），[②]凭它的活动所起的作用，有助于消化过程，就成为营养而促进了物体的增长。[③]

这样的假想是不足为奇的，但初看起来，直说增长本于饲炁，难免引起诧异。人们或有认为灵魂须是种籽（精液）既已萌发（分化）之后，才生成而赋得其本性，[④]除了执持这样的假想的人们之

① 481ᵃ12—14 行这一句“... τὸ ἀγγεῖον... καὶ... τὸ περιεχόμενον”依罗斯（W. D. Ross）的校订，删去 καὶ “或”，并改 περιεχόμενον 为 περίεχον，我们可得较通顺的文句，“有如容器之函受食物”，在这里纳入的炁就转成为热量。

② 481ᵃ15 ὁ ἀὴρ “空气”，显然应作 πνεύματος “炁”。参看下文 481ᵇ4 以下，ἀήρ，“空气”，有别于呼吸后转入血液中，经过变化（消化）而成的“炁”。

③ 这里，谓呼吸之“炁”为助长生体的养料，和下文，章二 482ᵃ16，以“呼吸”为“冷却功能”（τῆς καταψύξεως）者，不符。

④ 这里盖隐指恩贝杜克里之说，参看《说天》（de Caelo），卷三，305ᵇ4。

外，大家都自然地通认凡属于灵魂（营养灵魂）者，必较为净洁。又，一切食料皆各有残余排泄，于呼吸而言，其残余将是怎样排出的呢？设想这就是呼出，是不合理的；因为呼出是［在吸入后］①立即进行的。这里隐括有这么的论证，呼出是通过了气管（喉管）②这孔道的。凡泄出物照例该较［吸入物］或减淡（稀）或增厚（浓）了的。无论其为淡减或浓加，于一切纯净物而言都是不合的。若说这是加浓了的，这个孔道必需扩大。③ 倘使容受与排泄应用同一的孔道这是不相宜的，也是可诧异的。这样，以炁（气）为食料而延续进行（呼吸），以助生长之说，会将引起这些疑虑。

章二

亚里士笃季尼关于呼吸的设想引出了一项理论（他认为“炁”（τὸ πνεῦμα）被消化（烹煮）以后，就转成为食料的一式，炁之为物
481^{b} 已不同于“空气”（ἀέρος），他认为纳入容器（诸血管，诸内脏）的，正是这炁，而这种消化的剩物则由此被排泄（分泌）出去）；但，这项理论实际内涵着更多的疑难。是什么在施行这一消化过程？合乎自然的设想，盍是凭依于在其它动物中同样的事物为之消化（烹煮）。但，这里，须是与外围空气相异的某物才能施行这一过程；这盍该是“热性”（ἡ θερμότης）。又，由于诸容器（诸血管）中升起的液态事

① 依章二 481^{b}9 句增［μετὰ τὴν εἴσπνοὴν］一短语。

② ἀρτηρίας 气管（或喉管），这字重见于章三，482^{b}8 时，不指专门的解剖名词，而只是一般通气的任何孔道。

③ 481^{a}25 这一句，似乎应该移置下文，章二，481^{b}5—8 间。

物应使纳入的，转益浓厚，而且由此增益（生长），消化所得应成某样的实体。可是这里的剩物分泌，乃是较轻淡的，这是不可信的。消化过程竟乃如此的迅速，这又是不合理的：紧接着吸入，随即呼出。形态变化怎能如此迅速地完成？人们尽可设想这是热量在效其功能，凭我们的感觉为证，呼出物是热的。又，若呼出物的消化过程行于肺部，行于气管，那么这些器官也必然有热功能的存在；可是，他们否定这事，他们认为这食料是由炁的活动热熏而成的。[1] 但，这直是更可诧异的了，竟说这功能受之于某种外来的刺激（活动），而其热源也正是外来的。可是，这个运动机能的本原确乎不在炁的自身。[2]

又，如他们自己明白地说到了的，由呼吸所得的炁（气），只能抵达于肺部，但他们却又说这炁在生体内行运于周身。于是，若说由这个（肺部）至于下部以及其它各部，挨次接受炁的流转，消化过程又怎能如此迅速？这是一个更显著而较大的疑问；这[3]（肺部）在消化吸入的空气时，实不曾把它分配给于下面各部；可是，消化如果真在肺部进行，盍该把呼吸所出入者，通之入于下面各部。但，若然如此，疑问将是更大而且令人十分迷惑；按照这样的情况，似乎一行通过，一经接触，消化随即完成。但，这是不合理的；事实上，设想食料和它的消化剩物，所经历的情况相同，又更不合理。若说，消化经由其它部分的内脏，人们可以照样提出如上的疑问与

① 皮尔（Beare）揣想 481b14—15 这句以下，应接加 25—26 行那一句。

② 皮尔，解释这句（481b17），是在回顾 481b3 行这句，人的消化功能有赖于自体内蕴热性，这是和其它动物相同的。

③ 皮尔解释 19 行的 τούτου“这个”与 22 行的 τοῦτο“这”两皆指为“肺”的代名词。

辩难。他们所可应用的支吾之词，只能说，所有一切食料的残余排
482a 泄（剩物分泌）不全相同，各类生物的排泄（分泌）也各不相同，例如植物的食料残余就不同于动物，两者的躯体构造既大不相同，就不能一一比拟。又，如其不然，事理当然是不能全相同的。于是，容受器官和其它部分相同，随空气的进出而为胀缩，并生长。但，如其必然如此，我们在这里，当可提出有如自然（寻常）状态的呼吸，以及它是怎样健康地增益（生长）其容积的问题，可由我们前述论证为之答复。但，于那些不行呼吸的动物，它们的自然炁取自什么食料，而如之何得其生长？照它们的实况，显然不能由外面吸气（炁）。可是，若说这乃得之于内部，得之于内储的一般食物，那么，其它动物该应也可以从内储食物得其自然（生命）之炁，常例，同样原因，凭同样方式，获致相仿后果。照它们的实况，这也未尝不可出乎常例之外，它们的这种食料是从外面得来的，它们凭嗅觉选择这种食料。但，这样，实际上，就已是和呼吸相仿的了。有鉴于这样的实况，并勘察其如此进食而同时又得进气（炁）的情状，不禁而重有疑于其事的是否真确，而凭冷却功能与之争辩，假定它们和其它动物一样也需要冷却，只是徒费辞说。于是，若说这个功能是通过横膈膜以施行的，显然，空气也得通过这里；这样，情况就无异于呼吸了。但，这还不足以说明这里所进入的究属是什么，而进入的什么又是如何活动的？其中存在什么自动机制吗？可是，这就需要为之别立一个专题研究。

但，在水生动物而言，它们食料是什么，它们的自然生炁的生长又如何？除了它们实际上不行呼吸之外，我们通常不设想水内

[隐藏着]有气。[①] 这样，剩余的唯一设想，只能是它们由食物获取生炁，若然如此，它们的进炁（气）或成炁过程或有异于其它动物（或水居动物们），[②]也是经由食物以得炁的：这里三项分歧的设想，其中必须有一个是合乎真实的。这里，关于生炁之为生长与增益（饲养）作用，讲得已够多了。

章三

关于呼吸（περὶ δε ἀναπνοης）的论题，有些论家（自然学者），有如恩贝杜克里与德谟克里图，只说明呼吸凭何方法而施行，于何故而须施行呼吸，则不加叙述；另些论家则认为呼吸既为平常显见的情事，其方法（方式）便无须详说。现在，若说呼吸的作用（功能）在于制冷，这就应该把它讲得足够清楚。倘热量属在身体的上部，那么下部[③]就无须冷却。但肺里制冷的来源，肺内所作始的呼吸乃流行于全身。既然说呼吸这项活动继续不息地传递到各个部分，

① 《呼吸》，章二，章三，述鱼类在水中生活，亚拿克萨哥拉与第奥根尼，两都认为鱼类的鳃开阖也行呼吸空气。$471^{a}4$，明言“水内涵有空气” ἐν τῷ ὕδατι ἀέρος。$471^{a}20$，谓水族由口啖水，此水内所涵气，供它们呼吸。这里，《炁》，$482^{a}23$，否定了前贤之说。及今覆案：水内确实涵溶有某量的空气，与氧气；鱼鳃的进水实际是在凭鳃条吸取水中所含氧气，以供血液循环。中国蓄养金鱼的缸，必须定期为之更换新鲜的水。若过期不换缸水含氧既尽，金鱼就死亡。现代水族馆所蓄养各种水产标本，活鱼活虾等，依赖由管道压入的空气（氧）为呼吸；如停止压入空气，水箱内的鱼虾，不久就“窒息”而死。在江海池沼中，鱼少水多，从水面与气面接触面，河水海水每时每刻所吸收的氧，就尽够供应其中的水族的呼吸了。

② $482^{a}25$ 这分句，理致不通；勘之拉丁古译本，τὰ ἔνυγρα“水居动物们”字样是没有的故加（ ）。但删了这辞，全节仍难以通解。

③ 贝刻尔校本 κάτω“下面”，加 τὰ 于前，为“下部”或“下身”（τὰ κάτω）。

482b 于此，我们该须证明为不确实的。这里，可诧异的是，如上所论，下身（下部）不需要什么活动与食料。因此若说呼吸流转于各处任何部分，那些却无所需乎冷却。但冷性传递，在另一方面为之推想，本不易觉察，其速度也难为测计。又，从全身各个部分返其回流，也是可惊异的，除非这是从体部各远端（极端），由另一途径（孔道）转来。但回流最初的发源实始于心脏区域。许多生物的机能都取这样的方式实现其效用的。

①于是，一切生物都同是这么显著，呼吸实际传递到一一骨骼；他们说到这项传递是经由空气诸管道②输送的。这样，如上已讲明的，我们必须详察呼吸究何作用，由哪一部分（构造）经营呼吸，以及其经营的方式。食料（营养）的添加（增益）于一切器官，也不是通过空气诸管道的，例如那些脉络③以及身体的其它诸部分，就不凭空气为之供养；植物（草木）[不具备这样的管道]可也活着而且各自受到营养。也许这些问题，另属之于讨论营养的专篇（τοῖς περὶ τὰς τροφάς），为较合宜。

章四

炁（气）在气管之中，施行三项不同的活动，呼吸，脉搏，和第三

---

① 482b7—8 行之间，疑有阙文。

② 参看上文章一，481a23 注。

③ 582b11 τοῖς ἀγγείοις “那些脉络”：τὸ ἀγγείον 本义为一容器（receptacle，or vessel），其实指，可以属桶、罐、勺等；于生理学上，或以称胃，或以称肺，或其它。亚里士多德《动物志》，卷三章二十，521b5，“生理液体都涵持于器官（容器）内，例如血，储于脉管。”这里，原文所实指者殊不明确，我们姑从《动物志》中所见此字的例示译以在其中流通着血液的“脉络”。

项进入气对于食料(营养)所起的作用;我们必须于每一项解释它在何处(哪个部分),如何(怎样)以及为何(什么原因)而行其作用。三者之中,谁若摸触身体的任何部分,就可感觉到脉搏这项活动;至于呼吸,这只有限于某一部分,限在某种程度上,才是可感觉的,这项活动的大部分仅可凭理论为之推想,若说其全部活动都对营养发生影响,这全然属于推想,但由以在营养方面所促成的后果,这是可以感觉到(目见)的。这是明白的,呼吸具有内在的源泉,或说这源泉(本原)是灵魂(生命)的机能,或实际就是灵魂(生命),或别说这是某物和身体的混合,由这混合机能促成生体的构造,行使如此的吸引,这些歧说可不先作计较。可是营养灵魂盍该起于呼吸:呼吸符应于此,而事实上相似于营养灵魂。如其不然,每一生体,因这种运动,随时间的倏忽而自成平衡。若说三项活动的同时发生(遭遇)并无特殊意义,那么,所有各项必须一一加以考查。脉

搏盍另是一项特殊情况,一方面似乎只是附随的从属现象,因为液 *367*
状物(血液)中,既积有热量,迨无(气)呼出时,必然肇致断续相接的脉搏,但在另一方面,却又得看作是有关基本的事原,因为这项活动的性质,实际来自生体的基本器官;为之领先,为之起动者,就在心脏,从心脏作始而后传递之于其它诸器官。[①] 总之必需凭动

① $483^{b}26$—34 说“脉搏”(σφυγμός),人身上各部分的血管(动脉)之搏动,起源于心脏,当然是正确的,但所作叙述,在我们习知近代生理学的人看来,都是牵强的累赘语。亚里士多德在《动物志》与《动物之构造》中,于心脏的构造与周身的血管,已说得相当清楚,但当时的生理知识,大抵是由牲畜的尸体解剖中研求的,于血液循环在一活动物体内的流转实况,还是模糊的。以心脏为中枢的循环系统,血液在诸核(心房,心室)中,进出都有待血压的升降。大动脉中血液的播散,尤须有相当的压力。压力的舒张有待于时间,脉搏作定时的,相继的(波浪样的)起伏,使动脉管作定时的胀缩,准于心房输出血液的压力。

物的基层本性才能发起这些活动。

483a 但，脉搏于呼吸不相联属，这是可以为之明证的；无论其人呼吸或为急促或为稳定，或属沉重或属平静，心脏的搏动是照常进行而不改变的。可是身体若重有所痛苦，或灵魂（生命）恰遭值惊恐，或有所企望，或严重的冲突，心脏的搏动才显见紧张而运行不齐（失律）。

我们挨次应须考虑的问题是，在“诸气管”（诸动脉，ταῖs ἀρτηρίαιs）[①]是否维持着一个经常稳定而韵律整齐的脉搏，似乎在相去很远的诸脉管中，搏动是不齐的。但，如曾言及[②]，脉搏所由存在与其韵律之整齐或不齐，引起的作用是不大的。呼吸这项活动和受纳食料，无论两者是相联系的或各别行事的，显见它们符应于一个目的（作用）而合乎一个道理。但，于这三项而言，合理的设想总该以脉搏与呼吸为先予（前提）。[于二者而言，]盍以求食为先务。也许，这是错误的？胚胎一经诞世，呼吸随即开始，当这幼体发育，迨其构造完成，生长与喂饲直与之相应而并行，然而，我们从蛋的孵化所习见者，一自其中心脏形成的时刻起，这就开始其搏

---

① 在亚氏动物学著作中 ἀρτηρία 作解剖学名词两用：(1) 自口鼻经咽喉引气入肺部的一段“气管”，现俗称 windpipe（风管），即 trachea。(2) 血液循环中除了大动脉以外的诸“动脉”（arteries），包括各路支脉直到毛细管动脉。大动脉专称 ἀορτή 参看《自然诸短篇·睡与醒》，章三，458a18 注。古希腊医学家，包括亚里士多德作为动物学家在内，所作解剖多取人畜死体，于人体解剖或是用胎婴死体，动脉往往中空，或疑其中既属含气，故也以 ἀρτηρία “气管”名之。然这些管道多与静脉血管并行，并相分支，实属血液循环系统是分明的，我们在《动物志》，《动物之构造》，皆译“动脉”。

② 在本篇中实际不能确指那些句读，说到了这里所提及的事。（罗斯诠：在本篇中，并无与此相关的章句。）

动了。这样，脉搏，在发生程序上，实为先予，呼吸固然有佐于肺搏的活动，可是脉搏（心脏）之行其机能活动，殊不待于呼吸（炁）为之先导。

章五

在呼吸中，炁（气）的进入胃内，不是经由喉管的（这应是不可能的），但沿着腰部另有孔道，呼吸经由气管①把炁（气）送于胃内，又自胃内嘘出；这是可凭感觉为证的。

但，由感觉照示的这些实况，总是可疑的。若说呼吸有所感觉，这是由“炁”（τῷ πνεύματι）的通过而感到的吗？抑或由于气管的膨胀而身体因有所感？若说灵魂的生机，②以“气”（ὁ ἀὴρ 空气）为第一要素，为之先行，为之主管，于是“灵魂”（ἡ ψυχή）究属是什么呢？他们说，这种活动，其旨就在生命的机能。或想纠正那些人称这种活动是理知与情念的所在，这显然是不必的；机能（作用）就发挥于所在的位置。但，若说灵魂就寓于气内，这却是通顺的。如果由于某些影响，或某些变化，这个灵魂竟然发活（获得生命），它

① 原文 βραγχίου“鳃”因上文不在讲鱼类，从希脱英译本译作“气管”（windpipe）。按照我们现代的生理学，吸入气进入肺中，仍由肺内呼出；说从腰部的孔道进入胃内，是不可理解的。但这里的 πνεῦμα，作为“炁”（生命之炁），盍是不必经由寻常的管道而可以渗透的？

② 参看《灵魂论》，卷三章九、十，μόρια τῆς ψυχῆς“灵魂各部分”（分析），432^{a}7，27，433^{b}27 等节，τὸ λογιστικόν“理知”或“计算”灵魂 θυμικὸν“情念”灵魂，属于 θρεπκτικόν“欲望”（食欲与性欲）灵魂。

循于同类相增益(生长)的原则,[①]自然地,被吸引于气。或说,这未必全然如此?因为灵魂不必完全只是气,但,气(炁)确于灵魂的功能是尽了它的作用的,或也可说,有造于灵魂的,或已造了灵魂的盍就是为之原始而又为之基本的事物。

483^{b} 但,于那些不行呼吸的动物们,这又将怎说呢?[②] 在它们的外围,实无任何事物,其中混合着空气。或其事有不尽然者,[在水中]气或另有其混合的方式?又,“气管”(τῇ ἀρτηρίᾳ 肺“动脉”)[③]中气与外围的气,有何差别?也许,这是自然的,并不可避免地(必然地),两气的轻重有差。又这是否自体有热,抑或被另些事物加之以热的?气管内气似乎与外围气的热度相仿;但这是经过了一番冷却过程的。自热或被热两说,孰为正确?外围气是温和的,但一经内涵入于管中,这“炁”(πνεῦμα),在某一命意上说来,应是散播了的,加浓厚了的。于是,它既在润湿物(血液)中运动,并且物体上在发胀,是否受纳了某些事物的混合?于是,一经有所混杂,这就不会那么纯粹,不那么轻清了。这是合乎自然的,容受灵魂的最初事物应是清纯的(除非灵魂自体就是羼杂而不净的),气管盍该就是炁的最初容器,而肌腱却不是的。肌腱是能抗拉伸的,但气管(动脉)有如一血管,是易于被拉断的。但,皮是由血脉,与肌腱

① $483^{a}33$ τῷ ὁμοίῳ τὸ ὅμοιον αὔξεται “同类相益”,参看《灵魂论》,卷二章四,$417^{a}1$“同类相感”,卷三章二,$427^{a}28$,“同类相识”。

② 参看《呼吸篇》(de Resp.),章八,$474^{b}13$—章九,$474^{b}29$,呼吸对生物热(火)的“冷却作用”,水生动物,以鳃的开阖,进水并出水为“冷却作用”(κατάψυξις);下文,$483^{b}6$行句,说到了冷却过程(τῇ καταψύξει)。

③ 参看章四,$483^{a}6$,ἀρτηρίαις “诸气管”注。

和气管组成的；[①]外皮若被刺伤，这就出血，所以证见这里有血脉，这里可以拉伸，当有肌腱，这里容许气的出入，又当有气管。唯有气管（动脉）内涵着炁（气）。可是，诸血脉各具孔道，其中含融着热量，有如一些铜管，由之而加热于内储的血液；血不是自然地原就是热的，热，像熔化了的物体那样，是外加进去的（包裹于洞孔外围的覆蔽和内储液体的气管，所以是硬固的缘由）。[②] 凭解剖，这是可以明见的，诸血脉（静脉）与诸气管（动脉）是由内在诸器官（组织）相联结的，并且通至胃部，正是在胃部，他们自然地进纳食物。但食物（营养料）之通过血管而输进肌肉，不由那些侧出分支，而由[毛细]血管的末梢开口。从大血管（大静脉）与诸气管（诸动脉）各侧出有许多小分支，这两者的小分支常是并列着，平行地延伸的。[③] 肌腱与血管，两都系属于骨节，系属处两都在骨节的中段，也系属于头颅骨的合缝处，[④]于鱼类而言，它们由此进食，由此呼吸。鱼类被捞出于水外，它们既不再能行呼吸，随即

① 483^{b}18 句中，τὸ δέρμα“皮”，本义应是皮肤；这里拟指包裹各部分内脏的外皮组织。肌腱，参看下文章六，484^{a}16，τὰ νεῦρα（“腱”或“筋”）注。φλεβός 血脉（ἡ φλέψ 血管）实为“静脉”。《动物志》与《动物之构造》，有关心脏与血液循环系统的叙述，从大静脉，诸分支，直到渗入肌肉与表皮的毛细血管。这篇中，关于静脉的议论，大体是和上述两书的章节符合的。这里“气管”（ἀρτηρία）即“动脉”，参看章四，483^{a}6 注。

② 皮尔（Beare）认为这句，与上下文，不相承接，加以删去的括弧（ ）。

③ 《动物志》，卷三章三、四中，详述人体血液循环系统，有多处句读，例如章三，513^{b}29—34 行，叙及血管（静脉与动脉）分支，与由诸分支再延伸向诸脏腑表面，与各处肌肉抵于表皮间的末梢毛细血管（capillaries）。在动脉与静脉这两种毛细血管的开口处，动脉新血与静脉陈血可得交换。

④ 483^{b}33，τὰς συμβολὰς τῶν κεφαλῶν“颅骨（头盖骨）合缝”见于《动物志》卷一章七，491^{b}2；罗斯校订认为在本篇这里是不通的，照拉丁古译本，magnum capitis os，可译以“头颅大骨”。

死亡。

484a　诸血管（诸静脉）和诸气管（诸动脉）是一一相联（相并）的，这可凭摸触这项感觉来验证。可是，这须在管道内液（血）正需加炁，或炁正需加液（血）的时刻，才能摸到，如其不然，这就摸不到了；在腱质中，在气管（动脉）内，和在血管（静脉）内，各部都有热，但，因为肌腱内特富于血液（密集着血管），所以这里是最热的。

炁的所在，不宜于热的所在，由呼吸之必需具有冷却作用而言，尤为显著。但，有鉴于热正由此发生的事实，而且生命正由热为之维持，于是，炁恰就储在这些热处。又，假如一切热物，也不拒绝为之制冷的因素，凭如此的命意立论，一切生体咸当有储热的自然本性。诸血管保存着血液，也把热量荫蔽在内，这样，一切生理构造都需要冷却是明显的。所以，当血液外流，而热量散失，这动物就此死亡，因为肝脏是没有“气管”（ἀρτηρίαν 动脉）的。[①]

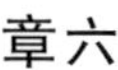

章六

是否精液（τὸ σπέρμα 种籽）通过空气管道，有赖于压力，或这样的情况只表现于射精（出注）的时刻？[②] 于这些实例而论，血液

---

① 说肝脏上没有动脉，盍是古人解剖学上的欠缺；这句说动物流血过量就得死亡，自属正确，但推理不充分，造句当有阙漏。

② 这里一个提示疑问句，下无答语，当有阙漏；或有错字（精液为血液 αἷμα 之误）或者，这是原作者一个未完成的断片，被编者，杂次在这里的。从下句的开端看，于下一题的提出，也有阙文。

的变化[而成肌肉],显然因为腱质[①]从骨骼得到了营养;腱与骨是两相固结的。也许,这不全确实;大家见到骨节上都系属有腱肌,可是心脏上也系属有一束腱肌。系属于心脏的这腱肌,延伸于肌肉而止,不固结任何事物。可能的是,这样的记载不足为凭;说肌腱(筋)的养料由骨为之供应。可是,这又未尝不可,说骨骼的养料得之于肌腱,而且这样立说也许较为顺当。骨质本属干性,而且不具备流出液体的管道。但,食料都是液湿的,那么,说骨供应食料是可诧异的。若说骨骼供应养料,我们先应查问它所供是什么样的一项食物;这项养料就是由血管(静脉)与气管(动脉)带到骨骼的吗?在许多部分(构造),这些脉管是可以目见的,那些引向脊椎的诸脉管尤为显明。那些引向诸骨骼,有如肋骨(辐状胸脊)者,诸脉管常是沿着骨节延伸的;可是,这些脉管怎样能由胃引来,怎样能吸收胃部的营养物质?诸多不明。这些骨骼的大多数是没有软骨附生的,例如脊椎(背脊);这样的骨节既不便于运动,也难于与它物固结。但,倘说骨节由肌腱供以营养,人们又得查问,肌腱自体又有谁(什么)供以营养?我们认为这由其外围的黏质液体供应的。于是,请问这黏

① τὰ νεῦρα"腱"(tendon),το νεῦρον(单数)"筋"(sinew)。下文,σάρξ"肉"(flesh),或"筋肉"(muscle)。汉文,《说文·正字通》"人身四肢附骨者皆曰肌";"筋"谓肌肉的纤维束;腱为肌肉的纤维集束,其两端各附着于骨节,强韧,能伸缩,故能运动两骨节。这种由具有收缩性的细胞所组成的纤维束,有两类,附骨的骨骼肌腱,能随人(畜)之意为舒缩,曰"随意筋"。组成内脏器官者为平滑肌腱,曰"不随意筋",此类肌腱能自运动,而不听从人(畜)意为运动。公元后第二世纪,伽仑(Galenus 盛年,即到罗马的那一年,为公元后 163),发现感觉诸器官的"神经"线,都有大脑引出,并辨识其各具有传递诸感觉获得讯息的功能,对于这些,他仍沿称为 τὰ νεύρα(neura)。νεύρον 之为"神经"(nerve),在亚里士多德后四五百年;在他当时是全不明白的。本篇这名词,全以"肌腱"作解。(neuron 之为"筋" sinew,用于弓者为弓弦,用于琴者为琴弦,皆取"线"义。)

质液体是从何而来，又怎么发生的呢？因为任何部位的肌肉一被刺破，血就外流，凭这景象而设想，肌肉由血管（静脉）与气管（动脉）制造而成，这样的执意，于[胎生哺乳类之外的]其它类动物，例如群鸟、群蛇、群鱼，以及一般的卵生动物而言，是虚妄的。这种设想只符合于多血（富血）动物（兽纲），你可试切割小鸟的胸部，流出的不是血，而只是“依丘尔”（ἰχώρ）。[①] 恩贝杜克里认为指甲（趾甲，或
484b 爪）是由筋腱经过一番硬化过程（作用）而形成的。皮与肉间的关系是否也由类此的作用形成？但，介壳动物（硬皮动物，螺贝）或甲壳动物（软壳动物，虾蟹）怎能从体外获致它们所需的养料呢？相反地，它们似乎不从体外而是从体内取得所需的养料的。又，从这类动物的胃部引出什么性质的养料，经由什么方式，通道乃能输送之到达它们的硬皮或软甲呢？由营养物质转为肌肉，又转为皮壳（皮），看来是不能倒施而还原的，那么，其转化的先理又如何？所有这些问题全都是奇异的，一般是无法说明的。也许，不必所有一切动物，全都以血为营养物质，[兽类以外]其它动物盍有另式的食料来源，可是，那些多血（富血）动物（群兽）确乎是由血液为营养以形成其各部分构制的。

章七

现在，该研究骨骼的性质，骨骼的构制是为生体的运动或支持

① ἰχώρ 拉丁本音译之为 ichor，英译仍此。这字（名词）见于《动物志》，卷三章十九，521a13，33；先见于卷一章四，489a23，汉文译本（131 页）注：近代医学史家考研这古生理学名词实同于“血清”（serum）或“淋巴液”（lymph）。

(撑架),或也为被覆与包裹而设计的,抑或有些生体是用作运动的起点的,有如[天体的两极]轴。① 我说"为了运动"(πρὸς κίνησιν)的命意,实指脚或手或腿或肱的运动,这些肢节都能弯曲,也能从一处移动到另处;没有弯曲(折曲)功能,移动位置是不可能的。② 作为"支架"(ἐρείσματα),上述诸骨骼随诸动物而各异其功用。作为"被覆与包裹"(στέγειν καὶ περιέχειν),我的命意,在于颅骨之被覆着脑部,这和有些人重视骨内裹着骨髓,所保护生体的珍贵物质是相同的。肋骨(胸,脊辐条)旨在护胸(包裹着心肺)。骨骼系统的起点与其力量(强度),③在于脊椎,从此肋骨辐出,以为身体重要部分的周护。它们的本质必然是据此以为凭据的;因为一切运动皆有赖于一个定点(有如脊椎之为全身骨骼的中轴)的先行存在。

同时,它们的存在(构成),必须各具有其极因(τὸ οὗ ἕνεκα,目的或作用)。④ 有些骨,例如脊骨和颅骨这级类,所由造制的原因,

① πόλος (pole)"极",可作"轴"(axis)解,见于亚里士多德,《说天》(de Caelo) 239^{b}30,引柏拉图《蒂迈欧》(Timaeus)40B。按罗斯诠疏,这里,作者所拟想者盖为人畜的脊椎,脊椎处于生体的中枢,自己不动而能转动身体四肢。诠家或译者,或解作"天体的两极"(即天枢)者误。参看《灵魂论》(de Anima),卷三章十,433^{b}22,ὁ γιγγλυμός 户枢或球窝关节,各有一个不动的部分,才能转动其它部分;又 433^{b}26—27 以车轮为喻,有"轴"为中心而轮圈乃得碾地行进。

② 参看《动物之行进》(de Inces.)章一,704^{a}3—^{b}6,章十三,712^{a}1—章十四,712^{b}21。

③ μένον 习用的命意,谓生命的力量或强度;希脱(Hett)英译翻作 fixed part "固定部分",这和下句,ἐξ ἠρεμοῦντος 有凭于"定点"或"定态"这短语是相符合的。μένος 作"力量"(strength)的命意,当有取于 μάω 为之动词,作"定点"(fixed point)的命意须本于 μένω 为之动词。

④ "极因",为亚氏"目的论"的主旨,属于四因之末因,参看《形而上学》,卷八章四,1044^{a}32—^{b}3。

就为脊髓与脑作成被覆。在这些级类以外，另些骨处于交接的位置，其作用就在于“联结”(συγκλείσεως 联锁)者，有如锁骨；①大概这一骨的取名，正有所本于此义。这些骨各都优良地适应各自的作用(目的)。倘身体而不备这样的构制，有如脊椎，脚(腿)，肱者，它的全身或部分将都是不能弯曲的，为了达到运动(行进)的目的(作用)，肱须是折曲向内的；脚(腿)与其它诸肢的弯曲也得取如此的方式。万物的存在各有其目的(作用)；身体内的诸骨亦然，例如在这些部分，前臂内有尺骨就是为了使肱与手能弯曲(转折)。若无这些骨骼，我们就不能作或向前或向后的运动，若无两尺骨②为之运使，我们也就不能举足或转脚。考虑到其它的事物，我们必须作同样的设想，有如颈的运动(扭转)，与之相关的宁只是一支的骨。我们也该研究到把握与纽结这样的动作，需要有如膝上乃加有膝盖骨这样的构制；其它诸骨何以不作类此的安排。所有一切职使运动的骨节，都得有筋腱为之运用，那些实际活动③最烦重的，例如肱(臂)腿(下肢)，手与脚，就最富于为之联接的筋腱。其
485a 它诸骨都是为要使各个部分纽结起来而需具备的。有些骨，除了弯曲作用外，别无所用，或仅有微小的别用；例如脊椎。为使诸骨相粘结的，是依丘尔和黏液。其余的，有如联结诸骨的关节，是由筋腱接合的。

① κλεῖς 锁骨(collar-bone)，参看《动物志》516a28。

② δύο… κερκίδες “两尺骨”，也可作“一支尺骨(radius)与一支桡骨(tibia)”解。上肢前臂(肱)与下肢小腿内各有这样并列的两骨。

③ κίνητικά… πρακτικῶς “实际活动”谓有意识的(由人或动物在心理上指使的)运动，以别于无意识的或不自觉的运动。

章八

我们当前的这项[生理学]研究，最好是能遍及一切，但，合乎实际的，我们只能考虑到自己力所可及的事物而止。为了运动这目的(作用)而制成的器官，盖不专是骨，而毋宁以筋腱为主要，或与筋腱相符应的事物，胃能动，心脏也能动，两者都有筋腱(而无骨)；当然不是一切器官全都如此，但有些，确乎是这样的，于是凭运动而论，或凭这类运动而论，器官必须有筋腱或……[①]鳟[虽多足(多腕)]，步行是很拙劣的，走动的距离很短。我们必须假定，作为一个基本原理，一切具有运动器官的动物，其为运动之方式各异，而各自的构造必然最适合于各自的(特殊的)运动方式：举例以明之，陆物动物生而有脚，于有脚动物而言，其直立者，两脚，而于那些全身躺在地面上的，则具多脚；这些着地爬动的生物，其体质(生体的物质材料)多土而较冷。(为此故，有些动物可能全不具脚；这样的动物只能勉强运动。)[②]那些飞翔的动物各具有翼(翅)，各式的翼样都各适于其自体的性状。飞翔或较快或较慢的鸟翼虫翅，是各有差异的。有翼动物，为了直立和觅食之故，它们都有脚；惟蝙蝠们为例外；[③]蝙蝠是在空气中飞行时取食的。这些动物不需要敛翼下地来休息；它们也没有别的事由，需要下地行走。水生

① 贝刻尔校本，以下留有五或六个字母的空白；所有现可对勘的古抄本，也都各有如此的空白。

② 485ᵃ16—17，盖后人诠注，兹加删除(　)。无脚动物(τὰ ἄποδα)盖谓蛇类。参看《动物之行进》(de Inces. Anim.)，章七，707ᵇ6—28，详论蛇类的波状(蜿蜒)行进。

③ 485ᵃ19，νυκτερίς 夜飞的“蝙蝠”，在《动物之行进》(de Inces. Anim.)，章十九，714ᵇ1—13，蝙蝠与海豹并列为畸残动物，咸属有脚而不善行走。参看《动物志》，卷一章一，487ᵇ23—26。

动物中的硬壳动物(贝介类)之有脚(腹足),是为了支撑它们的体重;它们应用它们的脚,从一处挪移到另一处。还有其它动物的诸脚应用于其它目的者,各依随于它们各别的特殊情况而为之定型。这项原理是真确的,虽然有时难于明说其缘由,例如,何故而多足动物乃是行动最慢的,而四脚动物却又比两脚动物跑得较快。这是因多足动物们全身贴地的缘故吗?或另些迟缓动物是由于体质寒冷而艰于行动吗?又或别有其它的原因?

章九

那些人主张“热”不是物体的操作(效能)原理,或认为“火”的唯一运动和其功能,只是破坏作用(伤害),都是不正确的。火对于无生命(无灵魂)物体(无机体)所起的效应,不全相同,对于某些事物火使之浓厚,于另些则使稀薄而至于熔化。于又另些乃使之硬固。对于一切有生命(有灵魂)的生物体(有机体),火所加的效应,我们看来也该是各异的,凭工艺上所见到火的应用,盍可征验火对于自然(有机)物体的效应;金匠、铜匠与木匠,这些工艺都应用火,所操持的效果是各不相同的;于烹饪而言,情况恰也如此。也许工艺家应用火以取得各种效果[比之厨师]较为精明;他们用火为工
485^b 具,使其材料软化或熔融或干燥,于某些[冶炼]工艺上,使所铸作物,软硬适度(淬火)。①

① 485^b1,ῥυθμίζουσαι 本于动词 ῥυθμίζω,(1)作使事物(软硬,或大小,或合成的原料之比例)至于适度。(2)调炼文字使合乎韵律。这里应用于冶金这工艺,同于“淬火”(tempering)。下文,485^b10,ῥυθμόν 这同源的名词,用于诗文为“韵律”(rythm)用于生理学上须是“匀称的比例”。

在自然中，相同的事物引致相同的后果；它们未尝表现什么别异。所以，从业外来论事，常是可笑的，我们何尝明识加热或火熬可以分析事物或使之减重（轻消）或引致其它什么作用，有如那些职司之各所操作，竟各遂其不同的功能。在工艺上，火被用作一项工具，但，自然却把火既作为工具，又作为物料。①

这里的分歧不难通解，自然[作为群生物的创造者]，她运用自己的思想，配置各种物品，使各得适当的感受（秉赋）与相应的[生命的]韵律；这就不可单凭有火或单凭有炁。要完成这样的功能，显然，这须是两者的混合。于灵魂而论，情况也正同样地显著，灵魂恰也存在于两者的和合之中。所以，灵魂的活动常表现相似的诸情况，可以合理地追溯到当初的制造工艺，由后果（后效）推明它全体或某部分的前因；自然之为作家，所应用以为之创作的种种原料，还当是相同的。但，试问每一个生物体"各所寓有热的形式"（τοῦ καθ' ἕκαστον θερμοῦ）有什么差异吗？我们该把"火"（πυρὸς）（热）作为一件工具，或作一项材料，抑或兼为两者，来加以考虑吗？诸生物体热（火）的一些形式差异，必然与这些事项或事物应用量的或较大或较小的差异相符应。较量（析比）一混合物或非混合物间的差异，其净物的原态之纯度就不难推断。同样的辨析可应用之其它简单的物体。既然马或牛的骨或肉是有所差异的，它们就

① 古希腊以物理四性能配属于物质四元素；火为具含热性的一个元素。这一章，于一切可燃烧物之发热功能，于一切物受热而表现其各异的变化，已稍揭露物性异别与物质类别间，实无相属的定规之端倪，但行文至这一节的末句，终又含混了"火"非物质本体而是某物燃烧的现象这一实况。关于古希腊典籍中的自然科学篇章，凡涉及火与热的议论，现代的学者常感迷惑者，就在这一观点。

必需或由不同的材料为之组成，或所以运用它们的方式有所不同。如果它们确有差异，各个单净的原物之间，其所异者是什么，何为而有此差异？我们所要研究的，就在寻得其原因。若说材料与其运用未尝有异，那么惟一的差别，只能是组成的比例了。转而计议其另一方面的情况，事理总得归求之于两者之一；酒与蜂蜜的混合物，其差别在所由混合的原料（底材）不同，至于酒与酒的混合物而也竟有所不同，盍当是比例的有异。所以，恩贝杜克里叙述骨的性状，诸动物所由构制者都是同样的，他假想它们都是由同一比例做成的混合物，一马，与一狮，与一人，它们（他们）的骨殊无差异。但，实际上，它们于硬度或软度，凝固度，以及其它性质，各有差异。肌肉以及其它各个部分也实际有如此的差异。它们，虽是在同一动物的体上，也有或固实或松弛的差异，和其它性质的差异，所以，它们混合（合成）的各种原料（底材）间的比例不得相同。粗糙或细腻，和大或小是量性之异，而坚硬或厚实和与之各相对反的性状，是混合物的质性之异。但那些从事于析辨这些性状的人们，必须懂得那些
486a 制作者所运用的方式也各有怎么样的差异。在这方面来计议，这也有或较大或较小之别，也可有在单净物体或在混杂物体上操作之别，又或某物之被加热（加火）时，或是被沸煮了的或是被焙炙了的。既然是混合（合成过程）造就了事物的实在性状，也许疑难就恰可由此得到解释。于是，对于肌肉就可作同样的说明，肌肉的差异，正也如此。对于血管（静脉），气管（动脉）和其它种种，也约略如此。这样，以下两者，必有其一为得实：或混合的比例有异，或我们于坚硬度或厚实度，或其对反的各项量度，未能获得正确的计算（记录）。

《灵魂论》、《自然诸短篇》与《炁与呼吸》索引

《灵魂》402^{a}—435^{b}，略作 2^{a}—35^{b}。《自然》，436^{a}—480^{b} 略作 36^{a}—80^{b}。《炁》，481^{a}—486^{b} 略作 81^{a}—86^{b}。

（索引所指希文原书行码，汉译词请在其附近查找）

索引一　人名，神名，地名，书名

索引二 《灵魂论》题旨索引

索引三　《自然诸短篇》与《炁与呼吸》题旨索引

423

《灵魂论》、《自然诸短篇》与《炁与呼吸》书目

（一）

1. 现存希腊文古抄本——《灵魂论》(De Anima)

C	Par. Coislin, 386 号	巴黎藏书馆，郭埃斯林，第十/十一世纪抄本
E	Par. 1853 号	巴黎藏书馆，第九/十世纪抄本
L	Vat. 253 号	梵蒂冈藏书，第十三/十四世纪抄本
P	Vat. 1339 号	梵蒂冈藏书，第十四世纪抄本
S	Laurentinus 81. 1	劳伦丁藏书，第十三世纪抄本(佛罗伦萨，Florence)
T	Urbinus	乌比诺藏书
U	Vat. 260 号	梵蒂冈藏书，第十四世纪抄本
V	Vat. Palatinus 266 号	梵蒂冈，巴拉丁藏书，第十四世纪抄本
W	Vat. 1026 号	梵蒂冈藏书，第十三/十四世纪抄本
X	Ambrosius 435	(olim, ii 50)安勃罗修藏书，第十二/

		十三世纪抄本
Y	Vatican 261 号	梵蒂冈藏书，第十四世纪(1321 年)抄本(或考为第十二/十三世纪)
y	Par. 2034 号	巴黎藏书馆，第十三/十四世纪抄本
eE^2	Par. 1853 号	巴黎藏书馆，《灵魂论》E 抄本的卷二(B)，第十世纪抄本
wy	Christinas Reginessis 125 号	王室基督院藏古抄本

2.《灵魂论》近代校印本

Pacius, J. 巴基　希腊文校印本，拉丁译文与诠疏。法兰克福(Frankfurt)，1596 年。

Bekker, I. 贝刻尔(1785—1871)　亚里士多德全集第三册，下半为《灵魂论》与《自然诸短篇》，附有 Indices Sylburg 薛尔堡编《索引》。贝刻尔校订，主于 C 抄本(Codex Parisiensis，巴黎书目，郭，386)与 E 抄本，(Codex Vaticanus，梵蒂冈书目，1853)；他也用 STUVWX 诸抄本及 L 抄本作补助校勘。柏林(Berlin)，1831 年，1837 年，印行。

Torstrik, A. 笃尔斯羯克　希腊文校印本　柏林，1862 年。

Trendelenburg, F. A. 特伦德冷堡　希腊文校印本，有绪论。特氏校订，倚重 y 抄本(巴黎书目，2034)。柏林，1877 年。

Wallace, E. 华拉斯　希腊文校印本，英译文与绪论。英国，剑桥大学(Cambridge)，1882 年。

Rodier, G. 罗狄埃　希腊文校印本，法语译文与绪论。巴黎(Paris)，1900 年。

Hicks, R. D. 希克斯　希腊文校印本，英译文与诠疏。希克斯校订，主于 E 抄本。E 抄本保存了，包括《灵魂论》在内的，亚里士多德若干重要著作，素为亚氏学者所重，但 E 抄本的卷一，卷三，与卷二，实出两位抄手。何故而原抄本的中间一卷被切除，而补以另一人缮写的抄本后世已无从揣测。剑桥大学，1907 年。

Förster, A. 福斯特　福斯特校订，据 C 抄本为主，与 EIPTUVWy 诸抄本对校，他互勘所有异同的文字而作为比照的统计，推明了 E 抄本的卷一卷三，与 TP 本，当同出于一个更早的抄本；而 E 抄本的卷二，则与 L 抄本（梵蒂冈书目，253）同出于另一个更早的抄本。C 抄本与 Wy 为出于又一同源的祖本；USVX 诸抄本可另为一组，源出又一祖本。这样，现存的 13 个《灵魂论》古抄本盍是原本于四个较早祖本的传抄。匈牙利，布达佩斯（Budapest），1912 年。

Apelt, Otto 亚贝尔脱　“希腊罗马经典著作丛书”（Bibliotheca Scriptorum graec. et Rom.）印行。亚里士多德《灵魂论》希腊文本，三卷（Aristotelis de Anima lib III）亚贝尔脱校订。莱比锡（Leipzig），戴白纳尔（Teubner），1926 年。

Ross, W. David　大卫·罗斯　《灵魂论》，希腊文新校本，罗斯应用现代各家校印本，对勘现存古抄本，覆核了前人的校订工夫，更遍取古希腊诸诠疏家遗书中所引及《灵魂论》各个章节与句读，也就各本文字的异同，作了比照统计，推诸古抄本盍出了两个较早的祖本：(1) EL 为一组，(2) CWyUSVX 诸抄本为又一组。第二组内也许（甲）CWy 和（乙）USVX，诸抄本分别从这一祖本随后稍晚出的已分化了的抄本传写的。罗斯后成的综合校勘大体阐明了较古的抄本常能纠正，后出抄本的错误，但后出的抄本，以及诸诠家的遗作也未尝没有可供我们解决疑难句读的文字。英国，牛津大学（Oxford），1961 年。

3.《自然诸短篇》的现存古抄本
（Parva Naturalia）

E	Codex Par. 1853	巴黎书目	第九/十世纪抄本
L	Vat. 253	梵蒂冈	第十三/十四世纪
M	Urbinus 37	乌比诺	第十四世纪
N	Vat. 258	梵蒂冈	第十四世纪
P	Vat. 1339	梵蒂冈	第十四世纪

S	Laur. 81.1	劳伦丁	第十二/十三世纪
U	Vat. 260	梵蒂冈	第十一世纪
V	Vat. 266	梵蒂冈	第十四世纪
W	Vat. 1026	梵蒂冈	第十三/十四世纪
X	Ambros. 435	安勃罗修	第十二/十三世纪
Y	Ambros. 261	安勃罗修	第十三/十四世纪
Z	Oxon. Corp. Christi 108	牛津基督圣体学院	第九/十世纪
i	Par. 2032	巴黎	第十四世纪
l	Par. 1860	巴黎	第十四世纪

《自然诸短篇》(Parva Naturalia),现行印本共收存各有标题者九篇,MPS 诸古抄本全有:《感觉与感觉客体》(de Sensu),《记忆》(Memoria),《睡与醒》(de Somno),《说梦》(de Insomniis),《梦占》(de Div. Per S.),以上五篇见于 EiMPSUY。《长寿与短命》(de Longs Vit.),《青年与老年》(de Juv. et Sen.),《生与死》(de Vit.),《呼吸》(de Respiratione),见于 MPSZ。

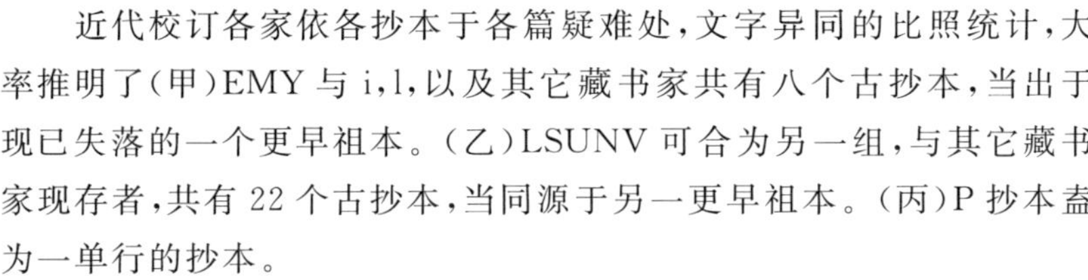

近代校订各家依各抄本于各篇疑难处,文字异同的比照统计,大率推明了(甲)EMY 与 i,l,以及其它藏书家共有八个古抄本,当出于现已失落的一个更早祖本。(乙)LSUNV 可合为另一组,与其它藏书家现存者,共有 22 个古抄本,当同源于另一更早祖本。(丙)P 抄本盍为一单行的抄本。

4.《自然诸短篇》近代校印本

Bekker, I. 贝刻尔　亚里士多德全集第三册下半《灵魂论》为《自然诸短篇》贝刻尔校本,《感觉与感觉客体》应用 ELMPSUY (436^a1-449^b3);自《记忆》至《梦占》(449^b4-464^b18)应用 ELMSUY 诸抄本;《长寿》至《呼吸》($464^b19-480^b30$)应用 LMPSZ 诸抄本。

《自然诸短篇》头绪繁杂文字特多疑难。贝刻尔后,十九世纪亚氏学者,从事此业,多只专精数篇,未能遍校全书。直到现代,二十世纪中叶，才有较完善的全本新校。 柏林，1831 年，1837 年。

Biehl, W. 别尔 《自然诸短篇》校本。

别尔校订所应用诸抄本同于贝刻尔，只是以 E 抄本为主，做了一番覆校。莱比锡(Leipzig)，1894 年。

Bitterauf, E. 别忒赖夫 《自然诸短篇》校本应用贝刻尔与别尔校印，重与 L 本(梵蒂冈书目，253 号)覆校了一番。德国，慕尼黑(Munich)，1900 年。

Ross, G. R. T. 罗斯 《感觉篇》(de Sensu)与《记忆篇》(de Memoria)校订，与诠疏。 英国，剑桥大学，1906 年。

Förster, A. 福斯特 《感觉》与《记忆》校印本，福斯特应用 LMSUW 统勘了《感觉》与《记忆》；又应用 X 覆勘《感觉》全篇；应用 V 本覆勘了《感觉》前四章；又，应用 P 本，覆勘了《记忆》。福斯特不取 Y 本，认为这抄本，无益于校订工作；Y 是从 E 本传写的。福斯特另又应用了亚历山大，密嘉尔，索福尼亚诸家古诠疏与拉丁译本(Γ)旧抄本(Vetus Translation Latina)与($Γ^1$)新抄本(Nova trans. Latina)。匈牙利。布达佩斯(Budapest)，1912 年。

Lulofs, H. J. Drossart 吕洛夫斯 《睡与醒》，《说梦》，《梦占》校订本，加有绪论与笺注。吕洛夫斯于这三篇详校了古抄本，拉丁诸译本与古诠疏家，消释了若干积疑的文句。荷兰，来顿(Leyden)，1943 年，1947 年。

Ross, W. D. 大卫·罗斯 《自然诸短篇》重校本。罗斯新校应用了前人未应用过的 Z 抄本，即牛津基督圣体学院书目 108 号。又于《记忆》与《梦占》，凭 X 本与 MSZ 本作了一番对勘。英国，牛津大学，1955 年。

5.《炁》(de Spiritu)现存希腊文古抄本

Z	Codex Oxoniensis, Corpus Christi	牛津，基督圣体学院藏本	第十二世纪抄本
L	Vaticanus 353	梵蒂冈书目	第十四世纪抄本
P	Vat. 1339	梵蒂冈书目	第十四世纪抄本
Q	Marcianus 200	麦济诺书目	第十二世纪抄本

B[a]	Palatinus Vat. 162	梵蒂冈巴拉丁书目	第十五/十六世纪抄本

耶格尔(Jaeger. W. W.)评议于《炁》这一篇，乙为最重要的抄本；LPQB[a] 四种，盍是另成一组，出于同一祖本传写而分化了的。

6.《灵魂论》与《自然诸短篇》中古希腊诠疏

Alexandrus Aphrodisias 亚芾洛第西亚人，亚历山大，约后亚里士多德五百年(公元后第二世纪末，第三世纪初)，所遗存亚氏著作诠疏《疑难与解释》Απορίαι καὶ λύσεις 现有柏林印本 1887。其中《感觉》篇，另有 Thurot, C. 修洛校辑，巴黎，1875 年印本(Sur le traite d'Arist, De sensu et sensibili.)，又有 Wendlaud, P.，温德兰，校辑并诠绪，1901 年，柏林印本(Alexandri in librum De Sensu Comm.)。

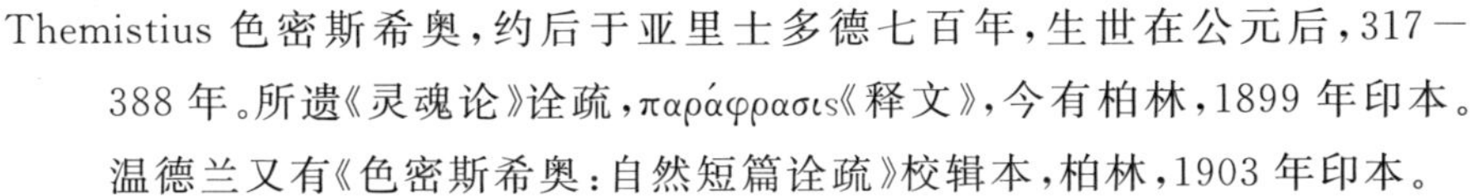

Themistius 色密斯希奥，约后于亚里士多德七百年，生世在公元后，317—388 年。所遗《灵魂论》诠疏，παράφρασις《释文》，今有柏林，1899 年印本。温德兰又有《色密斯希奥：自然短篇诠疏》校辑本，柏林，1903 年印本。

Michaelis Ephesii，以弗所人，密嘉里(即 Philoponus，菲洛庞诺)，盛年约在公元后，530 年，后亚里士多德 850 年，所遗《灵魂论释文》(lemma，citatio，paraphrasis，varia lectio，阙文补缀，引文，释文，各课讲说)，今有 1897 年，柏林印本。

Simplicius 辛伯里契，生世略同于密嘉里，所遗诠疏，今有柏林，1882 年印本。

Sophonias 索福尼亚，盛年约在 1300 年，已后亚里士多德 1600 年；所遗诠疏，今有柏林，1883 年印本。

7.《灵魂论》与《自然诸短篇》的拉丁译本与拉丁诠疏

Wilhiam，Moerbeke 迷尔培克，威廉主教(1215—1286)，及其平生完成了希腊文抄本亚里士多德全集的拉丁译本。今此威廉译本印行于贝刻尔(Bekker，I.)所辑的 Aristotelis Opera《亚里士多德全集》的第三大册

（第一二大册为希腊文校本）(1831—1870)。

Aquinas, Thomas (1224—1274)多马·阿奎那随即据威廉译本撰造了全集重要著作的诠疏。完稿约在1271年。罗马教廷神学院这位经师的诠疏随后颁为天主教关于学习亚氏著作的法定课本。《灵魂论》阿奎那诠疏在《阿奎那全书》中行世已七百年，今有 Förster, K. 与 Homphries, S.，福斯特与亨姆弗里英译(Aristotle's De Anima in the version of Wilhiam of Moerbeke and the commentary of St. Thomas Aquinas. 迷尔培克威廉的拉丁本《亚里士多德灵魂论》与圣多马·阿奎那的拉丁文诠疏)，英国(Routledge and Kegan Paul)罗脱里琪与克根保罗印书馆印行(1951年初版，1959年重印)。

阿奎那，《亚里士多德诠疏》中，《感觉》与《记忆》(自然短篇中的前两篇)，意大利，都灵(Turin)有1928年单行校印本。

Zabarella, J. 札巴里拉《自然诸短篇》拉丁译本与诠疏　威尼斯(Venice)1605年。

Thomaeus Leonicus 柳雄尼-多马《自然诸短篇》拉丁译文校印本　梅坦(Metten)，1898年。

8.《灵魂论》、《自然诸短篇》、《炁与呼吸》近代各国译本

(甲)《灵魂论》

Smith, J. A. 斯密司　On the Soul 亚里士多德全集英译本 (Works of Aristotle)第三册下半。　英国，牛津，1931年。

Hett, W. S. 希脱　On the Soul 路白经典丛书 (Loeb C. Library)希腊-英文对照本。纽约与伦敦，1935年。

Theiler, Willy 泰勒　Über die Seele 亚里士多德全集德文译本(Aristoteles Werk in Deutscher übersetzung)，第十三册。　柏林研究院印本，1959年。

(乙)《自然诸短篇》

Beare, J. I. 皮尔，与 Ross, G. R. T. 罗斯　Parva Naturalia　亚里士多德全

集英译本(Work of A.)第三册下半。 牛津,1931 年。

Hett. W.S. 希脱 P.N. 路白经典丛书,希腊-英文对照本。纽约与伦敦,1935 年。

Gohlke, P. 高启 P.N. 德文译本。德,巴德庞(Padeborn),1947 年。

Tricot, J. 特里高 P.N. 法文译本与注释。 巴黎,1951 年。

Ziaja, J. 济亚耶 De Sensu《感觉篇》1 至 3 章德语译本。柏林,1887 年。

Ogle, W. 渥格尔 De Juv. et Senec., De Vita et Morte, Respiratione《青年与老年》,《生与死》,《呼吸》英译并注释。伦敦,1897 年。

Giorgiantonio, M. 乔治安东尼奥 Della memoria e della reminiscenza《记忆与回忆》,意大利文译本。 加拉巴(Carabba),1938 年。

(丙)《炁》(de Spiritu)近代校订本与译本

《炁(气)》(Περὶ πνεύματος, de Spiritu, the Breath),在贝刻尔校辑的《亚氏全集》五大册中第一大册,第三分册之末篇,希腊文本,句读多难通解。第三大册拉丁译文稍较通顺,当时译者所据原文,当别有一个今已失传的希腊文本。近代,法国第杜(Didot)校辑《亚氏全集》收有这一篇的希腊文本,并对照有法语译文,并较可通读而仍留有不迷惑的句读。

Jaeger, W.W. 耶格尔 《炁》,希腊文校订本。耶格尔汇集了前贤揣测文字,自己也颇有所补缀,于贝刻尔本大有改进。德,莱比锡,戴白纳尔(Teubner),1913 年。

Dobson, J.F. 杜白逊 de Spiritu,英译本,附于牛津亚氏全集第三册,《自然短篇》之后。 牛津,1931 年。

Hett, W.S. 希脱 路白经典丛书,希腊-英文对照本,附于《自然诸短篇》之后。纽约,伦敦,1935 年。

(二) 参考书目

Freudenthal, J. 弗吕屯泰尔 Über den Begriff des Wortes φαντασία bei Arist.《亚里士多德所说"φαντασία(臆想,幻象)"的含义》。德,哥廷根

(Götingen),1869 年。

Zur Kritik u. Exegese v. Arist.... "Parva Nratualia",《对于亚里士多德"自然诸短篇"的评议与笺释》。Rhein. Mus. N. F. 莱茵博物馆创刊第二十四期(1869)81—93 页,392—419 页。

Zu Arist., "De Memoria"《论亚里士多德"记忆篇"》,Arch. f. Gesch. de Philos.《哲学史案》第十二卷(1899),5—16 页。

Susemihl, F. 苏司密尔 Zu d. sogennaten P. N. d. Arist.《亚里士多德的题名为"自然诸短篇"之作》Philol.《语言学报》第四十四期(1885),579—82 页。

Ziaja, J. 济亚耶 Die arist. Lehre v. Gedächtniss u. v. d. Association d. vorstellungen. 由相关诸现象的联缀,以求回忆(记忆)的亚里士多德教导。 莱奥勃舒茨(Leobschütz),1879 年。

Die arist. Anschauung v. d. Wesen u. d. Bewegung d. Lichtes.《亚里士多德对于光的实义与其运动的观念(认识)》勃来斯劳(Breslau),1896 年。

Zu arist. Lehre v. Lichte, Antikritische Bemerkungen《对于亚氏光学的相反论点》。 莱比锡(Leipzig),1901 年。

Teichmüller, G. 太契谟勒 Die praktische Vernunft b. Arist. — Neue Stud. z. Gesch. d. Begriffe, III.《亚里士多德所说"实践理知(应用理性)"》——对于意识史的新研究。 郭拓(Gotha),1879 年。

Thiéry, A. 西埃里 Arist. et la psychologie physiologique in New Scholasticism.《经院新学派(新经院主义)中亚里士多德的生理心理学》。巴黎,1896 年。

Bäumker, C. 包姆刻尔 Zu Arist. Περὶ αἰσθήσεως. "亚里士多德《感觉论》" Jahrb. f. Class. Philol. 经典语言学(古文辞)年刊,第 133 期(1886)319,2。

Desrousseux, A. M. 台卢骚 Arist., de la Divination par les Songes《亚里士多德,"占梦"》Rev. de Philology.《语言学评论》第九期(1885)。

Duprat, G. L. 第伯拉 La Théorie du πνεῦμα chez Aristote.《亚氏书中关于"气(炁)"的理论》Arch. f. Gesch. d. Philos.《哲学史案》卷十二

(1899),305—21 页。

Jaeger, W. W. 耶格尔 Das Pneuma in Lykeion,《吕克昂学院中的“气(炁)”》。Hermes《希尔姆斯》(信使)第 48 期(1913),29—74 页。

Marchi, P. P. 马尔契 Das Arist. Lehre v. d. Tierseele《亚里士多德对于动物(兽类)灵魂的论说》梅坦 (Metten),1898 年。

Hammond, W. A. 哈蒙 Arist. 's Psychology.《亚里士多德心理学》。波士顿(Boston),1903 年。

Chaignet, E. A. 夏业 Essai sur la Psychologie d'Aristote.《关于亚里士多德心理学的议论》。巴黎,1883 年。

Brentano, F. 勃里坦诺 Die Psychologie d. Arist.《亚里士多德心理学》。梅因兹(Mainz),1867 年。

Aristoteles' Lehre von ursprung des Menschlichen Geistes 亚里士多德论人类精神的源始。莱比锡,1911 年。

Beare, J. I. 皮尔 Notes on A's P. N.《亚氏自然短篇的注释》。Hermathena,《雅典信使》第七期(1897—1898),455—73 页,第十一期(1900—1901),146—156 页。

Gr. Theories of Elementary Cognition.《关于基本认识的希腊诸家之说》。牛津,1908 年。

Enders, H. 恩德斯 Schlaf u. Traum bei Arist.《亚里士多德论“睡眠与梦”》。武兹堡(Würzburg),1924 年。

Corte, Marcel de 顾尔忒 Notes exégétiques sur la théorie aristotélicienne du “Sensus Communis”《亚里士多德所说“共通感觉”的注解》。New Scholasticism,《新经院学》,第六期(1932)。

La Doctrine de l'Intelligence chez Aristote.《亚里士多德所说“理知”的要义》。巴黎,1934 年。

Rousselot, P. S. J. 罗色洛 The Intellectualism of St. Thomas,《圣多马·阿奎那的理性论》。伦敦,1935 年。

Siwek, R. 薛维克 La Psychophysique humaine d'après Arist.《按照亚里士多德之说,述人类生理心理》。巴黎,1930 年。

Keller, L. 克勒 Arist. u. d. moderne Psychologie《亚里士多德与现代心

理学》。勃赖斯高，弗赖堡(Freiburg im Breisgau)，1927 年。

Ray, Lankester E. 兰开斯特-雷 Comparative Longevity in Men and other Animals.《人与其它动物寿命的比较研究》。

Lones, T. F. 伦斯 A.' Researches in Natural Science.《亚里士多德对于自然科学的研究》。

Griffin, A. K. Aristotle's Philosophy of conduct.《亚里士多德的行为哲学》。伦敦，1931 年 。

Cassirer, H. 加西勒尔 Aristotelis' Schrift, "von der Seele"亚里士多德所撰《灵魂论》。 托平根(Tubingen)，1932 年。

Shute, C. 旭忒 The Psychology of Arist.《亚里士多德心理(灵魂)学》。纽约(N. Y.)，1941 年。

Nuyens, F. 纽扬 L'Évolution de la Psychologie d'Aristote.《亚里士多德心理(灵魂)学的演化》。 鲁文(Louvain)，1948 年。

编 后 记

本书译文依据贝刻尔（I. Bekker，1785—1871）校订的《亚里士多德全集》（Aristotelis Opera）第三卷，牛津，1837年印本译出，同时参照了路白丛书希英对照本和其他版本校订，亚里士多德的著作版本，经过数百年各国校订者、编译者的考求，已相当完善。本书译者措意于前人的功夫，为每篇写了长序，增补了各篇的章节分析，编订了索引，并补充了大量注释，这些注释有的是国内外最近研究的成果，有的则是译者多年潜心研究的心得，故本书实为一部不可多得的译作。

亚氏全集第三卷包括十四篇题，诸多译本均无一个统括全书的书名，按其内容，前两篇可说是论述各种自然现象的，后十二篇则是探讨人的生理、心理和种种生物现象的，故我们将本卷编为两本：《天象论·宇宙论》和《灵魂论及其他》。

《天象》、《灵魂》两书凭近代科学理论为之衡量，有些议论不免于左支右绌，但是正像恩格斯所指出的："在希腊哲学的多种多样的形式中，可以找到现代多种科学观点的胚胎和新芽。"古希腊先贤所留下的这些篇章包括其原始的术语和各种观点，常常诱发出许多新兴的科学门类，也为人们提供了广泛的研究课题。

本书译者吴寿彭先生1906年生于无锡，号润畬，1926年毕业于现上海交通大学机械工程系，1929年东渡日本考察“明治维新成功的缘由”寻求强国富民之道，先后在江、浙、湘等省军政机关任职，曾任海塘紧急工程处处长，工程局副局长，又先后在北京、青岛等地任铁路、水利、航业、化工、有色金属等企业中任专业工程师。主要译作有《苏联第一个五年计划》1929，《原子弹与世变》1945，《利玛窦传》1945，《第三次世界大战的恶梦》1946，《芳济培根传》，《谟罕默得传》1946—1947。1957年后在商务印书馆的支持下，吴先生立志于古希腊先哲的翻译和出版，直至年逾八旬仍孜孜不倦致力于亚氏著作的翻译，在其匆匆的晚年连续翻译了《形而上学》1959，《政治学》1966，《动物志》1979，《动物四篇》1984，以后又完成了《天象论·宇宙论》《灵魂论及其他》等六巨卷，其严谨的治学精神和奋力拼搏的毅力实令人敬佩不已。

吴先生谙熟古希腊文、英文等好几种语言文字，又精于中国古代和近代的各种文献，其学识真可谓博大精深，所以他的译作文笔流畅，措辞精当，读起来堪为回味。令人十分痛惜的是1987年吴寿彭先生在整理本书手稿的过程中溘然长逝，当时我们本相约要在校阅后再次向他请教的，这一来，不仅我们失去了一位可敬的师长和朋友，学术界也遭受了无法弥补的损失，现在我们整理出版他的遗译，就是对吴寿彭先生的追悼和纪念。

在编校《宇宙》、《灵魂》两书原稿过程中有以下几点需要说明：

一、吴先生的译文言简意赅使用了不少古僻字，有些词句似反常于现代汉语，为方便读者，我们个别词句稍做些改动。

二、吴先生习惯于用逗号代替顿号，用分号代替句号，常把一个句子分隔成许多小的意群，我们基本上保留了他的做法。

三、对于附注的外文，原书各版本及各手稿上在拼写和重音上并不一致，我们只选定其一，如非拼写错误，则不予修正。

四、译名与通译名不一致的，少数予以统一，主要求本书内统一。此事原译严重混乱，颇费周折查对，但仍难免有错漏者。

五、经查核索引及附图原稿有不少错漏之处，我们做了大量的修正和补充，在图上用 * 号标出，以资区别。

六、《天象》、《灵魂》两稿，至三校后我们才发现吴先生在临终前在第一稿上最后推敲、补撰、修改处多达数百处未来得及过录到已发排的清稿上。

这部分文字字迹模糊，个别有疏漏，错位，留下了不少疑难问题。鉴于这是吴先生鞠躬尽瘁的敬业精神所在，我们不得不花费长达一年多的时间查对希、英原文，经过全面校订多次改版等特殊手段，尽可能吸收吴先生临终前的这些研究成果。

由于我们水平有限，仍不免有疏漏错改之处，敬希读者不吝指正。

王立平谨识

1989.12.28 日　北京

图书在版编目(CIP)数据

灵魂论及其他/(古希腊)亚里士多德著;吴寿彭译. —北京:商务印书馆,2017
(汉译世界学术名著丛书:120年纪念版:珍藏本)
ISBN 978-7-100-14759-0

Ⅰ. ①灵… Ⅱ. ①亚… ②吴… Ⅲ. ①古希腊罗马哲学 Ⅳ. ①B502.233

中国版本图书馆 CIP 数据核字(2017)第 158526 号

汉译世界学术名著丛书
(120年纪念版·珍藏本)
灵 魂 论 及 其 他
〔古希腊〕亚里士多德 著
吴寿彭 译

商 务 印 书 馆 出 版
(北京王府井大街36号 邮政编码100710)
商 务 印 书 馆 发 行
北 京 冠 中 印 刷 厂 印 刷
ISBN 978-7-100-14759-0

2017年12月第1版 开本 710×1000 1/16
2017年12月北京第1次印刷 印张 30¼
定价:152.00元